Bertelsmannrepublik Deutschland

THOMAS SCHULER, geboren 1965, Absolvent der Columbia Journalism School in New York, lebt und arbeitet als freier Journalist in München. Er schreibt unter anderem für die *Süddeutsche Zeitung*, *Neue Zürcher Zeitung* und *Berliner Zeitung*. Er ist Autor der erfolgreichen Familienbiografie *Die Mohns* (2004) und beschäftigt sich seit vielen Jahren mit dem Medienimperium Bertelsmann.

Thomas Schuler

Bertelsmannrepublik Deutschland

Eine Stiftung macht Politik

Campus Verlag
Frankfurt/New York

Bibliografische Information der Deutschen Nationalbibliothek.
Die Deutsche Nationalbibliothek verzeichnet diese Publikation in der Deutschen Nationalbibliografie. Detaillierte bibliografische Daten sind im Internet unter http://dnb.d-nb.de abrufbar.
ISBN 978-3-593-39097-0

Umschlaggestaltung: Hißmann, Heilmann, Hamburg
Umschlagmotiv: getty images / Mark Douet
Satz: Campus Verlag, Frankfurt am Main
Druck und Bindung: Beltz Druckpartner, Hemsbach
Gedruckt auf Papier aus zertifizierten Rohstoffen (FSC/PEFC).
Printed in Germany

Besuchen Sie uns im Internet: www.campus.de

Für Susanne

Inhalt

Prolog

Im Februar 2010 haben Liz Mohn und ihr Sohn Christoph einen Termin im Stadtmuseum in Gütersloh. Auf Initiative von Ulrike Naim, die bei der Bertelsmann Stiftung für Öffentlichkeitsarbeit zuständig ist, hat das Museum zwei Jahre zuvor eine Dauerausstellung »Stiften und Schenken« eingerichtet. Nun besichtigt Liz Mohn mit ihrem Sohn zusammen eine Bronzeplastik ihres am 3. Oktober 2009 verstorbenen Mannes. »Das ist ein guter Platz«, sagt sie über den Ehrenplatz, wie die Lokalzeitungen *Neue Westfälische* und *Die Glocke* berichten. »Die Büste passt hier wunderbar hin.« Die Plastik ist eine Arbeit des Bildhauers Hubert Hartmann aus ihrem Heimatort. Der Wunsch, die Büste öffentlich im Museum auszustellen, kam von Bertelsmann. »Es ist unser Anliegen, die Erinnerung an meinen verstorbenen Mann wachzuhalten«, sagt Liz Mohn.

Der Name der Ausstellung ist kein Zufall. Das Begriffspaar »Stiften und Schenken« gehört im Verständnis der Bertelsmann Stiftung zusammen. Dass sie eine Schau mit diesem Titel anregt und das Unternehmen dem Museum dafür eine Büste von Reinhard Mohn schenkt, ist alles Teil der Botschaft: Reinhard Mohn hat die Allgemeinheit mit seiner Stiftung beschenkt. Stiften ist schenken. Diese Botschaft verbreiten die Mohns und Stiftungsmitarbeiter seit vielen Jahren. Dieses Buch zeigt, dass die Wirklichkeit komplizierter ist. Gemeinnutz im Verständnis von Reinhard Mohn ist erstaunlicherweise oft gerade das, was seinem Unternehmen nutzt. Das ist das eine Problem. Das andere ist, dass die Stiftung sich ungeniert der Politik annähern kann. Der Öffentlichkeit wird diese Verbindung abwechselnd als normal, harmlos oder gemeinnützig vermittelt. Aber ist sie das wirklich?

Am 1. Juli 2010 feierte Bertelsmann den 175. Geburtstag des Unternehmens. Es sollte am Unternehmens- und Stiftungssitz in Gütersloh eine große Feier geben und im September wird Bertelsmann auch in Berlin mit Politikern, Künstlern und Prominenten feiern. Ein Jahr nach dem Tod von Nachkriegs-Unternehmensgründer und Stifter Reinhard Mohn wird man dann sein Lebenswerk rühmen. In seinen eigenen Augen und Worten war das die Stiftung. Mit ihr wollte er den Erfolg seines Unternehmens, den er vor allem mit seinem Führungsstil begründete, auf Staat und Gesellschaft übertragen. Aber Mohns erster Gedanke bei der Gründung der Stiftung galt nicht der Gesellschaft, sondern seinem Unternehmen. Er wollte es über seinen Tod hinaus erhalten, ohne dass die Erben einen Teil verkaufen müssen, um die Erbschaftsteuer bezahlen zu können.

Gegründet hat Mohn die Stiftung 1977. Im Laufe der Jahre wuchs sie zu einem Institut mit 330 Mitarbeitern und 60 bis 70 Millionen Euro Jahresbudget. Man könnte sie als eine private Forschungsuniversität mit exklusivem Zugang zur politischen und gesellschaftlichen Elite bezeichnen. Teilweise operiert sie als Thinktank, der Diskussionen und Entwicklungen in vielen gesellschaftlichen Bereichen lenkt und beeinflusst: von Europa- und Bildungspolitik bis zur Gesundheits-, Kommunal-, Verwaltungs- und Arbeitsmarktpolitik. Die Grundlagen für Hartz IV wurden von der Stiftung ebenso entwickelt wie die Studiengebühren und Hochschulräte durchgesetzt. Doch was legitimiert sie dazu? Mit welcher Berechtigung werden einem halb privaten Institut, das sich in Politik und Staat einmischt, die Steuergelder erlassen? Agiert sie wirklich so selbstlos, wie sie behauptet? Was ist ihre Agenda? Wie setzt sie sie durch? Wie erfolgreich und effizient ist sie? Um diese Fragen geht es in dem vorliegenden Buch.

Die Bertelsmann Stiftung ist ein Zentrum der Macht, mit dem die Familie Mohn (die noch 23 Prozent der Bertelsmann AG besitzt, aber sowohl das Unternehmen als auch die Stiftung vollständig kontrolliert) Nähe zur Politik schafft, Einfluss nimmt und ihr Unternehmen erhält. Warum ist die Nähe zur Politik so heikel? Die Stiftung versammelt die Entscheidungsträger des Staats. Sie lädt ein und übernimmt selbstlos die Rechnung, wie sie sagt. Aber es wäre zu einfach, ihr das zu glauben. Die Stiftung will Einfluss nehmen und dazu braucht sie das Ohr und die Sympathie der Personen, die Politik in Gesetze gießen. Dieselben Leute bestimmen allerdings auch über die gesetzlichen Grundlagen, auf der die Stiftung agiert, und daraus resultiert ein grundsätzlicher Konflikt.

Die Stiftung hat sogar die Politik in ihrem ureigensten Bereich beeinflusst. Als das Modell der Bertelsmann Stiftung von angekündigten Reformen des Stiftungswesens 1997 und nach dem Regierungswechsel 1998 bedroht und infrage gestellt wurde, hat sie sich wie keine andere Stiftung in dieser Reformdebatte engagiert, indem Stiftungspersonal in vielen Expertenrunden darüber mitdiskutierte, wie eine solche Reform aussehen sollte, und viele Schriften zum Stiftungswesen herausbrachte. Am Ende stimmte die rot-grüne Bundesregierung, die von der Stiftung in zahlreichen Ministerien beraten wurde, nur jenen Reformideen zu, die der Bertelsmann Stiftung zuträglich waren.

mann Stiftung, Gunter Thielen, im April 2008 der *FAZ*. Aber ist die Stiftung wirklich unabhängig von der Politik, die sie berät? Die Haltung hinter Thielens Worten könnte heißen: Die Stiftung ist politisch unabhängig. Das wäre gut so. Kritisch betrachtet kann die Aussage auch bedeuten: Die Stiftung steht über der Politik, im Sinne von Einfluss und Macht. Sie ist sich bewusst, dass sie in ihrer Position unangreifbar ist. Denn Politiker sind zu sehr mit sich selbst und ihren Machtkämpfen beschäftigt, als dass sie für Transparenz sorgen und den Einfluss der Stiftung dort begrenzen würden, wo es nötig wäre.

Neben der politischen Einflussnahme muss auch die Frage gestellt werden, ob die Stiftung wirklich unabhängig vom Unternehmen agiert. So versuchte die Stiftung beispielsweise die deutsche Rundfunkpolitik und ihre Aufsicht zu reformieren. Das ist ein Interessenkonflikt, schließlich ist die Bertelsmann AG, an der sie 77 Prozent der Kapitalanteile hält, mit RTL der größte private Rundfunkveranstalter Europas. Ein ähnlicher Interessenkonflikt ergibt sich bei der Beratung von Kommunalpolitikern: Die Stiftung setzt sich für effizientere Verwaltungen ein und rät zu Outsourcing von Dienstleistungen – und das Unternehmen macht ein Geschäft daraus.

Die Stiftung agiert zuweilen wie eine Unternehmensberatung für staatliche Einrichtungen: Ob Arbeitsweise, Kultur und Produktivität in Gemeinden, Finanzämtern, Hochschulen oder Krankenhäusern – Reinhard Mohn ließ alles messen. Einmal suchte er nach einer Messgröße, um den Erfolg von Partnerschaft und Ehen zu messen, weil gescheiterte Beziehungen und Scheidungen die Gesellschaft viel Geld kosteten. (Das Projekt einer halbwissenschaftlich agierenden Partneragentur wurde indes nie verwirklicht.) Im Alter entwickelte er großes Interesse an Religiösität und ließ ihre Kraft weltweit in einem sogenannten Religionsmonitor messen. Am liebsten würde er auch den Erfolg von Politikern messen lassen, sagte er einmal. Mohn wollte alles messen und den Menschen Vergleichsdaten zukommen lassen, nur eines ließ er außer Acht: die Effizienz seiner Stiftung und ihren Nutzen für die Allgemeinheit.

Wie sehr ist die Bertelsmann Stiftung dem Allgemeinwohl verpflichtet? Immerhin agiert die Stiftung steuerfrei. Sind die Millionen an Ausgaben gerechtfertigt? Die *Frankfurter Allgemeine Sonntagszeitung (FAS)* berichtete 2007, seit dem Amtsantritt von Liz Mohn breite sich eine »neue Großmannssucht aus« und ein Bankett für Politik und Gesellschaft jage das nächste, »bei zugleich schwindendem intellektuellen Ertrag«. Kongresse wie das Internationale Bertelsmann Forum kosten angeblich bis zu einer Million Euro; nebst Erster-Klasse-Flüge für ausländische Politiker, wie die *FAS* berichtete.

Ist eine Stiftung, die die Politik beeinflusst, noch die Privatangelegenheit der Familie Mohn? Wohl kaum. Die Öffentlichkeit hat in Deutschland bei Stiftungen aber nichts zu sagen – im Unterschied zu den USA, beispielsweise. Stifter und ihre Mitarbeiter betonen gerne, dass ein Stifter wie Reinhard Mohn fast sein ganzes Vermögen der Allgemeinheit geschenkt hat. Das ist eine geschickte PR-Formulierung. In Wirklichkeit gehören Stiftungen sich selbst und die eigentliche Frage ist, wer sie kontrolliert. Im Falle der Bertelsmann Stiftung ist das nicht die Allgemeinheit, sondern die Familie Mohn. Die Öffentlichkeit stellt dieses System nicht lautstark genug infrage. Politiker sehen keinen Bedarf zu handeln.

Transparenz ist der Stiftung wichtig. Sagt sie. Als sie 2002 ihr 25-jähriges Bestehen feierte, vergab sie ihren Carl Bertelsmann-Preis, der nach dem Gründer des gleichnamigen Medienunternehmens benannt ist, an Transparency International. Die Organisation sorge für Transparenz und bekämpfe dadurch erfolgreich Korruption, hieß es zur Begründung. Transparenz sei die Grundlage für Wettbewerb und Effizienz, betonte damals der Vorstandsvorsitzende der Stiftung, Gunter Thielen. Besonders wichtig sei Transparenz für den, der dem Gemeinwohl dienen wolle. Denn »zur Legitimierung notwendiger Reformanstöße ist Offenheit eine wesentliche Bedingung.«

All das trifft in besonderer Weise auch auf die Bertelsmann Stiftung selbst zu. Aber ist sie transparent? Oberflächlich ja. Sie veröffentlicht einen aufwendig gestalteten Jahresbericht, hält eine Bilanzpressekonferenz und beschäftigt mehrere Pressesprecher. Doch nach welchen Kriterien funktioniert sie? Wer bestimmt und kontrolliert sie? Erhält sie vom Gewinn des Unternehmens den Anteil, der ihr zusteht? Warum hat sie die Satzung so umfassend und weitreichend geändert, dass sie auf alle Ewigkeit einzig der Familie Mohn verantwortlich ist? Wieviel Geld gibt sie in Form von aufwendigen Konferenzen aus, um Zugang zur Politik zu erhalten? Wie teuer kommen die Sangeswettbewerbe, wie viel kosten teure Reisen ins Ausland – angeblich immer im Dienst des Gemeinwohls? Wer Details wissen will zu ihrem Vermögen und nach welchen Kriterien sie Geld ausgibt, der stößt schnell an Transparenzgrenzen.

Dabei herrscht in der Öffentlichkeit ein Wissensdefizit über Vorgehen und Inhalte der Stiftung, wie eine Untersuchung der Stiftung ergab. Wie sehr die Stiftung ihre Interessen vertritt und durchzusetzen versucht, ist offenbar nicht bekannt. Gemeinsam mit dem F.A.Z.-Institut hat die Stiftung 2001 eine Imagestudie erarbeitet; ihre Ergebnisse treffen vermutlich im Wesentlichen auch heute noch zu. Demnach gehört die Bertelsmann Stiftung neben der Konrad-Adenauer-Stiftung, der Friedrich-Ebert-Stiftung und der Volkswagen-Stiftung zu den vier bekanntesten Stiftungen in Deutschland. 90 Prozent der Entscheider kennen sie. Aber nur 16 Prozent konnten konkrete Projekte richtig benennen. Die Stiftung zog in ihrem Mitarbeitermagazin *Einblick* gegenüber ihren Mitarbeitern in der Aussgabe 9/2001 folgende Bilanz aus der Imageanalyse: »Die Entscheider haben ein eher diffuses Bild von den Aktivitäten und Projekten. So sind zum Beispiel rund 70 Prozent der falschen Auffassung, die Bertelsmann Stiftung vergebe Stipendien zur wissenschaftlichen Nachwuchsförderung. Ihr ausdrücklich operativer Charakter ist offenbar nicht bekannt.« Ausgerechnet der operative Charakter ist also nicht hinreichend transparent, obwohl sich gerade daraus Interessenkonflikte und berechtigte Fragen ergeben.

Ich habe die Stiftung jahrelang beobachtet und zahlreiche Veranstaltungen mit Liz und Reinhard Mohn besucht – etwa als Bundeskanzlerin Angela Merkel eine Rede zur Verleihung des Carl Bertelsmann-Preises hielt, als sie als Oppositionsführerin ein Buch von Reinhard Mohn vorstellte oder als Bundespräsident Johannes Rau 2002 die Festrede zum 25-jährigen Jubiläum hielt. Die Mohns selbst wollten sich nicht befragen lassen. Ihre Stiftung hat diese Recherche zwar unterstützt, indem sie Dutzende von Schriften und Studien zugänglich machte und Mitarbeiter teilweise zu Auskünften und Gesprächen bereit waren. Sobald die Fragen aber tiefer gingen und Interessenkonflikte, die strikte Kontrolle durch die Familie Mohn oder die Verwendung der Gelder betrafen, endete das Bekenntnis zur Transparenz.

Dabei wirft die Stiftung nicht nur mit Projekten, sondern bereits mit ihrer Konstruktion und Mittelzuteilung Fragen auf. Wieso erhält sie für 77 Prozent der Anteile an der Bertelsmann AG 60 bis 80 Millionen Euro jährlich, während dem Investor Albert Frère für 25 Prozent jährlich 120 Millionen Euro zugesagt waren? Sollte die Öffentlichkeit nicht darauf dringen, dass sie erhält, was ihr zusteht? So einzigartig die Stiftung in ihrer Nähe zur Politik und in ihrem Bestreben ist, Einfluss auf Gesetze zu nehmen, so beispielhaft ist sie in ihrer Konstruktion für viele unternehmensverbundene Stiftungen. Sie sind gemeinnützig, stellen aber das Wohl des Unternehmens an die erste Stelle. Das Buch beleuchtet diesen Missstand des deutschen Stiftungswesens am Beispiel der Bertelsmann Stiftung und zeigt, warum eine Reform mißlang.

Als ich am Ende der Recherche in 44 Punkten rund 100 Fragen einreiche (ein erster Teil meiner Fragen) und die Vorstandsmitglieder zum wiederholten Mal um ein Gespräch bitte, antwortet Sprecherin

Karin Schlautmann: »Dem Informationswunsch der Öffentlichkeit in inhaltlichen und finanziellen Fragen kommen wir nach unserer Einschätzung umfassend in den Veröffentlichungen der Bertelsmann Stiftung nach. Daher möchte ich Ihnen mitteilen, dass kein Vorstandsmitglied für ein Interview zur Verfügung steht. Die Bertelsmann Stiftung nimmt auch zu den 44 Punkten, die Sie als Fragen eingereicht haben, keine Stellung.«

Was nach Meinung der Stiftung umfassend ist, erlaubt kein umfassendes Bild der Arbeit und Finanzierung. Die Stiftung verweist gerne darauf, dass sie national und international tätig ist. Aber als der Vorstand Ende April den Jahresbericht vorstellt, sind nur bestimmte Journalisten erwünscht. Auf meine Bitte um eine Einladung zur Jahrespressekonferenz antwortet Pressesprecher Andreas Henke: »Wie schon in den vergangenen Jahren richtet sich die Einladung zur Jahrespressekonferenz der Bertelsmann Stiftung an Journalisten in der Region Ostwestfalen. Aus diesen Gründen können wir Ihnen leider keine offizielle Einladung zusenden.«

Transparenz ist Reinhard Mohns Vermächtnis, so wie es seine Erben darstellen. Sie zitierten ihn im April 2010 mit den Worten: »Transparenz fördert in der Gesellschaft und in der internationalen Zusammenarbeit Verlässlichkeit und Vertrauen.« Seine Idee, Leistungen vergleichbar zu machen, alles zu messen, folgte stets dem Gedanken der Transparenz. Was offen liegt, darüber kann diskutiert werden und das kann verbessert werden. Warum nimmt sich die Stiftung davon aus? Warum nehmen Politik und Öffentlichkeit sie davon aus?

Vor sechs Jahren setzte sich die Stiftung für ein Informationsfreiheitsgesetz und das Recht der Bürger auf Akteneinsicht in Behörden ein. Das ist im Sinne der Bürger. Nordrhein-Westfalen erhielt ein solches Gesetz, aber Stiftungen wurden davon ausgenommen, obwohl sie gemeinnützig und steuerbefreit sind. Transparenz gilt für andere. Die Bertelsmann Stiftung bleibt von der Öffentlichkeit weitgehend unkontrolliert. Dieses Buch ist ein Anfang, sie ein wenig transparenter zu machen.

1. Ein Modell für Deutschland – Vorläufer und Grundprinzipien der Bertelsmann Stiftung

Eine Stiftung ist ein Vermögen, verbunden mit einer Idee. Die Idee betrifft die Frage: Was fördern? Kern und Voraussetzung einer Stiftung ist also Kapital, das der Besitzer in eine Stiftung einbringt. Er muss das Vermögen erben oder schaffen. Reinhard Mohn hatte beides: Er erbte und er schuf. Das Vermögen, das er erbte, bestand aus einem Verlag, den der Vater mit Opportunismus und Anbiederung an die Machthaber im »Dritten Reich« durch den Zweiten Weltkrieg gebracht hat. Der 1921 geborene Reinhard Mohn baute ihn in den Nachkriegsjahren weiter auf.

Als Soldat lernte Mohn, dass erfolgreiches Führen bedeutet, Verantwortung zu delegieren. Darauf hatte ihn ein traumatisches Erlebnis im Krieg gebracht. Als 21-jährigem Leutnant waren ihm 45 vorbestrafte Soldaten unterstellt. Als sich einer zu spät zurückmeldete und Mohn ihm drohte, ihn zu melden (was den Betroffenen ins Gefängnis gebracht hätte), erschoss dieser sich. Daraus lernte Mohn, dass Disziplin ohne Eigenverantwortung unverantwortlich ist. Wer führt, muss Verantwortung delegieren, um erfolgreich zu sein. Auf diesen Grundsatz baute Mohn sein Unternehmen auf. Dezentrale Führungstechnik und Delegieren von Verantwortung wurden zu Mohns Schlüsselbegriffen, die sein Verständnis von Unternehmenskultur prägten. Diese Erkenntnis wollte er mit seiner Stiftung der Gesellschaft weitergeben.

Die Bertelsmann AG ist heute ein Unternehmen, in dem 2009 rund 100 000 Mitarbeiter in 1 013 Einzelfirmen mit Fernsehen (RTL Group), Zeitschriften (Gruner + Jahr), Büchern (Random House) und Dienstleistungen (Arvato) in mehr als fünfzig Ländern 15,4 Milliarden Euro Umsatz erwirtschafteten. Bertelsmann ist somit Europas größter Medienkonzern. Kapital- und Stimmrechte sind getrennt. Mehrheitseigentümerin ist mit 77,4 Prozent der Kapitalrechte die von Familie Mohn kontrollierte Bertelsmann Stiftung; der Rest ist in Familienbesitz. Alle Stimmrechte kontrollieren Liz Mohn und zwei ihrer sechs Kinder, Brigitte und Christoph, über die sogenannte Bertelsmann Verwaltungsgesellschaft mbH. Obwohl die Stiftung gemeinnützig ist und somit von der Allgemeinheit finanziell gefördert wird, bestimmt de facto Familie Mohn alleine.

Mohn gründete 1977 die Bertelsmann Stiftung, in Sorge, seine Erben würden sonst aus steuerlichen Gründen gezwungen werden, Bertelsmann aufzuteilen. »Die dominierende Zielsetzung«, wie Mohn 1986 in seinem Buch *Erfolg durch Partnerschaft* schrieb, war »die Sicherung der Unternehmenskontinuität«. Indem die Stiftung das Kapitalvermögen übernimmt, sollte sie »die dann nicht mehr durch Erbschaftsteuer belastete Finanzierungskontinuität gewährleisten«. Am 16. September 1993 übereignete er der Stiftung mit 68,8 Prozent die Mehrheit des Kapitals am Unternehmen. Die Stimmrechte behielt er selbst und brachte sie 1999 in eine Verwaltungsgesellschaft ein. Mit dem Kapitalerlös baute die Stiftung ihre Aktivitäten und ihren Einfluss kontinuierlich aus. Nachdem er sich 1991 an seinem 70. Geburtstag aus dem Unternehmen zurückgezogen hatte, engagierte sich Mohn weiter in der Stiftung, die er als sein Lebenswerk bezeichnete. Sie avancierte zur größten und einflussreichsten operativen Stiftung in Deutschland. Reinhard Mohn ersetzte den Missionseifer der Väter mit seiner Philosophie der Unternehmenskultur, die er mit Hilfe seiner Stiftung auf die Gesellschaft ausweiten wollte. Viele Projekte seiner Stiftung verfolgen das Ziel, die Gesellschaft nach messbaren Größen zu verändern. Während bei der Bertelsmann AG intern strenge Gewinnvorgaben gelten, die allen Firmen langfristig 10 Prozent Rendite vorschreiben, müssen alle Mitarbeiter laut den *Essentials* der AG zugleich einen Leistungsbeitrag für die Allgemeinheit erbringen. Dieser Leistungsbeitrag besteht unter anderem in der Arbeit der Stiftung. Die »Bertelsmann *Essentials*« sind eine Art Grundgesetz für die Mitarbeiter und schreiben vor: »Unsere Gesellschafter verstehen Eigentum als Verpflichtung gegenüber der Gesellschaft. Sie sehen das Unternehmen in der Marktwirtschaft dadurch legitimiert, dass es einen Leistungsbeitrag für die Gesellschaft erbringt. Diesem Selbstverständnis entspricht auch die Arbeit der Bertelsmann Stiftung, in die die Mehrheit der Bertelsmann Aktien eingebracht wurde.«

1998 übernahm Thomas Middelhoff den Vorstandsvorsitz des Unternehmens von Mark Wössner. Bertelsmann verdankt Middelhoff den Einstieg beim Internetanbieter AOL. Der Verkauf brachte Bertelsmann einen Rekorderlös (7,5 Milliarden Euro) und machte die Firma zu einem der wenigen Medienkonzerne, der von der Internet-Hysterie profitierte. Als sich die Internet-Träume nicht verwirklichen ließen, setzte Middelhoff aufs Fernsehen und kaufte schrittweise die Mehrheitsanteile beim Marktführer RTL, der heutigen cashcow von Bertelsmann. Reinhard Mohn setzte dafür sogar seine eherne Regel, niemals mit der gesamten Firma an die Börse zu gehen, außer Kraft. Im Tausch von einem Drittel aller RTL-Anteile gegen ein Viertel der Bertelsmann AG wurde dem belgischen Finanzier Albert Frère (GBL) dieses Recht, an die Börse zu gehen, zugesichert. Doch Reinhard Mohn fühlte sich nie wohl beim Gedanken an die Börse. Im Streit mit Middelhoff um den Verkauf von Anteilen der Familie Mohn und um den Einfluss von seiner zweiten Ehefrau Liz musste Middelhoff Bertelsmann 2002 verlassen.

Heute vertritt Liz Mohn die Familie in allen wichtigen Gremien (Aufsichtsrat, Stiftungsvorstand, Verwaltungsgesellschaft mbH), die strategische Entscheidungen treffen. Liz Mohn wurde am 21. Juni 1941 als Elisabeth Beckmann in einem Nachbarort von Gütersloh geboren und begann mit 17 Jahren als Telefonistin bei Bertelsmann. Sie heiratete einen Verlagslektor und bekam drei Kinder, die Reinhard Mohn nach beider Scheidung und seiner Heirat mit ihr 1982 adoptierte. 1993 gründete sie die Stiftung Deutsche Schlaganfall-Hilfe; 2002 wurde sie Vorsitzende der Verwaltungsgesellschaft, in der sie gemeinsam mit ihren Kindern Brigitte und Christoph die Stimmrechte ausübt. Auf ihren Druck hin kaufte Bertelsmann 25 Prozent seiner Aktienanteile 2006 von Albert Frère für 4,5 Milliarden Euro zurück.

Zwei der sechs Kinder von Reinhard Mohn sind bei Bertelsmann engagiert: Brigitte sitzt im Vorstand, ihr Bruder Christoph im Kuratorium der Stiftung. Gemeinsam mit ihrer Mutter sitzen beide auch im

Aufsichtsrat des Unternehmens. Seinen ältesten Sohn Johannes hat Reinhard Mohn jahrelang öffentlich als seinen Nachfolger ausgegeben, seinem jüngsten Sohn Andreas unterbreitete er später ebenfalls entsprechende Pläne – beide ließ er jedoch fallen. Sie haben auf das Schicksal von Bertelsmann keinen Einfluss mehr. Brigitte Mohn gilt als Nachfolgerin ihrer Mutter an der Spitze der Stiftung, seit Reinhard Mohn in seinem Buch *Von der Welt lernen* (2008) über seine Kinder schrieb: »Während sich unser Sohn Christoph durch große Eigenständigkeit auszeichnet, teilt Brigitte in ihrer zielgerichteten und verantwortungsvollen Art meine Auffassung, dass jedermann mit seiner Arbeit auch einen Beitrag für die Gemeinschaft zu erbringen hat. Sie wird als engagiertes Mitglied des Stiftungsvorstands zweifelsohne auch zukünftig ihren Beitrag zur Kontinuitätssicherung der Bertelsmann Stiftung leisten.«

Die Grundprinzipien der Stiftung

Die Bertelsmann Stiftung ist ein Produkt der jahrezehntelangen Erfahrungen, die Reinhard Mohn mit seinem Unternehmen machte. Zwei Dinge prägen das Wachstum von Bertelsmann: Mohn kopierte erfolgreiche Ideen und er sparte Steuern, wo es nur ging – um das Kapital für die Expansion des Unternehmens einzusetzen. Die entscheidende Frage, die Mohn sich immerzu stellte, lautete: Wie kann er das Geld, das in Form von Steuern für Staat und Gesellschaft bestimmt ist, im Unternehmen behalten? In den fünfziger Jahren gab er seinen Mitarbeitern den Gewinn. Dadurch konnte Mohn von 1951 bis 1955 den gesamten Gewinn dieser Jahre einbehalten und reinvestieren. Davor musste das Unternehmen 60 Prozent Steuern zahlen. 1955 führte Mohn nach demselben Modell eine Pensionskasse ein, 1970 rückwirkend ab 1969 die Mitarbeiterbeteiligung – auch das, um (neben den sozialen Effekten) Steuern zu sparen und Gewinne im Unternehmen zu halten.

»Mohn hat Steuersparen zur Religion erklärt«, sagt ein ehemaliges Vorstandsmitglied. »Steuerliche Gesichtspunkte haben stets eine große Rolle gespielt«, bestätigt sein ehemaliger Personalvorstand Georg Türnau. Und auch der ehemalige Finanzvorstand Siegfried Luther, der für Mohn 1977 die rechtliche Form der Stiftung ausgearbeitet hat, erklärt, dass solche Gesichtspunkte bei der Gründung der Stiftung und der regelmäßigen Überarbeitung der Papiere »eine wichtige Rolle spielten«.[1]

Bertelsmann ist gewachsen, weil Mohn Finanzinstrumente erfand, die den Steuersatz »bis an die Grenze des Legalen drückten«, wie es ein ehemals leitender Manager formulierte. »Eines seiner Hobbys heißt: Steuern sparen.« Eine seiner Lieblingsformulierungen im Gespräch mit seinen leitenden Managern lautet: »Gewinne unterpflügen!« Gewinne sollten in expandierenden Tochterunternehmen eingesetzt werden und so aus den Bilanzen verschwinden. Dass Mohn immer wieder Mitarbeiter aus seiner Steuerabteilung an die Spitze des Unternehmens holte, war kein Zufall, sondern Strategie. Seinen Einsatz für die Allgemeinheit sah er in den Arbeitsplätzen, die sein Unternehmen schuf. Dass es nur ein kleiner Teil der Allgemeinheit ist, dem die Steuerersparnis nutzt (nämlich seinen Mitarbeitern), wollte er offenbar nicht sehen.

In den Nachkriegsjahren machte Mohn als Unternehmer eine Erfahrung, die er später immer wieder und wieder vortragen würde, wenn er über das Prinzip seiner Stiftung sprach: Er kopierte erfolgreiche Ideen. So hatte er sich am Anfang seiner Laufbahn den Lesering, der später als Mohns Königsidee gelten wird, von anderen Buchgemeinschaften abgeschaut. Das System des Abo-Buchhandels hat er von der Büchergilde übernommen. Dieses Prinzip des Kopierens wird er später auch seiner Stiftung verordnen. Was sein Unternehmen erfolgreich gemacht hat, das soll die Stiftung auf die Gesellschaft übertragen. Ihm schwebte ein Deutschland vor, das so wie seine Bertelsmann AG wird. Ein Land, geprägt von Ideen hinsichtlich der Führung, die sein Unternehmen erfolgreich machten, und von jenen Ideen, die die Stiftung im Ausland entdeckt und importiert. Beides zusammen soll eine Bertelsmannrepublik Deutschland ergeben. Diesen Begriff verwendete Mohn zwar nicht selbst, aber es ist der Geist, den er predigte.

Vorläufer der Stiftung: Die Carl Bertelsmann Stiftung und der Bertelsmann Universitätsverlag

Mitte der fünfziger Jahre gründete Reinhard Mohn seine erste Stiftung, die Carl Bertelsmann Stiftung. Mohn ist zu dieser Zeit erfolgreich, aber er steht unter Druck. Er hat mit dem Lesering eine Gelddruckmaschine gefunden: Der »Lesering – Das Bertelsmann Buch« startete am 1. Juni 1950. Nach einem halben Jahr hatte er 52 000 Mitglieder, Mitte 1953 waren es mehr als 500 000. Seine Methoden wurden allerdings als »Bauernfängerei« bezeichnet. Der Lesering galt als System, das den Buchhandel benutzt, aber vor allem Mohn und Bertelsmann nutzt. Mohn ging gegen die Kritik mit Wohltätigkeit an. Kaufmännisches Geschick ist erlaubt, wenn man nicht nur als Ausbeuter auftritt. Mohn sprach mit seinen Kritikern und er rief eine Stiftung ins Leben, die Autoren unterstützen sollte.

Am 15. April 1954 begrüßten Reinhard und sein Bruder Sigbert in Hamburg das millionste Mitglied des Leseringes. Dabei verhinderten die Brüder geschickt, dass eine negative Berichterstattung über die Bücherfabrik den Glanz der Feier trübt. Das taten sie, indem sie nicht das millionste Mitglied in den Mittelpunkt stellten, sondern die Gründung einer Stiftung für Autoren: die Carl Bertelsmann Stiftung. Indem man junge Autoren förderte, konnte man der Öffentlichkeit vor Augen führen, dass man nicht nur Geld zu kassieren verstand, sondern auch bereit war, Geld auszugeben. Bertelsmann stiftete 50 000 Mark, um damit zehn Autoren im Jahr 1954/55 ein Jahr lang mit monatlich 400 Mark zu unterstützen. Bertelsmann leiste damit »einen sehr wichtigen Beitrag zur deutschen Literatur«, sagte Sigbert.

Diese erste Stiftung folgte bereits Prinzipien, die Mohn später auch bei seiner Bertelsmann Stiftung verwirklichen wird. Um die öffentliche Meinung über Buchclubs zu lenken, gründete Mohn ein Institut für Buchmarktforschung (IBF) in Hamburg. Als Leiter setzte er seinen Verlagsleiter Wolfgang Strauß ein. Das Institut vergab Forschungsaufträge und regte Untersuchungen an. Finanziert wurde das Institut von der Stiftung, welche auch die Umsetzung der Forschungsergebnisse unterstützte, wie es in einem Tätigkeitsbericht des Instituts heißt. So sammelte Mohn erste Erfahrungen mit einer Stiftung und verstand sie geschickt für die eigenen geschäftlichen Belange einzusetzen. Man könnte auch sagen: zu instrumentalisieren. Die Kosten für Mohns Propaganda für seinen Buchclub übernahm vermutlich die Allgemeinheit, weil seine Stiftung gemeinnützig agierte.

Reinhard Mohn wollte eigentlich studieren und Ingenieur werden. Die Zeit des Lesens und Lernens in der Lagerbibliothek in amerikanischer Kriegsgefangenschaft hat er genossen. Weil nach seiner Rückkehr die Universitäten geschlossen waren, übernahm er den elterlichen Betrieb und machte nebenher eine Lehre zum Buchhändler. Den Gedanken ans Studium musste er aufgeben. Ende der sechziger Jahre gründete Mohn den Bertelsmann Universitätsverlag, den man als einen thematischen Vorläufer der Arbeit der späteren Stiftung sehen kann: Das Verlagsprogramm umfasste Themen wie Schule, Hochschulreform, Politikberatung und Unternehmensführung. Betreut wurde dieser Verlag von Wolfgang Strauß, der zugleich den C. Bertelsmann Verlag, den Verlag für Buchmarktforschung und das erwähnte Institut für Buchmarktforschung leitete.

Als Herausgeber gewann er den Sozialwissenschaftler Helmut Schelsky, den Gründer der Universität Bielefeld, und dokumentierte in seinem Verlag die Konzeption der Universität durch Schelsky. Mitherausgeber war Paul Mikat, der damalige Kultusminister von Nordrhein-Westfalen. Hartmut von Hentig schrieb über »Universität und Höhere Schule«, Heinz Hartmann und Hans Wienold über »Universität und Unternehmer«. Sie fragten: Was wollen Unternehmer von der Universität? Was müssten sie verlangen, was dürfen sie erwarten? Sie kommen zu dem Schluss: »Die Universität ist, der Anlage nach, durchaus fähig, eine Unternehmerelite heranzubilden.« Allerdings setze das eine Berufsperspektive voraus. Die Einbindung der Unternehmer »verspricht nicht nur einen Nutzeffekt für die Unternehmer, sondern für alle Beteiligten, darunter nicht zuletzt die Universitäten selbst«. Die Universität tendiere zur sozialen Abkapselung. »Wenn sie nun den Unternehmer als neuen Partner in ihre Bereiche aufnimmt, so bedeutet das auch für sie eine Steigerung ihrer Beteiligung am sozialen Wechselspiel.«

Klingt das nicht wie eine frühe Schrift für eine unternehmerische Universität? Reinhard Mohn selbst meldete sich nicht zu Wort, aber für ihn musste diese Schriftenreihe eine gewisse Befriedigung bedeuten. Er, der nie studiert hatte und keine Universität von innen kannte, machte sich nun von außen an ihre Reform und urteilte über gute oder schlechte Ergebnisse.

In diesem Sinne verlegte der Universitätsverlag 1969 ein Werk zur Reform der Hochschulen, geschrieben von Schelsky selbst. Es trägt den Titel *Abschied von der Hochschulpolitik oder Die Universität im Fadenkreuz des Versagens* und sorgte für Schlagzeilen. Schelsky war durch seine Bücher *Die skeptische Generation* (eine 1963 erschienene Studie über die deutsche Jugend) und *Einsamkeit und Freiheit – Idee und Gestalt der deutschen Universität und ihrer Reformen* (ebenfalls 1963 erschienen) ein berühmter Mann. Als er bei Bertelsmann seine Aufsätze und Reden zum Scheitern der Hochschulpolitik veröffentlichte, druckte der *Spiegel* einen mehrseitigen Vorabdruck in einer Titelgeschichte.

Ulrich Lohmar, ein Student von Schelsky, schrieb 1967 über *Wissenschaftsförderung und Politik-Beratung*. Er sah Politiker als »Großmäzene« der Wissenschaftler. Es ist im Rückblick ein kurioses Verständnis, weil er unter Wissenschaft Institute und Stiftungen versteht, die er in seinem Buch auflistet. Unter Politikern versteht Lohmar Angehörige der Regierung, des Parlaments und der Verwaltungsführung. Er schrieb: »Parlament, Regierung und Verwaltung haben in der Wissenschaftsförderung die Aufgabe eines ›Großmäzens‹ übernommen und können sich dafür in der gegenläufigen Beziehung zur Wissenschaft der Möglichkeiten der Politik-Beratung bedienen.«[2] Die Politik biete »eine wichtige Aufstiegsmöglichkeit«.

Lohmar schrieb also über die Wechselbeziehung zwischen Politik und Instituten oder Stiftungen und darüber, dass die Politik diese beratenden Institute und Stiftungen finanziere. In gewisser Weise ist das eine frühe Beschreibung des späteren Geschäftsmodells der Bertelsmann Stiftung. Ihre Wissenschaftler beraten Politiker und die Politiker sowie der Staat sorgen im Gegenzug für die Steuerbefreiung der Stiftung – gleichsam wie ein Großmäzen.

Das Modell der Mitarbeiterbeteiligung

Bertelsmann war das erste große Unternehmen in Deutschland, das seine Mitarbeiter am Gewinn beteiligte. Die Mitarbeiterbeteiligung kann als Modell für die Konstruktion der Stiftung kaum überschätzt werden und deshalb lohnt ein genauer Blick darauf. 1971 wurde Bertelsmann in eine Aktiengesellschaft umgewandelt, deren gesamtes Kapital im Besitz der Familie Mohn ist. Im Geschäftsjahr 1971/72 beschäftigte die AG 13 000 Mitarbeiter und machte 801 Millionen Mark Umsatz. In einer Liste der hundert größten Firmen stand sie an 92. Stelle. Von den 3800 Mitarbeitern, die aufgrund ihrer mindestens dreijährigen Betriebszugehörigkeit 1970 zum ersten Mal an dem neuen Modell teilnehmen konnten, beteiligten sich 84 Prozent. 1971 waren es 78 Prozent der Berechtigten.

Die teilnehmenden Mitarbeiter müssen einen Eigenbeitrag von 25 Prozent leisten, den sie gemeinsam mit dem Gewinnanteil der Bertelsmann AG über eine Beteiligungsgesellschaft zur Verfügung stellen. Den Gewinn daraus teilen sich Mohn und die Mitarbeiter. Dabei werden die Ausschüttungen an die Mitarbeiter in »Bertelsmann-Genussscheinen« angelegt, die an der Börse notiert sind. Die Verzinsung liegt bei 15 Prozent. Macht der Konzern Verlust, gibt es nichts – das ist das Risiko. Meist aber erhalten die Mitarbeiter einen Zinsgewinn in Höhe von einem oder sogar zwei zusätzlichen Monatsgehältern. Manchmal gibt es aber nur 20 Prozent eines Monatslohns. Ein Mitarbeiter, der 1970 beteiligt wurde und seine Anteile nicht verkauft hat (das ist nach zwei Jahren möglich), besaß 1995 ein Genussscheindepot im Wert von 48 000 Mark. Bei einem Kurs des Genussscheins von etwa 190 Prozent entspricht das 91 200 Mark. Außerdem wurden von 1970 bis 1995 Zinsen in Höhe von 82 870 DM auf die Genussscheine ausgeschüttet, sodass sich in 25 Jahren insgesamt 170 000 Mark angesammelt haben. Es ist ein System, das treue Mitarbeiter belohnt – keine Frage. Sie erhalten so eine Zusatzrente von rund 600 Mark monatlich.

Das Unternehmen profitiert freilich nicht minder: Durch den Eigenbeitrag der Mitarbeiter werden die Steuern und Sozialabgaben, die das Unternehmen für den Gewinn zahlen muss, in etwa ausgeglichen. Das heißt, dass dem Unternehmen der an die Mitarbeiter verteilte Gewinnanteil fast vollständig zur Verfügung steht – genauer zu 95 Prozent (Mohn müsste dagegen mehr als die Hälfte ans Finanzamt abführen). Mohn sagte: »Den Kapitalisten, der als Inhaber eines Großunternehmens mehr Befriedigung darin findet, selbst noch eine Million mehr zu erhalten, dafür aber hohe Steuern zu zahlen und im Endeffekt weniger Betriebskapital zu haben, kann ich mir gar nicht vorstellen.«[3]

Von 1970 bis 1995 hat das Unternehmen rund 13 000 Mitarbeiter beteiligt und der Umsatz des Unternehmens war in dieser Zeit von 700 Millionen Mark auf 20 Milliarden Mark gestiegen. Ohne die Mitarbeiterbeteiligung, die viel Geld im Unternehmen ließ, wäre dies laut Mohn nicht möglich gewesen. Das Geld, das die Mitarbeiter dem Unternehmen als Fremdkapital überlassen, gilt für den Konzern als Eigenkapital, weil es sehr langfristig zur Verfügung steht. Als das Modell 1995 sein 25-jähriges Bestehen feierte, zog Mohn Bilanz: »Es kann heute von niemandem und insbesondere nicht von den Aktionären bestritten werden, dass der ›Gewinnverzicht‹ eine langfristig gesehen richtige und für die Aktionäre außerordentlich gewinnträchtige Maßnahme gewesen ist.«[4]

Die Mitarbeiterbeteiligung ist ein Modell, das laut Mohn die Arbeitswelt reformiert hat. Es ging Mohn darum, wie er damals sagte, »eine Lösung zu entwickeln, die keineswegs nur – im Sinne herkömmlicher Sozialpolitik – Vorteile für den Mitarbeiter in seinen Einkommensverhältnissen zur Folge hat. Vielmehr sollte die zu entwickelnde Lösung zugleich auch Vorteile für das Unternehmen und seine Inhaber mit sich bringen.«[5] Andere Unternehmer zeigten wenig Verständnis für Mohns Ansatz und glaubten, er wolle sozialistische Verhältnisse predigen, die Unternehmen vergesellschaftlichen. Sie nannten ihn »roter Mohn«. Dabei funktioniert Mohns Modell nach kapitalistischen Grundsätzen: Unabdingbar sei, dass die Mitarbeiter am Risiko beteiligt seien, sagte Mohn. Das heißt: Wenn Bertelsmann Verluste machen würde, müssten die Mitarbeiter auf ihr Geld verzichten. Ihr Einsatz wäre dann verloren. Ein Recht auf Mitbestimmung will Mohn aus dieser Risikobeteiligung jedoch nicht ableiten. Der Arbeitnehmer könne sich ja wie ein Aktionär verhalten und seinen Anteil verkaufen, sagte Mohn.

Von politischer Seite gab es durchaus Zustimmung. Helmut Schmidt besuchte Mohn das erste Mal in Gütersloh in den fünfziger Jahren als junger Abgeordneter. Schmidt verfolgte den Aufstieg Mohns und war beeindruckt von seinem Modell: »Gewinnbeteiligung und Genussscheine für die Arbeitsnehmer sind Belege für Mohns eindrucksvolles Engagement und für seinen Mut zum Experiment«, schrieb Schmidt über Mohn. Die Gewerkschaften seien nicht begeistert gewesen von Mohns Modell, erinnert sich Schmidt. »Aber als objektiver Betrachter muss man anerkennen: Mohn hat als Unternehmer wie als Gesellschaftspolitiker eine Glanzleistung vollbracht; er ist das Gegenteil eines ›freibeuterischen Kapitalisten‹ «.[6]

Es spricht in der Tat einiges für die Beteiligung der Mitarbeiter am Kapital, denn in Deutschland wird immer noch Arbeit stärker besteuert als Kapital. Mohn machte in seinem Modell allerdings zur Bedingung, dass die Mitarbeiter nicht direkt am Kapital beteiligt werden, sondern über die Genussscheine. Diese entsprechen stimmlosen Aktien – eine Art Gutschein. Den aktuellen Nutzen hat zunächst derjenige, dem das Kapital gehört, also Mohn. Es ist folglich eine Ironie, dass die Bertelsmann Stiftung sein Modell in einer Publikation 1997 mit den folgenden Worten Mohns begründet: »In der Welt der Arbeit wollen sich die Menschen heute identifizieren und verwirklichen können, sie wollen mitdenken, mitsprechen und mitgestalten.«[7] In Wirklichkeit ließ Mohn die Mitarbeiter nur mitfinanzieren, nicht mitsprechen oder mitgestalten. Mohn bestimmte alleine, was mit seinem Unternehmen passiert. Aber er verstand es, seinen Mitarbeitern und der Öffentlichkeit den gegenteiligen Eindruck zu vermitteln.

In der Öffentlichkeit und in der Presse wurde durchaus der Eindruck erzeugt, Mohn habe seine Mitarbeiter tatsächlich am Unternehmen beteiligt. Das geht so weit, dass die *Tagesschau* am Tag seines Todes 2009 im Nachruf einen alten O-Ton von Mohn sendete, in dem er sagt, das Unternehmen gehöre zu einem großen Teil den Mitarbeitern. Der Hinweis, dass diese nichts zu sagen haben, dass es sich nur um Genussscheine und nicht um Aktien handelt, und dass also 100

Prozent des Kapitals und der Stimmen der Bertelsmann AG im Besitz der Stiftung und der Familie Mohn sind, unterbleibt.

Die Stiftung ist die logische Fortsetzung oder Weiterentwicklung des Modells der Gewinn- und Mitarbeiterbeteiligung. Mohn machte damit praktisch alle Deutschen zu seinen Mitarbeitern und Teilhabern – indem sie die Projekte der Stiftung durch Steuererlass mitfinanzieren. Er gründete so die Bertelsmannrepublik Deutschland. Sie ist ein Geschenk an die Allgemeinheit. Alle sollen sich am Ausbau seines Unternehmens beteiligen. Das sagt Bertelsmann ganz offen auf seiner Website. Da nur ein kleiner Teil der Gewinne an die Aktionäre ausgeschüttet werde, verbleibe der »weitaus größte Teil der Gewinne im Unternehmen«. Was die Entscheidungen betrifft, so ist das Modell weder sozialistisch noch demokratisch. Es bleibt kapitalistisch. Das Ziel der Bertelsmann Stiftung ist klar: eine durch Wettbewerb und Vergleich geprägte Gesellschaft.

Aber womit will Mohn diese Gesellschaft motivieren? Seine Mitarbeiter hat er durch Beteiligung am Gewinn motiviert. Gewinn winkt auch dank Mohns Wettbewerb in der Gesellschaft, aber nicht alle werden davon profitieren. Es wird auch Verlierer geben. Mohns Mitarbeiter können wählen, ob sie für ihn arbeiten und ob sie sich beteiligen wollen. Aber worin besteht die Wahl der Bürger? Wer bestimmt in seinem Modell? Gewinner sind automatisch diejenigen, die an der Macht sind. Mohn plante zwar Wettbewerb in Verwaltung und in Institutionen, im Arbeitsmarkt und in den Hochschulen, aber an der Spitze akzeptiert Bertelsmann die Machtverteilung nicht. Mohns Modell hat einen Verlierer: die Allgemeinheit. Denn ohne das Modell müsste Bertelsmann Steuern abführen, die er aber auf diese Weise im Unternehmen behält. Der Staat geht leer aus.

Mohn machte nichts Illegales. Er nutzte nur bestehende Steuerlücken aus. Es kam ihm, aber auch seinen Mitarbeitern zugute. In Mohns Augen war das gemeinnützig. Anders ist nicht zu verstehen, dass Mohn das Modell der Mitarbeiterbeteiligung als Projekt in seiner gemeinnützigen Stiftung fördert und dafür Werbung macht. Man könnte entgegnen, dass dies Aufgabe einer Unternehmensberatung, nicht aber einer gemeinnützigen Stiftung ist. »Mitarbeiterbeteiligung ist einer der wichtigsten Bausteine einer zukunftsorientierten und partnerschaftlichen Unternehmenskultur«, betont die Stiftung.[8]

Von Beginn an betrachtete Mohn sein Modell als Modell für Deutschlands Unternehmen. Die klare Trennung von Gewinnbeteiligung und Vermögensbildung sollte anderen Unternehmern die Angst nehmen, dass sie mit einer Beteiligung automatisch die unternehmerische Führung aus der Hand geben würden, sagte Mohn. Er möchte »mit seinem Modell ein Beispiel geben und andere Unternehmer zur Nachahmung ermuntern«, wie er dem Journalisten Michael Jungblut für dessen Buch *Nicht vom Lohn allein* diese Trennung erläuterte. Und deshalb also die Trennung von Kapital und Stimmrechten? Anderen Unternehmern Angst vor der Nachahmung nehmen? Man darf freilich getrost annehmen, dass Mohn selbst genau diese Angst zu diesem Modell der Trennung der Kapitalanteile vom Stimmrecht animiert hat. Mohn versicherte Jungblut, er selbst habe »diesen Komplex mit einer vorgeschalteten Vermögensverwaltungsgesellschaft völlig ausgeschaltet.«

Das Modell bringt auf den ersten Blick nur Vorteile. Dabei sind die Nachteile für die Allgemeinheit in die DNA dieses Modells eingearbeitet. Mohn wollte das allerdings nicht sehen und wer den Ursprung des Stiftungsmodells kennt, wird zumindest nachvollziehen, warum Mohn trotz der Fehler und Schwächen immer von seinem Stiftungsmodell überzeugt war, denn für ihn gab es nie Schwächen.

Mohn hatte immer alles unter Kontrolle – sei es bei der Beteiligung der Mitarbeiter oder später in seiner Stiftung.

2. Auf geduldige Art Felsen sprengen – Gründung und Aufbau der Stiftung

Der 14. März 1977 ist die Geburtsstunde der Bertelsmann Stiftung. An diesem Tag erhielt Mohn die offizielle Genehmigung zur Einrichtung einer Stiftung. Fast zwei Jahre lang existierte die Stiftung dann aber erst mal nur auf dem Papier. Erst im Januar 1979 wurde Hans-Dieter Weger Geschäftsführer und zugleich ihr erster Mitarbeiter. Er hatte sich auf eine in der *Frankfurter Allgemeinen Zeitung* ausgeschriebene Stelle für ein »im Aufbau befindliches wirtschaftswissenschaftliches Institut« beworben. Er bezog ein Büro in einem Miet- und Bürohaus in Gütersloh und musste sich seine Sekretärin mit dem Unternehmen teilen. Die Stiftung verfügte zu dieser Zeit kaum über Kapital: Mohn hatte sie lediglich mit 100 000 Mark ausgestattet. Weger erinnert sich, dass er Mohn alle Ausgaben zur Genehmigung vorlegen musste.

Mohn beriet sich mit Gerd Wixforth, dem Stadtdirektor von Gütersloh. Welche Projekte sollte die Stiftung fördern? Einige Bürger in Gütersloh regten an, eine Eislaufbahn zu bauen. »Ich hielt das für einen Witz, mit dem wir uns lächerlich machen würden«, erinnert sich Wixforth. Mohn wollte etwas gegen die Regulierung von Schulen unternehmen, die seiner Ansicht nach überreguliert waren. Wixforth regte dagegen zwei Projekte an, die Mohn tatsächlich in Angriff nahm: den Bau einer Stadtbibliothek in Zusammenarbeit mit der Stadt Gütersloh und eine Mediothek im Evangelischen Stiftischen Gymnasium, das beide besucht hatten.

Mit der Bibliothek wollte Mohn zeigen, dass der Staat seine Angebote effizienter organisieren könnte: mit Erfolg. In Gütersloh wurden mehr Menschen Mitglied in der Bibliothek als in anderen Städten; heute ist angeblich jeder zweite Bürger Kunde. Für das zweite Projekt schwebte Mohn zunächst das Thema Führung und Organisation in der Schule vor, dann entschied er sich jedoch für die Förderung audiovisueller Medien im Unterricht.

Im Kulturausschuss herrschte Skepsis. Einige Mitglieder fragten sich: Mohn sei nie als Mäzen in Erscheinung getreten. Fördere er die Bibliothek vielleicht nur, um mehr Bücher zu verkaufen? Wixforth beruhigte sie, dass es Mohn nicht um den Verkauf seiner Bücher gehe, sondern er selbst Mohn zu der Idee überredet habe.[1] 1984 waren die ersten Projekte abgeschlossen. »Jetzt können Sie Mitarbeiter einstellen«, teilte Mohn dem Geschäftsführer mit. Von da an wuchs die Stiftung.

Dass die Lokalpolitiker in Gütersloh ihre Zweifel nicht ganz ohne Grund äußerten, wird an einem weiteren Ansinnen Mohns deutlich, das er an Wixforth herantrug. Es ging um den Bau eines hochklassigen Hotels, damit Bertelsmann seine Gäste niveauvoll betreuen und bewirten könne. Als der zweite Unternehmer vor Ort, der Elektrogerätehersteller Miele, sich wegen der erwarteten Verluste nicht beteiligen wollte, drängte Reinhard Mohn die Stadt, nicht nur den Grund bereitzustellen, sondern auch die Hälfte der Verluste zu übernehmen. Doch Wixforth weigerte sich: er wollte die Stadt nicht an einem gewerblichen Wirtschaftsbetrieb beteiligt sehen. So überließ die Stadt Reinhard Mohn das Grundstück – für dreißig Jahre und zum symbolischen Preis von einer Mark im Jahr. Das Hotel eröffnete 1984; heute erzielt es mit Catering und Katinenbetrieben Gewinne.

Anlässlich Mohns 80. Geburtstags im Jahr 2001 verfassten die Manager Thomas Middelhoff, Gerd Schulte-Hillen und Gunter Thielen ein Buch mit dem Titel *Reinhard Mohn: Unternehmer, Stifter, Bürger* und beschrieben darin seinen Ansatz: »Es gibt Menschen, denen bereitet jeglicher Mangel an Ordnung und Effizienz ein solches Unbehagen, dass sie alles daransetzen in ihrer unmittelbaren Umgebung, aber auch im gesellschaftlichen Umfeld eine Ordnung zu schaffen, in der Individuum, Unternehmen und Gesellschaft gleichermaßen gedeihen können. Reinhard Mohn ist ein solcher Mensch.«[2] Manchmal wurde selbst den Stiftungsmitarbeitern etwas schwindelig, wenn zehn oder zwölf Leute am Tisch saßen – fast der ganze Mitarbeiterstab – und Mohn anhob zu erklären, wie man am effektivsten Verwaltungen reformieren und umbauen kann. Manchmal, wenn er im Unternehmen oder in der Stiftung darüber dozierte, fragten sich seine Mitarbeiter: Muss es denn immer gleich um das gesamte Land gehen?

Im Rückblick wirkt es, als habe Mohn schon immer in der Stiftung die Vollendung seines Lebenswerkes gesehen. Das sei aber falsch, sagten ehemalige Mitarbeiter des Unternehmens. In den ersten Jahren habe Mohn sich kaum mit der Stiftung beschäftigt. Er hatte sie gegründet und sie lief mit regionalen Projekten nebenher. Als er 1981 vom Vorstandsvorsitz in den Aufsichtsrat wechselte, hatten seine Manager Angst, dass er seine aktive Rolle als Aufsichtsrat zu ernst nehmen könnte und ihnen kaum Freiräume blieben. Also suchten sie ein Beschäftigungsfeld für ihn und Wössner bestärkte ihn darin, sich um seine Stiftung zu kümmern. Mohn allerdings gab sich nicht mit einer kleinen Stiftung zufrieden. Für ihn war fortan der Aufbau der Stiftung eine ernste Sache. Er ging den Aufbau ähnlich zielgerichtet an, wie er davor sein Unternehmen aufgebaut hatte. Die Stiftung war sein zweites Unternehmen, eines, das klein wirkte, mit dem Mohn aber viel größere Aufgaben in Angriff nahm.

Bei der Gründung der Stiftung 1977 verfügte Reinhard Mohn über 100 Prozent der Stimmrechte. Bis in die achtziger Jahre erhielt die Stiftung kein Geld, sondern lebte vom Unternehmen, das das Geld spendete (und auch steuerlich absetzte). Die Spendenbeträge waren nicht groß. Das lag wieder an steuerlichen Gründen, denn Mohn hatte nichts zu verschenken und spendete nur so viel, wie steuerlich absetzbar war. Im Geschäftsjahr 1989/90 gab die Stiftung 14 445 000 Mark für ihre Projekte aus, auf zwei Millionen Mark mehr beliefen sich die Gesamtausgaben, also inklusive Kosten für Verwaltung, Gebäude und Öffentlichkeitsarbeit.

Im Geschäftsjahr 1988/89 wanderte (unbemerkt von der Öffentlichkeit) erstmals ein kleiner Geschäftsanteil des Unternehmens zur Stiftung, sodass sie nun – als stille Beteiligung – Anteile am Unternehmen besaß und ab 1989 über ein Einkommen verfügte. Der Übertrag war die Vorbereitung auf Mohns Wechsel vom Unternehmen in den Aufsichtsrat, sagt Siegfried Luther, der die Stiftung in juristischen und steuerlichen Fragen betreute.[3]

Die Erb- und Schenkungsregelungen sind kompliziert. Immer wieder wurden die Verträge geändert. Reinhard Mohn hatte die Anteile eigentlich seinem erstgeborenem Sohn Johannes übertragen – aber nur auf dem Papier. Bevor die Schenkung an den Sohn in Kraft trat, ließ sich Mohn von Johannes schriftlich bestätigen, dass er seine Anteile der Stiftung schenken werde. Nach Auskunft Siegfried Luthers, der die komplizierten Verträge regelmäßig überarbeitete, sagte Johannes mehrfach, er begreife sich als Treuhänder, der seinen Anteil weiterreiche. Mohn blickte damals – wie so oft – nach Amerika, um sich Anregungen zu holen, sagt Luther, der die rechtlichen Fragen auch bei der Gründung der Stiftung geregelt hatte. Als Vorbild nahm Mohn sich die Ford Foundation in New York.

Das Vorbild in den USA: Die Ford Foundation

Die Ford Foundation ist eine der einflussreichsten Stiftungen in den Vereinigten Staaten. Lange Zeit war sie auch eine der umstrittensten Stiftungen, deren Einfluss sogar zu Anhörungen im Kongress und zu einer neuen Gesetzgebung und Einschränkungen hinsichtlich der Macht von Stiftungen führte. Mohn hatte ähnliche Gründe für die Stiftungsgründung wie Henry Ford, der Gründer des gleichnamigen Automobilwerks: Beide wollten die Erbschaftsteuer umgehen. Ford und Mohn gründeten Stiftungen, um Steuerregelungen zu umgehen, um ihr Unternehmen zu erhalten.

Der amerikanische Automobilunternehmer Henry Ford hasste den Staat, Steuern und Banken, schreibt der Journalist David Halberstam. Ford wollte das Unternehmen in seiner Familie behalten. Hätte er die Anteile seinen Nachkommen direkt überschrieben, dann hätte dies das Ende der Familienherrschaft über Ford bedeutet. Um die Erbschaftsteuern zu bezahlen, hätten sie einen so großen Anteil am Unternehmen verkaufen müssen, dass sie keine Mehrheit mehr besessen hätten. Ein Dilemma für Familien, die ihre Kontrolle erhalten wollen. Was tat Henry Ford? Um die Erbschaftsteuer zu vermeiden, gründete er eine Stiftung. Er nannte sie Ford Foundation und überschrieb ihr den Großteil der Aktien am gleichnamigen Automobilkonzern. Der Familie überließ er nur 5 Prozent der Anteile am Unternehmen. Allerdings übertrug er der Familie sämtliche Stimmrechte. Auf diese Art, schreibt Halberstam, konnte die Familie die Kontrolle über die Firma behalten, ohne Erbschaftsteuer zu bezahlen.

Allerdings gab es laut Halberstam zwei Probleme, als diese Konstruktion nach dem Tod von Ford in Kraft trat. Zum einen war Ford kein wohltätiger Mensch und hatte deshalb eine Stiftung gegründet, ohne ihr eine wohltätige Aufgabe zu geben. In seinen Augen bestand die Aufgabe der Stiftung ja darin, keine Steuern zahlen zu müssen. Die Tätigkeit der Stiftung war auf ein Minimum begrenzt. Das machte die Aufsicht misstrauisch. Im Kongress sah man die Stiftung als das, was sie war: »ein schamloses Steuersparmodell«[4]. Das andere Problem war die Familie selbst, die eigentlich gewohnt war, auf großem Fuß zu leben (einige der Haushalte der Ford-Familie verfügten über bis zu 16 Angestellte), und nach dem Tod von Henry Ford zu ihrer Überraschung feststellen musste, dass er der Familie nur 5 Prozent an seinem Unternehmen vermacht hatte. Das Unternehmen war nicht erfolgreich genug, als dass die Erben diesen aufwändigen Lebensstil hätten fortführen können.

Henry Ford hat die Ford Foundation 1936 gegründet. Als die Stiftung das Unternehmen erbte, wurde sie über Nacht zur reichsten und mächtigsten Stiftung in den USA. 1954 konnte sie viermal so viel Geld ausgeben wie die Rockefeller Stiftung, die auf Rang zwei der größten amerikanischen Stiftungen lag, und zehnmal so viel wie die Carnegie Corporation, die drittplazierte Stiftung. Doch die Familie war darüber nicht froh. Bei jedem Familientreffen machte das Wort von der Dividendenkrise die Runde. Selbst die Gehälter der Familienmitglieder, die in der Firma arbeiteten, reichten nicht aus, um den gewohnten Luxus weiter zu finanzieren.

Das ging nur, indem das Unternehmen an die Börse ging und zugleich das Kapital erhöhte. Damit vermehrte sich die Zahl der Aktien und die Familie konnte einen Teil der Aktien verkaufen, ohne die Kontrolle aufzugeben, so lange sie genügend stimmberechtigte Aktien behielt. Die Vorbereitungen für den Börsengang liefen heimlich und dauerten drei Jahre. Alle Beteiligten erhielten Decknamen: Die Stiftung hieß Grace, die neuen Börsenanteile hießen Gloria und der Marktwert hieß Florence. Im November 1955 ging das Unternehmen an die New Yorker Börse und erlöste damit 640 Millionen statt der erwarteten 100 Millionen Dollar. Es war ein Meilenstein in Sachen Börsengang und ein Meilenstein in Sachen Steuervermeidung, schreibt Halberstam. Fords Schwiegertochter Eleanor Clay Ford und ihre vier Kinder hätten 300 Millionen Dollar Steuern zahlen müssen, um die Kontrolle des Unternehmens zu behalten – so wie es dank des Börsengangs geschah. Denn die Familie behielt 40 Prozent der stimmberechtigten Aktien. In den frühen siebziger Jahren begann die Stiftung mit dem Verkauf der Anteile; 1971 bis 1974 verkaufte sie ihre Aktien und erhielt dafür insgesamt 1,372 Milliarden Dollar.

Aber Ruf und Einfluss der Ford Foundation haben nicht nur mit Geld zu tun. Die Ford Foundation änderte Vorgehensweise und Verständnis der Arbeit einer Stiftung, schreibt die amerikanische Juristin und Mitarbeiterin des konservativen *Manhattan Institute*, Heather Mac Donald. Als sich die Ford Foundation in den sechziger Jahren – also viele Jahre bevor es die Bertelsmann Stiftung gab – zu einem sogenannten »*activist*«- oder »*socially conscious*«-Vorgehen entschloss, wie Mac Donald dieses Verständnis nennt, habe sie eine weltweite Revolution im Stifterwesen ausgelöst: Dahinter stand die Idee, dass Stiftungen dem Allgemeinwohl nicht mehr dadurch dienten, dass sie starke Institutionen aufbauten, sondern dadurch, dass sie bestehende Institutionen infrage stellten. Die Bertelsmann Stiftung hat dieses Verständnis übernommen. Mohn ließ sich von der Ford Foundation inspirieren, sagt Siegfried Luther, der mit Mohn das Modell der Bertelsmann Stiftung ausarbeitete. Es war gar nicht nötig, dass er sich persönlich in den USA erkundigte. In Unternehmenskreisen und vor allem bei Steuerberatern sprechen sich solche Modelle schnell herum. Die Trennung von Kapital- und Stimmrechten war Mohn ja von seinen Mitarbeiterbeteiligungsmodellen vertraut.

In späteren Jahren erhielt die Bertelsmann Stiftung noch weitere Vorbilder. Neben der Ford Foundation sind das die Carnegie Corporation und die Brookings Institution. Denn die Bertelsmann Stiftung ist viel mehr als eine Stiftung. Ihren Einfluss gewinnt sie, weil sie Politiker und Beamte aktiv anspricht und mit Studien versorgt und dann gemeinsam Pilotprojekte konzipiert, die sie finanziert. Die Zahl ihrer Mitarbeiter beträgt mehr als das Dreifache der Robert Bosch Stiftung – der größten Stiftung in Deutschland, wenn man den Rankings des Bundesverbandes Deutscher Stiftungen folgt. Die Robert Bosch Stiftung hat 100 Mitarbeiter, während die Bertelsmann Stiftung 330 Mitarbeiter hat.

In Wirklichkeit sind es jedoch noch mehr, weil die Bertelsmann Stiftung für bestimmte Fachbereiche eigene Institute gegründet oder an Universitäten ausgelagert hat: Dazu zählen das Centrum für Hochschulentwicklung (CHE), das Centrum für Krankenhaus Management (CKM) und das Centrum für angewandte Politikforschung (CAP). Zusammen beschäftigen diese Institute mehrere Dutzend Mitarbeiter. Das heißt: die eigentliche Zahl der Mitarbeiter der Bertelsmann Stiftung liegt irgendwo zwischen 300 und 400. (Das CAP und das CKM arbeiten mittlerweile eigenständig und vollkommen unabhängig von der Stiftung.)

Mit diesem Stamm an Mitarbeitern, die aufgrund ihres Fachwissens, aber auch aufgrund ihrer Kontakte von der Stiftung beschäftigt werden, die sich vernetzen und mit Stiftungen und Instituten kooperieren, verfügt die Bertelsmann Stiftung über eine Truppe an hoch spezialisierten Fachleuten, die Behörden, Apparate und Ministerien betreuen. Fachleute, die es sich leisten können, langfristig an Themen zu arbeiten, die Studien anfertigen, in die Schublade legen und auf Gelegenheiten warten können, bis diese Studien nachgefragt werden und zu neuen Projekten und Modellversuchen führen. Die Stiftung kann mit dieser Personaldecke, wie es *Die Zeit* einmal formulierte, auf geduldige Art Felsen sprengen.

Horst Teltschik macht die Stiftung unter Politikern bekannt

Um Politikberatung zu betreiben, muss die Stiftung von Politikern ernst genommen werden. Aber Bundeskanzler Helmut Kohl war nicht gut auf Bertelsmann zu sprechen. Er fühlte sich von *Stern* und *Spiegel* falsch beschrieben und war gekränkt. Die Hamburger Magazine *Stern* und *Spiegel* betrieben »Schweinejournalismus«, sagte er, wie sich *Spiegel*-Reporter Hans-Joachim Noack erinnert. Einmal wurde er gefragt: Könne er die Hamburger Zeitschriften nicht differenzierter betrachten? Kohls Antwort: »Der *Spiegel* ist ein Schweineblatt und der *Stern* ist ein Verbrecherblatt. Das ist doch differenziert.«

Die Gekränktheit übertrug Kohl auf Bertelsmann. Er rechnete das Unternehmen zu den Hintermännern des Hamburger »Schweinejournalismus«, schließlich gehört Gruner + Jahr zu Bertelsmann. Wer will ihm dieses Denken verübeln? Für Kohl und für viele andere Politiker war schwer zu verstehen, dass Mohn sich einerseits wirtschaftlich und publizistisch durchsetzte, aber angeblich nicht in redaktionelle Belange eingriff. Sie zweifelten an der Glaubwürdigkeit des Verlegermodells des Großverlags, das Mohn postulierte und wonach er sich angeblich inhaltlich nicht einmischte. Mohn benutzte das Modell als Begründung für die Expansion seines Unternehmens und als Argument gegen Kritik an Medienkonzentration.

Aber trotz der ablehnenden Haltung wollte Reinhard Mohn Zugang zu hochrangigen Politikern. Er wollte mit seiner Stiftung ernst genommen werden. Wie kann er den Einfluss der Stiftung erhöhen? Wie kann er sich unter den Politikern Gehör verschaffen? Wie bekommt er Zugang in ihre höchsten Reihen? Vermutlich hat Mohn erneut das Beispiel einflussreicher Stiftungen in den USA studiert. Die Ford Foundation erwarb sich das Vertrauen hochrangiger Politiker, indem sie einen von ihnen zu ihrem Chef machte. Sie berief 1966 McGeorge Bundy an ihre Spitze. Damit hatte sie auf einen Schlag Zugang zur politischen Klasse und in höchste Regierungs- und Verwaltungskreise. Bundy hatte davor fünf Jahre lang als Sicherheitsberater der amerikanischen Präsidenten John F. Kennedy und Lyndon B. Johnson fungiert. Er galt als einer der klugen und einflussreichen Köpfe in Kennedys und Johnsons Regierung, der an allen wesentlichen Entscheidungen beteiligt war – ob an dem missglückten Überfall in der Schweinebucht auf Kuba oder an der Bombardierung Nordvietnams. Von 1966 bis 1979 stand er an der Spitze der Ford Foundation.

Mohn holte Helmut Kohls Berater Horst Teltschik und den Politologen Werner Weidenfeld, der an der Universität Mainz lehrte, in die Stiftung. Weidenfeld ist später für viele Jahre im Vorstand der Stiftung. Der Professor für Politikwissenschaft beriet Kanzler Helmut Kohl – wie Teltschik – in außenpolitischen Fragen. Dadurch erhielt Mohn Zugang zum Kreis von Helmut Kohl. Kohl selbst hielt sich zurück, aber Mohn verstand sich gut mit Kohls Mitstreitern und Beratern. Wenn man heute zurückschaut, dann ist erstaunlich, wie Mohn im Laufe der Jahre mehrere von Kohls engen Mitarbeitern an sich band: neben den Beratern wie Werner Weidenfeld und Horst Teltschik auch Politiker wie Kurt Biedenkopf und Roman Herzog.

Der Politologe Teltschik begann 1972 mit 33 Jahren für Helmut Kohl zu arbeiten. Kohl gewann ihn, wie Teltschik später erzählt, indem er ihm offen sagte: »Sie werden für mich arbeiten, weil ich eines Tages Kanzler sein werde. Und wenn ich das bin, werden Sie an meiner Seite sein.« Das gefiel Teltschik. Er wurde vier Jahre Redenschreiber für den Ministerpräsidenten Kohl in Mainz und ging dann mit ihm nach Bonn. Dort arbeitete er zunächst sieben Jahre als Bürochef des Fraktionsvorsitzenden Kohl, dann als Berater des Kanzlers. Teltschik wurde »Chefberater«, wie ihn der *Spiegel* nannte. Zusammen mit der Sekretärin und Vorzimmerdame Juliane Weber und Pressechef Eduard Ackermann avancierte Teltschik zu einem der engsten Vertrauten des Kanzlers.

Teltschik war der Ambitionierteste in Kohls Umgebung, schreibt Klaus Dreher in *Helmut Kohl – Leben mit Macht*. »Er wusste, dass Kohl seine schützende Hand über ihn hielt, und er machte von den Freiheiten, die er im Amt besaß, reichlich Gebrauch. Er verfügte über Beziehungen, Kenntnisse und Fähigkeiten, die seine Konkurrenten nicht hatten und spann seine Fäden in alle bedeutenden Hauptstädte der östlichen und westlichen Welt. Wer wollte, dass der Bundeskanzler etwas erfuhr, oder wer von ihm etwas erfahren wollte, wandte sich an den jungen Mann, der seiner besonderen Beziehungen zum Kanzler wegen ›Kohls dritter Sohn‹ genannt wurde.«[5] Teltschik ist nach Kohls Einschätzung »den meisten Granden im Auswärtigen Amt weit überlegen«. Außenminister Genscher ärgerte sich über dessen Einfluss.

Weil Teltschik wegen des Widerstands der FDP nie Staatssekretär oder Minister werden konnte, verließ er nach der Bundestagswahl Ende 1990 die Politik.

Im Januar 1991 folgte er Hans-Dieter Weger als Geschäftsführer der Bertelsmann Stiftung. Von seinem Gütersloher Schreibtisch blickte Teltschik auf einen künstlichen See »und auf ein Ding, das wie die Schrumpf-Karikatur der Henry-Moore-Skulptur ›Two Large Forms‹ vor dem Bonner Kanzleramt aussieht«, beobachtete der *Spiegel* und schrieb: »Es ist überhaupt in der Bertelsmann Stiftung alles ein bisschen wie im Kanzleramt. Nicht nur die gläsernen Fassaden und das Mobiliar erinnern daran, sondern auch die Order des Chefs, sämtliche Journalisten, die Fragen nach dem Deutschland-Besucher Michail Gorbatschow haben, an Eduard Ackermann zu verweisen, des Kanzlers treuesten Medien-Knecht.«[6]

Es hat sich für Teltschik auch deshalb nicht viel geändert, weil er bereits davor das Unternehmen Bertelsmann beraten habe, wie die Berliner taz schreibt.[7] Teltschik beriet viele – beispielsweise sah er keinen Interessenkonflikt darin, während seiner Tätigkeit für die Stiftung noch CSU-Chef Theo Waigel zu beraten, wie die dpa schreibt. Die Beziehungen des langjährigen außenpolitischen Kanzlerberaters zu Staatsmännern seien der Stiftung einiges wert. Laut *Spiegel* verdiente Teltschik jährlich etwa 600 000 Mark, jedenfalls mehr als sein ehemaliger Chef Helmut Kohl (etwa 460 000 Mark). Dafür mache er sich auch für das Unternehmen nützlich und vermittelte beispielsweise die Memoiren von Michail Gorbatschow, den er als außenpolitischer Berater mehrmals im Jahr besucht hatte. *Der Spiegel* kommentierte: »Wie schön sich die Interessen ergänzen: hier der Medien-Riese Bertelsmann, der den Zuschlag haben will, dort der Kanzler Helmut Kohl, der Gorbatschow in Dankbarkeit verbunden ist (und später vielleicht Memoiren schreiben will).«

In Konzernangelegenheiten konnte Teltschik nicht mitreden, er vertrat zwar nach außen formal den Eigentümer des Konzerns (nämlich die Stiftung), intern hatte er jedoch kein Stimmrecht. Ein großes Verdienst von Teltschik ist, dass er die bis dahin unbekannte Stiftung zu einem Namen in der Politik gemacht hat. Er nutzte seine Kontakte und versammelte führende Politiker vom 3. bis zum 5. April 1992 zum ersten Bertelsmann Forum im Gästehaus der Bundesregierung auf dem Petersberg bei Bonn um einen Tisch, um sie – fernab von dem sonst üblichen Ergebnisdruck – ins Gespräch zu bringen. Offizielle Anlässe wie Gipfeltreffen der NATO, EG, G7 oder der KSZE seien so sehr von tagesaktuellen Ereignissen bestimmt, dass kaum Zeit für längerfristige Strategien bleibe, begründete Teltschik die Veranstaltung. Zudem bleibe der Dialog auf die politische Klasse beschränkt, er müsse aber darüber hinaus als gesellschaftlicher Dialog geführt werden. Im Vorwort des Protokolls der Veranstaltung schrieb er: »Die Bertelsmann Stiftung hat hier ein Defizit erkannt und will mit dem internationalen Bertelsmann-Forum den Informations- und Meinungsaustausch über gesamteuropäische Probleme und Aufgaben ermöglichen« – ob in Fragen von Sicherheits-, Rüstungs-, Wirtschafts- oder Kulturpolitik.

Teltschik sicherte sich die Mitarbeit von Bundeskanzler Helmut Kohl, berief ihn und viele prominente Vertreter in den Lenkungsausschuss, das sogenannte Steering Committee: Henry Kissinger, von 1969 bis 1973 Nationaler Sicherheitsberater der USA und anschließend bis 1977 Außenminister, Václav Klaus, Carl Bildt und Felipe González, die Ministerpräsidenten der Tschechischen Republik, von Schweden und von Spanien, ihr ehemaliger ungarischer Amtkollege Miklós Németh, sowie Jaques Delors, den Präsidenten der Kommission der Europäischen Gemeinschaft. Geleitet wurde das Committee neben Kohl und Fritz Ullrich Fack, einem Herausgeber der *Frankfurter Allgemeinen Zeitung*, von Mark Wössner, dem Unternehmenschef der Bertelsmann AG und von 1989 bis 1998 Mitglied des Beirats der Stiftung. Unterstützt wurden sie von Edzard Reuter, dem Vorstandsvorsitzenden der Daimler-Benz AG, und Werner Weidenfeld, dem damaligen Leiter der Forschungsgruppe Europa am Institut für Politikwissenschaft der Universität Mainz.

Bundeskanzler Helmut Kohl eröffnete die Veranstaltung mit einem Vortrag, dessen Titel lautete: »Die Chancen für die Zukunft Europas sind weitaus größer als die Risiken«. Er sagte: »Für mich ist es eine besondere Freude, viele von den ausländischen Partnern und Freunden hier zu treffen, mit denen ich in den vergangenen Jahren eng zusammengearbeitet habe.« Kohl zitierte Karl Popper, wonach Geschichte nicht das Ergebnis eines blinden, unentrinnbaren Schicksals, sondern des Denkens und Handelns von Menschen sei, und er sprach vom Erarbeiten einer gemeinsamen europäischen Außen-, Sicherheits- und Verteidigungspolitik.

Kohl, der sonst den Kontakt zu Bertelsmann mied, feierte auf der Veranstaltung seinen 62. Geburtstag. Teltschik hatte für ihn eine sechsstöckige Torte backen lassen, die die politischen Stationen seines Lebens darstellte. Das Brandenburger Tor auf Stufe fünf stand für die deutsche Wiedervereinigung; ganz oben auf Stufe sechs wurde die europäische Einigung symbolisiert. Unter den rund fünfzig Gästen, die sich um einen riesigen runden Tisch versammelt hatten, befanden sich Lord Geoffrey Howe, der ehemalige Außenminister Großbritanniens, sein ehemaliger polnischer Amtskollege Jan Krzysztof; außerdem Leonid Krawtschuk, der Präsident der Ukraine, Ruud Lubbers, der Ministerpräsident der Niederlande, Gianni de Michelis, der italienische Außenminister, Brent Scowcroft, der außen- und sicherheitspolitische Berater des amerikanischen Präsidenten, dazu Abgeordnete verschiedener Parlamente, Botschafter, Kommentatoren, Kolumnisten und Herausgeber der *New York Times*, der *Financial Times*, die Chefredakteure der *International Herald Tribune*, der *Neuen Zürcher Zeitung* und der *Zeit*. Als Liz Mohn, Mark Wössner und Horst Teltschik gemeinsam Helmut Kohl begrüßten, hätte man denken können, es handelte sich um eine gemeinsame Veranstaltung von Familie Mohn, ihres Unternehmens und ihrer Stiftung, und das wäre nicht einmal falsch.

Aber die Mohns hielten sich im Hintergrund, Reinhard Mohn ist nicht einmal nach Bonn gekommen. Liz begrüßte Kohl als Mitglied des Beirats der Stiftung; formell gab jedoch Teltschik den Gastgeber, der Geschäftsführer der Stiftung. Für die Stiftung war die politische Bühne in Bonn eine ganz neue Erfahrung. »Es war unglaublich«, erinnert sich ein Mitarbeiter der Stiftung. »Wir waren damals ein kleiner Laden. Und plötzlich waren all die Staatspräsidenten und hohen Politiker auf unserer Veranstaltung.« Die Bertelsmann Stiftung war plötzlich bedeutend geworden.

Die Tagung bei Bonn und ein Besuch des Ehepaar Gorbatschow in Gütersloh blieben die eindrucksvollsten Ereignisse in der kurzen Amtszeit von Teltschik. Er kam zur Stiftung, weil es in der Politik für ihn keine Aufstiegsmöglichkeit gab. Die Stiftung war für ihn ein Verlegenheitsjob. »Ich wäre am liebsten in der Regierung geblieben«, sagt er im Rückblick.[8] Für die Bertelsmann Stiftung sei Teltschiks Einstieg »ein Kompliment, ihn gewonnen zu haben«, schrieb der *Spiegel*. Für den Bonner Politikapparat sei es »ein Armutszeugnis, dass er ihn nicht halten konnte«. Er blieb nur zwei Jahre in Gütersloh, dann wechselte er zu einem Automobilunternehmen nach München.

3. Auf dem Sofa des Bundespräsidenten – Das Staatsoberhaupt als wichtigster Verbündeter der Bertelsmann Stiftung

Im Juni 1996 wurde Reinhard Mohn 75 Jahre alt. Mohn machte sich offiziell nicht viel aus solchen Anlässen. Er wollte keine pompösen Feiern. Persönlichkeitskult sei ihm fremd, pflegte er seinen Mitarbeitern zu vermitteln. Seine Eitelkeit war die Askese. Er war einer der reichsten Männer, der Reichtum scheinbar verachtete. Doch seine Mitarbeiter glaubten, dass es ihm nicht gefallen würde, wenn man einen Anlass wie seinen 75. Geburtstag ungenutzt verstreichen ließe. Tatsächlich waren Geburtstage bei Bertelsmann immer Anlässe, um sich und die Öffentlichkeit zu beschenken. Es sind Termine für Gedenkschriften, in denen der Verlag und seine Besitzer ihr Image formen. Mohn wusste solche Anlässe geschickt zu nutzen. Dieses Mal wurde der Anlass genutzt, Einfluss auf die Politik auszuüben. Die Stiftung schenkte ihrem Stifter – so etwas war natürlich nur in engster Absprache mit ihm denkbar – zum Geburtstag ein Symposium über »Operative Stiftungsarbeit«.

Im April 1996 trafen sich Experten des Stiftungswesens aus dem In- und Ausland in Gütersloh. Sie kamen aus Deutschland, den Niederlanden, den USA, aus Japan, um zwei Tage lang über Führung und Strategie, Effektivität und Legitimität, über internationale Kooperationen sowie über Effizienz und Management zu diskutieren. »Die Bedeutung von Stiftungen für moderne Gesellschaften kann nicht hoch genug eingeschätzt werden«, sagte der Leiter der Tagung, Professor Werner Weidenfeld, in seinen einleitenden Worten. Ein Blick in den Raum zeige ihm, »dass wir in eine Art von internationalem Gipfeltreffen der Stiftungswelt eintreten in diesen beiden Tagen«.

Zwei Tage lang würden einflussreiche Personen Reinhard Mohn zu seiner Stiftung beglückwünschen und ihm versichern, wie bedeutend ihre Existenz und Arbeit seien. Von außen mag man darin wirklich nur eine Tagung erkennen. Doch die Bedeutung für die Stiftung war sehr viel größer, denn in Vorträgen, Debatten und in einem Tagungsbericht wurde festgelegt, was die Stiftung darf. Das Symposium wirkte damit auf die künftige Stellung der Stiftung ein und markierte einen von vielen Schritten hin zur Macht, die eigenen Ideen umzusetzen.

Eine Liste nennt 95 Teilnehmer: Aus der Familie Mohn nahmen Liz, Reinhard und Tochter Brigitte teil. Liz vertrat ihre Schlaganfall-Hilfe und den Beirat der Bertelsmann Stiftung. Brigitte arbeitete damals beim Buchverlag Bantam Doubleday Dell in New York, einem Tochterverlag der Bertelsmann AG. Zu den Gästen zählten der Stiftungsexperte Rupert Graf Strachwitz, Geschäftsführer des Maecenata Management GmbH, München, Luc Tayart de Broms, Geschäftsführer der King Baudouin Foundation, Brüssel, Joel L. Fleishman von der Duke University in den USA, Ignatz Bubis, der Vorsitzende des Zentralrats der Juden in Deutschland, Francis Charhon, Generaldirektor der Fondation de France, Paris, John Brademas, ein ehemaliges Mitglied des amerikanischen Kongress, Shepard Forman, Direktor des internationalen Programms der einflussreichen Ford Foundation in New York, John J. Deeney von der Chinese University of Hong Kong, Akira Iriyama, Präsident der Sasakawa Peace Foundation in Tokio.

Viele der Anwesenden waren, so bedeutsam ihre Namen und die Institutionen, die sie vertreten, klingen, nur Eingeweihten bekannt. Warum beispielsweise Mrs Randolph Hearst, Geschäftsführerin des New Yorker Buchverlags Hearst Books, teilnahm, bleibt Geheimnis der Organisatoren und ließ bei manchem Teilnehmer insgeheim den Eindruck entstehen, solche Veranstaltungen dienten vielleicht nicht nur Stiftungszwecken. Andererseits ist durchaus möglich, dass es der Stiftung schlicht um Kontakte ging – um Networking. Der amerikanische Stiftungsexperte Joel L. Fleishman war immer besorgt, dass die Stiftung sich vom Unternehmen instrumentalisieren lasse, erinnert sich Graf Strachwitz an entsprechende Gespräche.[1] Eine Person aber ragte aus der Liste der Anwesenden heraus. Es ist Bundespräsident Roman Herzog. Dass er ein besonderer Gast für die Stiftung war, zeigte sich daran, dass er nach Werner Weidenfeld und Reinhard Mohn den

Hauptvortrag hielt. Herzog sprach über die »Bedeutung von Stiftungen in unserer Zeit«. Natürlich war auch dieses Thema mit Mohn abgesprochen.

Reinhard Mohn legte in seiner Rede einmal mehr dar, was ihn zur Gründung der Stiftung veranlasst hatte. Er erwähnte, dass er nach dem Krieg nicht studieren konnte, aber schnell viel lernen musste und dass er lernte, »den Kontakt zu den Besten« zu suchen und sie nach Lösungen zu fragen. Was hat die Besten zu dem gemacht, was sie sind? Mohn sprach von seinem »Wunsch, bei der Besserung der Dinge behilflich zu sein«, von »der Verpflichtung, in der jeder von uns gegenüber der Gemeinschaft steht«. Er benannte »Schwachpunkte unserer gesellschaftlichen Ordnungsstrukturen«, die die operative Stiftungsarbeit notwendig machten. Er benutzte Redewendungen wie »im Dienste gesellschaftlicher Innovation« und »aus Gründen der Gemeinschaftsverpflichtung und der Unternehmenskontinuität«. Die Botschaft seiner Rede brachte er wie folgt auf den Punkt: »Aus dem Gefühl der Verpflichtung gegenüber der Gemeinschaft habe ich vor zwei Jahrzehnten die Bertelsmann Stiftung gegründet.«

Vermutlich war den Anwesenden längst klar geworden, dass diese Tagung Mohns Handschrift trug, spätestens als er sagte: »Im Sommer dieses Jahres feiere ich einen besonderen Geburtstag, zu dem ich mir als nützliches und wertvolles Geschenk die Veranstaltung dieses Symposiums gewünscht habe.« Er schloss: »So danke ich Ihnen für Ihre Teilnahme und Mitwirkung. – Ich danke Ihnen persönlich ganz herzlich für dieses wunderbare Geburtstagsgeschenk.« Die Kosten dafür übernahmen freilich weder die Teilnehmer, die Mohn angeblich das Geschenk machten, noch Familie Mohn oder Bertelsmann. Die Kosten trug die Stiftung – und damit zum großen Teil die Allgemeinheit. Sie schenkte Mohn auf seinen Wunsch hin das Symposium. Nur weiß die Allgemeinheit nichts davon.

Höhepunkt und Abschluss der Konferenz war die Rede des Bundespräsidenten. Man könne Mohn »nicht besser gerecht werden als dadurch, dass man über die beiden Eigenschaften nachdenkt, die sich in diesem Mann vereinigen: unternehmerische Dynamik und Dienst am Gemeinwohl«, sagte Herzog. Mit der ihm eigenen Ironie spielte er auf das magere Budget seines eigenen Amtes an und sagte, ihn interessiere das Thema operative Stiftungen, aber der Bundespräsident könne mit einer solchen konzeptionellen Konferenz »nicht konkurrieren« und deshalb habe er sich entschlossen, nach Gütersloh zu kommen: »*If you can't beat them, join them.*« Mit anderen Worten: auch der Bundespräsident muss sich den finanziellen Gegebenheiten beugen. Wer das als leise Distanzierung versteht, täuscht sich. Herzog hielt, was Mohn und die Stiftung sich von seiner präsidialen Geburtstagsglückwunschrede versprochen hatten. Er nannte die beiden Eigenschaften, die er Mohn zuschrieb, also unternehmerische Dynamik und Dienst am Gemeinwohl, »Blut in den Adern der freiheitlichen Bürgergesellschaft, Quelle ihrer Lebensfähigkeit, Bedingung ihrer Existenz«.

Der Bundespräsident sagte außerdem: »Operative Stiftungen sind gewiss nicht der *Deus ex machina*, der alle Probleme unserer Zeit mit einem Schlage löst. Aber sie sind ein Signal dafür, dass es auch anders geht. Sie sind Pioniere auf dem Weg zur unmittelbaren, spontanen, dezentralen, effizienteren, vielfältigen Verbindung von unternehmerischer Dynamik und Dienst am Gemeinwohl.« Ein Lob aus dem Mund des Bundespräsidenten, wie Mohn und die Stiftung es sich nicht schöner hätten wünschen können.

Als Resümee der Tagung hielt die Stiftung fest: »Operative Stiftungen sind konzeptionell arbeitende Einrichtungen, welche bei allen Projekten von der Idee bis zu deren Umsetzung gestalterisch und organisatorisch mitwirken. (...) In einer Zeit, in der die staatliche Fähigkeit zum Lösen sich zuspitzender gesellschaftlicher Probleme wegen sozialer Blockierungen nachlässt, können und müssen operative Stiftungen als konzentrierte Form bürgergesellschaftlichen Engagements unparteiische und sachgerechte Lösungskonzepte erarbeiten und sie in ausgewählten gesellschaftlichen Problemfeldern verwirklichen. Da sie keinem Partikularinteresse verpflichtet sind, sollten sie ihre Sonderstellung beherzt nutzen, indem sie unbequeme Fragen aufgreifen und neuartige Problemlösungen testen. Sie müssen jedoch auch den Beweis führen, dass ihre Lösungsvorschläge praktikabel und weiterführend sind.«[2]

Das sind viele schöne Worte. Entscheidend ist ein einziger Satz von sieben Thesen, mit der die Stiftung die Ergebnisse der Tagung für Politik und Öffentlichkeit zusammenfasste. Er lautet: »Stiftungen sind gemeinnützige Einrichtungen. Sie müssen selbst entscheiden, wie sie die daraus resultierende gesellschaftliche Verpflichtung erfüllen.« Sie müssen selbst entscheiden. Es klingt wie ein Auftrag und es ist ein Freibrief, den sich die Stiftung selbst ausstellte – erarbeitet auf einem Gipfeltreffen internationaler Stiftungskompetenz, wie Weidenfeld es nahelegte, und bezeugt durch die Anwesenheit und Bestätigung des Bundespräsidenten. Damit haben Mohn und die Stiftung sich eine wichtige Bestätigung erarbeitet: Sie sind unverzichtbar für das Gemeinwohl. Wie aber können sie konkrete Fortschritte machen, um ihre Vorstellungen umzusetzen? Den Bundespräsidenten und den Leiter seines Planungsstabes von Bonn nach Gütersloh zu bekommen ist das eine. Aber wie kommt die Stiftung an die entscheidenden Positionen in seiner Dienststelle und im Regierungsapparat?

Das Bundespräsidialamt arbeitet zwar für den höchsten deutschen Politiker. Aber es ist eine kleine Behörde, die über keinen allzu großen Etat verfügt. An der Spitze steht ein Staatssekretär. Herzog berief mit Wilhelm Staudacher keinen Diplomaten, sondern einen ehemaligen Mitarbeiter aus seiner Zeit als Kultusminister in Baden-Württemberg. Der Staatssekretär nimmt an den Kabinettssitzungen der Regierung teil und hat dadurch Zugang zu allen Ministerien. Schließlich soll der Bundespräsident im Ausland keine eigene politische Linie, sondern die Linie der Regierung vertreten. Mit anderen Worten: Der Bundespräsident ist zwar parteipolitisch nicht aktiv, aber sein Amt ist in die Tagespolitik eingebunden, damit er informiert bleibt. Es kann Tagespolitik nicht entscheiden, aber es hat Zugang zu allen, die Macht haben und Dinge in Bewegung bringen und entscheiden können. Zugang zu Entscheidern, Nähe zur Macht und doch unabhängig nach außen: Das ist, was die Bertelsmann Stiftung suchte, und das machte das Amt des Bundespräsidenten interessant für Werner Weidenfeld.

Der Bundespräsident steht über den Regierenden. Ob Theodor Heuss, Heinrich Lübke, Gustav Heinemann, Walter Scheel, Karl Carstens, Richard von Weizsäcker, Roman Herzog, Johannes Rau, Horst Köhler – alle Bundespräsidenten haben auf ihre Art wichtige Funktionen der Integration und Konsensbildung wahrgenommen. »Man darf vermuten, dass das Gewicht des Amtes in Zukunft noch wachsen wird«, prophezeite der Politikwissenschaftler Wolfgang Jäger 1994. »Angesichts des raschen und verwirrenden Wechsels von Szenen, Themen und Köpfen muss ein Amt an Bedeutung gewinnen, das nicht den Zwängen der ›*instant politics*‹, des auf den Augenblick fixierten, des nicht mehr agierenden, sondern nur noch reagierenden Handelns unterliegt.«[3] Je mehr das Regierungssystem an der »Kluft zwischen Sein und Schein, am Auseinanderfallen von Tun und Symbolik leidet«, desto mehr Bedeutung erlange ein Amt, das bereits im Grundgesetz auf die Einheit zwischen symbolischer Politik und politischem Handeln ausgelegt ist: das Amt des Bundespräsidenten. Jäger beschreibt es mit folgenden Worten: »Ein Politiker, dessen Tat angesichts seiner konstitutionellen Kompetenzarmut das Wort ist, erscheint geradezu prädestiniert, die wachsenden Repräsentationsdefizite des politischen Systems auszufüllen.« Machtpolitisch sei das Amt »leichtgewichtig«. Mit anderen Worten: Der Bundespräsident hat kaum etwas zu entscheiden.

Ist er für eine Stiftung, die etwas erreichen möchte, deshalb uninteressant? Oder macht ihn seine Position gerade interessant? Die Bertelsmann Stiftung entschied sich für Letzteren und machte den Bundespräsidenten zu ihrem wichtigsten Verbündeten. Immerhin gilt sein Amt als unabhängig. Es verleiht allen Legitimation, mit denen der Amtsinhaber zusammen arbeitet.

Bundespräsident Karl Carstens schreibt das erste Grußwort

Lange bevor seine Stiftung politischen Einfluss nahm, wusste Reinhard Mohn um die Bedeutung der Legitimation durch das Staatsoberhaupt. Bereits im ersten Tätigkeitsbericht der Stiftung, der 1982 fünf Jahre nach der Gründung der Stiftung erschien, bat Mohn den damaligen Bundespräsidenten Karl Carstens um ein Grußwort. »Es ist eine erfreuliche Beobachtung, dass die Leistung von Stiftungen in der Öffentlichkeit in zunehmendem Maße ihre verdiente Würdigung erfährt«, schrieb Carstens damals.

Das Besondere einer Stiftung liege darin, »dass sie Bereiche unseres gesellschaftlichen Lebens fördert, die durch den Staat und die öffentliche Hand – jedenfalls nach Meinung des Stifters – nicht ausreichend berücksichtigt werden. Der staatlichen Förderung haben Stiftungen voraus, sich auf einen bestimmten Zweck konzentrieren zu können. Sie sind nicht in der Weise an das in der Verfassung verankerte Gleichheitsprinzip gebunden wie der Staat. Zugleich können sie gewiss weniger bürokratisch handeln. Sie können Entscheidungen in Tagen treffen, zu denen die staatliche Verwaltung Monate oder vielleicht Jahre benötigen würde.«

Ob bewusst oder nicht, im folgenden Satz schrieb Carstens eine Wahrheit, die bis heute ihre Gültigkeit hat. Eine Wahrheit, die sich so leicht dahinsagt, die selbstverständlich und zugleich unbedenklich schien. Eine Wahrheit aber auch, die – vor allem im Rückblick 25 Jahre später – auf eine einfache und zugleich hintergründige Art das Besondere an der Arbeit der Stiftung beschreibt: »Vor allem aber kann sich in der Stiftung die Persönlichkeit des Stifters entfalten.« Carstens schrieb: »Er hat die Möglichkeit, im Rahmen der geltenden Gesetze Einfluss auf das gesellschaftliche Leben und seine zukünftige Entwicklung zu nehmen.« Ob Carstens ahnte, wie sehr Mohn Einfluss auf diese Gesellschaft nehmen würde? Wohl kaum. Jedenfalls lag seiner Aussage ein rundum positives Bild der Stiftung zugrunde – wie es auch seine Nachfolger pflegen.

Johannes Rau, Amtsinhaber von 1999 bis 2004, hielt ebenfalls engen Kontakt zur Bertelsmann Stiftung. Er kannte Bertelsmann bereits gut als junger Buchhändler, der beinahe für den Verlag gearbeitet hätte, und späterer NRW-Ministerpräsident. Als Bundespräsident startete er mit der Stiftung unter anderem einen Ideenwettbewerb zur Integration von Zuwanderern und hielt am 13. März 2002 die Festrede zum 25-jährigen Bestehen der Stiftung. »Sie haben Vorschläge gemacht und wir haben sie angenommen. Auf diese Weise wären wir beide geehrt«, sagte Rau damals.

Raus Nachfolger Horst Köhler gründete mit der Bertelsmann Stiftung 2005 das Forum Demografischer Wandel, das seine ganze erste Amtszeit umfasst. Jedes Jahr hielten Bundespräsidialamt und Bertelsmann Stiftung eine Konferenz ab. An der Seite des Bundespräsidenten saß dann Liz Mohn, deren Stiftung die Konferenz mit 350.000 Euro finanzierte. Die *Frankfurter Allgemeine Sonntagszeitung* fragte das Bundespräsidialamt 2007, ob es die Konferenz nicht alleine finanzieren könne? »Schwerlich«, lautete die Antwort: An der »langjährigen Expertise einer zivilgesellschaftlichen Stiftung« liege Horst Köhler viel.

Noch kurz vor seinem Rücktritt Ende Mai 2010 erhielt die Stiftung Köhlers Zusage für ein neues Projekt, das die Stiftung als Stütze der Demokratie legitimieren sollte. Das Modellprojekt soll Bürger an der politischen Meinungsbildung beteiligen. Insgesamt sollen dabei 10 000 Bundesbürger in 25 Städten und Kreisen bis Mai 2011 gemeinsam diskutieren und ein Bürgerprogramm erarbeiten, wie das gesellschaftliche Zusammenleben bei wachsender Vielfalt der Gesellschaft gestaltet werden soll. Im Kern, so eine Pressemitteilung der Stiftung, »wird es dabei um die Frage gehen, wie sozialer Zusammenhalt und Chancengleichheit in Zukunft verwirklicht werden können«.

Bürger würden jenseits der herkömmlichen politischen Beteiligungsformen über Parteien, Verbände, Gewerkschaften und Vereine an der politischen Willensbildung beteiligt. Das Bürgerforum 2011 sei das bisher größte Bürgerbeteiligungsprojekt in Deutschland. Wie seine Vorgänger bedankte sich Horst Köhler bei Stiftungen für die finanzielle Unterstützung mit freundlichen Worten: »Stiftungen sind unabhängig und können auch einmal im positiven Sinne widerspenstig sein,« sagte er 2009 der Fachzeitschrift *Stiftung und Sponsoring*, die ihn in dem Interview als »überzeugten Förderer der Stiftungsidee« ansprach.[4] Das mag schlicht daran liegen, dass die Stiftung Dinge ermöglichen – also finanzieren – kann, die dem Bundespräsidenten nicht möglich wären.

Was immer Carstens und seine Nachfolger sagten, ist folglich teilweise Ausdruck von Dankbarkeit. Dabei finanziert die Stiftung ihre Projekte mit Geld, das zumindest zum Teil – wäre es nicht in der Stiftung ausgeschüttet – als Steuerabgabe der Allgemeinheit zugute käme. Einfluss nehme der Stifter, so Carstens, »aber im positiven Sinn und dort, wo er Schwachpunkte erkennt. Es gibt kaum etwas Schöneres, als in einer freien Gesellschaft einen Teil des eigenen Vermögens Zwecken zu widmen, denen der Stifter Vorrang vor anderen einräumen möchte. Mäzenatentum gilt seit alters her als eine der nobelsten Haltungen des Menschen. Mir scheint, dass gerade Demokratien hierauf nicht verzichten können. Die Demokratie ist auf das mutige Beispiel einzelner besonders angewiesen. Deshalb ist es nicht nur legitim, sondern wichtig, dass eine breite Öffentlichkeit von der Stiftungsarbeit in unserem Lande Kenntnis nimmt und von der segensreichen Wirkung, die mit ihrer Hilfe entfaltet wird.«[5]

Wie ein Buchprojekt der Stiftung Zugang zu Bundespräsident Roman Herzog verschafft

Kurz nachdem Roman Herzog sein Amt als Bundespräsident angetreten hatte, fragte der hoch angesehene Politikwissenschaftler Arnulf Baring im Bundespräsidialamt an, ob er Kontakt zu Herzog aufnehmen und ihn bei seinen Amtsgeschäften begleiten dürfe. Er würde gerne über Herzogs Amtszeit schreiben. Es war keine alltägliche Anfrage und Baring war im Bundespräsidialamt kein Unbekannter. Genau genommen gibt es keinen anderen Wissenschaftler und Publizisten, der einem Amtsträger ähnliche Aufmerksamkeit verschafft hatte, wie Baring es 1983 mit einem Buch über Herzogs Vorvorvorgänger Walter Scheel getan hatte.

Baring erhielt von Bundespräsident Scheel 1976 Zugang zu Akten und Personen. Er ließ sich damals von der Universität beurlauben und wurde von Scheel bezahlt, der ihm alle Türen zu Ministerien und Politikern und zu den Aktenschränken öffnete. Scheel quartierte Baring im Palmenhaus der Villa Hammerschmidt ein, wo Baring fünf Jahre lang an seinem Buch arbeitete. Es trägt den Titel *Machtwechsel. Die Ära Brandt-Scheel*. Auf 832 Seiten beschreibt es die Regierungszeit von Willy Brandt. Als das Buch 1982 erschien, erregte es viel Aufsehen. Der *Spiegel* attestierte dem Buch »Sprengkraft« und brachte einen mehrteiligen Vorabdruck. *Spiegel*-Redakteur Klaus Wirtgen urteilte: »Barings Buch ist der umfassende und glaubhaft belegte Versuch, den gnadenlosen, zermürbenden Streit in der Spitze der Regierungspartei SPD zu dokumentieren. (...) Bislang ist es noch keinem Autor gelungen, die Hintergründe des Brandt-Rücktritts so hell auszuleuchten.«[6] Das gilt bis heute. Baring schuf ein bleibendes Werk. Es behandelt nicht nur den Machtwechsel von der großen Koalition zur Regierung von SPD und FDP, sondern den Zerfall der Koalition von Brandt und Scheel. Es entstand ein Buch, das bis heute als eindrucksvollstes Werk über die Regierung von Brandt gilt.

Nun, im Jahr 1994, möchte Baring über Herzog schreiben. Herzogs Staatssekretär Wilhelm Staudacher fand das »eine fantastische Idee«, wie er sich erinnert.[7] Er sprach mit Herzog, der ihm beipflichtete. Staudacher hatte – bei genauem Überlegen – allerdings Bedenken, ob Baring der richtige Autor sei, und fragte Herzog, ob man nicht einem jungen Wissenschaftler eine Chance geben könnte. Vielleicht könne der – wie Baring damals – mit dem Buch über Herzog seine Karriere starten. Sie entschieden sich für einen weniger erfahrenen Wissenschaftler und Staudacher machte sich auf die Suche. Wen könnte er fragen? Und wer könnte das Vorhaben finanzieren? Staudacher sprach mit Werner Weidenfeld. Dieser empfahl Michael Jochum, einen jungen Mitarbeiter seines Centrums für Angewandte Politikforschung (CAP), das der Ludwig-Maximilian-Universität München angegliedert ist.

Jochum war Doktorand bei Weidenfeld und auf der Suche nach einem Thema. Blieb die zweite Frage: Wer sollte das Vorhaben finanzieren? Baring wurde damals von Scheel bezahlt. Andere Professoren müssten sich an dieser Stelle wochen- oder monatelang um Drittmittel bemühen, viele Briefe schreiben und Telefonate führen. Weidenfeld hatte das nicht nötig und darin liegt eine der Stärken und einer der Gründe, warum man im Bundespräsidialamt so gerne mit der Stiftung zusammenarbeitet – auch wenn das kaum offen gesagt wird. Weidenfeld wusste Rat. Er musste niemanden fragen, er konnte bestimmen. Schließlich war er nicht nur Chef des CAP. Er saß ja zugleich im Vorstand der Bertelsmann Stiftung, zuständig für den Bereich Politik. Das CAP erhielt über viele Jahre viele Millionen Euro von der Bertelsmann Stiftung. Familie Mohn erlaubte Weidenfeld, sich selbst Projekte zu genehmigen. In den USA wäre so etwas undenkbar. Aber bei der Bertelsmann Stiftung ist das kein Ausnahmefall, sondern gehörte jahrelang, bis 2004, zum Geschäftsprinzip.[8]

Weidenfeld konnte schalten und walten, wie es ihm beliebte, und sich selbst Gelder zuweisen, über die sein Institut dann verfügte. Dass dabei alles mit rechten Dingen zuging, bestätigte Geldempfänger Weidenfeld (für das CAP) gerne dem Geldzuteiler Weidenfeld (für die Bertelsmann-Stiftung). Er durfte sich selbst kontrollieren und Zusagen geben. Als Staudacher mit ihm das Projekt besprach und Weidenfeld zustimmte, war die Frage der Finanzierung praktisch bereits mit Weidenfelds Zustimmung geklärt. Staudacher sagt, er habe nie mit dem CAP, sondern stets mit der Stiftung direkt verhandelt, deren Ansprechpartner in Gütersloh saßen. Der Vorstand muss zustimmen. Aber das seien freilich Formalitäten gewesen, sagen damalige Mitarbeiter der Stiftung, denn durch Weidenfeld hatte das Projekt ja einen einflussreichen Fürsprecher im Vorstand, der bereits entschieden hat. Weidenfelds Einfluss wiederum sei von Familie Mohn gedeckt und bestätigt gewesen.

Das CAP schrieb im Newsletter des Institutes, Jochum erhalte einen »exklusiven Zugang« zu Herzog: »Bis zum Ende von dessen Amtszeit wird der direkt im Bundespräsidialamt ansässige Forscher den Bundespräsidenten – soweit nicht besondere Vertraulichkeit oder protokollarische Gründe dem entgegenstehen – bei Konferenzen, Reisen, Empfängen und Hintergrundgesprächen im In- und Ausland begleiten. Darüber hinaus erhält Jochum auch im persönlichen Gespräch mit Bundespräsident Herzog immer wieder Gelegenheit, die Art und Weise seiner Amtsführung zu hinterfragen. Beamte des Bundespräsidialamtes stehen im Weiteren zu spezifischen Themen Rede und Antwort. Das Projekt schließt an eine Tradition an, die Prof. Dr. Arnulf Baring seinerzeit mit seinem Forschungsaufenthalt in der Villa Hammerschmidt begründet hatte ... Im Herbst 1999 soll die Forschungsarbeit in eine Publikation münden, um wissenschaftliche Defizite zu diesem Thema zu schließen.«[9]

Jochums Arbeitsadresse war die Villa Hammerschmidt in Bonn, wo er auch studiert hatte. Vielleicht fiel Weidenfelds Wahl deshalb auf Jochum, weil er in Bonn lebte und er ihn deshalb wenigstens nicht – wie Baring – im Dienstsitz des Bundespräsidenten unterbringen musste. So fielen vier Jahre lang lediglich die Personalkosten an. (Unklar ist, wer für Transportkosten, Flüge etc. aufgekommen ist und wie viel die Stiftung dafür gezahlt hat.)

Der junge Wissenschaftler wurde im Bundespräsidialamt mit offenen Armen empfangen. Staudacher: »Wir haben Jochum im Bundespräsidialamt praktisch integriert. Er hat voll am Leben und an der Arbeit des Bundespräsidialamtes teilgenommen.« Jochum erhielt ungewöhnlichen Zugang. Er konnte an allen Sitzungen, die teilweise mehrfach wöchentlich stattfanden, teilnehmen. Staudacher bestätigt: »Jochum war bei allem dabei.« Es gab eine einzige Ausnahme: Zu den wöchentlichen Kabinettssitzungen der rot-grünen Regierung ging Staudacher alleine. Auch die Protokolle dieser Sitzungen, die Staudacher erstellte, gab er nicht an Jochum weiter. Sonst hatte Jochum Zugang zu allen Mitarbeitern und zu allen Terminen.

Wäre Jochum ein Mitarbeiter der Bertelsmann Stiftung gewesen, der an das Amt ausgeliehen worden wäre, wäre er nur auf der unteren oder mittleren Ebene tätig gewesen. Sein Buch aber verschaffte ihm Zugang zur Macht im Amt und zum Bundespräsidenten selbst. Jochum hatte regelmäßig Termine mit dem Präsidenten, um ihn nach seiner Strategie, seinen Auftritten und seiner Politik zu befragen. Und er erhielt Einblick in die Überlegungen von Herzogs engsten Mitarbeitern. »Ich habe ihn in alles einbezogen«, sagt Staudacher. »Er war ein kluger Kopf. Ich habe ihn auch am Brainstorming beteiligt.« Am Entwerfen der Reden also, der Materialsammlung und den Entwürfen.

Im Oktober 1998 präsentierte sich Michael Jochum bei einer Tagung der Theodor Heuss Stiftung in Stuttgart als Politikwissenschaftler, der Herzog im Auftrag der Bertelsmann Stiftung »bei der Mehrzahl seiner dienstlichen Termine« begleitete.[10] In seiner Vita für eine Forschungs- und Vortragsreihe in Berlin, Bonn und Paris über die Zukunft europäischer Universitäten stellt er sich Jahre später gar als »*Special Counsel to Bundespräsident Roman Herzog*« von 1995 bis 1999 vor – als Berater mit speziellem Zugang also.[11] Die Bezeichnung gibt Jochums Sicht und vielleicht auch seine Wunschvorstellung wieder, wie er seine Rolle in den vier Jahren in Bonn verstanden hat.

Bundeskanzler Helmut Kohl bescherte der Republik die Einheit, und er erhielt dafür eine weitere Amtszeit. Aber das Land litt an einem Stillstand. Kohl schien unfähig zu sein, Dinge zu verändern. Es war eine Zeit, in der ein Bundespräsident, der eigentlich keine Macht hat, Dinge zu ändern, gehört wurde – wenn er deutlich wurde. Im April 1997 war es so weit: Roman Herzogs Mitarbeiter und Berater kündigten »das wichtigste innenpolitische Ding seit einem Jahr« an, wie die *Süddeutsche Zeitung* schrieb. Eine Rede, die Schlagzeilen machen würde.

Durch Deutschland muss ein Ruck gehen

Samstag, 26. April 1997. Berlin feiert den 77. Geburtstag von »Groß-Berlin«. Im Adlon, das im August eingeweiht werden soll, hat die Marketinggesellschaft »Partner für Berlin« 220 Persönlichkeiten »aus Politik, Wirtschaft, Wissenschaft und Kultur« versammelt und der Bundespräsident ruft zum »Aufbruch ins 21. Jahrhundert« auf. Herzog, seit 1994 im Amt, ist der beliebteste Deutsche, noch vor den Sportlern Henry Maske und Michael Schuhmacher. In seinem Kommentar zum Grundgesetz hatte der Staatsrechtler Herzog einst geschrieben, der Bundespräsident sei »kein Frühstücksdirektor« und »kein politisches Nichts«. Nun, da er selbst Bundespräsident geworden ist, will er seinen Worten Taten folgen lassen. Seine Tat – das ist die Ironie der Macht des Bundespräsidenten – ist eine Rede.

Herzog beginnt: »Ich freue mich, heute Abend im Hotel Adlon zu Ihnen zu sprechen.« Das neue Adlon, so viel ist schnell klar, hat für den Bundespräsidenten Symbolwert. Es sei gebaut »an einer Stelle, an der über Jahrzehnte die Wunden des Krieges klafften«: Aber jetzt, hier und heute, sagt Herzog, würden in Berlins Mitte, der größten Baustelle Europas, die Konturen der neuen deutschen Hauptstadt sichtbar. »In Berlin wird Zukunft gestaltet. Nirgendwo sonst in unserem Land entsteht soviel Neues. Hier spürt man: Wir können etwas gestalten, ja sogar etwas verändern. Einen neuen Aufbruch schaffen, wie ihn nicht nur Berlin, sondern unser ganzes Land braucht. Ich wünsche mir, dass von dieser Berlin-Erfahrung Impulse auf ganz Deutschland ausgehen.«

Herzog spricht von Asien, wo er gerade herkomme und eine »unglaubliche Dynamik« verspürt habe. In Deutschland dagegen herrsche überwiegend Mutlosigkeit. »Ein Gefühl der Lähmung liegt über unserer Gesellschaft.« Er diagnostiziert »die Erstarrung der Gesellschaft, eine unglaubliche mentale Depression«. Dabei stehe das Land »wirtschaftlich und gesellschaftlich vor den größten Herausforderungen seit fünfzig Jahren: 4,3 Millionen Arbeitslose, die Erosion der Sozialversicherung durch eine auf dem Kopf stehende Alterspyramide, die wirtschaftliche, technische und politische Herausforderung der Globalisierung.«

Dann kommt Herzog zum Kern des Themas: Reformen. Pessimismus sei das allgemeine Lebensgefühl. »Das ist ungeheuer gefährlich; denn nur zu leicht verführt Angst zu dem Reflex, alles Bestehende erhalten zu wollen, koste es, was es wolle. Eine von Ängsten erfüllte Gesellschaft wird unfähig zu Reformen und damit zur Gestaltung der Zukunft ... Uns fehlt der Schwung zur Erneuerung, die Bereitschaft, Risiken einzugehen, eingefahrene Wege zu verlassen, Neues zu wagen. Ich behaupte: Wir haben kein Erkenntnisproblem, sondern ein Umsetzungsproblem.«

Herzog sagt, das gesamte System sei reformbedüftig, nennt Steuern, Renten, Gesundheit und Bildung und fügt hinzu: »Ich vermisse bei unseren Eliten in Politik, Wirtschaft, Medien und gesellschaftlichen Gruppen die Fähigkeit und den Willen, das als richtig Erkannte auch durchzustehe. ... Ich rufe auf zur inneren Erneuerung! Vor uns liegt ein langer Weg der Reformen.« Er nennt die Beispiele Arbeitsmarkt, öffentliche Verwaltung und »das Mega-Thema Bildung«. Es könne nicht das Ziel universitärer Bildung sein, mit dreißig einen Doktortitel zu haben, dabei aber keine Perspektive auf dem Arbeitsmarkt. »Unsere Hochschulen brauchen deshalb mehr Selbstverwaltung. Ich ermutige zu mehr Wettbewerb und zu mehr Spitzenleistungen.«

Fast wörtlich benutzt Herzog Mohns Leitgedanken: Andere Länder hätten Lösungen für die Probleme bereits gefunden. Herzog erwähnt die Kommunalverwaltung in Neuseeland, den Sozialstaat in Schweden und den Umgang mit Arbeitslosigkeit in Holland – zufällig Projekte der Bertelsmann Stiftung. Viele notwendige Reformen hätten sich aufgestaut, sagt Herzog. »Aber es ist auch noch nicht zu spät. Durch Deutschland muss ein Ruck gehen. Wir müssen Abschied nehmen von liebgewordenen Besitzständen. Alle sind angesprochen, alle müssen Opfer bringen.«

Es war eine Rede, die große Aufmerksamkeit erhielt.

Sehr große Aufmerksamkeit.

Noch Jahre später wird man von Herzogs Ruck-Rede sprechen als einem historischen Ereignis. Alle großen Tageszeitungen, von der *Süddeutschen Zeitung* über die *FAZ* bis zur *Welt* und dem Berliner *Tagesspiegel*, druckten die Rede auf einer ganzen Seite oder in ihren wesentlichen Auszügen. Bereits am Tag danach dokumentierte sie die *Welt am Sonntag* und schrieb: »Die Rede von Bundespräsident Roman Herzog gestern abend in Berlin zählt zu den bemerkenswertesten politischen Grundsatzreden, die in Deutschland in diesem Jahrzehnt gehalten wurden. Darin verband er Kritik an der politischen Klasse mit Wegweisungen aus der gegenwärtigen Krise Deutschlands.«

Die Zeitungen diskutierten tagelang, ob die Rede etwas bewirken könne und ob Herzog mit seiner Rede Helmut Kohl angreifen würde. Nachdem fast ein Monat vergangen war, trat Reinhard Mohn mit seiner Stiftung an die Öffentlichkeit. Er kaufte am 23. Mai eine ganze Seite in der *Frankfurter Allgemeinen Zeitung*. Die Titelzeile lautet bürokratisch nüchtern: »Zum Appell des Bundespräsidenten, den Reformstau zu überwinden.« Herzog habe »eine Vision, die unser Land weiterführt« vermittelt, heißt es in einleitenden Worten.

Mohn fasste Herzogs Rede als Auftrag und Bestätigung auf und schrieb zu dessen Appell: »Dazu nimmt die Bertelsmann Stiftung nach 20jähriger Reformarbeit mit den nachstehenden Aussagen Stellung«. Mohn präsentierte in elf Punkten ein klar gegliedertes, in kurzen Sätzen gefasstes und mit vielen Ausrufezeichen versehenes Programm, das er in diversen Reden, Artikeln, Broschüren, Büchern über mehr als zwanzig Jahre in immer wieder neuen Variationen unters Volk gebracht hat. Vermutlich hatte er dennoch einige Tage nach Herzogs Rede an seinen Formulierungen gefeilt, denn er schrieb noch staatstragender als der Bundespräsident. Seine elf Thesen lesen sich wie unverrückbare Grundsätze:

- Wir erfahren derzeit drastisch, dass gesellschaftliche Ordnungen den Anforderungen der Zeit entsprechen müssen! – Mit den Spielregeln der Vergangenheit können wir im internationalen Wettbewerb nicht Schritt halten.
- Neue Wege zu gehen erfordert Mut! – Wir müssen zentralistische Strukturen auflösen und es wagen, Freiheit zu gewähren.
- Regeln für die heutigen Aufgaben zu entwickeln erfordert Kreativität, Menschenkenntnis und Urteilsvermögen. – Die Erfahrungen des Auslands können uns dabei helfen.

So geht es weiter. Mohn formulierte viele Allgemeinplätze, nicht sonderlich interessant und ohne neue Erkenntnisse. Wer will schon widersprechen, wenn jemand nach Kreativität oder Menschlichkeit verlangt? Wenn jemand das hohe Lied der Freiheit singt? Unter Punkt sechs schreibt er, »nicht Gewinnmaximierung allein, sondern auch der Leistungsbeitrag für die Gesellschaft ist entscheidend!« Und »dieser Zielsetzung sind die Ansprüche von Kapital, Führung und Arbeit unterzuordnen.«

Mohn nutzte die Rede von Herzog, um seine Gedankenwelt zu publizieren. Es ist ein Gefäß, in das vieles gefüllt werden konnte. Wenn er schrieb, zentralistische Strukturen müssten aufgelöst werden, konnte man damals noch nicht erkennen, was er meinte. Jahre später zeigte sich, dass seine Stiftung genau dies in der Arbeitsmarkt- und in der Bildungspolitik verfolgte. Wenn er schrieb, »die Erfahrungen des Auslands können uns dabei helfen«, dann wird sich auch das später in der Bildungs- und der Arbeitsmarktpolitik finden. Unter Punkt fünf schrieb er, das wichtigste Kriterium sei stets »die Qualifikation der

Führung!« Und: »Auf diesem Feld gibt es bei uns noch vieles zu verbessern!« Gemeint war in diesem Fall nicht die Bertelsmann Stiftung, sondern Deutschland. Vieles bedeutet: »die Fortschreibung der Ordnungen in den Bereichen Politik, Staat, Wirtschaft, Bildung und Gesundheit.«

Die Anzeige in der *FAZ* liest sich, als habe hier der wahre Reformer seine Stimme erhoben, um Herzogs Worten seinen Segen zu geben. Oder wollte hier einer, der erstaunt war über das Echo, das Herzog ausgelöst hat, anmerken, dass er übrigens derjenige sei, der hinter Herzogs Appell steht und zu würdigen sei? Dass zumindest die Bertelsmann Stiftung ernster zu nehmen sei als bisher geschehen? Trat Mohn mit seiner Stiftung an die Öffentlichkeit, weil er spürte, dass die Zeit seiner Stiftung gekommen war?

Der vielleicht wichtigste Gedanke der elf Punkte findet sich unter Ziffer acht: »Die Aufgabe des 21. Jahrhunderts wird darin bestehen, dem einzelnen zu helfen, seine eigenen Kräfte zu entfalten!« Denn dann, folgerte Mohn, könne der Sozialstaat entlastet werden. »Der Umfang solidarischer Hilfe kann dann reduziert werden.« Wer könnte in einem solchen Satz lesen, dass hier einer schreibt, dessen Stiftung die Sozial- und Arbeitslosenhilfe zusammenlegen will? Das Modell Hartz IV ist nicht zu erkennen. Und doch ist der Gedanke, der dorthin führen wird, von Mohn ausgesprochen.

Mohn endete mit: »Die Bertelsmann Stiftung dankt dem Bundespräsidenten für seinen Aufruf zum Handeln! – Wir werden versuchen, zu der gesellschaftlichen Herausforderung einen Beitrag zu leisten!« Die Botschaft zwischen den Zeilen: Der Bundespräsident und die Bertelsmann Stiftung sorgen gemeinsam dafür, dass ein Ruck durchs Land geht. Zwei knappe Sätze, fett gedruckt und mit Ausrufezeichen versehen. Dem Ton nach hat Mohn die Anzeige vermutlich selbst formuliert und es steht schließlich auch seine Unterschrift darunter. Mohn hatte dem Bundespräsidenten Reformen nahegelegt und jetzt, da der Bundespräsident dem Volk Reformen nahelegt, sagte Mohn sinngemäß: »Danke, Herr Bundespräsident, dass Sie uns, die Bertelsmann Stiftung, beauftragen! Wir nehmen Ihren Auftrag gerne an und werden im Namen des Volkes und zum Wohle aller die nötigen Reformen durchzusetzen versuchen.« Natürlich sagte Mohn dies nicht explizit mit genau diesen Worten, aber diese Botschaft konnte vernehmen, wer zwischen den Zeilen las: Soll niemand später sagen, er hätte nicht mitbekommen, dass Reinhard Mohn und seine Stiftung vom Bundespräsidenten in aller Öffentlichkeit beauftragt wurden, das Land zu reformieren.

Fassen wir zusammen: Herzog hielt eine Rede, die heute als Startschuss für alle nachfolgenden Reformen gelten darf; die den größten Umbau des Bildungs- und Hochschulwesens, des Gesundheitswesens, des Sozialstaats und des Arbeitsmarktes eingeleitet hat. Mohn antwortete, denn er fühlte sich durch Herzog bestätigt und mit einem Auftrag der Öffentlichkeit versehen. Er nahm diesen Auftrag gerne an. Es stellt sich die Frage, wer hier eigentlich wen legitimiert zu handeln. Die Berater oder die Politik? Lassen sich beide Welten überhaupt noch trennen? Inwiefern ist Michael Jochum, der Herzog im Auftrag der Bertelsmann Stiftung begleitete, an der Ruckrede beteiligt gewesen? Herzogs Staatssekretär Wilhelm Staudacher will sich dazu auf heutige Nachfrage nicht konkret äußern, denn es gebe das Gesetz, dass der Bundespräsident alle seine Reden selbst schreibt. Das stimmt natürlich nicht. Er ist auch nur einer, der mitschreibt. Wie alle Reden ging auch die Ruck-Rede über den Tisch von Staudacher, wie er bestätigt. »Dazu, wer sie geschrieben hat, sagt man im Bundespräsidialamt nichts. Die Reden hat stets der Präsident geschrieben.« Aber – so viel wird doch verraten – diese Rede sei eine generalstabsmäßig vorbereitete, lang geplante Aktion gewesen: »Am Ende war es ein Kollektiv, das diese Rede geschrieben hat.« Und Jochum gehörte zum Kollektiv. Staudacher sagt über Jochums Mitarbeit an der Ruck-Rede: »Ich habe ihn einbezogen.«[12]

Jochum sei beteiligt gewesen, die Bertelsmann Stiftung hätte aber nicht entscheidend der Ruck-Rede zugeliefert. »Natürlich sind die Themen, die Herzog anspricht, alles Themen vom alten Mohn«, sagt Staudacher, und sicher habe man eine Besprechung mit Mitarbeitern der Bertelsmann Stiftung in der Vorbereitung auf die Rede abgehalten. Aber die Mitarbeiter der Bertelsmann Stiftung seien nicht die einzigen gewesen, die Herzog beraten hätten. Es hätte kleine Wissenschaftskreise gegeben, in denen auch andere Organisationen vertreten waren. Der Einfluss der Bertelsmann Stiftung sei bei anderen Projekten viel größer gewesen, so etwa beim Thema Bildung, für das die Stiftung ein Gesamtkonzept erarbeitet hätte. »Beim Bildungskongress war Bertelsmann extrem beteiligt.«

Zum Thema Bildung und Hochschule hatte die Bertelsmann Stiftung für Herzog eine Großkonferenz organisiert. Und ihr Vorstandsvorsitzender Wössner war als Teil eines Beraterkreises, zu dem nur angesehene Chefs und Vorstandsvorsitzende großer Unternehmen wie Roland Berger oder Daimler-Chef Klaus Mangold und Chefredakteure namhafter Publikationen wie Helmut Markwort zählten, regelmäßig zu Gast im Schloss Bellevue. Alle zwei bis drei Monate traf man sich. Auch Jochum war bei den Gesprächen zur Vorbereitung des Bildungsgipfels dabei, erinnert sich Staudacher. »Es war unglaublich, wie stark sich Wössner engagiert hat. Er hat persönlich an mindestens fünf Sitzungen teilgenommen.« So kam es, dass auf der einen Seite der Chef der Stiftung als Berater des Bundespräsidenten saß. Auf der anderen Seite, also im Bundespräsidialamt, saß ebenfalls ein Mitarbeiter der Stiftung, der die besprochenen Themen nach Wössners Besuch bei internen Beratungen kommentieren konnte. So konnte die Stiftung jederzeit nachfragen. In der Stiftung scheut man solche Interessenkonflikte nicht, im Gegenteil: Man duldet sie nicht nur, sondern schafft sie oft genug durch eigenwillige Konstruktionen – auch gegen Kritik von außen. Und ist es nicht eine traumhafte Situation für eine Stiftung? Andere Organisationen mühen sich, schreiben Briefe und geben viel Geld aus, damit sie gehört werden. Die Bertelsmann Stiftung dagegen saß beim Präsidenten auf dem Sofa. Das Geld für Jochum war somit – zumindest aus Sicht der Stiftung – gut angelegt.

Staudacher sagt: »Herzog hat sich von keiner Stiftung kaufen lassen. Er hat Distanz gewahrt und nicht nur eine Stiftung eingebunden.« Auch die Körber-Stiftung und die Hertie-Stiftung waren beteiligt, aber sie hatten keine vergleichbaren Ambitionen wie Mohn, der mit seiner Bertelsmann Stiftung die Politik und damit das Land reformieren wollte.

Spice-Boys um Herzog

Zum Ende von Herzogs Amtszeit als Bundespräsident, am 30. Juni 1999, einem Mitwochabend, verabschieden er und seine Frau Christiane sich im Schloss Bellevue vom engsten Kreis der Mitarbeiter. Es tritt eine Band auf, die sich »Spice-Boys« nennt, »eine Spontanband aus dem Amt«, wie es ein Reporter der Zeitung *Die Welt* formuliert. Das Wort der Band führt Michael Jochum. Er kündigt den Auftritt an: »Unsere Premiere gab's bei der Eröffnung des neuen Präsidialamtes am 23. November 1998 in Berlin. Jetzt treten wir noch einmal und zugleich ein letztes Mal gemeinsam auf – mit neuen Liedern.«

Mit dem Reporter der *Welt* hat Jochum darüber gesprochen, dass er seit Ende 1995 täglich Arbeit, Alltag und öffentliches Wirken des Bundespräsidenten begleitet hat. Ob Händedruck mit Boris Jelzin im September 1997 in Moskau oder die Präsenz am »Katzentisch«, während Herzog die chinesische Führung in einem langen, ernsthaften Gespräch mit dem Thema Menschenrechte konfrontierte: Jochum sei überall dabei gewesen und »indirekt auch an dem beteiligt, was Roman Herzog zweifellos nachhaltig im Gedächtnis der Deutschen bleiben lässt: Mit seiner ›Ruck‹-Rede im April 1997 im ›Adlon‹.«[13]

Bei ihrem ersten Auftritt 1998 textete Jochum zur Melodie von Mrs. Robinson von Simon & Garfunkel. Die Band – neben Jochum bestehend aus Markus Barth (Planungsstab), Ulf Bauer (Pressestelle) und Volker Guckel (Planungsstab) – singt im Tiergarten: »Jetzt sind wir hier, Mister President/weit war unser Weg vom Rhein zur Spree, hey, hey, hey!/Hier in Berlin, Mister President/bieten wir für Sie Spitzenniveau, oh, oh, oh - oh, oh, oh!« Strophe sieben endet »ruck-artig«: »Trotz alledem, Mister President/wird det in Berlin 'n dolles Ding, shingeling/Und jetzt ist Schluss, Mister President/Trinken wir darauf noch einen Schluck, ruck, ruck, ruck !«

Jochum spricht bei dieser Gelegenheit mit dem *Welt*-Journalisten auch über seine Mitarbeit an der Ruck-Rede: »Anfang des Jahres sollte ich eine Übersicht kommentieren, auf der die wichtigsten Themen, die der Bundespräsident im Laufe des Jahres öffentlich ansprechen sollte, aufgelistet waren. Mir schienen die Vorschläge zu wenig konkret, etwas akademisch. Ich habe dann notiert, es müssten Dinge angesprochen werden, bei denen tatsächlich ein Ruck durch's Land geht.« Diese Formulierung, sagt Jochum, sei dann irgendwie in den weiteren »Geschäftsgang« der »Ruck«-Rede eingegangen.

Kann das sein? Ein Mitarbeiter der Bertelsmann Stiftung erfindet das Schlagwort, das die Politik und das ganze Land jahrelang beschäftigen wird und die Stiftung als eine Art öffentlichen Auftrag aufgreifen darf – versehen mit den höchsten Weihen des Bundespräsidenten? Den Start zur Reform des Arbeitsmarktes, zur Wende an der Spitze der Regierung und zum größten Umbau des Sozial- und Arbeitsmarktes seit der Gründung der Republik? Es wäre übertrieben zu behaupten, ein einzelner Mitarbeiter der Bertelsmann Stiftung habe all das angerührt und in die Wege geleitet.

Vielleicht ist mit dem Bandleader an jenem Abend im Schloss Bellevue einfach die Musik durchgegangen. Vielleicht machte ihn die Feierstimmung gesprächig. Immerhin aber sagte er dies in einem Kreis von Leuten, die ihm deutlich hätten widersprechen können. Ein Dementi von Jochums Rolle ist nicht bekannt.

Eine Forschungsarbeit als Deckmantel für politische Einflussnahme?

Verfolgt man, was letztlich aus Jochums Buchprojekt geworden ist, liegt die Annahme nahe, dass es der Stiftung primär um den Zugang zur Politik und nicht um die Studie ging. Weder Staudacher noch Weidenfeld waren wirklich glücklich mit dem Ergebnis, wie sich Staudacher erinnert. »Weidenfeld musste das ja verantworten. Immerhin hatte er einen Mitarbeiter vier Jahre lang bezahlt.« Wie viel, das kann Staudacher nicht sagen und die Stiftung lehnt es ab, eine entsprechende Anfrage zu beantworten. Staudacher hatte mit dem Buchprojekt Jochums auf eine große Würdigung Herzogs gehofft. Doch Jochum schwankte in seinem Konzept. Sollte er eine Habilitationsschrift erarbeiten oder eine marktgängige Biografie? Am Ende brachte er keines von beidem zuwege. Statt eines Buches lieferte er nur eine Zusammenfassung, die intern als Broschüre bezeichnet wurde. »Das war nicht ganz das, was wir uns vorgestellt haben«, sagt Staudacher.

Jochum veröffentlichte seine Arbeit im Jahr 2000 und betitelte sie *Worte statt Taten. Der Bundespräsident im demokratischen Prozess der Bundesrepublik Deutschland*. Sie umfasst 88 DIN-A4-Seiten. »Politiker misst man nicht an Worten, sondern an Taten«, fasst Jochum zusammen. »Eine Ausnahme ist der Bundespräsident: Da ihn das Grundgesetz zur ›Tatenlosigkeit‹ verurteilt, ist er der einzige deutsche Politiker, bei dem man akzeptiert, dass sich seine Taten auf Worte beschränken. So kann er durch die Praxis nicht widerlegt werden.«[14]

Verglichen und gemessen an Baring ist Jochum gescheitert. Dabei hätte auch er einen Machtwechsel beschreiben können – den Machtwechsel von Helmut Kohl zu Gerhard Schröder, von der Union zu Rot-Grün. Die Vorboten des Wechsels finden sich in der Ruck-Rede von Herzog. Doch Jochums Studie ist kein besonders aufregendes Werk. Sie lotet weder das ganze geschichtliche Potenzial des Amtes und seiner Herkunft aus noch berichtet sie viel aus der Amtszeit von Herzog. Dabei müsste es doch für einen Wissenschaftler, der einem Politiker und seinem Apparat derart nahe kommt, gelingen, etwas Bleibendes zu schaffen – vor allem, weil er die Politik und ihre Abläufe mit einem distanzierten Blick betrachten konnte. Wieso ist das Jochum nicht gelungen? Die Antwort könnte lauten: Das war nie Absicht des Forschungsprojekts. Stattdessen ging es offenbar darum, Zugang zum Bundespräsidenten und seinen Beratern, allen voran zu seinem Staatssekretär Wilhelm Staudacher, zu erhalten.

Es gab keine Besprechungen, keine Zeitung nahm von der Studie Notiz. Jochum selbst hatte vor der Veröffentlichung der Studie lediglich in der *FAZ* einige Ergebnisse dargelegt und wurde im Laufe der Jahre als Experte zu seinen Einschätzungen befragt.[15] Vermutlich war es der Stiftung im Nachhinein ganz recht, dass die Arbeit nicht sonderlich wahrgenommen wurde. Immerhin wurde sie dadurch nie Gegenstand der Kritik. Niemand fragte, wieso und wie viel die Allgemeinheit vier Jahre dafür gezahlt hat, dass der Berater einer Unternehmensstiftung den Bundespräsidenten begleitet hat. Der Allgemeinheit hat Jochums Arbeit nicht viel gebracht, aber für die Bertelsmann Stiftung hat sie ihren Zweck erfüllt. Sie hat ihre Stellung im Bundespräsidialamt gefestigt. So wie Roman Herzog die Festrede zum 75. Geburtstag von Reinhard Mohn gehalten hatte, so würde Herzogs Nachfolger Johannes Rau die Festrede zum 25-jährigen Bestehen der Bertelsmann Stiftung halten.

Es liegt nahe, dass die Unterrichtung der Öffentlichkeit nie im Mittelpunkt der Forschung stand. Tatsächlich galt es, Einblick zu erhalten und Herzog im Sinne der Arbeit der Stiftung zu beeinflussen. Nicht, dass Herzog für plumpe Manipulationen empfänglich gewesen wäre, versichert sein Staatssekretär Staudacher. Doch es ist unvermeidlich, dass jemand, der über einen so langen Zeitraum Einsicht und Einfluss auf die maßgeblichen Leute hat, seine Interessen (oder die seines Auftraggebers) einbringen kann. Hat die Bertelsmann Stiftung den höchsten deutschen Politiker gekauft? Nein, aber die Bertelsmann Stiftung hat etwas anderes geschafft: Sie hat sich Zugang erkauft (und zwar auch mit Steuergeldern, die ihr erlassen werden). Sie kaufte sich Glaubwürdigkeit, Vertrauen und den Anschein der Überparteilichkeit und Unabhängigkeit.

Liz Mohn berät Roman Herzog

Zwischen Bundespräsident Roman Herzog und der Vertreterin der Familie Mohn, Liz Mohn, hat sich über die Jahre ein vertrautes, über reine Formalien hinausgehendes Verhältnis gebildet. Sie haben sich kennen gelernt, als er noch Richter am Bundesverfassungsgericht war und eines Abends nach einer Konferenz Gast in ihrem Haus war. Sie waren Tischnachbarn – »wir verstanden uns sehr gut«, schreibt sie, »in vielen Themen stimmten wir überein, zum Beispiel wie wichtig ehrenamtliches Engagement oder auch die Tätigkeit von Stiftungen für unsere Gesellschaft ist«.

Liz Mohn bezeichnet den Kontakt zwischen ihr und dem Ehepaar Herzog in ihrer Biografie *Liebe öffnet Herzen* als freundschaftlich. Einmal spricht sie davon, »wie wichtig die Einnahme von Vitaminen, Mineralien und Spurenelementen für Menschen ist, die hohen Belastungen ausgesetzt sind. Ich legte Roman Herzog dies dringend ans Herz. Später sagte seine Frau mir, sie selbst hätte ihren Mann bisher nicht dazu bewegen können, regelmäßig Vitamine und Mikronährstoffe einzunehmen; doch mir war es offensichtlich gelungen, ihn zu überzeugen«. Herzog scherzte: »Jeden Morgen denke ich an Sie, Frau Mohn.«

Als Liz Mohn 1996 in Leipzig den Charity-Bambi der *Bunten* des Burda-Verlags verliehen bekommen sollte, wollte sie in der firmeneigenen Maschine von München zur Verleihung nach Leipzig fliegen. Aber der Flieger hatte einen technischen Defekt und konnte nicht starten. Zum Glück machte sich nebenan auf dem Rollfeld gerade eine Maschine der Bundeswehr-Flugbereitschaft bereit. Es war die Maschine, die den Bundespräsidenten und seine Frau nach Leipzig bringen sollte. Warum? Damit Frau Herzog bei der Bambi-Verleihung die Laudatio auf Liz Mohn halte, wie diese in ihrem Buch schildert. Die Herzogs waren als Überraschungsgäste zur Verleihung eingeladen, wie der *Focus* berichtete. Die Botschaft der beiden Anekdoten: Liz Mohn berät den Bundespräsidenten und sie ist dabei erfolgreich. Und ihr ehrenamtliches Engagement für ihre Stiftung ist so bedeutsam, dass der Bundespräsident mit seiner Frau eigens zu ihrer Auszeichnung fliegt, um die Laudatio zu halten. Man spürt beim Lesen dieser Zeilen, wie Liz Mohn dies als höchste Ehre und Bestätigung empfindet und vermutlich würde es vielen anderen ähnlich gehen.

Dass die Verbindung zwischen Mohn und Herzog offenbar über formale Freundlichkeit hinausgeht, wurde deutlich, als die Queen den Bundespräsidenten 1998 zum Staatsbesuch nach England einlud. Herzog durfte neben seiner Frau zwei Personen aus Deutschland mitnehmen. Herzog bat Liz Mohn, ihn und seine Frau als Repräsentantin des international agierenden Medienhauses Bertelsmann und der Bertelsmann Stiftung zu begleiten. In London wurde Liz Mohn in einer Kutsche nach Windsor gefahren und erlebte »die neugierigen und begeisterten Massen am Straßenrand, die uns zuwinkten«. Sie übernachtete in einem der 680 Räume im größten bewohnten Schloss der Welt und sie erinnert sich: »Es war ein großes Erlebnis für mich, im Haus der Queen zu wohnen.«[16] Die Queen verlieh ihr den Royal Victorian Order, wie sie schreibt. Bei Tisch saß sie der Queen, Queen Mum und Prinzessin Margret gegenüber, Prinz Andrew fungierte als Tischherr und auch Prinz Charles hatte seinen Platz unweit.

Was den Bundespräsidenten betrifft, so fand sich Liz Mohn erneut in der Rolle der kundigen Beraterin. Bei einem der Empfänge war Herzog irritiert wegen der vielen Protokollregeln und sagte zu ihr: »Ich weiß gar nicht, wann ich den Zylinder abnehmen und wann ich ihn aufsetzen muss.« Darauf sie: »Ach, Herr Bundespräsident, achten Sie doch nur auf Prinz Phillipp – wie er es macht, machen Sie es auch.« Das Bild, das Liz Mohn von ihrer Bekanntschaft zu Herzog zeichnet, festigt sich zum Rollenbild: Der beratungsbedürftige Präsident Roman Herzog und die kundige Liz Mohn, die immer Rat weiß. Dies sind die Rollen, die beide auch in Politik und Gesellschaft einnehmen. Hier der Bundespräsident, der Reformen anmahnt, und dort die Stiftung, die sie uneigennützig erarbeitet und der Politik ohne Gegenleistung anbietet.

Die ultimative Sinnstiftungs-Stiftung

Bundespräsident Herzog und die Bertelsmann Stiftung schienen sich aufs Prächtigste zu ergänzen. Als die Stiftung am 10. September 1998 in Gütersloh den Carl Bertelsmann-Preis zur »Kommunikationsordnung 2000« verlieh, war Herzog der Laudator. Er sagte kaum etwas zum Thema des Preises. Stattdessen sprach er über die Notwendigkeit der Arbeit der Stiftung und würdigte die Impulse, die von der Stiftung ausgingen. Es gebe in Deutschland immer noch zu wenige operative Stiftungen, die wie die Bertelsmann Stiftung Anstöße zur Veränderung geben. »Diese Arbeit wird umso wichtiger, je mehr am Ende unseres Jahrhunderts die Grenzen staatlicher Gestaltungs- und Regelungskraft sichtbar werden. Denn Aufgaben, die früher dem Staat zugeschrieben wurden, können oft besser und effizienter erledigt werden, wenn dem Staat Wettbewerb durch private Initiativen erwächst.« Die Bürgergesellschaft der Zukunft werde allgemein auf drei Säulen stehen. Neben Wirtschaft und Politik werden das immer häufiger nichtstaatliche Organisationen sein. »Sie werden als ›dritter Sektor‹ unser Leben entscheidend mitbestimmen.«

Der Austausch zwischen Herzog und Stiftung geschah jedoch nicht ohne Kritik. Als der Journalist Gunter Hofmann 1998 kurz vor Ende von Herzogs Amtszeit in der *Zeit* Bilanz zog, bezeichnete er Herzog als »halbierten Präsident«.[17] Gegen sein Leitmotiv, Erneuerung, »muss man nichts haben, auch wenn treffend eingewandt worden sei, der Kritik fehle ein Adressat.« Seitdem erlebe man Herzogs »›Innovationsmarathon‹, es hagelt Erfinderfeste, Ideenpreise, Start-up-Festivals. Solche Aktionen werden von der ultimativen Sinnstiftungs-Stiftung, aus dem Hause Bertelsmann, tatkräftig begleitet. (...) Das verleiht dem Projekt Erneuerungspräsident, unfreiwillig, einen inszenatorischen Charakter. Aber, wichtiger: Wohin man auch sieht, wenn man die Herzog-Worte – eine Präsidentschaft besteht nun einmal aus Worten – als Bausteine für eine ›Berliner Republik‹ begreift, und so sind sie gedacht, gewinnt man inzwischen das Bild einer halbierten Moderne.« Man frage sich, ob Herzog bei aller Reformrhetorik »nicht doch offener darüber sprechen sollte, wie weit die Konkurrenzgesellschaft sich auch auf neue Ungleichheiten vorbereiten müsse«.[18]

Wie viel Planung also steckte hinter der Zusammenarbeit mit der Bertelsmann Stiftung? Vielleicht war alles nur Zufall. Vielleicht sind zwei Personen – Roman Herzog und Reinhard Mohn – einfach losgelaufen und sich irgendwann begegnet. Vielleicht agierten beide nach dem Prinzip der Geißeltierchen. So zumindest beschreibt es Roman Herzog selbst in seinen 2007 erschienenen Erinnerungen *Jahre der Politik*: »Das Geißeltierchen liegt im warmen Wasser und lässt seine Fangarme spielen. Und wenn etwas Interessantes vorbeikommt, schlägt es zu.« Man mag dieses Bild für etwas arrogant halten, fügte Herzog an. »Aber es entspricht genau meiner Lebenshaltung.«[19]

Die Ära Schröder: Die Bertelsmann Stiftung mächtiger als je zuvor

Die Politik hatte Herzogs Ruck-Aufruf aufgegriffen. Der Kanzlerkandidat Gerhard Schröder hat ein Jahr nach Herzogs Rede im Mai 1997 im *Spiegel* einen Aufsatz veröffentlicht, welcher fast wie ein Plagiat wirkte. Er ist ähnlich aufgebaut und mündet in ähnlichen Schlussfolgerungen. Schröder schrieb: »Der Bundespräsident hat recht. Er warnt vor der Regelungswut der Bürokratie und vor einer Selbstblockade der politischen Institutionen hierzulande. Wir haben zweifellos Innovationskompetenz, aber unser Problem ist der Umsetzungsstau.«[20] Der Text könnte von Herzog stammen – oder von der Bertelsmann Stiftung. Hätte er mehr Ausrufezeichen, könnte ihn auch Mohn geschrieben haben. Schröder beklagt: »Statt eines Aufbruchs nach vorne leisten wir uns den Luxus der Langsamkeit.« Es gelte, »die zentralen Reformideen und mobilisierende technologische Leitprojekte aus diesem Gestrüpp herauszuziehen, sie über das Gezänk und den Technikskeptizismus der Interessengruppen zu erheben ist den Konservativen nicht gelungen. Auch hier hat Roman Herzog recht: Es mangelt an der Fähigkeit der Eliten, das als richtig Erkannte durchzukämpfen, sich notfalls dafür verprügeln zu lassen. ›Leadership‹ nennt man das in Amerika.«

Schröder fordert »die Entwicklung neuer Berufe für neuen Bedarf, neue Formen der Arbeitsorganisation und des Managements, flexible Arbeitszeiten. Denn nicht die Globalisierung ist das Problem, sondern der zähe Diskurs darüber.« Und: »Modernisierung der Wirtschaft heißt auch Modernisierung des Staates.« Und natürlich gehörten die Hochschulen reformiert. Der Kanzlerkandidat gibt sich kämpferisch: »Politik hat zu steuern, nicht zu rudern, Resultate zu fördern statt Regeln vorzugeben. Die Entscheidungsprozesse müssen einer Wettbewerbssteuerung unterworfen werden, denn die Glaubwürdigkeit jeder Innovationsoffensive hängt davon ab, ob der Staat und die Parteien den Ansprüchen, die sie an andere stellen, selbst gerecht werden.«[21]

Schröder und die Stiftung kamen sich in dieser Zeit näher. Wössner sprach sich öffentlich für Gerhard Schröder als Kanzler aus. Mit ihm würde er gerne die Reformpolitik der Stiftung umsetzen. Wie in der Regierung fand im Oktober 1998 auch in Gütersloh ein Machtwechsel statt. Am 14. Oktober 1998 feierte Mark Wössner auf einem Kreuzfahrtschiff im Mittelmeer mit seiner Frau und seinen beiden Kindern seinen 60. Geburtstag. Nach den strengen Bertelsmann-Regeln war damit sein Abschied gekommen. Zu Hause in Gütersloh erinnerte Bertelsmann Ende Oktober 1998 an die Verdienste von Wössner mit einem dreitägigen Kongress, zu dem man 500 Führungskräfte des Hauses aus allen Kontinenten in die Stadthalle geladen hat. Höhepunkt der Veranstaltung war am 30. Oktober seine Verabschiedung in einer umgebauten Fabrikhalle, der größten in der Stadt. Es ist zugleich die Amtseinführung von Thomas Middelhoff. Wössner war fast so lange Chef bei Bertelsmann wie Kohl Bundeskanzler war. Nun wechselte Wössner an die Spitze der Stiftung. Er wollte Deutschland verändern, so wie Mohn es immer proklamiert hat. Wössner hatte ihn damals manchmal insgeheim belächelt. Nun hat er das Sagen – zumindest ging er davon aus.

Für seine neue Position zog er nur ein paar Meter über den Hof, der zwischen beiden Gebäuden – der Hauptverwaltung, in der das Management sitzt, und der Stiftung gegenüber – liegt. Von Bertelsmann zu Klein-Bertelsmann, wie die Stiftung manchmal genannt wird. Inhaltlich jedoch war es ein großer Schritt. Statt für ein Unternehmen, das sich auf Medien spezialisiert hat, ist er nun für Deutschland und die ganze Welt zuständig. Rein theoretisch für alles; geografisch oder inhaltlich gibt es keine Grenzen. Umso vielsagender sind die Personen und die Themen, die die Stiftung auswählt.

Die Zeiten konnten nicht besser sein für Wössners Wechsel, denn auch in Berlin trat ein neuer Mann an, das Land zu verändern. Gerhard Schröders Kanzlerschaft, das kann man heute im Rückblick so sagen, markierte eine neue Ära, eine neue Blüte für die Bertelsmann Stiftung. Nie wurde sie so sehr gebraucht und so einflussreich und mächtig wie in Schröders Regierungszeit. Als wollten sie Wössner ihre Bereitschaft für eine neue Qualität der Zusammenarbeit demonstrieren, ließen sich der frisch gewählte Bundeskanzler Gerhard Schröder und sein Außenminister Joschka Fischer mit dem Hubschrauber nach Gütersloh zur Feierlichkeit einfliegen und mischten sich unter die illustren Gäste, darunter Franz Beckenbauer, der Präsident des Fußballclubs Bayern München, wie Repräsentanten der Weltbank und des Club of Rome.

Über Wössner hörten sie nur sehr Gutes. Sein Stellvertreter Schulte-Hillen sagte in seiner Rede: »Mark, du bist ein Teufelskerl. Du kannst in allen Sätteln reiten. Du hast eine tiefe Furche gezogen.« Wössner übergab seinem Nachfolger eine Ledermappe mit den Leitlinien des Unternehmens. »Alles, was in dieser Mappe ist, wird die nächste Generation umsetzen«, versprach Middelhoff und umarmte seinen Vorgänger. Die Laudatoren versicherten, wie angenehm es sei, einen Mann zu loben, ohne lügen zu müssen. Und Wössner beruhigte die Lobhudler selbstbewusst, das meiste sei »gar nicht gelogen«. Der Pianist Gerhard Oppitz spielte Franz Liszt und Udo Jürgens, wie Wössner seit dreißig Jahren bei Bertelsmann (als vertragsgebundener Künstler) sang »Du und ich – wir passen wirklich gut in dieses ehrenwerte Haus«. Er habe die Abschiedsempfänge von einem Kanzler und zwei Bundespräsidenten erlebt, erzählte Jürgens. Verglichen mit dieser Feier seien sie provinziell gewesen. Die Botschaft: Gütersloh und Bertelsmann sind alles andere als provinziell. Sie sind bereit für Berlin.

Im Nachhinein markiert Wössners Abgang aus dem Unternehmen kein Ende, sondern einen Anfang, einen Aufbruch. »Von hier und heute geht eine neue Zeitrechnung aus«, sagte Wössner im Beisein von Kanzler Schröder und seinem Vize Fischer.[22] Auch Fischers Vorgänger Klaus Kinkel sowie Helmut Kohls Nachfolger im Parteivorsitz, Wolfgang Schäuble, waren gekommen. Die Politik suchte den Kontakt zu Bertelsmann. Bundeskanzler Gerhard Schröder saß neben Reinhard Mohn und hielt ein Grußwort. »Das Land wäre ohne die gemeinsinnorientierte Politikberatung der Bertelsmann Stiftung ärmer«, sagte der neue Kanzler. Zusammen mit der Stiftung würde er das Land um zahlreiche Reformen und Initiativen bereichern.

4. Eine Medienreform im Dienste der Allgemeinheit – Oder des Unternehmens?

Wir schreiben das Jahr 1999, es ist ein Montagabend im Frühsommer. Um halb sieben klopft Mark Wössner zum Auftakt einer Medienkonferenz mit dem Kugelschreiber gegen sein Weinglas und sagt mit einigem Understatement, er spiele ja »nur den Grußonkel« hier beim Empfang der Bertelsmann Stiftung im Garten des feinen Gütersloher Parkhotels. Bevor er sein Glas zum Toast hebt, erlaubt er sich aber doch einige Bemerkungen, die ahnen lassen, dass er natürlich alles andere als »nur der Grußonkel« ist. Bei den Angriffen »gegen uns« habe er »den Aufschrei« der privaten Fernsehanbieter vermisst, sagt er beispielsweise. Das ist eine seltsame Bemerkung, denn der größte private Fernsehanbieter in Deutschland und Europa ist ja RTL und damit die Bertelsmann AG, die wiederum der Stiftung gehört. Ist Wössner als Aufsichtsratschef von Bertelsmann nicht der oberste Chef von RTL? Eigentlich ja. Wozu dann seine Bemerkung? Spricht er für die Stiftung? Oder für das Unternehmen?

Bevor man seine Worte zu entschlüsseln versucht, sollte man wissen, dass dies keine alltägliche Medienkonferenz ist, zu der die Stiftung für zwei Tage im Mai/Juni 1999 namhafte Politiker wie die Ministerpräsidenten Sachsens und Nordrhein-Westfalens, Kurt Biedenkopf (CDU) und Wolfgang Clement (SPD), Intendanten wie Dieter Stolte (ZDF) und Peter Voß (ARD), Vertreter privater TV-Unternehmen wie Kirch und RTL sowie die Direktoren der Medienaufsichtsbehörden und einige Akademiker und Journalisten nach Gütersloh geladen hat.

Nach zweijährigen Vorbereitungen sollte nicht nur geredet, sondern Politik gemacht werden. Alle zusammen, so die Stiftung, sollten die Grundlagen für eine neue Medienordnung in Deutschland schaffen, die den Anforderungen eines globalen Marktes genügen. Mehrere Studien und Gutachten wurden vorgetragen, deren Ergebnisse nur einen Schluss zuließen: Der deutsche Medienmarkt ist heillos überreguliert.

Rundfunk ist Ländersache und in den neunziger Jahren betrieben die Staatskanzleien der Länder vor allem Standort- und Ansiedlungspolitik. Bayern hatte Kirch und Nordrhein-Westfalen Bertelsmann. In beiden Bundesländern war man interessiert, dass die Medienunternehmen möglichst viele Sender starteten. Die Landesmedienanstalten, die die Sender genehmigen mussten, »waren da reine Agenturen der Staatskanzleien«, sagt der Medienwissenschaftler Lutz Hachmeister. Eine ihrer Hauptaufgaben war allerdings auch, zu großen Medieneinfluss zu verhindern, und dadurch ergab sich ein Interessenkonflikt. Statt Kontrolle auszuüben und Missbrauch offensiv zu bekämpfen, hielten die Aufsichtsbehörden ihre schützende Hand über »ihre« Sender. Der Rundfunkstaatsvertrag schrieb vor, dass ein Unternehmen an einem Sender mit Schwerpunkt Information nur mit höchstens 49,9 Prozent beteiligt sein konnte. Wer eine solche Beteiligung hielt, durfte nur an zwei weiteren Sendern und dann nur mit weniger als 25 Prozent beteiligt sein. Diese Regelung sollte den Einfluss Einzelner eindämmen und Meinungsvielfalt garantieren. Aber sie erschwerte auch die unternehmerische Führung eines Senders.

Deshalb war es eine Konferenz, die dem Vorstandsvorsitzenden der Stiftung, Mark Wössner, am Herzen lag. Oder dem ehemaligen Vorstandsvorsitzenden des Unternehmens und jetzigen Aufsichtsratsvorsitzenden? Während sich Wössner entschuldigte, weil er noch zu einer anderen Veranstaltung müsse, hatte man Gelegenheit, über die Frage nachzudenken, wie jemand eigentlich eine Debatte als unabhängiger Vertreter einer Stiftung leiten will, wenn er zugleich als Aufsichtsrat und oberster Kopf des Unternehmens doch auch dessen Interessen im Blick haben muss? Denn diese Interessen bedeuten nun mal: Märkte erobern mit dem Privatsender RTL und somit den öffentlich-rechtlichen Sendern ARD und ZDF Marktanteile abnehmen, wo es nur geht.

Es war eine schizophrene Situation, die sich ins Verrückte steigerte, je mehr Wössner und seine Mitarbeiter versicherten, sie seien völlig unabhängig und zum Wohl der Allgemeinheit tätig. Schließlich agiere die Stiftung ja stets unabhängig und gemeinnützig und sei schon lange und mit hohem Ansehen unter Fachleuten in diesem Themenbereich engagiert. Weder in der Stiftung noch im Unternehmen war jemand zu finden, der die offenkundig gegensätzliche Interessenslage problematisch fand. Die Stiftung gab vor, eine offene und völlig transparente Debatte führen zu wollen, obwohl die Rollen, Funktionen und Interessen der Beteiligten das nicht zuließen. Dass die Stiftung glaubte, sich das erlauben zu können, ist Zeichen ihres Ehrgeizes und ihres Einflusses. Man könnte auch sagen: ihrer Unverfrorenheit.

Als Wössner sich entschuldigte und die Veranstaltung verließ, erweckte er damit den Eindruck, dass seine Anwesenheit hier nicht wirklich notwendig wäre, weil die Stiftung die Debatte ohnehin im Griff hatte. Aber dann lief doch etwas schief. Vielleicht musste das so kommen. Vielleicht war es einfach zu ambitioniert, zu frech oder naiv von der Stiftung, zu glauben, sie könne die Politik in eine neue Rundfunkordnung zwingen. Natürlich muss die Stiftung geahnt haben, welch heikles Thema sie sich da vornimmt und welch gefährlich korrupten Eindruck nach außen es machen muss, wenn der Eigentümer von RTL, des größten privaten Rundfunkveranstalters in Europa, auf neue Regeln für die Kontrolle und Aufsicht des privaten Rundfunks drängt. Schließlich hat sie eine Diskussion angestoßen und fachlich begleitet, die mit Hilfe von Vorschlägen und Studien der Stiftung die Aufgaben und den Einfluss der öffentlich-rechtlichen Rundfunksender begrenzen sollten – also der größten Konkurrenten von RTL, sprich Bertelsmann.

Wann immer man Mitarbeiter der Stiftung und des Unternehmens auf diesen Interessenkonflikt ansprach, kam wie einstudiert der Hinweis, die Stiftung entscheide nichts, das sei Sache der Politik. Man bringe lediglich die Fachleute und Politiker an einen Tisch. Im Übrigen geschehe das alles öffentlich. Tatsächlich hat die Stiftung Journalisten geladen, die Konferenz zu beobachten und darüber zu berichten. Die Konferenz, ja, die ganze Debatte hat eine lange Vorgeschichte, die zeigt, wie die Stiftung über viele Jahre immer wieder versucht hat, auf die Rundfunkordnung Einfluss zu nehmen.

Bereits im November 1987 diskutierte die Stiftung das Thema »offene Rundfunkordnung«. Neben Wissenschaftlern wie Elisabeth Noelle-Neumann vom Allensbach-Institut und Hans Mathias Kepplinger von der Universität Mainz nahmen auch Martin Bullinger, Universität Freiburg, und Siegfried Klaus vom Bundeskartellamt teil. Es ging vor allem um rechtliche Probleme des Zugangs zum Rundfunkmarkt, wozu viele Juristen ihre Meinungen darlegten. Von Beginn an prägte das Unternehmen die Debatte und das bereits durch seine Präsenz: Die Teilnehmerliste verzeichnet neben zwei Vertretern der Stiftung (Geschäftsführer Hans-Dieter Weger und Peter Pawlowsky) immerhin vier leitende Mitarbeiter des Unternehmens: Manfred Harnischfeger, den PR-Sprecher des Konzerns, Manfred Lahnstein, im Vorstand der AG zuständig für elektronische Medien, Manfred Niewiarra, Chefjustitiar der AG, und Mark Wössner, Vorstandsvorsitzender der AG.

Bullinger referierte zum Problem der Gebührenfinanzierung. Der Professor für Staats- und Verwaltungsrecht schlug vor, ARD und ZDF sollten sich ausschließlich aus Gebühren finanzieren. Werbung solle allein privaten Veranstaltern wie Bertelsmann gehören. Zugleich müsse man ARD und ZDF klare Programmaufgaben zuweisen und sie damit begrenzen. Die Teilnehmer fragten sich damals, ob man nicht ARD oder ZDF privatisieren müsse, um die Trennung von Werbung durchzusetzen. Die Frage blieb ungelöst, aber mit Bullinger haben Stiftung und Unternehmen damals einen Kritiker der öffentlich-rechtlichen Sender gefunden, auf den man bei Bedarf zurückgreifen konnte. Wössner, Lahnstein und andere Manager konnten sich ein Bild machen, wer für die Stiftung in Zukunft Gutachten erstellen sollte. Es ist wohl kein Zufall, dass Bullinger viele Jahre später im Sinne der Bertelsmann AG eine Reform des öffentlich-rechtlichen Rundfunks mit einem Gutachten im Sinne der Auftraggeber flankierte.

Ein Bericht zur Lage des Fernsehens

Am 20. September 1993 trafen sich unter Federführung der Bertelsmann Stiftung sechs Männer und zwei Frauen, um über die Lage des

Fernsehens zu beraten. Es ging um die Verantwortung im Fernsehen. Es ist ein Projekt, das Mohn in Absprache mit Bundespräsident Richard von Weizsäcker anging. Beide trieben Fernsehen und seine Gefahren, vor allem für Jugendliche, um. Weizsäcker selbst hatte die Anregung für eine solche Studie im Gespräch mit den Chefs der Fernsehsender erhalten.

Welches Thema wäre besser für die gemeinnützige Stiftung des größten Medienkonzerns Europas geeignet als dieses, um zu demonstrieren, wie sehr der Stiftung Gemeinwohl und Demokratie am Herzen liegen? Der öffentlich-rechtliche Rundfunk gilt als Eckpfeiler der Demokratie in Deutschland. Als ein hohes Gut, das dem Gemeinwohl verpflichtet ist. Eine gemeinnützige Stiftung, die sich um die Zukunft des öffentlich-rechtlichen Rundfunks sorgt, vermittelt die Botschaft: Gemeinnutz trifft auf Gemeinnutz.

Die für die Medienprojekte zuständige Mitarbeiterin der Stiftung, Ingrid Hamm, formte eine Gruppe von Fachleuten, die den Bericht erstellen sollte. Zu dieser sogenannten Kommission zählten Wolfgang Hoffmann-Riem, Professor für öffentliches Recht an der Universität Hamburg; Jo Groebel, Professor des Lehrstuhls Psychologie der Massenkommunikation der Universität Utrecht in den Niederlanden; Bernd-Peter Lange, Professor für Wirtschaftstheorie der Universität Osnabrück; Norbert Schneider, der als Chef der Landesmedienanstalt in Nordrhein-Westfalen für die Zulassung und Kontrolle des privaten Rundfunks zuständig war. Außerdem die Medienjournalistin Ingrid Scheithauer, die seit Jahren für die *Frankfurter Rundschau* über Medienpolitik berichtete, und Renate Köcher, die das Meinungsforschungsinstitut Allensbach leitet.

Den Vorsitz führte Ernst Gottfried Mahrenholz, eine Empfehlung von Weizsäcker. Mahrenholz hatte mehrere Jahre das Funkhaus des NDR und die Staatskanzlei in Niedersachsen geleitet, hatte später im Landtag gesessen und ist Kultusminister in Niedersachsen gewesen; 1981 wurde er Richter am Bundesverfassungsgericht und von 1987 bis 1994 war er Vorsitzender des Zweiten Senats und Vizepräsident des Gerichts. Eine eindrucksvolle Persönlichkeit, die dem Bericht die nötige staatsrechtliche Bedeutung und Unabhängigkeit verleihen sollte.

Immerhin hat das Bundesverfassungsgericht immer wieder grundsätzliche und wegweisende Entscheidungen zum öffentlich-rechtlichen Rundfunk getroffen. Mit Mahrenholz als Vorsitzendem verlieh sich die Kommission einen Hauch dieser Bedeutung.

Die Kommission fertige ihren Bericht für den Bundespräsidenten, nicht für die Bertelsmann Stiftung, betonte Mahrenholz. Die Mitglieder der Kommission trafen sich in Hamburg, in Kronberg bei Frankfurt und anderen Orten der Republik, mindestens achtmal und mieden dabei Gütersloh. Jeweils für eineinhalb Tage saßen sie in Hotels und Tagungsräumen beisammen. Mahrenholz wollte als neutraler Richter auftreten und legte Wert darauf, dass die Kommission keine Empfehlungen aufnehme, von niemandem – schon gar nicht von Bertelsmann oder der Stiftung des Unternehmens. Unabhängigkeit lag ihm am Herzen. Die zuständige Betreuerin von Bertelsmann, Ingrid Hamm, organisierte Essen und Übernachtungen, inhaltlich hatte sie aber nichts zu melden und keine Empfehlungen zu geben. Auf die anderen Kommissionsmitglieder erweckte sie nicht einmal den Eindruck, als wollte sie Empfehlungen abgeben. Alles schien so zu laufen, wie man sich das von einer gemeinnützigen Stiftung wünscht.

Wolfgang Hoffmann-Riem und Norbert Schneider waren die intellektuellen Köpfe. Renate Köcher hielt sich zurück und glänzte mehrfach durch Abwesenheit. Die Teilnehmer erlebten die Treffen als echte Debatte. Ernst Gottfried Mahrenholz lag daran, nicht Parteipolitik oder aktuelle Entwicklungen zu beschreiben. Er wollte das System beschreiben, die Entwicklung deutlich machen – unabhängig von den handelnden Personen. Aber genau darin liegt ein Problem: Medienpolitik ist Standortpolitik in Deutschland. Alle gesellschaftlich relevanten Gruppen sollten Rundfunk in Deutschland bestimmen. Dazu zählen Parteien – neben Kirchen und Verbänden. Die Parteien aber haben im Laufe der Jahre die Macht in der Rundfunkpolitik an sich gerissen. Politiker sind Machtmenschen, geübt, anderen Honig ums Maul zu schmieren und eigene Interessen durchzusetzen. Der Bericht griff diese Strukturen nicht an. Kein Wort über die zweifelhafte Machtpolitik, mit der Politiker den Rundfunk im Griff haben.

Am Ende ging Ingrid Scheithauer eine Woche in Klausur nach Gütersloh und redigierte den akademisch verfassten Text. Es wurde ein Bericht, der die Erwartungen von Bertelsmann nicht unbedingt erfüllte, obwohl Mark Wössner beim ersten Zusammentreffen dabei gewesen war und in aller Offenheit gesagt hatte, dass die Medienaufsicht das Problem sei und dass ohne sie alles besser funktionieren würde. Falls die Bertelsmann Stiftung gehofft hatte, sie könnte an dem Bericht mitschreiben, so wurde sie enttäuscht. Die Kommission beauftragte das Hans-Bredow-Institut und ein anderes Institut, zwei Kapitel zu verfassen. Die Kommission nahm die Bertelsmann Stiftung als Dienstleister in Anspruch, der Hotels buchte und für das Essen sorgte – nicht mehr.

Am 18. Februar 1994 übermittelte die Kommission ihren Bericht dem Bundespräsidenten. Sie schrieb: Keiner anderen Freizeittätigkeit werde so viel Zeit gewidmet wie dem Fernsehen. 1993 sahen die Deutschen im Westen im Schnitt täglich 168 Minuten fern; im Osten waren es 209 Minuten. Sie nutzten überwiegend unterhaltende, weniger informierende oder bildende Programme und immer mehr Menschen sahen allein fern. Fernsehen verliere damit seine gesellschaftliche Integrationskraft. Die Kluft zwischen den gut Informierten und den wenig Informierten würde wachsen. Weiterhin habe das duale System von öffentlich-rechtlichem und privatem Fernsehen »zu neuartigen medienpolitischen Problemen geführt«. Durch die Zulassung der privaten Sender werde Rundfunk nicht mehr wie bei den öffentlich-rechtlichen Sendern »als kulturelle Veranstaltung«, sondern als »Ware und Dienstleistung« verstanden. Deshalb sei »die Zukunft des Fernsehens besonders von zwei Faktoren geprägt: von der Zukunftssicherung der öffentlich-rechtlichen Fernsehanstalten und von der Sicherung der Vielfalt im kommerziellen Fernsehmarkt«.

Im Mai 1994 empfing Weizsäcker im Berliner Schloss Bellevue »sieben Mächtige des deutschen Fernsehens«, wie es der *Spiegel* formulierte. Jobst Plog (ARD), Leo Kirch (Sat1, Pro7), Helmut Thoma (RTL), Mark Wössner (Bertelsmann), Günter Prinz (Axel Springer Verlag), Rudi Sölch (ZDF) und Verleger Dieter von Holtzbrinck diskutierten zwei Stunden lang über die Studie.

Zehn Jahre nach dem Start des Privatfunks in Deutschland bemängelte sie Fehlentwicklungen und beklagte »Grenzüberschreitungen, die durch voyeurhaftes Zeigen die Würde von Opfern verletzten«, außerdem eine »Spirale der Superlative« in einer »Welt, die nicht die unsere ist«. Kultur im Fernsehen komme nicht »viel mehr als eine Alibi-Rolle« zu. Sie beklagte außerdem die »Allgegenwart von Gewaltszenen«, die zu Abstumpfung und »autoritären Gesellschaftsvorstellungen« führten. Die Vertreter der Parteien seien so häufig in Talkrunden und Spielshows, »dass Politiker ihren potenziellen Wählern in dieser Rolle vertrauter werden als in ihrem politischen Amt«; das sei »eine Rückkehr der höfischen Öffentlichkeit«.[1]

Die Experten schlugen einen Medienrat vor, damit die Öffentlichkeit Auswüchse debattieren und kritisieren und so die Sender zur Selbstkontrolle zwingen könnte. Es war das Modell, auf das die Bertelsmann Stiftung eigentlich setzte: Diskussion statt staatlicher Kontrolle. Der Medienrat sollte Diskussionen anzetteln, aber er könnte Sendungen nicht verbieten oder zensieren. Der Bundespräsident sollte ihn beaufsichtigen und die Mitglieder berufen. Er sollte, finanziert aus dem Gebührenaufkommen, die Programme beobachten und Rügen aussprechen. Das würde jeden TV-Haushalt noch nicht einmal einen Pfennig pro Monat kosten. Ein schöner Wunsch, der aber nicht verwirklicht wurde.

Außerdem regte die Kommission nach dem Vorbild von Stiftung Warentest eine gemeinnützige »Stiftung Medientest« an, die strittige Programme auswerten sollte. Zur Finanzierung sollte sie Aufträge für gezielte TV-Beobachtung annehmen und eine eigene TV-Programmzeitschrift herausgeben. Zuschauer sollten sich bei dieser Stiftung beschweren können. »Je mehr die Fernsehnutzer als Verbraucher behandelt werden und je mehr das Fernsehen zur Verkaufsförderung genutzt wird – von der Werbung bis zum Teleshopping –, umso größer wird der Bedarf an Verbraucherschutz.«

Die bei Weizsäcker versammelten Medienvertreter waren wenig begeistert. Mark Wössner warnte, wer die Medienindustrie durch »eine oftmals ideologisch begründete Regelungswut« daran hindere, ihre Entwicklungschancen zu nutzen, richte schweren volkswirtschaftlichen Schaden an. Sein Konkurrent Leo Kirch, sonst bei offiziellen Anlässen verschlossen, echauffierte sich laut *Spiegel* bei Weizsäcker, die vorgelegte Studie sei »von keiner Sachkenntnis getrübt« und werde den Kirch-Sendern nicht gerecht. Schließlich wurde keiner der Vorschläge der Studie umgesetzt.

Im September 1994 traf sich die Kommission um Mahrenholz mit Weizsäckers Nachfolger Roman Herzog. Weizsäcker hatte den Bericht angeregt, aber er konnte seine Anregungen nicht mehr umsetzen. Das sollte nun Herzog angehen. Falls die Autoren wirklich gedacht hatten, ihr Bericht würde etwas bewirken, geriet das Gespräch mit Herzog zur Enttäuschung. Ein Medienrat? Herzog war als Bundesrichter mit Medienfragen beschäftigt gewesen. Das Thema verfolge ihn, sagte er den Autoren halb ironisch, machte aber klar, dass Medienfragen föderalistisch geregelt werden und er einem zentralen Gremium wenig Chancen einräumte. Dabei wäre so ein Medienrat rechtlich durchaus möglich und föderal unbedenklich gewesen, solange er keine Beschlüsse fasst, sondern nur Empfehlungen ausspricht – wie Mahrenholz heute sagt. Damals habe Herzog allerdings gar nicht über diesen Punkt gesprochen, erinnert sich Mahrenholz. Er selbst habe allerdings die rechtliche Unbedenklichkeit von sich aus auch nicht thematisiert.

VOX – Ein neuer Sender für die Info-Elite

Man mag sich gefragt haben, wieso Reinhard Mohn die hehren Ansprüche, die die Kommision an das Fernsehen stellte, nicht direkt bei seinem Sender durchsetzte. Genau das versuchte Reinhard Mohn 1993 tatsächlich. Er wollte Qualität im privaten Rundfunk einführen – allerdings nicht bei RTL, sondern bei einem neuen Sender, den er eigens dazu gründete: VOX. Bertelsmann hatte ehrgeizige Pläne. Für VOX war im Vorstand der Bertelsmann AG der ehemalige SPD-Bundesminister Manfred Lahnstein zuständig, den Wössner ins Unternehmen geholt hatte. Lahnstein war 1982 Minister für Finanzen und für Wirtschaft gewesen und war nun bei Bertelsmann für elektronische Medien zuständig.

Lahnstein hatte einen Verbündeten in seinem Parteifreund Wolfgang Clement, dem Staatskanzleiminister der regierenden SPD in NRW. Clement wollte sein Bundesland zum Medienstandort ausbauen. Der gelernte Journalist hatte zeitweise als Chefredakteur für die *Hamburger Morgenpost*, ein Boulevardblatt des Verlags Gruner + Jahr, gearbeitet. Mohn war damals sein oberster Chef. Arbeitete er nun an anderer Stelle zum Nutzen der Bertelsmann AG? Manchmal drängte sich beim Aufbau des Fernsehsenders VOX dieser Eindruck geradezu auf, beispielsweise als die SPD mit der Landtagsmehrheit dem Westdeutschen Rundfunk (WDR) zugunsten von VOX einfach zwei wichtige TV-Frequenzen wegnahm, um einen technisch optimalen Empfang im bevölkerungsreichsten Bundesland für VOX zu sichern.

Die landeseigene Westdeutsche Landesbank engagierte sich finanziell. Außerdem beteiligten sich die Stadtwerke Köln und eine Reihe von Sparkassen, bei denen Genossen der SPD bestimmten oder zumindest kräftig mitredeten. Der Anteil dieser Gesellschafter betrug anfänglich mehr als ein Drittel des eingesetzten Kapitals. Die unternehmerische Führung überließen sie Bertelsmann. Immerhin hatte Bertelsmann Erfahrung mit RTL. Das, so hofften die Partner, sei eine Erfolgsgarantie. Ambitionierte Polit- und Kulturmagazine sollte der Filmemacher Alexander Kluge beisteuern.

Mark Wössner sagte später, er habe an dem Tag, an dem er den Senderchef Ruprecht Eser getroffen habe, gewusst, dass VOX scheitern werde. Eser sei einfach der falsche Mann gewesen, um den Sender aufzubauen. Wössner wollte Esers Einstellung noch verhindern, aber Lahnstein hatte ihm bereits das Wort gegeben und er konnte oder wollte die Zusage nicht zurücknehmen. Mag sein, dass Eser überfordert war, Lahnstein war es auch und nach dem Scheitern von VOX musste er den Vorstand von Bertelsmann verlassen. Wössner und Mohn schoben ihn 1994 in den Aufsichtsrat ab. Wössners damalige Einschätzung ist bemerkenswert, weil sie spätere Schuldzuweisungen an Partnern, Politik und Aufsicht relativiert. Wenn Fehler in der Führung für das Scheitern verantwortlich waren, konnte jedenfalls nicht – so wie es später getan wurde – der Medienaufsicht die Schuld gegeben werden.

Am 25. Januar 1993 nahm der neue Fernsehsender den Betrieb auf. Um 17 Uhr begrüßte Programmdirektor Ruprecht Eser die Zuschauer mit den Worten: »Guten Abend. Wir sind die Neuen auf Ihrem Bildschirm. Wir heißen VOX. Das ist lateinisch und heißt ›Die Stimme‹. Sie kommt aus Köln, da ist VOX zu Hause.« Privatfernsehen war damals, 1993, fast zehn Jahre alt. RTL hatte 1984 zu senden begonnen. Nun wollten die Eigentümer, Bertelsmann und die luxemburgische CLT, die zweite Stufe des Zeitalter des Privatfernsehens einläuten: Sie nannten es »Ereignisfernsehen«. Privatfernsehen war nicht Neues. Neu war Privatfernsehen, das anspruchsvoll ist, das nicht nur halbnackte Tänzerinnen und Fußball sendete, sondern seriöse Information, Reportagen aus Kultur und Gesellschaft erfrischend, unterhaltsam und mit Ironie präsentiert, eben erkennbar anders, neuer und zeitgemäßer als bei den Öffentlich-Rechtlichen.

Bertelsmann und der Hauptkonkurrent, die Kirch-Gruppe in München, kämpften um Marktanteile. Es herrschte ein Verdrängungswettbewerb. RTL sendete für Zuschauer mit einfachem Geschmack. VOX sollte nun auch Zuschauer gewinnen, die Privatfernsehen für zu dumm, einfalls- und niveaulos hielten. Die Spielfilmsender von Kirch ließen sich nicht einfach aus dem Markt drängen, also wollte Bertelsmann das Stammpublikum der Öffentlich-Rechtlichen gewinnen. *Spiegel* und *Stern* sendeten auf RTL; *Süddeutsche Zeitung* und *Die Zeit* sendeten nun auf VOX. Mit »journalistisch geprägter Unterhaltung« – also Magazinen, Reportagen und Nachrichten – hatten die Verantwortlichen die Zuschauer anvisiert, denen ARD und ZDF zu betulich und RTL und Sat 1 zu unseriös war. Der Werbewirtschaft versprach Vox eine kaufkräftige »Info-Elite«.

Doch irgendetwas lief schief. Ein knappes Jahr nach dem Start galt VOX als gescheitert. Ulf Brychcy schrieb in der *Süddeutschen Zeitung*: »Das Publikum wollte das Programm partout nicht einschalten. Die meisten Magazin-Sendungen galten als zu unausgegoren, die Nachrichten waren zwar meist besser als bei der privaten Konkurrenz, aber schlechter als bei ARD und ZDF, das Sendeschema präsentierte sich zu unübersichtlich. Kurz: Die Macher verstanden es nicht, mit einem klaren Konzept ein durchaus verlockendes Marktsegment erst zu schaffen, um es dann zu besetzen. Auch der abrupte und kostspielige Programmwechsel im Sommer 1993 – der mehr Spielfilme, mehr Serien, mehr Sport, aber nur geringen Zuschauerzuwachs brachte – konnte nicht die entscheidende Frage beantworten: ›Warum VOX anschauen?‹«

Das Scheitern von VOX kam den Betreibern teuer zu stehen: Bertelsmann, Süddeutscher Verlag, Westdeutsche Landesbank und einige weitere Mitgesellschafter mussten fast 400 Millionen Mark abschreiben. Am Ende stritten sie sich vor Gericht und forderten Geld zurück. Vor allem die nordrhein-westfälische Regierungspartei SPD hatte den Sender einst nach Kräften gefördert. »Doch auch eine noch so umfangreiche politische Hilfe kann nicht die Regeln des Marktes außer Kraft setzen«, bilanzierte Klaus Ott in der *Süddeutschen Zeitung*. »Und politisch gesteuerte oder beeinflusste Unternehmen taugen nicht als Betreiber von TV-Kanälen oder überhaupt von Medienunternehmen.«

Wössner und Mohn fühlten sich in ihrem Drang zur Expansion und zum Ausbau des Privatfernsehens in Deutschland von der Medienaufsicht behindert, weil sie nicht nach Belieben schalten konnten, sondern zur Zusammenarbeit mit Partnern gezwungen waren. Wer war schuld am Scheitern von VOX? In Gütersloh fühlte man sich vom Süddeutschen Verlag und anderen im Stich gelassen, vor allem aber von der Medienaufsicht. Hatte man nicht Gutes im Sinn? Im Gegensatz zu Kirch wollte man doch anspruchsvolles Fernsehen produzieren. Warum sahen die zuständigen Aufsichtsbehörden das nicht? Warum zwangen sie Bertelsmann dann zur Kooperation mit Unternehmen, die langen Atem vermissen ließen und Verluste nicht lange genug hinnahmen, um das Gute zur Blüte zu bringen? In Gütersloh sah man sich durch eine weltfremde Konzentrationsregelung gefesselt und war verstimmt.

Damit nicht genug. Man sah sich einem öffentlich-rechtlichen Rundfunk gegenüber, der expandierte und mit seinen Sendern 3sat, Arte und Jahre später mit Phoenix ein Programm bot, das in seinen besten Sendungen etwas sehr Ähnliches sendete, was VOX senden wollte. Wie aber sollte ein Unternehmen in einem gesättigten Markt expandieren und Geld verdienen? Bertelsmann fühlte sich abgedrängt und sah als eigentlich Schuldigen des Debakels um VOX die unflexible Aufsicht, die Qualität verhindere.

Die Stiftung prämiert anspruchsvolles Privatfernsehen

Im Herbst 1994 vergab die Stiftung den Carl Bertelsmann-Preis im Themenfeld Medien. Der Preis ist nach dem Gründer des Verlags benannt und mit 300 000 Mark dotiert. Das Thema Qualität im Fernsehen ließ die Stiftung nicht los. VOX war gescheitert, aber die Stiftung wollte zeigen, dass anspruchsvolles Privatfernsehen dennoch möglich ist. Reinhard Mohn prämierte zwei ausländische Sender. Es war eine glanzvolle Abendveranstaltung. Den Preis teilten sich der britische Channel 4 und der australische TVW 7 in Perth. Beide Sender hätten bewiesen, wie Reinhard Mohn bei der Preisvergabe erklärte, »dass ein gesellschaftsverträgliches Fernsehprogramm sehr wohl mit Publikumserfolg und wirtschaftlicher Effizienz einhergehen« könne, wenn das Rundfunksystem sachgerecht geregelt und die Gesellschaftsverträglichkeit als Unternehmensziel verankert sei.

Aus München war der Journalist Herbert Riehl-Heyse angereist, um der Verleihung beizuwohnen. Die *Süddeutsche Zeitung* druckte seine Beobachtungen unter dem Titel »Vor dem Sexfilm eine hehre Feier«. Reinhard Mohn war – wie seine Mitarbeiter erzählen – gar nicht erfreut über Riehl-Heyses Bericht. Falls er ein Lob erhofft oder gar erwartet hatte, wurde er gründlich enttäuscht. Der Widerspruch zwischen Anspruch und Wirklichkeit bei der Verleihung des Preises war für Riehl-Heyse einfach zu groß und er schrieb: »Auch an diesem Freitagabend hat RTL wieder sein bewährtes Wochenendprogramm gesendet: Explosiv natürlich, ›Zum Stanglwirt‹, später am Abend zwei Sexfilme. Mindestens zum ›Garten der Lüste‹ hätten die Führungsspitzen des Hauses Bertelsmann (dem RTL zu 37 Prozent gehört) rechtzeitig wieder vor den Bildschirmen sitzen können, obwohl sie am selben Freitagabend an einem Festakt in der Stadthalle zu Gütersloh teilzunehmen hatten. Bei dieser Veranstaltung wurden die Gewinner des

Carl Bertelsmann-Preises geehrt, der in diesem Jahr dem Thema ›Gesellschaftliche Verantwortung im Fernsehen‹ gewidmet war.«[2]

Vorausgegangen war der Verleihung ein zweitägiges, hochkarätig besetztes Symposium unter dem Titel »Fernsehen bedarf der Verantwortung«. Reinhard Mohn sagte in seinem Vortrag, mit der Entwicklung des Fernsehens in Deutschland »sind wir nur begrenzt zufrieden: Zu oft werden falsche Vorbilder gezeigt, immer wieder sehen wir im Programm Verhaltensweisen, die im Sinne der Gemeinschaftstätigkeit nicht zu tolerieren sind. Schon heute gibt es eine vernehmliche Opposition in der Gesellschaft gegen die Entwicklung des Fernsehens.« Das Programm überschreite »regelmäßig die Grenzen der Gesellschaftsverträglichkeit«. Mohn schloss daraus: »Die Zeit drängt, um geeignete Lösungsmöglichkeiten zu finden.« Dann fügte er noch hinzu, er sei »besorgt über die zu hohe Regelungsdichte«, die einen freien Fernsehmarkt behindere. Mit einem Zuviel aus Reglementierung sei nichts gewonnen. Er hat mit diesen Worten den Bogen von der Moral zum Geschäft geschlagen.

Die Stiftung selbst begründete die Notwendigkeit und Aktualität des Symposiums mit den Worten: »Fachleute und Zuschauer« beurteilten »die Entwicklung des Fernsehens mit großer Sorge«, sie beklagten die »Oberflächlichkeit des Mediums«, den »Sensationalismus« der Nachrichtengebung und sorgten sich um »Gewalt und Sex im Programm«. Niemand wisse, wie die Koexistenz von privaten und öffentlichen Anbietern entwickelt werden könne, »ohne dass die gesellschaftliche Verantwortung dem Konkurrenzkampf geopfert wird«.

Zugleich betonten die deutschen, britischen, amerikanischen und australischen Fachleute, die für die Bertelsmann Stiftung in zehn Ländern zur Lage des Fernsehens recherchiert hatten, dass das »duale System aus öffentlich-rechtlichen und privaten Anbietern allen anderen Modellen überlegen« sei. Nun gut, die Überlegenheit der ARD und des ZDF wollte man in Gütersloh bei der Bertelsmann AG so wahrscheinlich nicht sehen. Der Presse- und PR-Chef des Konzerns verteidigte jedenfalls die »innovativen Leistungen« der Privaten.

Reinhard Mohn nutzte die Preisverleihung und machte Vorschläge, wie das deutsche Rundfunksystems zu reformieren sei. Nicht zufällig beruhten die Vorschläge auf den schlechten Erfahrungen mit VOX. Die föderalen Zuständigkeiten sollten gebündelt werden und durch eine gemeinsame Fernsehaufsicht für die Länder wahrgenommen werden, die dann für die Lizenzvergabe nach einheitlichen Kriterien zuständig sei. Die Konzentrationskontrolle könne wirksamer durch das Bundeskartellamt vorgenommen werden. Der nordrhein-westfälische Ministerpräsident Johannes Rau schlug vor, die Lizenzvergabe zu erleichtern, indem künftig alleine die Marktanteile der einzelnen Veranstalter ausschlaggebend sein sollten. Dieser Vorschlag hätte auch von Mohn stammen können.

Die Kommunikationsordnung 2000

Die Stiftung baute den Medienbereich weiter aus und machte ihn zu einem Schwerpunkt: Die Leiterin dieses Bereichs, Ingrid Hamm, wurde Geschäftsführerin der Stiftung; ihr Aufstieg zeigt auch, dass ihr Bereich an Bedeutung gewonnen hatte. Die Stiftung versammelte viele namhafte und einflussreiche Praktiker (Chefredakteure, Programm- und Verlagschefs sowie Experten aus den USA), sie gab Studien in Auftrag und lud zu Seminaren ein. Der Ansatz war durchaus kritisch. Die Ergebnisse waren oft so richtig und anspruchsvoll wie wissenschaftlich und für die Praxis meist nur bedingt hilfreich. Sie hatten keine Folgen. Sie veränderten und verbesserten nichts. Aber die Stiftung machte sich breit, verteilte Geld und erhielt Einfluss.

Einiges ist sicherlich lobenswert, beispielsweise hielt Dieter Anschlag, ein renommierter Medienjournalist aus Köln, im September 1996 im Auftrag der Stiftung in Berlin ein Seminar über kritischen Medienjournalismus. Das Seminar dauerte eine ganze Woche. Referenten waren unter anderem der Medienautor des *Spiegel*, Hans-Jürgen Jakobs, Klaus Ott von der *Süddeutschen Zeitung* und Ingrid Scheithauer von der *Frankfurter Rundschau*. Es ging in den Vorträgen und Diskussionen darum, den Blick für die Relevanz medienpolitischer Entscheidungen zu schärfen, und auch um »die Notwendigkeit der Autonomie« – also um journalistische Unabhängigkeit. Anschlag schreibt für den in Köln erscheinenden Medienfachdienst *Funkkorrespondenz*. Der Dienst wird von der katholischen Kirche herausgegeben. Anschlag urteilte inhaltlich unabhängig, er war kompetent und angesehen und er glaubte, dass die Stiftung ihn wegen seiner Unabhängigkeit ausgewählt hatte, über Qualität und Unabhängigkeit von Medienjournalismus zu referieren. Mit diesem Anspruch schrieb er wenige Monate nach dem Seminar in Berlin Anfang 1997 auch über ein Positionspapier der Bertelsmann Stiftung, das die Medienanstalten der Bundesländer als antiquierte Modelle betrachtete und forderte, die Kartellbehörden sollten ihre Aufgaben übernehmen.

Das Positionspapier beschrieb eine »Kommunikationsordnung 2000« und war im Januar 1997 in Gütersloh fünf ausgewählten Medienjournalisten von Kurt Biedenkopf (CDU) vorgestellt worden. Biedenkopf war sächsischer Ministerpräsident, ehemaliges Gremienmitglied der Bertelsmann Stiftung, und wurde von Anschlag als »Haus- und Hofreferent der Bertelsmann Stiftung« bezeichnet. Biedenkopf stellte das Papier laut Stiftung mit folgenden Worten vor: »In einer Kommunikationsordnung der Zukunft müssen Freiheit die Regel und Wettbewerb wichtiger als staatliche Regulierung sein. Nur so lassen sich Medienqualität und Vielfalt sichern. Wir sollten die Strukturen der Wirklichkeit anpassen, sonst droht die deutsche Kommunikationswirtschaft im globalen Markt ins Hintertreffen zu geraten.« Das Papier kritisiert »Überregulierung und Zersplitterung der Aufsicht für die deutsche Kommunikationswirtschaft. Angesichts der Globalisierung der Märkte sei die Rundfunkkontrolle durch die Landesmedienanstalten keine tragfähige Lösung mehr. Deutschen Medienunternehmen entstünden daraus vielmehr Nachteile im internationalen Wettbewerb sowie Rechts- und Planungsunsicherheiten.« Mit anderen Worten: die Stiftung will die Aufsicht abschaffen und ihr ehemaliges Beiratsmitglied Biedenkopf macht sich dafür stark. Zu den neun Beratern des Positionspapiers zählten neben Biedenkopf Peter Glotz (SPD/ Bertelsmann Stiftung), Jo Groebel, der Medienrechtler Ernst-Joachim Mestmäcker, Reinhard Mohn, Mark Wössner, Manfred Lahnstein und Johannes Gross (ehemals Gruner + Jahr).

Die Mehrheit der Experten ist also Bertelsmann eng verbunden und wurde vom Unternehmen bezahlt.

»Eine absurde Konstellation«, wie Anschlag fand: »Vier Führungspersonen des Bertelsmann-Konzerns und ein der CDU angehöriger Bertelsmann-Hauspolitiker beraten die Bertelsmann Stiftung für ein Grundsatzpapier zur ›Kommunikationsordnung 2000‹, die verkauft wird, als sei sie ein neues gesellschaftliches Allgemeingut und in dieser Funktion mindestens gleichrangig mit rundfunkspezifischen Entscheidungen des Bundesverfassungsgerichts. Der zweitgrößte Medienkonzern der Welt versucht, die kritische Reflexion über sein eigenes unternehmerisches Handeln selbst zu beherrschen. Dass dies nicht als Widerspruch in sich betrachtet wird, sondern bei Bertelsmann und den Beteiligten offensichtlich als die natürlichste Sache der Welt gilt, müsste selbst dem Konzern als bedenklich auffallen.«[3] Aus diesem Papier sei abzuleiten, schrieb Anschlag, dass staatsvertraglich und föderal verfasste Kontrolle zunehmend durch das Prinzip unternehmerischer Eigenverantwortung ersetzt werden solle. Man sehe am Einfluss von Bertelsmann auf seinen wirtschaftlich so erfolgreichen Vorzeigesender RTL, wie gut diese Art vorgeblicher Selbstkontrolle in der Praxis funktioniere: nämlich gar nicht. In der Bertelsmann Stiftung war man nicht glücklich über diese kritische Bewertung eines Fachmanns.

Anschlag sagt heute: »Ich war naiv damals.« Er habe geglaubt, dass es der Stiftung wirklich ernst sei mit kritischem, aufklärendem Medienjournalismus. Nach der Veröffentlichung seiner kritischen Worte meldete sich der zuständige Projektleiter seines Seminars bei ihm. Anschlag dachte, er wolle über das zweite Seminar reden, das die Stiftung bereits ankündigt hatte. Aber der Projektleiter teilte ihm mit, dass das Seminar zwar wie geplant stattfinden solle, allerdings ohne die Mitwirkung von Anschlag. Er habe das nicht nachgetragen, sagt Anschlag heute, weil die Reaktion der Stiftung ja ein weiteres Seminar über kritischen Medienjournalismus obsolet gemacht habe.

Ingrid Hamm, die damals den Bereich Medien verantwortete, sagte zur Begründung der Trennung von Anschlag intern sinngemäß, der Journalist habe mit seiner Kritik an der Kommunikationsordnung gezeigt, dass er die Ziele der Stiftung nicht teile. So jemanden könne man nicht ein Seminar über Medienjournalismus halten lassen – also die Beurteilung und Bewertung all dessen, was ihre Abteilung auf die Beine stellte. Was für Ziele? Anschlag liegt an unabhängigem Medienjournalismus. Es gibt unter Journalisten einen Spruch, mit dem sie an den ehemaligen Tagesthemen-Moderator Hanns-Joachim Friedrichs erinnern. Friedrichs soll gesagt haben: Ein Journalist soll sich mit keiner Sache gemein machen, auch nicht mit einer guten. Hamm dagegen hatte eine Auffassung von Journalismus, wie man sie auch in den Kirchen zuweilen antreffen kann. Kritik an der Kirche, finden manche Priester, sei unangebracht und Zeichen des Unglaubens.

Hamms Verhalten offenbarte, dass sie nicht zu Ende gedacht hat, was unabhängiger Journalismus bedeutet. Dabei ist gerade im Medienjournalismus Unabhängigkeit besonders wichtig, weil sie schwer zu bewahren ist. Die Ironie der Trennung von Dieter Anschlag als Leiter des Seminars liegt darin, dass er der Stiftung einen Mangel an Unabhängigkeit bei der Debatte um die Kommunikationsordnung vorwarf und die Stiftung mit Anschlags Rauswurf genau diesen Mangel der Unabhängigkeit zur Schau stellte. Mit anderen Worten: den Vorwurf, den Anschlag ihr machte, belegte die Stiftung im Umgang mit ihm.

Ein Gutachten zur Rundfunkordnung mit Sprengkraft

Am 15. Januar 1999 trafen sich auf Einladung der Bertelsmann Stiftung und weitgehend unbemerkt von der Öffentlichkeit auf Schloss Eckberg bei Dresden die Intendanten von ARD und ZDF, sowie die Chefs von RTL, Sat1 und Pro Sieben, außerdem Medienkonzern-Herren und zwei Ministerpräsidenten. Sie sprachen über die Zukunft des Rundfunks in Deutschland. Der Freiburger Rechtsprofessor Martin Bullinger präsentierte »ein Gutachten, dem zur Sprengladung nur noch die Lunte fehlt«, wie der *Focus* schrieb: Das 119-seitige Dokument mit dem Titel *Die Aufgaben des öffentlichen Rundfunks* wurde von der Bertelsmann Stiftung finanziert und beauftragt und es kommt einer

Neudefinition des dualen Rundfunksystems gleich. Weil ARD und ZDF sich »um des Markterfolgs willen« an die private Konkurrenz anpassten und Programme für kulturelle Minderheiteninteressen in die Nachtstunden oder in Nebenprogramme geschoben werden, müsse die Politik dringend handeln. Man dürfe nicht warten, »ob die Öffentlich-Rechtlichen auf Dauer Leistungen erbringen, die ihrem Funktionsauftrag besser entsprechen als die Leistungen werbefinanzierter Anbieter«, forderte Bullinger. Er verlangte von ARD und ZDF sogar, »auch am Vorabend und Abend einen angemessenen Anteil kultureller Sendungen vorzusehen«. Außerdem müsse verhindert werden, dass der Zuschauer mit seinen Gebühren Programme bezahlt, die gar nicht »funktionsnotwendig« seien.

Bullinger wollte den Begriff der Grundversorgung durch den Begriff Funktionsauftrag ersetzen. Das soll laut Bullinger zur Folge haben, dass ARD und ZDF – statt sich dem Quotendruck zu beugen – zum gesellschaftlichen Zusammenhalt beitragen, allen Stimmen der Gesellschaft ein Forum bieten, mit hohen Qualitätsstandards eine Vorbildfunktion erfüllen und Sendungen zeigen, die unter rein kommerziellen Gesichtspunkten nicht angeboten werden würden. Diesem Auftrag dienen, so der Jurist, vor allem Sendungen, »die einem gesteigerten öffentlichen Interesse entsprechen«, etwa »Nachrichten, Informationen, Jugend- und Kultursendungen«. »Grundversorgung« sehe dagegen – wesentlich unpräziser – die allgemeine Empfangbarkeit von Sendungen vor; Meinungsvielfalt und Meinungsbildung sollen gewährleistet sein.

Zwar betonte Bullinger die Notwendigkeit des öffentlich-rechtlichen Systems und rüttelte nicht an den Urteilen zur Bestands- und Entwicklungsgarantie. In der letzten Konsequenz könnte die Folgerung aus dem Gutachten jedoch lauten: *Aspekte* und der *Kulturweltspiegel* laufen bei den Öffentlich-Rechtlichen um 20.15 Uhr, während ein Millionenpublikum bei den Privaten eine große Show oder ein Fußball-Europapokalspiel anschaut – mit entsprechend höheren Werbeeinnahmen als Konsequenz, wie der *Focus* analysierte. Das Misstrauen speziell von Intendanten der ARD gegen Bullingers Papier äußerte sich in »freundlichem bis ruppigem Protest«, und wie ein

Teilnehmer zusammenfasste: »Wir sollen uns auf Anspruchsvolles, Schönes und Gutes beschränken, während die anderen das mehrheitsfähige Programm machen.« Der ARD-Vorsitzende Peter Voß (SWR) beklagte: »Wenn die Öffentlich-Rechtlichen nur das tun können, was die Privaten nicht tun, dann werden die Privaten unsere Programmdirektoren. Dem werden wir nicht zustimmen.«

Einst wollte Reinhard Mohn vom ZDF direkt wirtschaftlich profitiereren. Der direkte Einstieg in den Fernsehmarkt blieb Mohn jedoch verwehrt, weil die Bundesländer das ZDF gründeten. Mohn sah – angeblich angetrieben durch seinen Generalbevollmächtigten Manfred Köhnlechner – dennoch einen neuen Absatzmarkt. Er wollte das ZDF überreden, dass es keine eigene Produktion benötigt – weil Mohn diese Rolle übernehmen würde. So erinnert sich Edzard Reuter, der spätere Chef von Daimler, den Mohn dazu Anfang 1962 anheuerte. Reuter sollte ein sogenanntes Verlegerfernsehen aufbauen. Als das ZDF eigene Studios baute, verabschiedete Mohn sich über Nacht von dieser Idee, ohne es Reuter zu sagen. Der ahnungslose Reuter leitete ein Jahr lang in München eine Redaktion der Bertelsmann Fernsehproduktion GmbH.

Was so hoffnungsvoll begann, endete vor dem Arbeitsgericht, weil Reuter dachte, Mohn hätte ihm eine Lebensanstellung versprochen (was dieser dementierte). Mohn und Köhnlechner traten im Streit um eine Abfindung vor Gericht als Zeugen auf, erinnert sich Reuter. Angesichts seiner Erfahrung zweifelt er an Mohns Führungsprinzip der Übertragung von Verantwortung. Reuter hat die Kehrseite gesehen und bilanziert, dass es zwiespältig sei, sich mit Privatunternehmern einzulassen. »Sie sind ihr eigener Herr auch in dem Sinne, dass sie aus rational nicht nachvollziehbaren Gründen von einem Tag zum anderen ihre Meinung ändern können. Verlässlichkeit als Grundlage für gegenseitiges Vertrauen zählt dann wenig.« Die Großartigkeit von Mohns unternehmerischem Lebenswerk sei »unbestreitbar, doch nicht wenige haben dafür bezahlen müssen.«[4]

Nun sollte also Bullinger mit seinem Gutachten dafür sorgen, dass ARD und ZDF einen Teil ihrer Einnahmen mit Bertelsmann teilen müssen. Ernst Gottfried Mahrenholz verfasste eine Entgegnung auf

Bullinger und wehrte sich vor allem gegen dessen Folgerung, wenn ARD und ZDF ihren »Auftrag nicht erfüllen, so müsste politisch neu entschieden werden, wie seine Aufgaben in Zukunft neu organisiert werden können«. Mahrenholz schrieb: »Jedes publizistische Instrument kann seine Aufgaben gut oder weniger gut erfüllen, und da gibt es Differenzen jeden Tag. Aber jedenfalls erfüllt die Publizistik – welcher Teil auch immer – ihre Aufgaben jeden Tag! Für die Medien gibt es keine Aufgaben, die zu irgendeinem Zeitpunkt ›erfüllt sind‹ oder nicht. Diese Theorie des Abschaffens des öffentlich-rechtlichen Systems verfehlt – von weiteren Einwänden abgesehen – meines Erachtens schon im Ansatz das Essentielle der Publizistik.«[5]

Norbert Schneider, der Vorsitzende der Landesmedienanstalten, kritisierte ein weiteres Gutachten, das im Auftrag der Bertelsmann Stiftung von Mitarbeitern einer Unternehmensberatung erstellt worden war. Dieses Gutachten sah ebenfalls die »Aufsicht auf dem Prüfstand« und kritisierte die Zahl der Anstalten, ihren Bürokratismus und ihr Budget. Der Hauptgedanke des Gutachtens: Die Aufsicht be- und verhindere privaten Rundfunk. Es sei, so beklagte Schneider, »eine Mischung aus undeutlicher Situationsbeschreibung und Vorurteilen«. Er merkte ironisch an: »Aversionen gegen Medienaufsicht schlechthin, wenn sie von einem Betroffenen kommen, sind nachvollziehbar. Sie können jedoch nicht Belege für angebliches Fehlverhalten oder Fehlentwicklungen ersetzen. Die zweifellos nicht unkompliziert organisierte Medienaufsicht in Deutschland funktioniert gleichwohl ausgezeichnet.« Die Medienanstalten hätten Anspruch auf sachliche Kritik, die auf der Basis von Fakten geäußert werde. Er stellt Mohns Prinzip infrage, für jedes Problem im Ausland nach Lösungen zu suchen. »Solange Rundfunk in Deutschland Ländersache ist, läuft jeder Vergleich mit Ländern, die diese Prämisse nicht haben oder kennen, partiell ins Leere.«[6]

Schneider fasste zusammen: »Womit wir nicht umgehen können und wollen, ist eine Phantomdiskussion. Was nicht weiterhilft, ist eine Beschreibung der Situation, die einem Vorurteil folgt und nicht der Realität.« In einer Stellungnahme schrieb er: »Wir würden es begrüßen, wenn die bei uns von außen erkannten Schwächen so belegt würden, dass man sie auch innen sehen könnte, damit wir uns konkret damit befassen können. Vorhaltungen wie ›Ihr seid zu viele‹ und ›es geht zu lange‹ und ›Ihr seid Bürokraten‹ und ›Ihr bildet Wasserköpfe‹ und ›Ihr werft Geld zum Fenster raus‹ halten wir, auch wenn sie sich hinter vornehmen Formulierungen verstecken, nicht für eine seriöse Grundlage, um Reformen ins Auge zu fassen.« Reform um ihrer selbst Willen sei Beschäftigungstherapie. »Dazu haben wir alle zu viel echte und sinnvolle Arbeit zu erledigen.«[7]

Wolfgang Clement kam der Bertelsmann Stiftung zu Hilfe und betonte, die Initiative der Bertelsmann Stiftung sei wichtig, weil es Aufgabe der Politik sei, die Gewichte im dualen System auszutarieren. Zudem zeige sich, dass die Expansion der Öffentlich-Rechtlichen »potenziell Arbeitsplätze im privaten System gefährdet«. So habe der öffentlich-rechtliche Kinderkanal zur Einstellung des privaten Kindersenders Nickelodeon geführt. Clement forderte: »Für alle öffentlich-rechtlichen Institutionen in Deutschland gilt: Sie müssen auf den Prüfstand. Sie können nicht so bleiben, wie sie sind. Sie müssen sich ständig fortentwickeln und reformieren, um noch effizienter, schlanker und kundenfreundlicher zu werden.«[8] Dabei gehe es um eine Umkehr der Beweislast. »Während sich früher der rechtfertigen musste, der eine Reform von Strukturen forderte, muss sich heute der rechtfertigen, der für die Beibehaltung des Bestehenden eintritt.« Clement ging mit seiner Argumentation also ins Grundsätzliche und man kann seine Worte auch als grundsätzliche Rechtfertigung der Arbeit der Bertelsmann Stiftung verstehen.

Vom Adler zum Suppenhuhn

Kehren wir zurück zum Anfang des Kapitels in den Sommer 1999 in Gütersloh, in dem Mark Wössner zum Auftakt der Medienkonferenz seine Grußworte sprach. Bevor er sein Glas erhob, sagte er, bei den Angriffen »gegen uns« habe er »den Aufschrei« der privaten Fernsehanbieter vermisst.

Beim Empfang steckten einige Gäste die Köpfe zusammen und rätselten, wen Wössner mit »uns« gemeint haben mag. Die Stiftung war jedenfalls von niemandem direkt angegriffen worden, wohl aber die Manager einiger Bertelsmann-Firmen. Es stellte sich also die Frage, welcher Wössner sich angegriffen gefühlt hat: der Aufsichtsratsvorsitzende eines der weltweit größten privaten Medienunternehmen oder der Vorstandsvorsitzende der auf Unabhängigkeit bedachten Stiftung? Es sprach der Aufsichtsratsvorsitzende im Namen seines Unternehmens – allerdings in einem Moment, in dem er die Gäste als Stiftungsvorstand begrüßte.

Die Stiftung scheiterte mit ihrem Projekt, die Aufsicht zu reformieren. Zwei Tage lang musste Mark Wössner mit ansehen, wie mit alten Argumenten eine alte Debatte um einen neuen Begriff geführt wurde und nichts dabei herauskam. Sogar der ARD-Vorsitzende Peter Voß war für die Konferenz nach Gütersloh gekommen. Als einige Berater der Stiftung, darunter ZDF-Intendant Stolte, im Januar 1999 in kleiner Runde die Konturen der Debatte festlegten, wähnte Voß, die Debatte um den Funktionsauftrag könnte nur ein Vorwand sein, um die ARD zu schwächen, und er verweigerte weitere Gespräche. Nun machte er klar, wie wenig er von einer neuen Begriffsbestimmung von Rundfunk hält.

Dazu kam, dass die Stiftung dem bayerischen Staatsminister Erwin Huber selbst die Vorlage für eine Blockade geliefert hatte: Ein juristisches Gutachten, das die Stiftung finanziert hat, ergab, dass eine gemeinsame Aufsichtsbehörde von Bund und Ländern eine Verfassungsänderung nötig machte. Dem werde Bayern nie zustimmen, sagte Huber, sodass der Moderator der Konferenz, Peter Glotz, eine Stunde nach Beginn nüchtern feststellen musste, nun sei die Luft eigentlich aus der ganzen Diskussion raus. Am Ende sagte ZDF-Intendant Dieter Stolte enttäuscht, das ganze langweile ihn. Die Stiftung und ihre Berater seien morgens »wie Adler angetreten, um eine Bund-Länder-Anstalt einzurichten«, sagte Wössner. »Abends waren es nur mehr Suppenhühner.« Glotz legte nahe, eine Fortführung der Debatte sei »nicht sinnvoll«.

Wössner ist mit seiner Stiftung an die Wand gefahren. Damit scheiterte das Unternehmen beim Versuch, mit Hilfe der Stiftung aus angeblicher Sorge um das Gemeinwohl eigene Ziele zu verfolgen. Und damit scheiterte die Stiftung ganz grundsätzlich, weil deutlich wurde, dass sie Eigennutz vor Gemeinwohl stellte. Die Öffentlichkeit nahm davon nur begrenzt Notiz. Das Thema interessierte nur Insider und war letztendlich zu kompliziert, aber immerhin führte sie dazu, dass sich die Stiftung 2002 aus dem Bereich Medien zurückzog.

Ähnlich war es mit der Vergabe des Carl Bertelsmann-Preises, den die Stiftung 1998 einer amerikanischen Selbstkontrollinitiative im Internet und der kanadischen Aufsichtsbehörde für Rundfunk und Telekommunikation verliehen hat. Die kanadische Behörde agierte so, wie sich das die Manager von Bertelsmann und die Gutachter, die im Auftrag der Stiftung tätig waren, von einer deutschen Behörde wünschten. Gleiches gilt für die Selbstregulierung des Internets, hat doch der Vorstandsvorsitzende von Bertelsmann, Thomas Middelhoff, beim Ausstieg aus dem Pay-TV-Sender Premiere verkündet, man werde den Schwerpunkt der Aktivitäten auf das Internet verlegen und bald sogar Pay-TV auf diesem Wege veranstalten. Damals fürchtete man bei Bertelsmann, die Medienaufsicht könnte auf die Idee verfallen, auch diesen Bereich zu regulieren.

Allerdings muss man zugeben, dass die Ideen der Stiftung auch Konkurrenten des Konzerns zugute kamen. Ob man Norbert Schneider fragte, den damaligen Vorsitzenden der Rundfunkaufsichtsbehörden, den damaligen Sat1-Geschäftsführer Jürgen Doetz oder Dieter Stolte, den damaligen ZDF-Intendanten: Alle sagten, sie seien der Stiftung dankbar, weil es kein anderes derart hochkarätiges Forum gäbe, um die Zukunft der Medienpolitik zu diskutieren. Und der Medienwissenschaftler Lutz Hachmeister meinte, nicht der Stiftung, sondern den Politikern sei der Vorwurf zu machen, dass sie »eine Diskussion unter dem Vorwand lahmlegen, dass sie geführt wird«. Der Konzern versuche »durch, zugegeben, sehr geschickte und auch subtile Methoden eine Debatte zu steuern«. Bestimmte medienpolitische Modelle, an denen der Konzern kein Interesse habe, kämen in der Debatte nicht vor: Dazu zählte Hachmeister das Modell des britischen Channel 4, bei dem öffentlich-rechtliche und kleinere private Unternehmer kooperierten. Jahre zuvor hatte die Stiftung ausgerechnet diesen Sender als vorbildlich ausgezeichnet.

Funktionierte Mohns Stiftungsphilosophie, erfolgreiche Konzepte aus dem Ausland zu importieren, vielleicht doch nicht so einfach, wie er immer dachte? Ausgerechnet dem eigenen Unternehmen passten die Vorbilder, die die Stiftung vorschlug, offenbar nicht ins Konzept. Und die Stiftung unternahm nichts, dieses Konzept gegen den Willen ihres Unternehmens weiter zu propagieren.

Als Wössner die Kommunikationsordnung im Sommer 1999 endgültig beerdigte, waren seine Mitarbeiter entsetzt. Vier Jahre Arbeit steckten in diesem Projekt. Sie sahen einen Stiftungs-Vorstandsvorsitzenden, der gewohnt war, wie ein Unternehmenschef zu agieren. Der Dinge durchsetzen will und der keine Geduld hat. Der Medienjournalist Uwe Kammann fragte sich im Mediendienst von epd, ob das plötzliche Ende des Projekts eventuell damit zu tun habe, dass Fernsehen für das Unternehmen Bertelsmann nicht mehr an erster Stelle stehe. Das markierte eigentlich das Ende der Aktivitäten, auch wenn sie noch einige Jahre weiter liefen. Mit diesem Fehlschlag hatte dieser Bereich seine Aufgabe verloren. Vor allem auch deshalb, weil die Politik sich auf das Marktmodell geeinigt hatte. Der Konzern hatte erreicht, was er wollte. Ob die Stiftung sich mit ihren Aktivitäten durchsetzen könnte, war plötzlich zweitrangig geworden.

Sie arbeitete weiter an einer neuen Kommunikationsordnung und im Jahr 2000 – also ein Jahr später – legte sie unter dem Namen Kommunikationsordnung 2010 einen neuen Bericht vor, der ziemlich genau den Vorschlägen der umstrittenen Kommunikationsordnung 2000 glich. »Anknüpfend an die 1997 formulierte Kommunikationsordnung 2000 wurden zu Beginn des Jahrtausends die Regulierungsprämissen überprüft und mit den Herausforderungen des Internet-Zeitalters konfrontiert«, schrieb Ingrid Hamm. Autoren waren dieselben Mitglieder der Vorgängerkommission, also Kurt Biedenkopf, Wolfgang Clement, Peter Glotz, Jo Groebel, Manfred Lahnstein, Mark Wössner, Dieter Stolte und Reinhard Mohn. Im Gegensatz zum Bericht über die Lage des Fernsehens war kein unabhängiger Bericht angestrebt. In der neuen Kommunikationsordnung wurde sogar betont, dass die Verantwortung für das sogenannte »Zukunftspapier« allein die Bertelsmann Stiftung trägt.

Die Stiftung versuchte in dem Papier, den Rahmen zu bestimmen, in dem das Unternehmen seine Geschäfte machte. Sie tat das geschickt und außer wenigen Fachleuten und einer Handvoll Medienkritikern fiel das niemandem auf. Die wenigen Berichte verschwanden kaum gelesen in den Archiven und niemand regte sich auf. Niemand schrie »Skandal!« Selbst die Medienkritiker vergaßen dieses Vorgehen. Warum auch nicht? Die Stiftung hatte kaum Erfolge erzielt. Bertelsmann agierte glücklos mit seinen Plänen für niveauvolles Fernsehen. VOX war gescheitert. Die Medienanstalten beugten sich der Realität. Die Öffentlichkeit schien sich nicht dafür zu interessieren und später stürzte Kirch in die Pleite. In Gütersloh konnte man annehmen, alles richtig gemacht zu haben.

Was soll man von den Medienaktivitäten der Stiftung halten? In seinem Konferenzbericht im Juni 1999 versuchte Lutz Meier, ein ehemaliger Teilnehmer am Seminar für kritischen Medienjournalismus, in der Berliner *tageszeitung* (*taz*) deutlich zu machen, was die Stiftung eigentlich treibt. Mit einem einfachen Vergleich riss er der Stiftung, die ihr Engagement gerne in Worte der Gemeinnützigkeit kleidet, die Maske vom Gesicht. Er verwendete das Wort Korruption und fragte: »Was wäre davon zu halten, wenn sich die vereinigten Steuerflüchtlinge zusammenfänden, dem Staat eine Reform der Finanzprüfung vorzuschlagen? Wie sähe es aus, wenn sich die zur Nachprüfung verdonnerten Autobahnraser mit dem Verkehrsminister träfen, ihm einen von Grund auf neu konzipierten Bußgeldkatalog schmackhaft zu machen? Privatinteressen zu Gemeinwohldenken umzudefinieren, gehört längst zum kleinen Einmaleins der Politikberatung. Man kann es Lobbying nennen oder *lean corruption*.«[9] Wenn aber die Bertelsmann Stiftung, die Deutschlands größten Medienkonzern besitzt, in Sachen Medienpolitik tätig wird, dann »sieht es ganz anders aus«, merkte Meier ironisch an.

Die Stiftung sucht sich ihre Projekte selbst aus, aber man darf fragen, wieso sie ausgerechnet Probleme des Marktzuganges und der Aufsicht diskutieren wollte und diese Diskussionen mit Gutachten flankierte, die zufälligerweise die öffentlich-rechtliche Konkurrenz behindern und die eigenen Sender fördern. Man darf auch fragen, wieso sie nicht den Parteieneinfluss auf die öffentlich-rechtlichen Sender als eigentliches Problem thematisiert hat. Würde dieser Einfluss der Parteien gemindert und die Unabhängigkeit gestärkt, wäre das sicher ein Dienst für die Allgemeinheit. Dass das Unternehmen Bertelsmann den Markt stärken will, ist verständlich, aber wieso verfolgte die gemeinnützige Bertelsmann Stiftung das gleiche Ziel? Der Schluss liegt nahe, dass dies gewollt war, denn wieso sollte ein Manager, der sich jahrzehntelang um den Ausbau eines Unternehmens gekümmert hat und dann in eine Stiftung wechselt, plötzlich seine Ansichten und Vorgehensweisen ändern?

Ein und derselbe Manager an der Spitze des Stiftungsvorstands und an der Spitze des Aufsichtsrats des Unternehmens soll zugleich im Interesse der Allgemeinheit und im Interesse des Unternehmens entscheiden. Mohn deutete diesen Konstruktionsfehler als Gemeinnützigkeit um. Indem die Stiftung die Interessen des Unternehmens verfolge, erwirtschafte das Unternehmen Geld, das die Stiftung dann gemeinnützig verwenden könne. Diese Doppelrolle und die Nähe zur Bertelsmann AG waren letztlich schuld daran, dass die Stiftung mit ihren Plänen für eine zentrale Medienaufsicht und einer Reform des öffentlich-rechtlichen Rundfunk nicht glaubwürdig genug für die Rolle eines neutralen Vermittlers und Moderators war. Ihre Reformansätze waren stets belastet. Gegner ihrer Vorschläge für eine zentrale Behörde aus den Bundesländern konnten allzu leicht auf die rundfunkpolitischen Interessen des Konzerns verweisen. Sie musste erkennen, dass sie aufgrund ihrer Nähe zum Konzern nicht geeignet war, Medienthemen aufzugreifen. Als Konsequenz verringerte sie ihr Engagement in diesem Themenfeld und gab es 2002 schließlich ganz auf. Der Konzern hatte mit dem Marktanteilsmodell ohnehin erhalten, was er jahrelang forderte

Dabei gab es in den neunziger Jahren tatsächlich gute Gründe, das damalige Modell der Konzentrationskontrolle zu reformieren, indem man einem Unternehmen die hundertprozentige Beteiligung an einem Sender erlaubt. Ebenso gab es gute Gründe, eine zentrale Medienaufsicht zu etablieren, um Standortpolitik zu vermeiden. Die Bertelsmann Stiftung versuchte eine solche Reform anzustoßen. Sie gestaltete den politischen Diskurs, wie Hachmeister heute sagt. Und sie hat durch ihre langjährigen Reformdebatten sicherlich ihren Anteil daran gehabt, dass die Politik sich letztlich auf das von Bertelsmann favorisierte Marktanteilsmodell einigte. Fairerweise muss man sagen, dass dieses Modell auch ihrem Konkurrenten Kirch zugute kam.

5. Hartz IV: Rezepte aus dem Hause Bertelsmann – Die Stiftung als Wegbereiter einer Arbeitsmarktreform

Im Februar 2002 wurde die Bundesanstalt für Arbeit von einem großen Skandal erschüttert. Die Hauptverwaltung der Behörde in Nürnberg stand an der Spitze von zehn Landesarbeitsämtern und 181 Arbeitsämtern. Die gesamte Behörde war mit mehr als 90 000 Mitarbeitern die größte Behörde Deutschlands und blickte 2002 auf eine fünfzig Jahre lange Geschichte zurück. Der Bundesrechnungshof löste den Skandal aus, nachdem er in fünf Arbeitsämtern die Vermittlungserfolge vom Oktober 2001 geprüft hatte. Er hatte die Arbeitsämter in Dortmund, Bremerhaven, Halle, Frankfurt an der Oder und Neuwied untersucht, um ein realistisches Bild zu erhalten. Sie wurden nach Größe und Ost/West-Verteilung ausgewählt und die Ergebnisse wichen nicht wesentlich voneinander ab. Die Prüfer untersuchten mehr als 5 000 Vermittlungen mit niederschmetterndem Ergebnis. Mehr als 600 Fälle blieben unklar, weil Daten gelöscht worden waren. Von den übrigen 4400 Vermittlungen waren 3 008 fehlerhaft gebucht worden.

Der Rechnungshof kam zu dem Ergebnis, dass die Arbeitsämter deutlich weniger Arbeitslosen halfen, als sie angaben. Die Bundesanstalt hatte behauptet, dass sie im Jahr 2000 etwa 3,9 Millionen Arbeitsplätze vermittelt hätte. 50 Prozent der ehemaligen Arbeitslosen hätte sie damit eine Stelle vermittelt. Der Rechnungshof dagegen schrieb, dass nur 20 Prozent durch die Hilfe der Behörde vermittelt worden waren und 70 Prozent der geprüften Stellenvermittlungen falsch gewesen seien. Bei jährlich 3,87 Millionen Vermittlungen wären das hochgerechnet rund 2,7 Millionen Falschbuchungen. So hätten die im Oktober 2001 untersuchten Ämter viele Fälle als vermittelt gemeldet, ohne dass Bewerber einen Job gefunden hatten oder ohne dass die Behörden wussten, ob jemand eingestellt worden war.

Der Rechnungshof zweifelte folglich am Nutzen der 20 Milliarden Euro teuren Arbeitsmarktpolitik der Bundesanstalt. Arbeitgeberpräsident Dieter Hundt forderte »eine Reform an Haupt und Gliedern« und auch die Gewerkschaften forderten Reformen. Kritisiert wurde vor allem, dass nur 10 Prozent der 93 000 Mitarbeiter der Bundesanstalt in der Vermittlung arbeiteten. Der Chef der Behörde, Bernhard Jagoda, musste gehen. Sein Nachfolger Florian Gerster sagte im *Spiegel*: »Ich will den Totalumbau. Es geht nicht um eine Teilreform der Arbeitsverwaltung, sondern um eine grundlegende Sanierung der Arbeitsmarktpolitik.« Zunächst änderte er den Namen der Behörde. Aus der Bundesanstalt wird eine Bundesagentur. Das klingt weniger nach Behörde und mehr nach Dienstleistung. Das ist der neue Geist. Aber Gerster und Kanzler Schröder, der ihn eingesetzt hatte, brauchten nicht nur einen neuen Namen, sondern auch eine Strategie, und zwar schnell. Die Rezepte, auf die sie bauten, kamen aus dem Hause Bertelsmann, wo sie schon seit vielen Jahren in Arbeit waren.

Die Neubestimmung der deutschen Arbeits- und Beschäftigungspolitik

Gerhard Schröder hatte in seinem Wahlkampf für die Kanzlerkandidatur den Wählern Reformen versprochen. Vor allem wollte er die Arbeitslosigkeit verringern. Doch zunächst scheiterte der Kanzler mit einer Reform des Gesetzes zur Scheinselbstständigkeit an seiner Fraktion. Seinem Kanzleramtsminister Bobo Hombach ging es mit den Plänen für eine Steuerreform ähnlich. Der *Spiegel* bezeichnete beide als »verhinderte Reformer« und wähnte den Kanzler im Kampf mit der »Sozial-Mafia«. Schröder hatte den Erfolg seiner Regierung vom Abbau der Arbeitslosigkeit abhängig gemacht, aber die lag Anfang 1999 bei viereinhalb Millionen.

Schröder holte sich daraufhin Beistand aus der Wissenschaft. Die Professoren Rolf Heinze von der Universität Bochum und Wolfgang

Streeck vom Kölner Max-Planck-Institut für Gesellschaftsforschung, die das Kanzleramt in der Expertengruppe »Bündnis für Arbeit« vertraten, sprangen Schröder mit einer Studie zur Seite, die sie im Mai 1999 im *Spiegel* veröffentlichten. Sie behaupteten darin, dass Millionen neuer Jobs in der Dienstleistungsbranche geschaffen werden könnten, allerdings nicht zu den Bedingungen der alten Industriegesellschaft. Die beiden Wissenschaftler forderten »eine grundlegende Neubestimmung auch der Ziele der deutschen Arbeitsmarkt- und Beschäftigungspolitik«. Sie wollten die Schwarzarbeit, die bei 15 Prozent liege, legalisieren. Dabei orientierten sie sich am Vorbild der Niederlande. Vor allem der Dienstleistungssektor sei – verglichen mit anderen Ländern – unterentwickelt und biete große Chancen.

Was später unter »Fördern und Fordern« debattiert wird, ist in ersten Zügen erkennbar: »Aus Arbeit herausgenommen zu werden ist weder eine Wohltat noch gar ein Recht; (fast) jeder Arbeitsplatz ist besser als keiner ... Auch neigen Menschen dazu, sich in Abhängigkeit und Randständigkeit einzurichten, wenn ihnen die Erfahrung vorenthalten wird, dass sie für sich selbst sorgen können. In unseren nordwesteuropäischen Nachbarländern weiß man längst, dass es zu den Solidaritätspflichten der Gemeinschaft gehört, ihre Mitglieder nicht vor Marktzwängen zu schützen, die sie dazu bewegen könnten, sich noch einmal aufzuraffen.«[1]

Heinze und Streeck schrieben von der »Dynamik des Marktes«, von privater Initiative und einer Senkung der Lohnnebenkosten, auch von einer Verbesserung der Vermittlung, aber noch nicht von einer Zusammenlegung der Arbeitslosenhilfe und Sozialhilfe. Einen Umschwung werde es »nur durch Öffnung des Arbeitsmarkts und einen Beschäftigungsboom im tertiären Sektor nach Art der Niederlande, Dänemarks oder auch der USA« geben, waren sich Heinze und Streeck sicher.

In der Vorgehensweise der Studie, Vergleiche als Argumente zu verwenden, und in vielen inhaltlichen Forderungen ist der Geist von Reinhard Mohns Stiftung bereits erkennbar. Das mag freilich an der jahrelangen Arbeit der Stiftung in diesem Bereich liegen und daran, dass Streeck in leitender Position in Projekte der Stiftung eingebunden war, beispielsweise zur Reform der Mitbestimmung durch Arbeitnehmer.

Arbeitslosigkeit ist kein Schicksal – Die Vorarbeiten der Stiftung zur Arbeitsmarktreform

Die Vorarbeiten zur Reform des Arbeitsmarktes liefen bei der Stiftung seit vielen Jahren. Am 11. und 12. Dezember 1989 hielt die Bertelsmann Stiftung in Gütersloh ein Symposium ab unter dem Titel »Arbeitslosigkeit ist vermeidbar – Wege aus der Arbeitslosigkeit.« Zu den Praktiken und Strukturen der Arbeitsvermittlung dürfe es »kein Tabu« geben, betonte Hans-Dieter Weger, der damalige Geschäftsführer der Stiftung. Wenige Wochen vor dem Symposium war die Mauer in Berlin gefallen und Kurt Biedenkopf sprach als Vorsitzender des Beirats der Stiftung, damals das leitende Gremium, in seinem Referat von »tiefgreifenden Veränderungen« durch eine Währungsunion im Osten, aber auch im Westen.

Biedenkopf kam auch auf Reformen des Arbeitsmarktes zu sprechen. In seinen Äußerungen waren bereits die Grundzüge der späteren Arbeitsmarktreform enthalten: »Die Mehrheit, so hat es den Anschein, neigt dazu, die Einlösung ihrer sozialstaatlichen Verpflichtungen gegenüber den Arbeitslosen auf finanzielle Zuwendungen zu beschränken. Die gewährte soziale Absicherung der Arbeitslosen durch staatliche oder staatlich organisierte Leistungen beruhigt das Gewissen der Gesellschaft. Sie minimiert die Bereitschaft zur möglichen Innovation und zur Initiative bei den Arbeitslosen selbst. Entgegen ständiger öffentlicher Appelle von Regierungen, politischen Parteien und Gewerkschaften ist offenbar niemand bereit und in der Lage, allen Beteiligten und Verantwortlichen Maßnahmen und Konsequenzen zuzumuten, welche eine grundlegende Besserung auf dem Arbeitsmarkt bewirken könnten.«[2]

Biedenkopf forderte, die Politik müsse entscheiden, »ob und in welchem Umfang Arbeitslosenhilfe mit der Verpflichtung verbunden werden kann, eine zugewiesene Arbeitstätigkeit zu übernehmen oder auf andere Weise an öffentlich organisierten Arbeitsprogrammen teilzunehmen«. Fordern, öffentlich organisierte Arbeitsprogramme, Arbeitspflicht – die Wortwahl mag sich von Hartz IV unterscheiden, aber ähnliche Grundgedanken sind offenkundig.

Die Bertelsmann Stiftung war gewiss nicht der einzige Platz, an dem solche Argumente ausgetauscht wurden, aber es war ein wichtiger Platz, weil die Stiftung Zugang zu Politikern hatte und sie versammeln konnte. 1996 schrieben Reinhard Mohn und Stefan Empter, der damalige Leiter des Bereichs Gesellschaftspolitik der Stiftung, in einem gemeinsamen Text: »Im Rahmen des mehrjährigen Projektes ›Beschäftigungspolitik im internationalen Vergleich‹ der Bertelsmann Stiftung ist es gelungen, die komplexen Wirkungsgefüge auf dem Arbeitsmarkt zu analysieren, die strategischen Steuerungsparameter zu identifizieren und hieraus die ordnungspolitischen Leitlinien für überfällige Kurskorrekturen abzuleiten.« So war auch das Ziel des Carl Bertelsmann-Preises 1995, am Beispiel der beschäftigungspolitischen Erfolge eines europäischen Landes zu demonstrieren, dass der Arbeitsmarkt in viel größerem Maße steuerbar sei, als es bisher angenommen wurde.

Die Vergabe des Preises an Portugal begründeten Empter und Mohn mit den Worten, Portugal sei ein überzeugendes Beispiel dafür, dass eine gezielte politische Umsteuerung des Arbeitsmarktes auch in schwierigen Beschäftigungssituationen möglich ist. Mohn zufolge habe der Preis folgende Botschaft: »Arbeitslosigkeit ist kein Schicksal! Ihre Bekämpfung ist zu unser aller Verantwortung geworden! Wir müssen aus den Fehlern der Vergangenheit lernen und den Mut haben, neue Wege zu beschreiten!« Nach dem Regierungswechsel 1998 war es in Deutschland so weit.

Benchmarking Deutschland

Kaum war Gerhard Schröder an der Regierung, vereinbarte im Dezember 1998 das Bündnis für Arbeit, Ausbildung und Wettbewerbsfähigkeit die Einrichtung einer Arbeitsgruppe Benchmarking. »Benchmarking« heißt: Maßstäbe setzen und sich an den Besten orientieren.

Am 6. Juli 1999 erhielt die Arbeitsgruppe vom Bündnis den Auftrag, einen Bericht *Benchmarking Deutschland* zu erarbeiten. Benchmarking Deutschland. Schröder machte also das, wovon Mohn immer gesprochen hatte: Ziel war die Vermessung Deutschlands.

Die Geschichte dieser Studie ist relevant, weil sie selbst zu einer Benchmark wurde und Maßstäbe gesetzt hat. Sie avancierte zur »Bibel der Arbeitsmarktpolitik«, wie Wolfgang Streeck vom Kölner Max-Planck-Institut für Gesellschaftsforschung und einer der Wissenschaftler im Bündnis sie später nannte. Sie geriet zur Blaupause für Hartz IV, denn die Kommission von Peter Hartz hatte später gar keine Zeit zu grundlegender Analyse und stützte sich deshalb auf diese Arbeit.

Ziel des Benchmarking-Berichts war es, »den Bündnispartnern und anderen politischen Entscheidungsträgern eine umfassende Datengrundlage zu liefern, die die Arbeitsmarktsituation Deutschlands und deren wichtigste Einflussfaktoren im Vergleich verschiedener Länder beschreibt«, wie es in der Einleitung heißt. Die Untersuchung bezog neben Deutschland 17 Länder ein: Japan, USA, Kanada, Australien und Neuseeland, außerdem Großbritannien, Frankreich und Italien, des weiteren Dänemark, Finnland, Belgien, Irland, die Niederlande, Norwegen, Österreich, Schweden und die Schweiz.

Am 21. September 1999 veranstaltete die Bertelsmann Stiftung einen Workshop, bei dem die Mitglieder des beschäftigungspolitischen Beirats der Stiftung Empfehlungen für das Bündnis für Arbeit aussprachen. Ob die Stiftung vom Kanzleramt gerufen oder sie sich selbst ins Spiel gebracht hat, lässt sich nicht genau rekonstruieren. Durch ihre jahrelange Vorarbeit war sie eine naheliegende Wahl als Partner. Ende 1999 entschied das Bündnis für Arbeit, dass zur Arbeitsgruppe folgende Mitglieder gehören sollten: als Vertreter des Kanzleramtes Rolf Heinze von der Ruhr-Universität Bochum, Wolfgang Streeck vom Max-Planck-Institut für Gesellschaftsforschung Köln, Gerhard Fels vom Institut der deutschen Wirtschaft in Köln und Heide Maria Pfarr vom Wirtschafts- und Sozialwissenschaftlichen Institut der Hans-Böckler-Stiftung in Düsseldorf. Einige Zeit später stieß als weiterer Vertreter des Kanzleramtes Günther Schmid vom Wissenschaftszentrum Berlin für Sozialforschung hinzu. Immer bei den Sitzungen dabei waren Stefan Empter und Andreas Esche von der Bertelsmann Stiftung. Man kannte sich, denn teilweise hatten die Wissenschaftler bereits an Projekten der Stiftung mitgearbeitet.

Die Geschäftsstelle des Bündnisses für Arbeit befand sich im Kanzleramt. Die Stiftung richtete ein Projektbüro außerhalb dieser Geschäftsstelle im Max-Planck-Institut in Köln ein, in dem neben Stefan Empter und Andreas Esche mit Werner Eichhorst und Stefan Profit zwei weitere Mitarbeiter der Stiftung die Studie erarbeiteten. Das bedeutet, dass an der Studie stets fünf Wissenschaftler und fünf Mitarbeiter der Bertelsmann Stiftung arbeiteten.

Das Bündnis für Arbeit scheiterte letztlich mit seinen Bemühungen, aber die Arbeit der Bertelsmann Stiftung an *Benchmarking Deutschland* war nicht umsonst. Wie sich später zeigen würde, arbeitete sie damit an den Grundlagen von Hartz IV, auch wenn der Name damals noch nicht existierte. Die Mitarbeiter der Stiftung, so hieß es im Abschlussbericht, erarbeiteten »nach ausführlicher Diskussion« mit den Wissenschaftlern die Inhalte. Danach erstellten sie die Kapitel, über die die Wissenschaftler dann noch einmal diskutierten.

Besser konnte es für die Mitarbeiter der Stiftung gar nicht laufen: Sie konnten abseits der Öffentlichkeit und abseits kritischer Kollegen in ihrem Büro in Köln arbeiten. Kritik würden sie später mit einem Verweis auf ihre angebliche Unabhängigkeit abtun. Sie hätten doch »nur« zugearbeitet. Eric Thode und Werner Eichhorst sagten: »Unsere Rolle als Denkfabrik und Reformwerkstatt ist es, die objektiven Daten zu sammeln, zu sichten und zu bewerten, auch wenn diese Ergebnisse manchmal nicht angenehm oder willkommen erscheinen. Doch die Schlussfolgerungen und Entscheidungen können nur die Verantwortlichen in der Politik und den legitimierten Gremien treffen.« Sie waren also nur Diener, nicht Herr. In Wahrheit waren sie freilich auf subtile Art die wahren Herren den Verfahrens. Wie könnte es auch anders sein: Sie zahlten schließlich auch dafür. Die Bertelsmann Stiftung hat die Arbeit im Bündnis für Arbeit »weitgehend finanziert«, wie der *Rheinische Merkur* 2001 berichtete. Und die Stiftung habe die Veröffentlichung gegen den Willen der Bundesregierung finanziert, berichtet der Politikwissenschaftler Hartwig Pautz in seiner Untersuchung zur Rolle der Bertelsmann Stiftung bei der Agenda 2010.

Während der Arbeit an der Studie kam es zu einer bemerkenswerten personellen Veränderung, die Kompetenz von und Vertrauen gegenüber den Mitarbeitern der Stiftung, aber auch Einfluss und Nähe der Stiftung zur Politik belegte: Stefan Profit, bei der Stiftung zuständig für Wirtschafts- und Sozialpolitik und einer der Autoren des Berichts *Benchmarking Deutschland*, wechselte von der Bertelsmann Stiftung ins Bundesministerium für Arbeit und Sozialordnung von Minister Riester. Ihn ersetzte mit Eric Thode natürlich ebenfalls ein Mitarbeiter der Stiftung. Der Wechsel, der nie öffentlich thematisiert wurde, bedeutete: Die Stiftung saß nun wieder einmal auf beiden Seiten. Die Drehtür zwischen Regierung und Stiftung ist gut geölt und in vollem Schwung. Niemand übte Kritik und so hatte die Stiftung keinen Grund, sich zu fragen, ob solch ein Wechsel problematisch sei. Im Gegenteil: Vermutlich verbuchte man den Wechsel in der Stiftung als Erfolg – wieder ein guter Kontakt mehr im Ministerium.

Der Abschlussbericht *Benchmarking Deutschland* umfasste 440 Seiten und wurde 2001 im Wissenschaftsverlag Springer, einem inzwischen verkauften Tochterunternehmen der Bertelsmann AG, publiziert. Die Wissenschaftler begannen den Bericht mit der Warnung, dass auch bei sorgfältigstem Vorgehen jedes Benchmarking wichtigen Beschränkungen unterliege. So seien häufig »die vorhandenen international vergleichbaren Daten nicht ausreichend belastbar, um widerspruchsfreie Handlungsvorschläge aus ihnen ableiten zu können ... Zahlen, die Zustände auf nationaler Ebene abbilden, verdecken häufig, und insbesondere in Deutschland seit der Wiedervereinigung, regionale oder geschlechtsspezifische Unterschiede«. Dies sei »besonders gravierend, wenn die Wechselwirkung zwischen verschiedenen Politikbereichen und der Entwicklung im Arbeitsmarkt beschrieben werden sollen«. Damit nicht genug. Die Autoren warnen weiter, hinzu komme, »dass Reformstrategien in den seltensten Fällen als ›Blaupausen‹ von einem Land auf ein anderes übertragen werden können«.

Die beiden Absätze, die die Autoren ihrem Bericht voranstellten, können so zusammengefasst werden: »Vorsicht! Unsere Empfehlungen könnten auch ganz falsch sein. Für diesen Fall übernehmen wir keine Verantwortung.« So schreiben sie das freilich nicht, aber darauf läuft es hinaus. Berater übernehmen keine Verantwortung. Doch umgehend beruhigen die Autoren der Bertelsmann Stiftung sofort alle Zweifler und bekräftigen die Relevanz ihres Berichtes: »So berechtigt derartige Einwendungen allerdings auch sein mögen und so sehr jede Empfehlung einer guten Praxis vor diesem Hintergrund mit Vorsicht gegeben werden muss, so wenig werden durch sie die Kernaussagen von *Benchmarking Deutschland* entwertet. Auch wenn einzelne Kennzahlen, isoliert betrachtet, immer strittig erscheinen können, so entwickelt sich doch aus der Vielzahl der Indikatoren und der Berücksichtigung zahlreicher theoretischer und empirischer Forschungsergebnisse ein robustes und belastbares Bild der Stärken und Schwächen Deutschlands in der Arbeitsmarktentwicklung und den für sie wichtigen untersuchten Politikbereichen.«[3] Mit anderen Worten: Die Warnung ist nur eine Formsache. Die Politiker können sich doch auf *Benchmarking Deutschland* verlassen.

Das taten sie auch. Während die Wissenschaftler davor warnten, Modelle aus dem Ausland einfach als Blaupause zu verwenden, sagte der neue Arbeitsagenturchef Gerster: »Die Studie wäre eine gute Blaupause, um in der nächsten Legislaturperiode die notwendigen Veränderungen einzuleiten.«[4] Die Verlockung, auf vermeintliche Lösungen aus dem Ausland zurückzugreifen, war eben zu groß, als dass Politiker widerstehen konnten oder sich viele Gedanken über unterschiedliche Voraussetzungen machten. Aufsehen erregte vor allem das Jobwunder in den Niederlanden, wo die Arbeitslosenquote von 12 Prozent Anfang der achtziger Jahre auf fast 2 Prozent gesunken war. Das gelang den Niederlanden durch Umverteilung der Arbeit und die Einführung von Zeitarbeit. Die Berater der Bertelsmann Stiftung übernahmen das Erfolgsrezept. Im Benchmarking-Bericht wiesen die Autoren zwar noch darauf hin, dass es aufgrund der unterschiedlichen Lohn-, Arbeitsmarkt- und Sozialpolitik unzulässig sei, »die unmittelbare Übernahme bestimmter Regulierungsregimes von beschäftigungspolitisch erfolgreichen Ländern zu empfehlen«. Davon ungeachtet empfahlen sie aber »Reformperspektiven« für Deutschland, konkret mit Blick auf die Niederlande eine flexiblere Kündigungsschutzregelung und Zeitarbeit. In Arbeitspapieren drängten sie noch stärker auf diese Konzepte. Sie taten das also auf genau jene Art, vor der sie selbst warnten. Sie empfahlen die Übernahme von Konzepten, ohne die Voraussetzungen der Sozialpolitik zu beachten.

Der beteiligte Wissenschaftler Günther Schmid, damaliger Professor an der FU Berlin und Direktor der Abteilung Arbeitsmarktpolitik und Beschäftigung am Wissenschaftszentrum Berlin für Sozialforschung, spricht deshalb heute im Rückblick von einem Mangel, den man damals aufgrund des Zeitdrucks nicht ausreichend beachtet hätte. Schmid versuchte das in einer eigenen Darstellung zu korrigieren. Als Schmid, nach der Veröffentlichung des Berichts *Benchmarking Deutschland* (2001) im Jahr darauf ein Buch über *Wege in eine neue Vollbeschäftigung* veröffentlichte, widmete er dem Thema »Beschäftigungssysteme im Vergleich« ein ganzes Kapitel und fasste das Ergebnis mit der Formulierung »Die Illusion der ›besten Praxis‹« zusammen.

Das Buch wirkt, als wollte er für sich nachholen, was ihm unter der Aufsicht und Bearbeitung der Bertelsmann Stiftung nicht ganz gelungen war – nämlich die Grenzen des Benchmarking noch deutlicher zu machen. Er selbst stellt in seinem Buch allerdings auch einen dieser Vergleiche an, nämlich mit den Niederlanden. Das war das Land, das die Stiftung immer wieder als Modell für Zeitarbeit und flexiblere Arbeitsformen empfahl. Schmid hatte das Beispiel nicht zufällig gewählt und er ging in seiner Analyse differenzierter vor als die Autoren der Bertelsmann Stiftung. Diese hatten den Ausbau der Zeitarbeit empfohlen, aber sie übergingen dabei, dass die Niederlande die hohe Akzeptanz der geringfügigen Beschäftigung erreicht hatten, indem sie – im Gegensatz zu Deutschland – ihr soziales Sicherungssystem ausgebaut hatten. Diese Sicherung, analysierte Schmid, liege in den Niederlanden eindeutig höher als in Deutschland. Arbeitnehmer seien dort unabhängig von der Dauer der Beschäftigung sozialversicherungspflichtig und hätten daher einen Rentenanspruch. Schmid bezeichnet den Ausbau der sozialen Sicherung als Voraussetzung des niederländischen Jobwunders. Denn erst die Sicherung ermögliche den Niederländern die Übernahme von riskanten und flexiblen Arbeitsverhältnissen wie Teilzeitarbeit, Kurzarbeit und Zeitarbeit. Als ebenfalls notwendige Voraussetzung erachtet er »die Orientierung der Alterssicherung am durchschnittlichen und nicht am letzten Einkommen«.

Warum spielte dieser Ausbau und die Garantie grundlegender sozialer Sicherung im Benchmarking-Bericht keine Rolle? Warum hatte Schmid nicht schon bereits im Benchmarking-Bericht 2001, sondern erst in seinem eigenen Buch 2002 auf die Bedeutung einer Volksrente hingewiesen? Das sei ein Mangel des Benchmarking-Berichts, stimmt Schmid zu, ein solcher Hinweis wäre sinnvoll und nötig gewesen. Er kann sich den Fehler nur damit erklären, dass er, Schmid, erst zu einem Zeitpunkt in die Arbeitsgruppe kam, zu dem die Mitarbeiter der Bertelsmann Stiftung den Benchmarking-Bericht bereits geschrieben hatten und keine Ergänzung oder Korrektur mehr möglich war.

Die fünf Wissenschaftler haben die Endfassung abgezeichnet. Es sei nicht so, dass die Namen der Wissenschaftler draufstehen und der Inhalt der Stiftung in dem Bericht drin ist, sagt Schmid, so weit könne man nicht gehen. In der Tat: *Benchmarking Deutschland* ist differenziert (mehr als Studien und Schriften der Bertelsmann Stiftung) und wurde wissenschaftlich begleitet. Aber was die Form und die Erarbeitung betrifft, so ist es ein Bericht der Bertelsmann Stiftung, der unter Mitwirkung und unter dem Namen der Wissenschaftler veröffentlicht wurde. Natürlich ist derjenige, der das Manuskript erstellt und dem Inhalt seine Form gibt, in der Lage, das Geschriebene subtil zu beeinflussen. Auch Wissenschaft hat Spielräume, besonders wenn fünf Wissenschaftler diskutieren und unter Zeitdruck stehen.

Schmid sagt im Rückblick über seine Erfahrung als wissenschaftlicher Berater, Politiker benötigten genau wie Unternehmenschefs Legitimation, wenn sie Leute einstellen, Dinge verändern oder Reformen empfehlen. Wissenschaftliche Einwände, die das Benchmarking hinterfragten, würden dann gerne beiseite geschoben.

1999 schrieb der *Spiegel* über das Bündnis für Arbeit, das den Auftrag zur Benchmarking-Studie erteilt hatte, eine Titelgeschichte und bezeichnete es als »Schröders Denkfabrik«. Im Rückblick muss man sich fragen, ob nicht die Bertelsmann Stiftung Schröders eigentliche Denkfabrik war. Vieles spricht dafür. Jetzt saß sie nicht mehr nur im Bundespräsidialamt und beriet Politiker, wie sie ihre Reden formulieren sollen. Jetzt wurde Politik gemacht. Unter Kohl war Mohn das nicht gelungen. Aber jetzt, unter dem neuen Kanzler Gerhard Schröder, war die Stiftung dort angekommen, wo Mohn sie immer haben wollte: als Berater der Regierung.

Den Empfehlungen und Ergebnissen des Berichts *Benchmarking Deutschland* schenkte Kanzler Schröder zunächst noch keine große Aufmerksamkeit. Die Bedeutung des Berichts liegt darin, dass er zur Grundlage für den nächsten Schritt wurde: Hartz IV.

Wie die Stiftung die Hartz-Kommission beeinflusst

Richard Green, 49, ist seit sechs Monaten arbeitslos. Er trägt ausgetretene Sandalen, »das Leinenhemd schlottert um die Hüften«, wie Marcus Lesch beobachtet. Lesch begleitet den Briten Green bei seinen Bemühungen, Arbeit zu finden. Eigentlich berichtet Lesch für den Fernsehsender RTL, der Bertelsmann gehört, aber diesmal ist er für einen anderen Auftraggeber unterwegs: die Bertelsmann Stiftung, für die er 2002 eine filmische Dokumentation über die Jobvermittlung in England erstellt. Es ist ein ungewöhnlicher Auftrag für alle Beteiligten.

Ein Drehtermin findet bei dem Herrenausstatter Hawks in Plymouth an der südenglischen Küste statt. Es ist ein Laden, den Green im Film das erste Mal betritt. Läden wie Hawks spielten in seinem bisherigen Leben keine Rolle. »Ich hatte noch nie einen Anzug«, sagt er und schlüpft in ein Modell, das ihm der Verkäufer präsentiert. Japanische Kunstfaser, knitterfrei und runtergesetzt auf 269 Pfund, umgerechnet 400 Euro. Bis zu 300 Pfund zahlt das britische Arbeitsamt. Der Arbeitsvermittler findet, Richard sei qualifiziert und motiviert. Das einzige, was ihm fehle, so meint Lesch im Kommentar, sei ein Anzug, um im Vorstellungsgespräch einen guten Eindruck zu machen. Der Vertreter des Jobcenters, Trevor Hooper, sagt: »Grundsätzlich gilt, wenn es legal ist und jemand zu einem Job verhilft, dann machen wir alles. Wir haben Leuten sogar schon Geld gegeben, um Tätowierungen entfernen zu lassen, wenn sie im Dienstleistungsbereich arbeiten wollten. Wir geben unseren Beratern viel Freiheit, wie sie Geld einsetzen.«

Die Welt der Jobvermittlung, so wie die Bertelsmann Stiftung sie am Beispiel Englands präsentiert, ist eine schöne, bunte und angenehme Welt, in der die Vermittler viel Geld für die Arbeitslosen ausgeben. Sie kümmern sich um jeden einzelnen und sind jederzeit für ihn da. Sie scheuen weder Kosten noch Mühen, um Arbeitslose wieder in den Arbeitsmarkt zu bringen. Es ist eine Welt, wie Reinhard Mohn und Politiker sich Jobvermittlung erträumen. Eine Welt, in der nicht Lethargie und Hoffnungslosigkeit herrschen, sondern Eigeninitiative und Liebe zum Detail, Motivation und Zuversicht.

Kaum hat Richard Green den Anzug gekauft, schon betritt er einen Friseurladen und lässt sich den Bart rasieren – auch wenn er die Rasur aus eigener Tasche bezahlen muss, wie Lesch vermerkt. Es sei das Ziel der britischen Arbeitsvermittler, die Leute zu motivieren, und bei Richard Green ist es offenbar gelungen – die Bartrasur beweise es. Jobvermittler Trooper sagt: »Arbeit ist die beste Sozialarbeit.« Und danach handle man.

Paul Swancutt ist ebenfalls seit sechs Monaten arbeitslos. Ihm zahlte das Jobcenter einen Werkzeugkasten und eine Schweißschutzmaske, wie Lesch im Video erklärt. Das sei die Eintrittskarte in eine kleine Schweißerei gewesen, die ihn sonst nicht genommen hätte. Zwar habe nicht das Arbeitsamt, sondern er selbst den Job gefunden, aber das Amt habe ihn mit Geld und mit Berufsschule unterstützt, sagt Paul Swancutt. »Der Berater ist wirklich aufgeschlossen und hat immer einen Rat, wenn ich hinkomme.«

Tony Smith, der Eigentümer der Schweißerei, sagt, früher hätte ihm das Arbeitsamt wahllos unmotivierte Leute vermittelt. Die Vermittlung hätte sich stark verbessert. »Seit der Reform helfen die uns tatsächlich, Auszubildende zu finden.« Sein neuer Mitarbeiter Paul nehme täglich zwei Stunden Anfahrt in Kauf, um bei ihm zu arbeiten. Smith sagt, ohne solche Kräfte könnte er kaum weitermachen. Der

Vier-Mann-Betrieb habe auch früher Nachwuchs benötigt, doch die neun Vorgänger von Paul seien alle Totalausfälle gewesen. Nach jedem Fußballspiel hätten sie alkoholbedingt gefehlt. Doch die Reformen sorgten für Disziplin. Wenn Tony Probleme mit Paul hätte, bräuchte er nur dessen Betreuer im Jobcenter anzurufen. Was dann passieren würde, sagt der Beitrag nicht. Stattdessen hören wir Tony Smith über Paul sagen: »Er hat wirklich eine gute Zukunft, wenn er dabei bleibt, Schweißen lernt und einmal pro Woche auf die Fachschule geht.«

Wir sind zurück bei Richard Green und sehen, wie er das Jobcenter betritt. Eine Frau kommt ihm entgegen und begrüßt ihn mit Handschlag. Auf diese freundliche Art begrüßt sie jeden neuen Jobsuchenden und geleitet ihn zu – wie es im Kommentar heißt – »poppigen Sofas« im Wartebereich. Lesch folgert aus der modernen Inneneinrichtung, im Jobcenter herrsche nicht nur neues Design, sondern vor allem »ein neues Denken«. Dahinter stehe der Gedanke: »Jeder Arbeitslose ist ein Kunde König, also wird er entsprechend behandelt«, wie Lesch es formuliert. Die Wartezeit darf nicht länger als zehn Minuten betragen, dann muss Richard Greens Vermittler Adrian Christopher seinen Kunden – wieder überaus freundlich und mit Handschlag – im Wartebereich abgeholt haben. Das Kalkül dabei laute: Wer sich als Kunde und dabei wohl fühlt, der sei aktiver und habe mehr Lust, in Datenbanken nach Weiterbildungsmöglichkeiten zu suchen. Die Initiative sei im reformierten britischen System die Voraussetzung für Leistungen. Wenn Richard Green nicht bei seinem Berater erscheinen würde, könnte ihm die Unterstützung gekürzt werden. Der Berater nehme sich alle zwei Wochen für ihn Zeit und sei telefonisch jederzeit für ihn erreichbar. Das funktioniere, erklärt Lesch, weil jeder Berater sich nur um jeweils acht Kunden kümmern müsse. In Deutschland dagegen betreue ein Berater 300 bis 1 000 Arbeitssuchende und habe für keinen von ihnen wirklich Zeit.

Aber selbst bei den wenigen Kunden werde die Erreichbarkeit nicht dem Zufall überlassen, sondern von einem sogenannten Mystery Shopper überprüft. Wir sehen einen der anonymen Tester, wie er einen Vermittler anruft. Die Maximalvorgabe schreibe vor, dass der Berater nach 20 Sekunden ans Telefon gegangen sein muss. Entstanden sei ein gläsernes Arbeitsamt. Der Vermittler äußert sich positiv zum Tester, denn der kontrolliere doch alle Vermittler, und wenn sich alle korrekt verhielten, sei er keine Bedrohung. Findet der Vermittler trotz dieser guten Betreuung keinen Job für Richard Green, dann könnte ihn eine private Firma beschäftigen und ihn qualifizieren. Dahinter steht der Gedanke des Förderns, der das Fordern ergänzen soll. Fördern und Fordern, das sind auch die Elemente von Hartz IV.

Autor Lesch betont: Großbritannien habe einen New Deal abgeschlossen. Ziel seien pragmatische Lösungen für eine Arbeitslosenquote, die 1993 bei 10,2 Prozent lag. New Deal bedeute, Leute aus der Sozialhilfe in bezahlte Arbeitsverhältnisse zu bringen, auch wenn sie nur den gesetzlichen Mindestlohn verdienten. Viele der Arbeitssuchenden seien Immigranten und hätten Probleme mit dem Lesen und Schreiben – folglich auch mit Bewerbungen. Trooper sagt, dass das System grundsätzlich gut funktioniere und dass die Regeln, die die Leute zwingen, aktiv zu werden, ziemlich strikt seien. Nicht alle seien hoch motiviert. Hindernisse herauszufinden, die der Arbeit im Weg stehen, das sei Aufgabe der Vermittler, wie sie Lesch versichern: »Wenn sie nicht wissen, wie man sich bewirbt, helfen wir ihnen, Lebensläufe zu schreiben.« Die Jobcenter seien das Kernstück der Reform. Sie verbinden Arbeitslosenhilfe und Sozialhilfe. »Es geht um Rechte und Verantwortung«, betont Trooper. New Deal, so fasst Marcus Lesch in seinem Bericht zusammen, das bedeute »mehr Chancen für jeden« – Arbeitssuchende und Arbeitgeber. 60 000 Briten seien in den vergangenen drei Jahren erfolgreich vermittelt worden.

Wie viel Geld die Bertelsmann Stiftung für die Produktion des Videos in die Hand genommen hat, will sie nicht sagen. Mehrwöchige Vorbereitungen und Dreharbeiten in drei Ländern, Schnitt und dazu ein aufwendig gestaltetes Begleitheft gehören dazu. Ihren Autor Lesch bezeichnete die Stiftung als Journalisten. Dabei hatte die Stiftung natürlich keinen Beitrag im Sinne, der nach journalistischer Unabhängigkeit verlangt. Man erfährt am Ende nicht einmal, ob Green tatsächlich eine Arbeit gefunden hat. Es ging Lesch und der Stiftung um die schöne Welt der Jobvermittlung, nicht um Mühen und Probleme der

Betroffenen. Nicht um Wirklichkeit, sondern um eine Wunschwelt. In ihrer Publikation stellte die Stiftung Lesch aber als freien Journalisten dar, und damit so, als agiere er unabhängig. Dabei führte er für die Stiftung de facto einen PR-Auftrag aus.

Das Video, das den Titel *Arbeitsverwaltung im Umbruch. Impressionen aus Großbritannien, Dänemark und den Niederlanden* trug, setzte in Bilder um, was die Stiftung seit vielen Jahren in Studien und Debatten Politikern nahezubringen versucht hat. Dem Beispiel aus Großbritannien folgten Beispiele aus den Niederlanden und aus Dänemark in ebenso optimistischem Ton. Wie viele dieser Videos die Stiftung 2002 an wen verschickt hat, lasse sich nicht rekonstruieren, behauptet die Stiftung. Dabei müsste es dazu Unterlagen geben, denn die Stiftung verkaufte das 42 Minuten lange Video offiziell zusammen mit einer 44 Seiten umfassenden Broschüre für 33 Euro. Darüber hinaus gab Frank Frick einen 250 Seiten starken Band über *Arbeitsverwaltungen im Wandel* für 18 Euro heraus, in dem 15 Länder verglichen werden. Doch es ging der Stiftung nicht um den Verkauf, sondern darum, die Ideen in Politik, Wissenschaft und bei den zuständigen Fachleuten unterzubringen. Deshalb verschickte sie die Materialien vermutlich kostenlos an sogenannte Entscheider in Ministerien, Behörden und Parteien, an Wissenschaftler und Politiker. Video, Begleitheft und Buch enthielten die Rezepte, die die Stiftung erfolgreich in die Hartz-Kommission einbrachte.

Stefan Empter und Frank Frick steuerten die Debatte im Sinne der Bertelsmann Stiftung. Empter, Jahrgang 1958, hatte in Augsburg Volkswirtschaft und in Hagen Sozialwissenschaften studiert und arbeitete seit den achtziger Jahren bei der Stiftung. Frick, Jahrgang 1964, hatte in Bonn und Berlin Politik studiert und kam 1994 zur Bertelsmann Stiftung. Empter arbeitete seit Jahren in diesem Themenfeld. Er leitete den Bereich Wirtschaft und Soziales und hatte Mohn einige Jahre zuvor geholfen, die richtigen Leute an einen Tisch zu bringen, um ein Institut für die Reform des Hochschulwesens zu gründen. Jetzt ging es um die Reform des Arbeitsmarktes. Leute wie Empter sind weniger Spezialisten für Themen als Spezialisten für Reformen, dafür, wie man Entscheider an einen Tisch holt, Ideen verbreitet und Strukturen aufbricht. Empter agierte unauffällig und mit seinem Schnauzer wirkte er wie ein Beamter. Er gilt als freundlich und zurückhaltend, als ernsthaft und sympathisch.

Frick dagegen gilt als Aufschneider. Als selbstbewusst und laut beschreiben ihn Leute, die ihn erlebt haben. Er trägt modische Weste zur Krawatte, wenn er vor die Presse tritt. Bilder zeigen stets ein Lachen, das man zu hören glaubt, und er scheint es bewusst einzusetzen. Frick gilt als einer, der zuversichtlich Dinge sagt, die radikal alles auf den Kopf stellen, und der sich dabei sichtbar gut fühlt. Ein Reformer, der die Macht der Reform genießt. Suchte man einen *Homo Bertelsmanensis* in der Stiftung, einen typischen Vertreter, dann würde man bei Empter und Frick landen. Erfolgreich ist die Kombination, mit der sie Gesprächspartner in Ämtern, Ministerien und Medien für sich und ihre Ideen gewinnen: Der eine zurückhaltend und ernsthaft, der andere selbstbewusst, aufschneiderisch und glatt – beide freundlich und verbindlich im Ton.

Die Reform des Arbeitsmarktes war über viele Jahre ihr gemeinsames Thema. Sie produzierten Studien und Broschüren, luden zu Tagungen, holten Fachleute aus dem Ausland zu Vorträgen und organisierten im In- und Ausland Besichtigungen von Modellprojekten vor Ort. So war es auch Frick, der das Video über *Arbeitsverwaltung im Umbruch*« anfertigen ließ. Die Bundesregierung plante 2002 für die Bundesrepublik tiefgreifende Veränderungen. Die Arbeitsämter sollten in Jobcenter umgewandelt werden, Personalserviceagenturen sollten gegründet werden und Schwarzarbeit sollte legalisiert und in gering besteuerte Selbstständigkeit umgewandelt werden. »Um diese Reformen durchzusetzen, bedarf es der Unterstützung und des guten Willens aller arbeitsmarktpolitischen Akteure«, schrieb Frick. »Wir möchten Sie gewinnen für eines der spannendsten und – sofern es gelingt – für alle Beteiligten gewinnbringendsten Reformprojekte des jungen Jahrtausends: Für den erfolgreichen Abbau der Arbeitslosigkeit. Es geht um die Zukunft von vier Millionen Deutschen und damit um die Zukunft unserer Gesellschaft insgesamt.«[5]

Für alle Beteiligten? Wenn das zuträfe, hätte es nicht eine jahrelange Debatte geben dürfen, die eine neue Partei ins Leben und eine alte Partei ums Regieren brachte. Eines immerhin wird sich bewahrheiten: Es ist das größte Reformprojekt der Nachkriegszeit, das die Bertelsmann Stiftung auf den Weg brachte und in ihrem Sinne begleitete.

2002 feierte die Stiftung ihr 25-jähriges Bestehen und die Arbeitsreformen wurden in Gütersloh als Erfolg gewertet. Als »Reform-Lehrstück« feierte das Magazin *Forum* der Bertelsmann Stiftung Ende 2002 den »Weg zum Erfolg der Hartz-Kommission« und widmete dem Thema einen Schwerpunkt im Heft. Man war stolz auf den Einfluss der Stiftung auf die Hartz-Kommission und der PR-Chef der Bertelsmann Stiftung Reinhard Fröhlich betonte: »Die Hartz-Kommission nutzte bereits Ideen und Informationsmaterial unserer Stiftungsexperten – beispielsweise aus dem internationalen Vergleich der Arbeitsverwaltungen.«

Die Hartz-Kommission

Am 22. Februar 2002 beauftragte die Bundesregierung den VW-Manager Peter Hartz, Vorschläge für die Reform der Arbeitsverwaltung zu erarbeiten. Bei der Wolfsburg AG (WOB AG) war unter der Mitarbeit von McKinsey die Halbierung der Arbeitslosigkeit von 10 000 auf die Hälfte gelungen. Hartz wertete das als Erfolgserlebnis, das er ausdehnen wollte. Er hatte der Politik versprochen, er könne die Arbeitslosigkeit in Deutschland halbieren. Hartz berief Gewerkschaftsvertreter, Wirtschaftsführer, Wissenschaftler und Unternehmensberater in eine Kommission – insgesamt waren es 15 Personen. Die Hartz-Kommission tagte von März bis August 2002 neun Mal. Fünf thematische Teilgruppen hielten Workshops ab, hörten Berater, Wissenschaftler und Praktiker; die Kommission beriet Zwischen- und Abschlussberichte. Günther Schmid hat die Arbeit als kreatives Chaos in Erinnerung, der Prozess folge dem »Organisationsmodell eines Mülleimers«[6], der vieles aufnehme. Peter Hartz behielt den Überblick. Von ihm kam, wie Schmid sich erinnert, aus Wolfsburg die »zentrale konzeptionelle Steuerung«.

Knapp sechs Monate später legte die Kommission am 16. August 2002 ihr Reformpaket vor. Sie hatte 13 Module entwickelt, von der Legalisierung der Schwarzarbeit über sogenannte Ich-AGs bis hin zu einem Bonus-System. Vieles davon ist heute wieder in Vergessenheit geraten. Eines der Module aber beschäftigte Politik, Gerichte, Gesellschaft und Medien wie kein anderes Reformvorhaben der Bundesrepublik: die Zusammenlegung von Sozial- und Arbeitsämtern und ihrer Hilfeleistungen unter dem Namen Hartz IV.

Es vergeht seitdem kaum ein Tag, an dem nicht Hartz IV in der *Tagesschau* Thema ist, dass Politiker und Betroffene in Talkshows darüber diskutieren, dass Parteiprogramme umgeschrieben werden oder die *Bild* zu einem neuen angeblichen Skandal eine große Schlagzeile bringt. Hartz IV hat das Land verändert. Es gilt als größtes Reformprojekt der vergangenen Jahrzehnte in Deutschland. Es beschäftigt Gerichte, formt Jugendsprache, es ist Thema in Predigten von Pfarrern in Kirchen und von Politikern in Bierzelten. Es hat dem Land einen Ruck gegeben. Betroffene gingen auf die Straße und gründeten eine Partei. Eine andere musste in die Opposition. Alles wegen Hartz IV.

Reinhard Mohn und Peter Hartz kannten sich. Mohn hatte in Wolfsburg einmal einen Vortrag gehalten und Hartz hatte die Ideen von Mohn damals als sehr progressiv empfunden. Hartz hatte bei VW die Vier-Tage-Woche erfunden, die 30 000 Jobs in Wolfsburg rettete. Hartz folgte dafür einer alten Gewerkschaftsidee und verteilte die vorhandene Arbeit mit weniger Stunden auf mehr Menschen, die dann weniger Geld bekommen.

Wie Mohn hatte Hartz sich von Roman Herzogs Ruck-Rede angesprochen gefühlt. So hatte er 1997 erstmals seine Ideen zum Arbeitsmarkt in einem Sammelband mit Reaktionen auf die Ruck-Rede formuliert. Hartz schrieb damals: »Ein neuer Zugang zu Arbeitsmarktpotenzialen gelingt nur, wenn wir bereit sind, mit klassischen Antworten zu brechen.« Man müsse Fragen anders stellen, etwa: »Wie gelingt es, aus 70 000 Arbeitsplätzen, für die nur Bedarf besteht, 100 000 Beschäftigungsverhältnisse zu machen?« Hartz verwies auf die Vier-Tage-Woche bei Volkswagen und erklärte, dass das »Voll-Konti-Modell« und die »Voll-Konti-Biografie« eine Fiktion seien. Er schrieb von Stafettenmodellen und bedarfsorientierter Beschäftigung »bis hin zur virtuellen Beschäftigung«. Die »jungen Alten« sollten Arbeit in gemeinschaftlichen Aufgaben finden.

Hartz machte neun Vorschläge zur Beschäftigungspolitik, darunter: »Wir brauchen ein neues Verständnis von Zumutbarkeit.« Wie Herzog forderte, so müssten alle Besitzstände auf den Prüfstand. »Wir brauchen eine neue Zumutbarkeit als Schlüsselbegriff einer neuen Beschäftigungspolitik. Der eine kann andere Entgelte, der andere wegen Ungebundenheit eine höhere Mobilität und der Dritte einen Berufsumstieg akzeptieren. Wer sich gegen die höhere Wettbewerbfähigkeit unserer Standorte sträubt, der macht sich mitschuldig an der Arbeitslosigkeit.« Hartz endete seinen Essay mit einem Versprechen: »Wenn es gelänge, überall die vorgeschlagenen neun Punkte systematisch abzuarbeiten, käme unser gemeinsames Ziel in greifbare Nähe, die Arbeitslosigkeit in Deutschland zu halbieren.« Das Buch wurde auch in Gütersloh wahrgenommen, schließlich waren auch der Vorstandsvorsitzende Mark Wössner und der Aufsichtsratsvorsitzende Dieter Vogel mit Beiträgen vertreten. Die Bertelsmann Stiftung oder gar Bundespräsident Roman Herzog meldeten sich auf das Buch hin nicht bei Hartz, dafür aber der Kanzler Gerhard Schröder. [7]

Die Stiftung als Zuarbeiter und Weichensteller

Den Erfolg seiner Kommission schrieb Peter Hartz im Rückblick dem mehrfachen Organisationssystem zu, also einem System, in dem neben der Ministerialbürokratie einzelne Kommissionsmitglieder ihr eigenes Büro mitarbeiten ließen, sowie der Zuarbeit der Stiftung. Insgesamt waren mehrere hundert Leute beteiligt. Einige aber waren wichtiger und entscheidender als andere. Nach Aussage von Peter Hartz sei die Arbeit der Bertelsmann Stiftung nützlich und hilfreich gewesen. Es seien allerdings insgesamt viele Personen beteiligt gewesen. Der 240 Seiten umfassende Abschlussbericht der Kommission enthielt in der Anlage rund 2000 Seiten Dokumentation. Es flossen viele Ideen und Konzepte ein und es ist schwierig, aus der Rückschau Verantwortlichkeiten zu benennen. Dennoch lässt sich die Rolle der Bertelsmann Stiftung in diesem Prozess schildern.

Helga Spindler, Professorin für öffentliches Recht, Sozial- und Arbeitsrecht an der Universität Duisburg-Essen hat die Rolle der Bertelsmann Stiftung bei der Hartz-Reform untersucht und kam zu dem Ergebnis: Die Stiftung »konnte es sich leisten, in dieser umstrittenen Kommission nicht direkt in Erscheinung zu treten, und sich auf Zuarbeiten und Weichenstellungen zu konzentrieren«. Ihre Arbeit sei aber entscheidend gewesen für den Erfolg der Kommission.

Als der Politikwissenschaftler und Historiker Hartwig Pautz die Rolle der Berater der Bertelsmann Stiftung bei der Agenda 2010 untersucht hat, sagte Eric Thode, ein Mitarbeiter der Stiftung: »Die direkte Zusammenarbeit mit der Hartz-Kommission war sehr punktuell.« Das klingt, als ob die Stiftung kaum Kontakt gehabt habe. Tatsächlich bedeutet es: Die Stiftung hatte viele Punkte, wo sie ansetzte. Das deckt sich mit der Einschätzung von Frank Frick, der weniger zurückhaltend ist, was die eigene Rolle betrifft, und sagt: »Wir haben einen unglaublichen Input geliefert.«

Die Bertelsmann Stiftung gründete dazu eine interne Arbeitsgruppe, deren Mitglieder sie nach außen gerne als unabhängig darstellte. Frank Frick erstellte ein siebenseitiges Strategiepapier »Zur Diskussion um die Reform von Arbeitslosen- und Sozialhilfe« und im Januar 2002 einen Folienvortrag »Reformkonzepte zur institutionellen Zusammenarbeit und Systemreform«. In dem Strategiepapier formulierte er: »In der Arbeitsgruppe gab es einen Konsens über das oberste Ziel: Die Reduzierung und Vermeidung der Hilfebedürftigkeit. Alle anderen Ziele – Transparenz und Bürgerfreundlichkeit, Kundenorientierung und Akzeptanz – müssen dahinter zurückstehen, damit es keine Zielkonflikte gibt.« Die Folien finden sich als Sachverständigenbeitrag in den Kommissionsmaterialien wieder.

Um die Vorteile einer Zusammenlegung von Sozial- und Arbeitslosenhilfe zu belegen, gab die Stiftung im Februar 2002 bei Werner Schönig vom Forschungsinstitut für Sozialpolitik der Universität zu Köln eine Studie über Kosten und Nutzen aktiver Arbeitsmarktpolitik in Auftrag; außerdem eine zweite Studie, die einen für Laien etwas sperrigen Titel trägt: *Integration von Arbeitslosen- und Sozialhilfe: Quantitative Wirkungen und Anreize für die beteiligten Fiski*. Ergebnis:

Durch Wegfall der Arbeitslosenhilfe würde der Bund etwa 12,3 Milliarden Euro jährlich einsparen. Die Kommunen würden aufgrund von Mehrausgaben bei der Sozialhilfe mit etwa 3,2 Milliarden Euro mehr belastet. Der Autor des Gutachtens, Bruno Kaltenborn, war überrascht von diesem Ergebnis, weil die zusätzlichen Ausgaben für Sozialhilfe im Vergleich zu den Einsparungen gering erscheinen. Seine Überraschung war so groß, dass er riet: »Eine weitergehende Absicherung der Validität dieser Ergebnisse erscheint daher zweckmäßig.«

Die Bertelsmann Stiftung hatte einen großen Anteil daran, welche Inhalte Hartz erarbeitete. Sie referierte nicht nur in den fünf Arbeitsgruppen und lieferte Exposés über die Reform der Arbeitsverwaltung, sie steuerte und organisierte zudem fünf Reisen ins Ausland zu jenen Arbeitsämtern und Jobcentern, die als modellhaft galten und deren positives Beispiel die Reform wesentlich beeinflussten.

Wie viel diese Reisen gekostet haben, dazu schweigt die Stiftung. Jede Reise dauerte eine Woche. Die Kommissionsmitglieder trafen dort Wissenschaftler und Praktiker aus der Arbeitsvermittlung. Sie bekamen vorgeführt, was die Stiftung in ihrem am Kapitelanfang beschriebenen Video zusammengefasst hatte. Die Eindrücke wurden in zwei Workshops – wieder organisiert von der Bertelsmann Stiftung – vertieft. Durch Exposés, den Bericht *Benchmarking Deutschland*, die Reisen und deren Nachbereitung lieferte die Stiftung der Kommission damit wesentlichen Input. Sie bestimmte, worüber alle redeten und woran sie sich orientierten. Als Folge der Reisen fanden der verstärkte Einsatz von Zeitarbeitunternehmen, größere Kundenorientierung in den Arbeitsämtern, härtere Zumutbarkeitsregeln und das Prinzip des Förderns und Forderns Aufnahme in die Hartz-Vorschläge. Besonders zeigte sich dieser Einfluss bei den Jobcentern und Personalserviceagenturen – dem Herzstück von Hartz IV.

Die Stiftung bat auch wirklich unabhängige Experten um eine Einschätzung, aber ihre Kritik war in dieser Phase nicht wirklich erwünscht. So wendete sich die Stiftung auch an Helga Spindler, als Expertin für Sozial- und Arbeitsrecht. Spindler verfolgte die Diskussionen um die Zusammenlegung von Arbeitslosenhilfe und Sozialhilfe seit vielen Jahren. Auch die Maßnahmen von VW-Personalchef Peter Hartz bei Volkswagen in Wolfsburg waren ihr vertraut und sie weckten bei ihr wenig Begeisterung. In ihren Augen waren sie auf fragwürdige Weise durch die einflussreiche Marktstellung des Unternehmens durchgesetzt worden und nicht auf mittelständische Betriebe übertragbar. Spindler war als Kritikerin von neoliberaler Politik in Fachkreisen bekannt und in den Augen der Stiftung offenbar renommiert genug, dass man sie nicht übergehen wollte. Oder wollte man im Voraus sehen, wie Kritiker reagieren würden, um sich auf diese Kritik vorbereiten zu können?

Am 18. Juli 2002 schickten die Arbeitsmarktexperten der Stiftung, Frank Frick und Helga Hackenberg, an Spindler ein Positionspapier mit den Eckpunkten einer Reform von Arbeitslosen- und Sozialhilfe. Im Anschreiben mit dem Betreff »Arbeitslosen- und Sozialhilfe verschmelzen« fassten sie ihr Papier mit folgenden Worten zusammen: »Die Bertelsmann Stiftung plädiert darin für eine rasche Zusammenführung der Arbeitslosenhilfe und Sozialhilfe zu einem neuen einheitlichen und steuerfinanzierten Integrationssystem. Nur so können Hilfestellungen zur Wiedereingliederung in Erwerbsarbeit mit gleichen Chancen für alle Langzeitarbeitslosen gewährleistet und optimiert werden. Dieses einheitliche Integrationssystem ist unbedingt notwendig, um Ungerechtigkeiten zu beseitigen und mit dem bisherigen ›Verschiebebahnhof‹ zwischen Arbeitsverwaltung und Kommunen Schluss zu machen.«

Die Arbeitsrechtlerin Spindler antwortete Frau Hackenberg und schickte ihr »ein paar Gegenargumente, die für die berechtigten Bürger schon eine Rolle spielen dürften«. Sie könne »eine Ungerechtigkeit im bisherigen System wirklich nicht erkennen, wohl aber, dass die sozialen Rechte von Bürgern immer weniger berücksichtigt werden und sich ihre materielle Lage immer mehr verschlechtert. Aber ich habe den Eindruck, dass das bei Ihren Überlegungen eine mehr nachgeordnete Rolle spielt.« Die Stiftung antwortete ihr nicht. Die heiße Phase lief. Man war damit beschäftigt, die Mitglieder der Kommission zu beeinflussen.

Wenn Günther Schmid heute nach dem Einfluss der Stiftung auf die Reformen im Arbeitsmarkt gefragt wird, verweist er auf ein Schaubild und einen Werkstattbericht mit dem Titel *Management of Change in der Politik?*, in dem er sich 2003 konkret mit den Reformen und seinen Erfahrungen als Berater des Kanzleramts beschäftigt hat. Schmid schrieb darin vom Gestalten durch wissenschaftliche Beratung im Bündnis für Arbeit und in der Hartz-Kommission. Grundlage war eine Tagung in Berlin im März 2003 wenige Tage vor Gerhard Schröders Regierungserklärung zur Agenda 2010. Schmids Beitrag handelt von den Mängeln der wissenschaftlichen Politikberatung und davon, wie »in Deutschland das herrschende Oligopol der Politikberatung durch einige Forschungsinstitute und große Stiftungen gebrochen werden kann«. Die Bertelsmann Stiftung nennt er darin nicht beim Namen, obwohl klar ist, dass er nur sie meinen kann. Schmid bestätigt das im Gespräch.

Im Mittelpunkt des Schaubilds, das Günther Schmid über die Akteure der Hartz-Kommission angefertigt hat, steht Peter Hartz. Von ihm gehen viele Linien zu den 14 Mitgliedern seiner Kommission, ins Kanzleramt, ins Wirtschaftsministerium, zur Geschäftsstelle der Kommission, zu den Ländern und Kommunen, zu den Sozialpartnern (wie IG Metall und ver.di), zur Presse und zur Bundesagentur für Arbeit. Mehrfach hat Schmid den Einfluss der Stiftung gekennzeichnet. Genaugenommen ist die Bertelsmann Stiftung der einzige Akteur, der mehrfach genannt ist und offenbar nicht nur an einer einzigen, sondern an vielen Stellen mit seiner Lobbyarbeit angesetzt hat – im Kanzleramt, in der Bundesagentur für Arbeit, im Wirtschaftsministerium, bei den Unternehmensberatungen wie McKinsey und natürlich in der Hartz-Kommission selbst. So ist die Stiftung die Institution, die alles zu verbinden scheint.

Und noch etwas ist auffällig: Alle anderen Verbindungen – ob zwischen Hartz und den 14 Mitgliedern seiner Kommission, zwischen Hartz und den Ländern, Hartz und dem Kanzleramt oder Hartz und dem Ministerium – hat Schmid mit Querstrichen belegt, die starke oder zeitweise Spannungen verdeutlichen sollen. Nur die Verbindungen, die zwischen der Bertelsmann Stiftung und den anderen Akteuren laufen, sind nicht gestört. Es sind feine durchlaufende gepunktelte Linien. Sie alle stehen für den Zugang, den sich die Stiftung in vielen Jahren erarbeitet hat. Schmid hat zur Erklärung und Beschreibung zwei Worte daneben geschrieben, die das Prinzip und Geheimnis des Einflusses und Erfolgs der Stiftung kennzeichnen: »persönliche Beziehungen«. Die Stiftung musste Hartz nicht für sich vereinnahmen. Indem sie zu fast allen Parteien, mit den Hartz arbeitete, Beziehungen geknüpft hatte, war sie immer involviert und nahm Einfluss.

Statt fünf wissenschaftlicher Berater wie im Bündnis, waren es in der Hartz-Kommission nur zwei – nämlich der Politik- und Verwaltungswissenschaftler Werner Jann und Schmid. Dieser sagt: »Ganz eindeutig überwogen die Unternehmensvertreter, darunter Interessensvertreter des professionellen und kommerziellen Change Managements« – gemeint sind neben Firmenvertretern von Deutscher Bank oder BASF die Beratungsagenturen wie McKinsey und Roland Berger.

Für die Finanzierung der Arbeit und der Publikation hatte sich die Bertelsmann Stiftung angeboten. Schmid sagt: »Das war taktisch sehr geschickt von ihr. Man kann auch sagen, sie hat sich reingedrängt. Ihre Mitarbeiter haben ihre Modelle und Überlegungen immer wieder ins Gespräch gebracht. Der Einfluss der Bertelsmann Stiftung auf die Hartz-Kommission und Hartz IV ist relativ stark. Vor allem hat die Stiftung das Weltbild der Kommissionsmitglieder geprägt.«[8]

Wie die Stiftung Ergebnisse der Kommission gezielt in die Medien bringt

Am 16. August 2002 überreichte Peter Hartz auf der Bühne des Französischen Doms in der Mitte Berlins Kanzler Gerhard Schröder den 344 Seiten starken Abschlussbericht der nach ihm benannten Kommission. Er handelte von »Ich-AG«, »Job-Floater« und »Bridge-System«; »Kunstwörter, die auf den ersten Blick niemand verstand, die aber modern klangen«, wie der *Spiegel* schrieb. Die Stiftung überließ die Darstellung in der Öffentlichkeit nicht dem Zufall. Als Hartz seine Konzepte an Schröder übergab, druckte die *FAZ* einen langen Bericht, in dem nicht Peter Hartz, sondern Frank Frick die Idee der Reformen ausführlich erläuterte – als sei nicht Hartz, sondern die Stiftung der Ideengeber der Reformen. Die Deutschen könnten »von den Briten aus Sicht der Wissenschaftler in der Kundenorientierung etwas dazulernen«, schrieb die *FAZ*. Wie im PR-Video der Stiftung, so ist auch in der *FAZ* von den maximal zehn Minuten Wartezeit die Rede. Immerhin gab die *FAZ* aber einen Hinweis, warum die Vermittlung in anderen Ländern offenbar erfolgreicher ist, und schrieb, in Schweden beispielsweise müsse ein Arbeitsloser auch eine 1000 Kilometer entfernte Stelle annehmen oder Kürzungen hinnehmen. Unerwähnt blieb einmal mehr, dass in den Niederlanden die Mindestrente die vielen Zeitarbeiter absichert und dass der Vergleich mit Großbritannien fragwürdig ist, da die Marktwirtschaft dort eine andere ist. In den Darstellungen von Frick dagegen klang es, als könnte man die Erfolge mit Jobcentern und Zeitarbeit problemlos übertragen.

Es ist der Traum jedes PR-Manns: Frick und die Stiftung erhielten von der *FAZ* die Deutungshoheit. Zu Wort kam nur Frick, sonst niemand. Er wird als einzige Quelle genannt. Somit hatte die Stiftung ihre Konzepte nicht nur der Kommission, sondern auch der Öffentlichkeit vermitteln. Bereits zwei Monate zuvor hatte der *Spiegel* in einer Titelgeschichte über die Konzepte von Hartz berichtet. Auch in diesem Artikel war Frick die einzige Quelle und der Bericht unterschied sich nicht wesentlich von Darstellungen, die Frick und die Stiftung in ihrer eigenen Zeitschrift präsentierten. Es kamen darin keine Stimmen vor, die diese Modelle und ihre Übertragung kritisch hinterfragt hätten, von der Rolle der Stiftung ganz zu schweigen. Vermutlich wären die Berichte in *FAZ* und *Spiegel* nicht viel anders ausgefallen, wenn Frick sie selbst geschrieben hätte. So aber verliehen *Spiegel* und *FAZ* seiner Schilderung zusätzlich Glaubwürdigkeit und den Eindruck von Unabhängigkeit. So zahlten sich die jahrelangen Kontakte zu Journalisten aus.

Alexander Jung, der im *Spiegel* berichtete, ist einer der Wirtschaftsjournalisten, den Frick und Empter bereits im September 1995, damals noch für die später eingestellte Zeitung *Die Woche*, zum Symposium nach Gütersloh eingeladen hatten, als die Stiftung den Carl Bertelsmann-Preis wegen erfolgreicher Bekämpfung der Arbeitslosigkeit an Portugal vergab. Bei diesem Symposium waren bereits all die Modelle und Länder zur Sprache gekommen, die die Stiftung später der Regierung von Schröder empfahl.

Die Stiftung unterhält ein großes, eng gespanntes Kontaktnetz zu Journalisten. In der Mitte des Netzes befinden sich Verleger und Chefredakteure aller namhaften und einflussreichen Magazine, Zeitungen und Fernsehsender – liberale Zeitungen wie *Die Zeit*, *Der Spiegel* und *Süddeutsche Zeitung*, aber auch konservative Zeitungen wie die *Frankfurter Allgemeine Zeitung* und *Die Welt*. Besonders umwarb die Stiftung die *Zeit* und das *ZDF*. Journalisten sind immer dankbar für Kontakte, Material und Orientierung – und natürlich dafür, dass die Bertelsmann Stiftung sie zu Feiern, in Jurys und zu Symposien einlädt. Die Stiftung arbeitet subtil. Sie lässt alle ein und lässt alle zu Wort kommen. Es ist ein Austausch, von dem alle profitieren – zumindest behaupten sie das. Die Stiftung schreibt nichts vor, sie bietet nur an – und zahlt. Es geht um Kontakte, um Zugang in den Kreis einer publizistischen Elite, und auch darum, mögliche künftige Partner auf ihre Eignung hin für Interviews und Gremienmitarbeit hin zu prüfen.

Fragwürdige Erfolge: Das Modellprojekt Köln

Auch in Köln profitierte die Stiftung von ihrer jahrelangen Vorarbeit. Jetzt zahlte sich das gute Verhältnis zu Bundespräsident Roman Herzog aus. Die Stiftung schob gerne Projekte an, die sie der Öffentlichkeit als Maßnahmen präsentierte, zu denen sie von der Politik gebeten worden sei. So war es auch diesmal. Die Stiftung tat sich leichter, kommunale Politiker und Beamte anzusprechen, wenn der Segen von allerhöchster Stelle erteilt wurde. Deshalb holte sich die Stiftung die Legitimation für dieses Projekt vom Bundespräsidenten, dessen Amtszeit kurz vor dem Ende stand. Gemeinsam starteten Präsident und Stiftung 1999 eine Initiative zur »Förderung beschäftigungsorientierter Sozialpolitik in Kommunen«. Die Stiftung gründete, koordinierte und finanzierte teilweise ein Netzwerk von »24 besonders motivierten und reformfreudigen Kommunen«. Von Dezember 2001 bis September 2003 setzten 15 Städte und 9 Landkreise von Bielefeld über Kassel und Reutlingen bis Paderborn Modellprojekte um, die von »Benchmarking« über eine »Vergleichsanalyse zu Kosten und Nutzen« bis zu gemeinsamer Fortbildung von Fachkräften der Arbeitsämter und der Sozialverwaltungen reichten.

Eine dieser besonders reformwilligen Kommunen war Köln. Die Stadt litt an Geldmangel und wollte ihre Sozialausgaben 1999 innerhalb von zwei Jahren um 20 Millionen Mark senken, indem sie Sozial- und Arbeitslosenhilfe zusammenlegte. In einer Projektbeschreibung der Bertelsmann Stiftung, die das Kölner Modell 1999 als beispielhaft anführt, heißt es: »Dabei sollen die Rechtsansprüche der Hilfsbedürftigen nicht angetastet werden.« Man wollte keine Kritik provozieren. Doch entsprach das Versprechen der Stiftung der Realität?

Schon seit Januar 1998 versuchte das Sozialamt in Köln einen neuen Umgang mit jungen Arbeitslosen und startete das Projekt »Sprungbrett«. Es war ein schöner Name für eine gut klingende Idee: Junge Leute, die seit Monaten oder Jahren nichts tun, sollten auf Job und Arbeit vorbereitet werden. »Sanft und verständnisvoll«, wie die *Frankfurter Rundschau* nach einem Besuch und Gesprächen mit den Verantwortlichen berichtete. »Sanft und verständnisvoll« bedeutet: Das Sozialamt stellte jeden Sozialhilfeberechtigten im Alter zwischen 18 und 25 Jahre vor die Wahl, entweder eine Lehrstelle oder Arbeit in einer von sieben Beschäftigungseinrichtungen anzunehmen – oder kein Geld mehr zu erhalten. Nur wer arbeitet, bekommt Geld. Die Sozialhilfe wurde sonst, obwohl gesetzlich eigentlich zugesichert, einfach gestrichen. Nicht Arbeitslose, sondern nur mehr Kranke, Behinderte oder bedürftige Alleinerziehende erhielten Geld.

Amtsleiter aus Rostock und Düren, Offenbach, München, Wismar, Hamburg, Darmstadt, Ostthüringen reisten nach Köln und informierten sich über das Modell. Die *Frankfurter Rundschau* berichtete im September 2001 von einem bundesweiten Rekord der Kölner: Von den 5500 noch im Jahr 1999 von Sozialhilfe lebenden 16- bis 24-Jährigen würden nur noch 1000 von der staatlichen Stütze leben – eben jene Personen, die krank, schwanger oder behindert sind. Einige hätten »sich verdrückt«, heißt es, und arbeiteten vermutlich schwarz. Aber die Mehrheit sei in Schule, Weiterbildung oder bei der Einrichtung »Sprungbrett« untergekommen.

Die Arbeitsrechtlerin Helga Spindler beobachtete das Projekt in

Köln aufmerksam und sie berichtete, was Zeitungen übersahen. Dazu gehörte der Umstand, dass zahlreiche Sozialhilfebezieher dem Amt in Köln verloren gingen. Von 1556 Personen ist der Verbleib unklar. Die Träger veranlassten zwar eine Untersuchung, unterließen aber eine genaue Prüfung – angeblich, weil zu wenig Daten existierten. Was genau mit diesen Personen passiert sei, lasse sich nicht sagen, analysierte Spindler. Sicher aber sei, dass mehr als 600 Personen ein Antrag verweigert wurde. Es lasse sich nichts mehr über diese Personen sagen, aber einen Zweck erfüllen sie: Sie belegen den Erfolg des Kölner Modells. Spindler nennt das »Luftbuchungen«. Personen, über deren Verbleib nichts bekannt ist, die aber als Erfolg verbucht werden, weil sie aus der Statistik für Sozial- und Arbeitslosenhilfe rausgefallen sind. Ob sie zu Recht oder Unrecht aussortiert wurden, lasse sich nicht mehr klären.

Während die beiden federführenden Arbeitsmarktexperten der Bertelsmann Stiftung, Stefan Empter und Frank Frick, ein Jahr nach Beginn des Projekts zuversichtlich behaupteten, in Köln »sollen die Rechtsansprüche der Hilfsbedürftigen nicht angetastet werden«,[9] sah Spindler im Juli 2003 »Rechtsverweigerung, Ausgrenzung und fragwürdige Erfolge in vielen hundert Fällen«. Sie warf den Verantwortlichen des Kölner Projekts vor, es gebe keine klar umschriebene Arbeitspflicht und keine Arbeitsrechte. Der Stundenlohn liege bei 2,60 Euro netto. Miete werde unbürokratisch gewährleistet, was bedeutet, dass sie nur erhält, wer seinen Pflichten nachkommt. Da diese Pflichten nicht klar umschrieben seien, liege vieles im Ermessen der sieben Träger der Maßnahme (das sind lokale Vereine).

Das »Sprungbrett« sei willkürlich organisiert und willkürlich in seinen Methoden. Die Träger dürften auch über die Kürzung des Existenzminimums entscheiden, obwohl das laut Gesetz eigentlich dem Staat vorbehalten sei. Spindler kritisierte den »Abbau von Sozialrechten, den Missbrauch der Arbeitsverpflichtung in Richtung Arbeitsdienst, vor allem die schon fast an Feudalzeiten erinnernden Arbeitsbedingungen«. Sie kritisierte weiterhin, dass Sozialhilfe in Köln grundsätzlich als etwas Negatives dargestellt würde, als »perfides System der Ausgrenzung«, das junge Leute abschiebe, statt ihnen zu helfen. Dabei sehe Sozialhilfe eigentlich beides vor: Existenzsicherung *und* notwendige persönliche Hilfe. Während die Verantwortlichen in Köln ihr Modell als großen Erfolg anpriesen, weil die Arbeitslosigkeit gesunken sei, sei in Wirklichkeit nur die Zahl der Sozialhilfeempfänger gesunken, sagte Spindler. Ziehe man ihre Zahl ab, dann sei die Zahl der Arbeitslosen sogar gestiegen. Statt Arbeitslosigkeit zu beheben, säubere das Projekt die Statistik. Ein fragwürdiger Erfolg.

Doch das hinderte die Bertelsmann Stiftung nicht, das Kölner Modell in der Hartz-Kommission als beispielhaftes Modell für Deutschland zu empfehlen. Stefan Empter und Frank Frick führten dazu vergleichende Analysen zwischen dreißig Kommunen von Köln und Leipzig, von Pforzheim und Siegen bis zum französischen Marseille, dem amerikanischen Milwaukee und dem dänischen Farum durch. Alles wirkte sehr wissenschaftlich. Die Stiftung berief sich in ihrer Arbeit auf §1 des Bundessozialhilfegesetzes: »Der Hilfeempfänger soll befähigt werden, unabhängig von der Hilfe zu leben.« Immerhin seien rund eine Million Sozialhilfeempfänger arbeitsfähig, ohne einer Arbeit nachzugehen. Sozialhilfe solle leistungsabhängig gezahlt werden. Schwerpunkt sei das Programm »Arbeit statt Sozialhilfe« für rund 6 000 arbeitslose Jugendliche und junge Erwachsene. Die Erfolge blieben letztlich unklar, nur eines wird offensichtlich: Die Bertelsmann Stiftung drängte auf Reformen und sie fand Mitstreiter, die ihre Arbeit legitimierten.

Spindler sah weder Rechtssicherheit noch Transparenz und auch nicht Kontrolle gewährleistet. Mit anderen Worten: Das Sozialamt hat ein System entwickelt, das nicht rechtmäßig ist. Spindler sieht Geld für nutzlose Kontrollmaßnahmen aufgewendet, sogenannte Angebote, die Menschen ohne ausreichende Beratung in Situationen drängen, die ihnen nicht liegen und deshalb nicht von Dauer sind – nicht geeignet, ihnen Lebensunterhalt und menschenwürdige Perspektive zu bieten.

Das Kölner Jobcenter wurde zum Vorbild für alle anderen Jobcenter. Dabei waren die Vermittlungserfolge bescheiden, sagt Spindler heute: Die rund 10 Prozent der Zwangsnutzer, die nach den Statistiken ohne Zuschüsse auf den ersten Arbeitsmarkt vermittelt wurden, hätte man auch ohne diesen Aufwand mit einer intensiveren Arbeitsvermittlung des Arbeitsamts erreichen können.[10] Spindler bilanzierte: Die Versicherungsleistung Arbeitslosengeld blieben zwar scheinbar erhalten, aber sie sei nicht mehr das, was sie mal war. Die Obliegenheiten, Erwerbsverpflichtungen und die Verwaltung näherten sich der Sozialhilfe an. Der Bezieher der Versicherungsleistung verliere seine bisherige Rechtsposition, vor allem Berufs- und Entgeltschutz, und werde behandelt wie bisher der Sozialhilfeempfänger. Deshalb, so Spindler, sei die Reform ein begrifflicher Trick: Man erkläre die Sozialhilfe- und die Arbeitslosenhilfeempfänger zu Arbeitslosengeldempfängern, damit nicht so auffalle, dass sie alle Sozialhilfeempfänger geworden sind.

Lessons learned?

Die Arbeitsrechtlerin Helga Spindler hat den gesamten Prozess der Hartz-Reformen hinsichtlich des Einflusses der Bertelsmann Stiftung analysiert und kommt zum Ergebnis: »Ohne die Vor-, Zwischen- und Mitarbeit der Bertelsmann Stiftung auf vielen Ebenen wären die Vorschläge der Hartz-Kommission und die folgenden gesetzgeberischen Aktivitäten fachlich und auch institutionell schon gar nicht umzusetzen gewesen.« Am Hartz-Beispiel zeige sich, dass es nicht nur ein Ideenwettbewerb, nicht nur fleißige Hintergrundarbeit war, »sondern in der Summe ein strategisch aktives Agieren und Vor-Auswählen unter handverlesenen Partnern und ideologischen Positionen und das, wie man so schön sagt, ›finanziell gut gepolstert‹.«[11]

Die Mitarbeiter der Stiftung kommen freilich zu einer ganz anderen Einschätzung. Frank Frick bezeichnet die Arbeit der Hartz-Kommission 2002 als »Reform-Lehrstück« und als »öffentlichkeitswirksame Inszenierung« eines Rucks, den Bundespräsident Herzog Jahre davor eingeleitet habe. Die Kommission habe die »geeigneten Personen« berufen: »Vollblutpolitiker saßen nicht in der Kommission – niemand hatte ein Interesse daran, kurz vor der Wahl unangenehme Maßnahmen zu vertagen und stattdessen Wahl- und Sonntagsreden in Berichtsform vorzulegen. Auch handelte es sich nicht um institutionelle Beteiligungen – die Kommissionsmitglieder bildeten zwar die wichtigen gesellschaftlichen Gruppen ab, waren aber als Personen berufen und erwehrten sich erfolgreich der Instrumentalisierung.« Frick lobt außerdem die »kluge Hintergrundarbeit: Während die Kommission tagte, analysierte und diskutierte, wurden hinter den Kulissen die Spielräume ausgelotet und die heiligen Kühe identifiziert! Heraus kam das erfolgversprechendste Reformpaket der deutschen Arbeitsmarktpolitik.«[12]

Am 24. Februar 2005 hielt Werner Eichhorst in Bonn einen Vortrag über die Planung, Erarbeitung und Umsetzung der Hartz-Reformen. Eichhorst war einer der drei Autoren von *Benchmarking Deutschland* und war mittlerweile von der Bertelsmann Stiftung zum Institut für Arbeitsmarkt- und Berufsforschung (IAB) gewechselt. Er sprach über »Wirkungsforschung und Politikberatung – eine Gratwanderung?« Auch in seinen Augen war die Hartz-Reform ein Erfolg. Er ließ die entscheidenden Schritte noch einmal Revue passieren: den Skandal in der Vermittlung als Auslöser, die Hartz-Kommission, die eigenmächtige Ausweitung des Auftrags durch Peter Hartz. Auf einer der Folien, die er präsentierte, ist die Rede von der »prominenten Rolle privater Dienstleister und von zivilgesellschaftlichen Akteuren«. Er nennt sie »Profis der Nation« und sieht »hier Ansätze veränderter *governance*« – eine andere Form des Regierens. Allerdings könnte man diese veränderte Governance auch als Mitregieren eines demokratisch nicht legitimierten Beratungsinstitutes bezeichnen. Der Name des Instituts – Bertelsmann Stiftung – stand nicht auf den Folien, ebenso wenig die Tatsache, dass Werner Eichhorst selbst einer dieser »Profis der Nation« war.

Günther Schmid ist dagegen weniger angetan von der Arbeit und dem Einfluss der Bertelsmann Stiftung und beklagt 2003 in dem Werkstattbericht *Management of Change in der Politik?*, den er gemeinsam mit Stefan Ramge, einem Regierungsdirektor im Bundeskanzleramt, herausgibt, die deutsche wissenschaftliche Beratung sei »stark an der Exekutive orientiert«. Das führe zu »mangelnder Transparenz« und mangelnder Präsenz der Beratung in der Öffentlichkeit. Schmid betont: »Auch wenn das amerikanische Modell nicht übertragbar ist, wäre es wünschenswert, das faktische Beratungs-Oligopol zu mindern.« Schmid kritisiert eine »oligopolitische Beratungsstruktur in Gestalt der sechs großen Wirtschaftsinstitute und einiger weniger, großer Stiftungen, insbesondere der Bertelsmann Stiftung«[13]

Und was sagt die Stiftung mit etwas mehr Distanz selbst? Wie geht sie mit dem Misserfolg der Reformen und den Vorwürfen um? Was lief falsch? Was hätte man besser machen können in der Beratung? Was muss sich in der Arbeit der Bertelsmann Stiftung ändern? Stellt sie sich diese Fragen überhaupt?

Im Februar 2007 bat das Wirtschaftsmagazin *Capital*, das der Bertelsmann AG gehört, die Bertelsmann Stiftung, die Qualität der Reformen der vergangenen Jahre zu bewerten, denn »niemand besitzt mehr Erfahrung auf diesem Gebiet«. Die Stiftung kam zu dem Ergebnis, die Reformen seien »besser als ihr Ruf«, wie der Titel der Geschichte lautet. Das Ausland feiere Deutschlands Mut und Reformeifer. Die Stiftung lobte den ehemaligen Kanzler Schröder: Er habe in seiner Amtszeit kräftig reformiert – und dabei das gern gepflegte Politikerklischee der Machtversessenheit Lügen gestraft. Erst das Land, dann die Partei: Mit dieser Strategie verprellte er viele Gewerkschafter, trieb die eigenen SPD-Genossen erst auf die Barrikaden und dann in die Arme der Linkspartei. Am Ende standen vorzeitige Neuwahlen und der Amtsverlust. Auch Angela Merkel hinterlasse Spuren, indem sie im Schulterschluss mit Vizekanzler Franz Müntefering die Rente mit 67 einführe und mit dem Elterngeld den Abschied vom bürgerlichen Familienbild gewagt habe.

Die Regierungen hätten große Fortschritte bei der Stabilisierung des Rentensystems und – entgegen landläufiger Meinung – auch bei der Flexibilisierung des Arbeitsmarktes geleistet. So komme die OECD zu dem Schluss, dass kein anderes Land seinen Jobmarkt in den vergangenen zehn Jahren so stark reformiert hat wie Deutschland – wenngleich von einem miserablen Zustand aus. *Capital* bilanzierte: Schröders Hartz-Gesetze waren richtig. Man kann dies als Lob des Konzerns an die Stiftung verstehen.

Im Jahr 2007 schaute die Bertelsmann Stiftung noch einmal zurück auf die Reformpolitik der Regierung Schröder – diesmal mit etwas mehr Distanz als es Frick 2002 tat. Es ging vor allem um die Reform des Arbeitsmarktes – um Hartz IV. Längst war die Euphorie der Kritik gewichen. Die Reform hatte das Land verändert. Schröder wurde abgewählt und Protest hatte sich formiert; es entstand eine neue linke Partei. Schuld daran war vor allem Hartz IV. Einst versprachen Schröder und Hartz die Halbierung der Zahl der Arbeitslosen. 2004 lag sie bei 4,26 Millionen und damit nur wenig unter dem Höchststand von 1997. 2007 ging sie dank einer guten Wirtschaftslage zurück wie nie zuvor und lag im Jahresdurchschnitt bei 3,776 Millionen. Die Arbeitslosenquote lag somit bei 9,0 Prozent.

Die Rückschau hielten dieses Mal nicht die Arbeitsmarktspezialisten Stefan Empter, Frank Frick, Andreas Esche, Werner Eichhorst oder Eric Thode, die die Reform frühzeitig und jahrelang mit immer neuen Studien, Vergleichen und Tagungen und Broschüren begleitet hatten, sondern Leonard Novy und Gregor Peter Schmitz, zwei junge Mitarbeiter der Stiftung. Beide haben in Cambridge und Harvard studiert, traten selbstbewusst auf und arbeiten journalistisch. Und beide waren nicht in einen langjährigen Sozialisierungsprozess der Stiftung eingebunden und blickten so mit einem frischen Blick und relativ unvoreingenommen auf die Agenda-Politik.

Die Ergebnisse ihrer Untersuchung fassten die beiden Autoren in dem Buch *Reformen kommunizieren* zusammen. Wie bei allen Schriften aus seinem Bereich, setzte Werner Weidenfeld seinen Namen als Herausgeber auf den Titel. Es geht in der Analyse hauptsächlich darum, wie man Reformen kommuniziert. »Die Agenda 2010, das große Reformprojekt, geriet ausgerechnet dem ›Medienkanzler‹ zum Vermittlungsdesaster«, stellte Weidenfeld fest. »Es dominierte der Eindruck einer tagesfixierten Ad-hoc-Politik – ohne dass es gelungen wäre, Problembewusstsein zu schaffen und ein klares, übergeordnetes gesellschaftliches Ziel zu formulieren, aus dem heraus die einzelnen gesetzgeberischen Maßnahmen begründet werden konnten.«

Josef Klein, ehemaliges CDU-Mitglied des Deutschen Bundestages von 1972 bis 1976, lehrt Politolinguistik an der Freien Universität Berlin und Germanistik an der Universität Koblenz-Landau. Er untersuchte für das Buch der Stiftung kritisch die Reform- und Hartz-Sprache und warf Schröder eine Sprache aus der Manager- und Werbewelt vor, die die Bürger nicht verstehen könnten: Job statt Arbeit, Service statt Dienst, »XY-Center« statt »XY-Stelle«. Das alles, so analysierte Klein, soll Überlegenheit, Internationalität und Lockerheit vortäuschen.

Das ist nicht falsch. Nur: Stammen diese Begriffe und vor allem dieser mit englischen Fremdwörtern durchsetzte und auffrisierte Jargon nicht aus den Anleitungen, Tagungen und Broschüren der Bertelsmann Stiftung? Vor allem in den Jahren 2000 bis 2003 hat sie zahllose englische Bezeichnungen in ihre deutschsprachigen Erklärungen übernommen. Da war von »*Activity test*«, »*Centrelink*«, »*Work for Dole*« und »*Job Seeker Classification Intrument*« die Rede, und oft findet man Begriffe wie »*One-Stop-Shopping*«, »*New Deal für junge Leute*«, »*Benefit Agencies*« oder »*Employment Zones* für Langzeitarbeitslose« ganz selbstverständlich im fortlaufenden deutschsprachigen Text, ohne dass sie übersetzt werden.

Die Bertelsmann Stiftung lastete der Politik durch ihren Autor Klein 2007 dieselbe Sprache als Fehler und Hindernis für die Reformen an, die sie selbst über Jahre wieder und wieder in ihren Broschüren und Studien unter die Fachleute gebracht hat. So kritisierte Klein, dass der Kanzler in seiner Agenda-Rede im März 2003 nicht einmal erklärt habe, was er eigentlich unter Agenda 2010 – den Begriff hat angeblich seine Frau erfunden – verstehe und um was es gehe. »Agenda zwanzig-zehn – das muss für den klassischen SPD-Wähler, Facharbeiter oder Frührentner um die 60 geklungen haben wie ein unbekannter Artikel mit Bestellnummer aus dem Versandhaus-Katalog. Es hätte sich auch um die Bezeichnung für ein neues elektronisches Gerät handeln können.« Allerdings hätten die Begriffe der Hartz-Sprache von »*Personal Service Agentur*« bis »Hartz I« bei aller Unkenntnis im Detail doch die Botschaft transportiert, dass sie ein Instrument zur Bekämpfung der Arbeitslosigkeit sei. »Damit trägt die Hartz-Sprache als Ganzes den Charakter eines Versprechens. Die Management-Elemente der Hartz-Sprache suggerieren darüber hinaus, es werde bei ihrer Einlösung besonders zügig und effizient zugehen.«[14] Ein Versprechen, das auch die Bertelsmann Stiftung gerne suggeriert hat.

Anfangs habe die Hartz-Sprache ein hohes Maß an Glaubwürdigkeit besessen und Vertrauen ausgelöst. Bei der Erarbeitung und Vorstellung der Hartz-Vorschläge seien Bürger hoffnungsfroh gewesen; später sei Hartz dagegen nur noch als Schimpfwort in Gebrauch gewesen. Dabei hätten Schröder und andere betont, dass die Hartz-Instrumente erst eine Anlaufzeit benötigten, ehe sie Wirkung zeigten. Angesichts dieser Warnungen, so Klein, sei ihm allerdings »rätselhaft, wie die Hartz-Kommission zu der Prognose einer Senkung der Arbeitslosigkeit um zwei Millionen innerhalb von drei Jahren kam«. Eine berechtigte Frage von Seiten der Bertelsmann Stiftung. Aber war es nicht Reinhard Mohn selbst, der lange Zeit vor der Reform propagiert hat, dass die Stiftung mit dem Benchmarking und dem Blick ins Ausland das Problem der Arbeitslosigkeit gelöst habe?

Die Stiftung warf den Politikern 2007 vor, was sie alles falsch gemacht hätten. Es ist eine erstaunliche Analyse – nicht falsch, aber höchst fragwürdig und scheinheilig, bedenkt man, wie sehr und mit wie viel Einsatz, Energie und finanziellem Aufwand die Bertelsmann Stiftung jahrelang nicht nur auf Reformen gedrängt, sondern Konzepte ausgearbeitet hat, die Kommissionen beraten und ihre Konzepte weitgehend durchgesetzt hat. Diejenigen, die das getan hatten, stellten sich nun nicht der Verantwortung und ihre jungen Kollegen sahen die Politik in der Verantwortung.

Die Stiftung verschweigt ihren Anteil an den Fehlern. Gut möglich, dass dem Autor des Beitrags dieser Anteil tatsächlich entgangen war und vielleicht kannten auch die verantwortlichen Mitarbeiter Novy und Schmitz die Vorgeschichte nicht und ihre Kollegen haben sie schamvoll verschwiegen. Allerdings hätte ein Blick in die Bibliothek, ins Verlagsverzeichnis und in die alten Jahrgänge der Mitarbeiterzeitschrift genügt, um klarzumachen, dass die Rolle der Stiftung erheblich war. Vor allem aber erstaunt, dass Weidenfeld (als Herausgeber des Buches) kein Wort über die Mitwirkung der Stiftung verlor. Er hatte doch alles mitbekommen und unterstützt. Oder liest er die zahllosen Beiträge gar nicht mehr, die unter seinem Namen oder seiner Herausgeberschaft erscheinen?

Unter »*Lessons learned*« – was man daraus lernen kann – notierten Novy und Schmitz: »Selten zuvor ist so deutlich geworden, wie optimierungsbedürftig die politische Vermittlungsarbeit für die Initiierung und Durchsetzung von Reformvorhaben ist. In Zeiten, in denen der Bürger mit dem Reformbegriff eher Einschnitte als positive Erwartungen verbindet, wird eine professionelle und schlüssige Reformkommunikation zunehmend als zentrale Erfolgsdeterminante politischer Veränderungsprozesse betrachtet.« Damit wird das Problem einfach umgedeutet. Der Fehler lag bei den Politikern. Und deshalb galt: Es gibt noch viel zu tun in der Reformkommunikation und die Bertelsmann Stiftung bestätigt sich selbst, dass sie dringender gebraucht wird denn je. »Die Potenziale für strategische Reformkommunikation sind hierzulande noch längst nicht ausgeschöpft«, betonte Weidenfeld.

Leonard Novy ließ das Thema nicht los. Gemeinsam mit seinen beiden Kollegen Thomas Fischer und Andreas Kießling blickte er 2008 erneut zurück auf die Agenda-Politik. Im April luden sie dazu Experten nach Berlin zu einen Workshop ein und analysierten politische Reformprozesse. In einer Fallstudie ging Frank Nullmeier, Professor für Politikwissenschaft an der Universität Bremen, noch einmal ausführlich auf die Frage ein, warum die Agenda-Politik der Regierung Schröder scheiterte. Auch in seiner Analyse, die er im Auftrag der Bertelsmann Stiftung erstellte, spielte die Beratungspolitik der Bertelsmann Stiftung keine Rolle und wurde mit keinem Wort erwähnt. Die Agenda-Politik war für Nullmeier ganz klar Schröders Machtpolitik. Er wollte die Reformen so durchsetzen und das kann man der Bertelsmann Stiftung natürlich nicht vorwerfen. Die Stiftung kommt in ihrer Analyse zu dem Schluss, dass lediglich die Vermittlung nicht richtig funktioniert habe.

Die Stiftung übernimmt keine Verantwortung.

6. Gute Hochschulen arbeiten wie gute Unternehmen – Hochschulreform nach Gütersloher Art

1982 gründete Konrad Schily in Witten/Herdecke die erste private Hochschule in Deutschland. Konrad Schily ist Mediziner und gemeinsam mit Kollegen wollte er die Ausbildung reformieren. Ursprünglich wollte Schily alle gesellschaftlichen Bereiche abdecken und mit Jura beginnen, aber weil ihm die Finanzierung bei Medizin leichter schien, begann er damit. Jura geriet in Vergessenheit und wurde in Witten nie etabliert.[1] Der Studiengang Medizin entstand in Zusammenarbeit mit dem Krankenhaus Witten/Herdecke. Statt aus Büchern sollten die Studenten im Kontakt mit Patienten lernen. 1984 wurde das Konzept auf Wirtschaftswissenschaften ausgeweitet, später auf Zahnmedizin und Naturwissenschaften. Die Studenten sammeln in diesen Fächern mithilfe eines Mentorenprogramms in Unternehmen praktische Erfahrungen.

Die Universität startete als Verein, den Schily als Vorstandsvorsitzender leitete. (1987 wandelte Schily sie in eine GmbH um, weil er sich davon bei der Suche nach Geldgebern Vorteile versprach.) Die Universität durfte nur unter vier Auflagen gegründet werden: Sie durfte keine Studiengebühren verlangen, sie erhielt keine öffentlichen Gelder, sie musste eine Bankbürgschaft über 17 Millionen Mark annehmen und sie durfte sich nicht Universität nennen.

Als der Kultusminister von Nordrhein-Westfalen eine Einweihungsrede hielt, ließ Schily ein Schild mit der Aufschrift »Universität« hinter dem Minister aufhängen und ihn fotografieren. Anschließend schickte er ihm das Foto und erinnerte ihn daran, dass auch er in seiner Rede von Universität gesprochen hatte. Der Minister wollte gegen diesen Verstoß nicht klagen und so ist Witten/Herdecke seitdem keine

»staatlich anerkannte tertiäre Bildungseinrichtung«, sondern eine Universität, die sich auch so nennt. Die Universität finanzierte sich durch Spenden von Unternehmen. Erste Förderer waren Alfred Herrhausen (Deutsche Bank) und Berthold Beitz (Krupp). Mit Herrhausens Ermordung verlor die Uni 1989 ihren wichtigsten Förderer und den Einzigen, der das Konzept richtig verstanden habe, wie Schily im Rückblick sagt.

Witten liegt bei Dortmund in Nordrhein-Westfalen und so landete Schily auf der Suche nach Geldgebern 1986 auch bei Reinhard Mohn und seiner Bertelsmann Stiftung. Die Stiftung lehnte die Förderung eines Ausbaus zunächst mit dem Argument ab, dies würde ihren Jahresetat von damals sieben Millionen Mark überfordern. Mohn ließ aber die Zukunftschancen der Universität von einem befreundeten Wirtschaftsprüfer analysieren, weil er und die Stiftung – wie der Geschäftsführer der Stiftung sagte – der Uni positiv gegenüberstanden und »sie irgendwie fördern« wollten. Im Geschäftsbericht 1990 behauptete die Stiftung, sie sei in Witten bereits seit der Entwicklungsphase engagiert gewesen. Das sei aber falsch, sagt Schily. Mohn und seine Stiftung hätten sich erst später beteiligt.

Schily konnte sich seine Geldgeber nicht danach aussuchen, ob man inhaltlich zu 100 Prozent übereinstimmte – sonst wäre Reinhard Mohn vielleicht nie der zeitweise wichtigste Förderer der Universität geworden. Schily kam mit Mohn überhaupt ins Gespräch, weil dieser sich einmal abfällig über den »unordentlichen« Lehrbetrieb in Witten geäußert hatte. Schily besuchte ihn daraufhin in Gütersloh und sie sprachen über eine Kooperation. Mohn wollte nicht nur Geld geben, sondern operativ tätig werden und Einfluss nehmen, erinnert sich Schily.[2] Er wiederum wollte zwar Mohns Geld und sein Engagement, aber es war ihm wichtig, unabhängig zu bleiben und nicht Teil von Mohns Unternehmen zu werden. Er sagte daher in diesem Gespräch: »Herr Mohn, mit Ihnen immer, aber nicht mit Ihrem Konzern.« Er suchte Förderer, die die Freiheit und Unabhängigkeit der Universität respektieren, nicht behindern. Auch wenn sie sich nicht über alles einig waren und aneinander rieben, Reinhard Mohn wurde ein wichtiger Mann für Schily und seine Universität und man arbeitete zehn

Jahre gut zusammen. Von 1987 bis 1995 fungierte Mohn als Vorsitzender des Direktoriums der Hochschule. Das Direktorium entsprach einem Aufsichtsrat.

Obwohl Schily die Universität nicht durch ein Direktorium nach dem Vorbild eines Aufsichtsrat kontrollieren lassen wolle, hatte Mohn darauf gedrängt und sich nicht davon abbringen lassen. Führte er so nicht auch sein Unternehmen mit großem Erfolg? Warum also nicht auch eine private Universität? Im Gespräch mit Mohn stellte Schily immer wieder fest, dass Mohn glaubte, er könne die Strukturen und Erfolgsrezepte seines Unternehmens einfach auf die Gesellschaft übertragen und so etwas wie eine Bertelsmannrepublik Deutschland schaffen.

Mohn verwendete diesen Begriff gegenüber Schily nicht, aber er kennzeichnte Mohns Weltbild. Mohn sei idealistisch in Anführungszeichen, sagt Schily. Das soll heißen: er präsentierte sich gerne als idealistisch, sei es aber nicht wirklich gewesen. Mohn wollte alles messen; Schily dagegen legte auf Kompetenz, Betroffenheit und Verantwortlichkeit Wert. So sehr sich beide eine private und freie Hochschule wünschten, so unterschiedlich waren ihre Vorstellungen davon, was das eigentlich sei, und vom Weg dorthin. Schily war der Auffassung, dass eine Universität zwar ein Unternehmen sei, aber in einem ganz anderen Sinne, als Mohn es verstehe. Es sei kein Betrieb, dessen Effizienz zu messen sei. »Eine Universität vernichtet Geld, schluckt Geld.« Ihm geht es darum, dass Persönlichkeiten gebildet werden.

Mohn redete in Witten ähnlich, aber sobald er abgereist war, predigte er das genaue Gegenteil, wie Schily immer wieder zu hören bekam. Schily nahm Mohn deshalb als gespaltene Persönlichkeit wahr: Für ihn – so erinnert sich Schily – gab es Mohn, den aufgeschlossenen Besucher und Gesprächspartner in Witten, und den Mohn außerhalb Wittens, der nur sein System und sein Weltbild von der Unternehmenskultur predigte und in diesem Sinne technokratisch die ganze Hochschullandschaft umpflügen wollte.

Mohn hatte mit dem Direktorium an der Universität Witten/Herdecke jene unternehmerische Struktur verwirklicht, die Hochschulen seiner Meinung nach dringend brauchten. Mohn kam vier bis fünf

Mal im Jahr nach Witten zu den Gremiensitzungen und auch, um mit Studenten zu diskutieren. Alle 14 Tage telefonierte Schily mit ihm und besuchte ihn hin und wieder in Gütersloh. Mohn brachte seine Kontakte ein und sorgte dafür, dass die Universität im April 1989 vertraglich abgesichert wurde. Erstmals konnte die Bankbürgschaft getilgt werden. Die Universität, die Bertelsmann Stiftung und das Bundesland Nordrhein-Westfalen schlossen dazu in der Düsseldorfer Staatskanzlei einen Vertrag, wonach Land und Bund die Uni mit 25 Millionen Mark förderten und die Stiftung den gleichen Betrag in fünf Jahren zahlen würde. Entscheidende Voraussetzung war aus Sicht der Stiftung die Beteiligung des Bundes an der Förderung. Die Stiftung fühlte sich mit ihrem Engagement »bestätigt«, wie sie im Jahr 1990 vermerkte.

Auf Anregung Mohns sollte die Universität nun gemeinsam mit der Stiftung Bewertungs- und Effizienzkriterien entwickeln. Die Stiftung nannte das »eine wesentliche Voraussetzung für die weitere Entwicklung der Hochschule«. Mohn wollte ihren Erfolg messbar machen. Er wollte die Hochschule als Modell verwenden und mit ihr zeigen, dass private Hochschulen besser geführt seien als staatliche und dass es der Qualität der Hochschulen insgesamt nutzen würde, wenn der Staat sich möglichst raushält und dafür Manager mit Mohns Methode der dezentralen Führung einspringen. Das Modell der staatlichen Hochschulen sei wegen ihres Finanzbedarfs nicht durch eine privat finanzierte zu ersetzen, sagte er 1990, allerdings »kann eine private Hochschule mit der ihr typischen, weil unabhängigen Arbeitsweise als Exempel dienen, aus dem Erkenntnisse gewonnen und auf staatliche Hochschulen übertragen werden können. Genau das ist auch eine der Zielsetzungen der privaten Universität Witten/Hedecke.«[3]

Schily selbst war stets gegen Rankings – er ist es bis heute: »Wir sind ›privat‹ geworden, um die Freiheit zu erreichen«, sagt er. Rankings dagegen bedeuten für ihn einen »fundamentalen Freiheitsverlust.« Er kritisiert: »Wissenschaftler lassen sich wie Staubsauger mit einem TÜV-Siegel versehen. Wo es früher Forschercharaktere mit Widerspruchsgeist gab, werden wir zukünftig allein noch drittmittelantragskompetente Forschungsdesigner vorfinden.« Er fragte Mohn sinngemäß, wie er sich erinnert: »Wie wollen Sie die Qualität einer Universität messen? Das können Sie nur, indem Sie sich ansehen, was aus den Absolventen geworden ist.« Selbst wer nicht in seinem Beruf arbeitet, könne erfolgreich sein. Was sie aus ihrem Leben gemacht haben, sei entscheidend.«

1990 waren in Witten 480 Studenten eingeschrieben. Schily wollte bis 1997 rund 175 Millionen Mark investieren, damit 600 Mitarbeiter rund 2 000 Studenten betreuen können. Eine hohe Zahl von Professoren und Mitarbeitern, die eine vergleichsweise kleine Studentenschaft betreuen, verschafften der Uni den Ruf einer Elite-Universität. Die Förderung durch Bertelsmann führte zu kritischen Fragen in Zeitungen. Schily betonte in einem Interview: »Es kann keine Rede davon sein, dass sich hier ein Medienkonzern seine Uni kauft. In Gütersloh weiß und begreift man, dass eine Universität frei bleiben muss.«[4] Eine Botschaft nicht nur für die Leser, sondern auch für Mohn.

Bei einem Treffen fragte Mohn Schily, warum die Wissenschaft Bertelsmann so feindlich gegenüber stehe. Schily riet Mohn, zusammen mit der Hochschulrektorenkonferenz (HRK) eine kleine GmbH zu gründen und mit diesem Institut die Hochschulpolitik zu beeinflussen. Diese Idee des späteren Centrum für Hochschulentwickelung (CHE) legte Schily Mohn vermutlich auch deshalb nahe, damit Mohn vom Umbau seiner Universität ließ. Er wollte seine Universität nicht als Modell für Mohns Vorstellungen missbrauchen lassen. Wie Schily selbst sagt, sei er aber nicht der Einzige mit diesem Rat gewesen, und die Dinge, die das CHE dann produziert hat und vorantrieb, hätten nicht Schilys Verständnis von freier Hochschule und Wissenschaft entsprochen.

Als Reinhard Mohn 1995 aus dem Direktorium schied und mit Mark Wössner Mohns Nachfolger aus seinem Unternehmen auch in Witten nachrückte, kam es bald zu einer Auseinandersetzung, die Schily heute als »Krieg zwischen dem Unternehmen Bertelsmann und mir« bezeichnet. Wössner dachte in Kategorien eines Unternehmers: Bertelsmann wollte einen Nutzen aus dem Investment und die Universität zu einer Business School nach dem Vorbild von St. Gallen umbauen. Für Schily sei Business School ein Schimpfwort, schrieb die

Wirtschaftswoche. Schily wandte sich an Mohn, um gegen die Pläne zu protestieren, doch Mohn delegierte die Beschwerden zurück und war für Schily kaum mehr zu sprechen. Einmal kam es zu einer Krisensitzung in Gütersloh, bei der Schily erst mit Wössner sprach, ohne dass man sich annäherte, worauf hin beide zu Mohn gingen, der sich aber nicht einmischen wollte. Schily verließ schließlich verärgert das Treffen, wie er sich erinnert.

Wössner opponierte gegen Schily und suchte Verbündete unter den anderen Hochschulräten des Direktoriums. Als der Wissenschaftsrat im Sommer 1996 in einem Gutachten der Wirtschaftsfakultät »ein miserables Zeugnis« ausstellte, wie die *Wirtschaftswoche* berichtete, witterte Wössner seine Chance. Das Fächerspektrum der Fakultät sei verengt und befände sich an der »unteren Grenze«. Die zehn Gutachter rieten, darauf zu achten, dass künftig zumindest eine »mit staatlichen Hochschulen vergleichbare professionelle Ausbildung« gewährleistet werde. Wössner bat führende Manager wie Gerhard Cromme (Krupp), Dieter Vogel (Thyssen), August Oetker sowie die Chefs der Unternehmensberatungen Berger, McKinsey und Boston Consulting zu einem Treffen ins Gütersloher Parkhotel. »Dass Professoren und Studenten sich duzen, ist noch kein Zeichen für Qualität«, befand Wössner. »Wenn Witten keine Eliteschule wird, hat Bertelsmann da nichts verloren. Witten muss das deutsche St. Gallen werden. Wir wollen unternehmerisch begabte Menschen zur Blüte bringen.« Wössner plante eine Art Bertelsmann University.

Schily störte dabei und Wössner wollte ihn mithilfe einer Regelung rausdrängen, die Mohn für die AG aufgestellt hatte: Der am 7. November 1937 geborene Schily sollte mit 60 Jahren – also 1997 – aus seinem Amt scheiden, so wie es bei Bertelsmann üblich war. Schily, der Jahre zuvor sinngemäß gesagt hatte, dass Bertelsmann die Uni fördern, aber nicht kaufen wolle, musste nun selbst erleben, dass man in Gütersloh die Universität doch als eine Art Unternehmenstochter betrachtete. Am Ende aber schaffte es Wössner nicht, Schily aus seiner Universität zu vertreiben, weil er die anderen Direktoriumsmitglieder nicht vom Nutzen einer solchen Aktion überzeugen konnte.

Ein gekaufter Titel? Die Promotion Brigitte Mohns

Dass die Mohns die Uni Witten/Herdecke als etwas betrachteten, das ihnen zusteht und zu Diensten ist, und sie die Förderung nicht ganz uneigennützig vornehmen, musste Schily allerdings schon früher aufgefallen sein, als 1993 eines Tages sein Mitarbeiter Josef Maria Häußling, der Wissenschaftliche Direktor, zu ihm kommt und sagt, Brigitte Mohn habe sich für eine Promotion angemeldet. Kurz davor hatte die Universität im sogenannten »Studium fundamentale« das Promotionsrecht eingeführt. Ohne diese Änderung hätte Brigitte Mohn gar nicht wegen einer Promotion anzufragen brauchen, denn sie studierte keines der Fächer, das Witten anbot.

Nun wollte sie als erste Studentin in diesem speziellen Studium generale promovieren. Ausgerechnet an der Universität, wo ihr Vater den Vorsitz des obersten Gremiums führte und welche ihr Vater damals förderte wie kein Zweiter. Im Laufe der Jahre 1986 bis 2004 hat die Universität Witten/Herdecke von der Bertelsmann AG und der Bertelsmann Stiftung 35,1 Millionen Euro erhalten. Darüber hinaus hat die AG 1991 einen Lehrstuhl gestiftet, den sie nach Reinhard Mohn benannt hatte.

Schily konnte sich 1993 denken, dass diese Promotion von Brigitte Mohn von außen nicht als besondere Errungenschaft gewertet wurde. Häußling sagte Schily, Brigitte Mohn habe bereits eine Arbeit, die so gut wie fertig wäre, mitgebracht und einen Zweitgutachter hätte sie auch bereits – ihren Professor aus Augsburg. Es wirkte auf Schily, als sei alles vorbereitet. Schily achtete darauf, dass Brigitte Mohn sich ihre Promotion wie jede andere Studentin erarbeitet. Er wollte nicht, dass sie einfach kommt und eine fertige Arbeit einreicht und das unmittelbar, nachdem sie gerade zum gleichen Thema eine Magisterarbeit fertiggestellt hatte.

Schily wollte, dass sie sich den Doktortitel erarbeitet, was natürlich Zeit in Anspruch nehmen würde. Reinhard Mohn wurde ungeduldig und fragte Schily, was denn los sei und warum es so lange dauern würde. Schily antwortete ihm, dass es keine Vorrechte für seine Tochter gäbe.

Brigitte Mohn wurde 1993 zur Dissertation zugelassen. Studiert hatte sie von 1984 bis 1992 in Bamberg, Münster und Augsburg Publizistik, Germanistik, Kunstgeschichte und Politikwissenschaft und im Juni 1992 in Augsburg ihren Magister in Politikwissenschaft abgelegt, wie sie im Lebenslauf ihrer Doktorarbeit schreibt. Direkt im Anschluss daran begann sie nach eigenen Angaben die Arbeit an ihrer Dissertation.

Am 29. Juli 1993 reichte sie die Arbeit *Kommunale Jugendhilfe im Übergang. Analyse ausgewählter Bereiche der Implementation des KJHG* (KJHG steht für Kinder- und Jugendhilfe-Gesetz) am Institut für das Studium fundamentale ein und am 26. Oktober 1993 verteidigt sie diese Arbeit. Thema ihrer Magisterarbeit war ebenfalls die kommunale Jugendarbeit. Das ist nicht ungewöhnlich. Ungewöhnlich ist, dass sie die Doktorarbeit an der Universität Witten/Herdecke einreichte – einer Universität, die ihrem Vater sehr verbunden ist. Die Uni galt unter Wirtschaftsleuten als Reinhard Mohns Baby, wie die *Wirtschaftswoche* einmal schrieb.

Die Doktorarbeit umfasste 130 Seiten und viele Seiten Anhang. Es ist eine bessere Magisterarbeit. Aber Brigitte Mohn hatte keine kritischen Prüfer zu fürchten an der Universität, die ihr Vater finanzierte. Ihr Doktorvater und Hauptgutachter war Professor Josef Maria Häußling, der Wissenschaftliche Direktor der Privatuniversität Witten/Herdecke. Zweitgutachter waren Ulrich van Suntum (der für die Stiftung später zahlreiche Studien durchgeführt hat), außerdem Professor Theo Stammen, bei dem sie in Augsburg ihren Magistertitel erworben hatte. Ulrich van Suntum sagt heute zu seiner Wahl als Zweitgutachter: »Ich wurde gefragt und habe dem zugestimmt.« Das Thema lag zwar nicht wirklich im Fachgebiet des Wirtschaftswissenschaftlers, aber er traute sich eine wissenschaftliche Bewertung der Arbeit dennoch zu. Im Rückblick sagt er: »Die Arbeit von Brigitte Mohn war keine Überfliegerarbeit, aber sie war passabel.« Es reichte, um einen Titel zu vergeben.

Ein gekaufter Titel? Zumindest wird deutlich, dass Brigitte Mohn keine Scheu hatte, einen Titel zu erwerben, bei dem der Verdacht entstehen musste, dass sie von den Zahlungen des Vaters profitierte.

Die Stiftung entwickelt ein Soll-Modell für Hochschulen

Die Reform der Hochschulpolitik ist eines der ersten Themen, dem Mohn mit seinem Carl Bertelsmann-Preis Aufmerksamkeit verschaffen wollte. Im Mai 1990 lud er dazu Fachleute aus dem In- und Ausland zu einem Symposium über »Evolution im Hochschulbereich« nach Gütersloh ein und präsentierte dort seine Vorstellungen, wie Hochschulpolitik in Deutschland seines Erachtens funktionieren sollte.

Er hatte dafür Mitarbeiter monatelang an einem Konzept arbeiten und nach Beispielen suchen lassen. Stefan Empter, der die Recherchen für den Carl Bertelsmann-Preis leitete, hatte dafür wie immer in die USA geblickt und dort nach Vorbildern und Lösungen gesucht. Bei diesen Recherchen geschah jedoch etwas Ungewöhnliches, wie Mohn bei der Preisvergabe berichtete: Er musste erkennen, dass ihn ein Vergleich mit den USA diesmal nicht weiterbrachte, da die kulturellen und finanziellen Unterschiede einfach zu groß und nicht vergleichbar seien. Deshalb beschränkte die Stiftung sich auf Europa, vor allem auf Großbritannien und auf skandinavische Länder wie Norwegen. Die Stiftung suchte allerdings nicht nach Lösungen und erstellte dann das Soll-Modell, sondern sie erstellte – wie Mohn selbst sagte – zuerst das Modell, so wie Mohn sich eine gute Universität vorstellte, und bewertete dann sechzig Universitäten in Europa, um jene zu finden, der er seinen Preis verleihen und mit deren Beispiel er sein Modell der Öffentlichkeit als das richtige vorstellen konnte.

Er wollte der Öffentlichkeit die »beste« Universität präsentieren, allerdings merkte er im Laufe der Recherchen, dass auch das nicht möglich gewesen sei, weil die Universität stets ein Kind der Hochschulpolitik sei und beides sich deshalb gegenseitig bedingt. Deshalb teilte Mohn seinen Preis und zeichnete zum einen mit der britischen Universität in Warwick »eine vorbildliche europäische Universität« aus, die seinem Modell entsprach, und zum anderen mit dem Rektor der norwegischen Universität Bergen eine »kreative und erfolgreiche Universitätsführung mit spürbarer Einwirkung auf die staatliche Hochschulpolitik«.

Bemerkenswert ist im Rückblick eine distanzierende Bemerkung Mohns über Rankings. Von Rankings habe die Stiftung »Abstand genommen, da diese Vergleiche zwischen unterschiedlichen Hochschulsystemen schwerlich zulassen, länderweise kaum vergleichbar sind und schließlich, und das war entscheidend, der Anlage und Intention des Preises nicht entsprechen«. Ihm persönlich habe es bei den Recherchen leid getan, sagte er, auf exzellente Hochschulführer zu stoßen, »denen jedoch durch unsinnige Vorschriften die Hände gebunden sind«. Diese Erfahrung, die er an dieser Stelle nicht näher ausführte, wurde ein zentrales Motiv in Mohns Kampagne gegen eine aus seiner Sicht lähmende Hochschulpolitik. Aus »die Hände gebunden« wird die zentrale Metapher des CHE, die eine »entfesselte Hochschule« anstrebt.

Auf dem Symposium im Mai 1990 sagte Mohn, dass in vielen Ländern die Hochschulpolitik »durch Opportunismus und unrealistische Zielsetzungen« gekennzeichnet sei. »Die Führungen der Hochschulen sind sich zwar über die Gründe der unbefriedigenden Leistungen im klaren und auch ansprechbar auf Reformen. Sie sehen aber kaum Möglichkeiten, die zuständigen staatlichen und politischen Institutionen entsprechend zu beeinflussen.«

Mohn folgerte daraus, dass es in diesem Fall weniger um die Entwicklung von Lösungen ginge, sondern »vielmehr um die Zurkenntnisnahme und die Implementierung bereits vorhandener und bewährter Grundsätze«. Mit anderen Worten: Mohn entschied von Beginn an, dass die Lösungen bereits auf dem Tisch liegen und er vor allem dafür sorgen musste, die verkrusteten Strukturen der Hochschulpolitik aufzubrechen. Nur wenn er auf die maßgeblichen Akteure Einfluss gewänne, würde er eine Chance haben, seine Modelle und Lösungen umzusetzen. Davon abgesehen war die große Parole, die Mohn der Gesellschaft als Generallösung zur Gesundung verabreichte, immer gleich: weniger Staat, mehr Wettbewerb.

Mohn stellte das Konzept, das er dann über viele Jahre verfeinern ließ und verfolgte, bereits im Rahmen der Verleihung des Carl Bertelsmann-Preises und des vorausgehenden Symposiums im Mai 1990 auf. Er verkündete ein neun Punkte umfassendes »Bewertungsmodell für Hochschulpolitik und Hochschulen«. Darin forderte er, dass sich staatliche Hochschulpolitik auf Rahmenrichtlinien beschränken sollten.

Der Staat sollte seiner Hochschulpolitik eine Verfassung geben und diese Verfassung wiederum sollte Mohns Führungsprinzip des Delegierens von Verantwortung verpflichtet sein. Die Führung der Universität sollte sich analog zu einem Unternehmen aus einem Exekutivorgan (Präsident, Rektor) und einem Aufsichtsorgan zusammensetzen. Die Hälfte der Mitglieder des Aufsichtsgremiums sollten »führungstechnisch erfahrene Mitglieder« sein – Mohns Umschreibung für Manager oder Unternehmer. Die Hochschulen müssten der Öffentlichkeit in einem Jahresbericht Rechenschaft über ihre Ergebnisse geben, sodass ihre Leistungen untereinander vergleichbar werden. Aus dem Gedanken, die Hochschulen miteinander zu vergleichen, entstand später die Idee des Rankings. Denn während die Stiftung keine Rankings der Hochschulsysteme unterschiedlicher Länder aufstellen wollte, glaubte Mohn *innerhalb* eines Landes beziehungsweise Systems sehr wohl an den Nutzen eines Rankings.

Die Hochschule könne – wie die private Universität in Witten/Herdecke – ihre Studierenden selbst auswählen und besondere Leistungen ihrer Mitarbeiter finanziell anerkennen. Das heißt: Die Bezahlung müsse sich nicht mehr nach einem für Beamte vorgegebenen Tarifschlüssel richten. Es gelte das Vergütungsprinzip der freien Wirtschaft von Bezahlung nach Leistung. Das entsprach Reinhard Mohns Verständnis vom Lösen der Fesseln. Doch damit noch nicht genug: Hochschulen sollten nicht nur auf staatliche Mittel und Drittmittel (Fördergelder) angewiesen sein, sondern ihre Einnahmen durch Erlöse aus wirtschaftlicher Tätigkeit und durch die Erhebung von Studiengebühren erhöhen. Vermutlich ahnte Mohn, dass das Thema Studiengebühren politisch heikel sein kann, wenn er nicht Wege fand, sie sozial erscheinen zu lassen. Deshalb ergänzte er sein Konzept um folgenden Aspekt: »Sofern Studiengebühren erhoben werden, müssen jedoch Stipendien möglich sein beziehungsweise alle Gebühren für die Studenten auf dem Kreditwege zwischenfinanzierbar sein.«

Diese Grundsätze, die eine traditionell kulturell geprägte Hochschule in ein unternehmerisch geschnittenes Kleid steckten, umschrieb Mohn mit den Stichwörtern Freiheit und Autonomie. Mohn legitimierte dieses »Soll-Modell«, wie er es nannte, mit dem Hinweis, dass es mit in- und ausländischen Hochschulexperten »gründlich diskutiert« worden sei. »Qualifizierte Rating-Methoden im angelsächsischen Raum führten zu bemerkenswerten Übereinstimmungen der Leistungseinschätzung einer Hochschule mit dem von der Bertelsmann Stiftung erwickelten organisatorischen Soll-Modell.« Das Symposium habe ähnliche Ergebnisse erbracht.

»Die Arbeitsweise guter Hochschulen« gleiche jener erfolgreicher Unternehmen, betonte Mohn. »Die Grundsätze moderner Unternehmenskultur in der Wirtschaft gelten in gleicher Weise auch für die Tätigkeit innerhalb der Hochschulen.« Mohn hatte somit sein Programm veröffentlicht. Jetzt wollte er es umsetzen. Würde ihm das gelingen? Unter seinen ausgesuchten Gästen waren seine Impulse willkommen.

Dieter Simon, Professor für europäische Rechtsgeschichte am Max-Planck-Institut in Köln und Vorsitzender des Wissenschaftsrates, griff Reinhard Mohns Anregung für Studiengebühren auf. Der Jurist schlug allerdings vor, »nicht die Anbieter, sondern die Nachfrager zu subventionieren«.

Der Staat solle demnach das Geld den Universitäten nicht direkt überlassen, sondern einen Teil davon den Studenten geben, die dann die Hochschulen für ihre Dienstleistung bezahlen. »Eine sozialverträgliche Lösung könnte darin bestehen, dass jeder Student einen Gutschein erhält«, sagte Simon. Mit dem Gutschein bezahle er die Uni, die diesen dann beim Finanzministerium des Bundeslandes, aus dem der Student stammt, einlösen kann. Zwar gab die Mehrheit der Teilnehmer der Einführung von Studiengebühren durch ein Gutscheinsystem keine Chance, aber es ging in den folgenden Diskussionen immer wieder um die Themen Rankings und Studiengebühren. Damit beschrieb die Diskussion in Gütersloh 1990 bereits zwei Wege, die Mohn vier Jahre später mit seinem Centrum für Hochschulentwicklung (CHE) beschreiten sollte.

Das heimliche Bundesbildungsministerium

Reinhard Mohns Versuch, durch das Modell und Beispiel der ersten privaten Universität die gesamte Hochschulpolitik zu reformieren, ist ihm nicht gelungen – zumindest nicht so, wie er sich das gewünscht hatte. Aber Mohn ließ sich davon nicht abhalten und gründete gemeinsam mit der Hochschulrektorenkonferenz (HRK) das Centrum für Hochschulpolitik – kurz CHE. Mohn schaffte damit einen Thinktank, der Debatten anregt und in Gang hält und der die Hochschulpolitik mit Rezepten aus dem Ausland verändern sollte wie kaum ein anderes Institut. Das CHE habe wesentlichen Anteil an der Einführung der Studiengebühren sowie an den unternehmerischen Strukturen, die in Form von Hochschulräten an sämtlichen Universitäten des Landes Einzug gehalten haben, sagen Befürworter wie Kritiker. Sie bezeichnen das CHE als heimliches Bildungsministerium und ihren ehemaligen Leiter, Detlef Müller-Böling, als den heimlichen Bildungsminister. Das ist natürlich übertrieben, aber wie so oft, steckt in dem Vergleich auch ein Kern Wahrheit. Das CHE und seine Hochschulpolitik gilt – auch innerhalb der Stiftung – als eines der am längsten währenden, kostengünstigsten und erfolgreichsten Projekte der Bertelsmann Stiftung.

Was ist das Erfolgsgeheimnis? Wie haben Mohn, Müller-Böling und das CHE das geschafft? Müller-Böling sagt dazu im Rückblick: »Man darf Frösche nicht fragen, wenn man ihren Teich trockenlegen will. Hochschulpolitik ist ein vielrädriges Gebilde. Ich habe nie gedacht, dass man mit dreißig Leuten Dinge direkt durchsetzen kann. Wir haben Angebote und neue Ideen in die Debatte gebracht – das schafft Nachfrage. Im CHE standen dreißig Leute 36000 Professoren und zwei Millionen Studenten an achtzig bis hundert Universitäten und rund 260 Fachhochschulen gegenüber, außerdem 16 Landesministerien mit jeweils 300 Mitarbeitern.«[5]

Das Geheimnis sei, sich Zugang zu verschaffen, Strukturen aufzubrechen, eine Position zu erkämpfen und natürlich Verbündete zu suchen. Müller-Böling verbündete sich mit der Hochschulrektorenkonferenz. Diese Verbindung sollte Türen öffnen und Wege ebnen. Diese

Rechnung, sagt Müller-Böling, sei aufgegangen, beispielsweise bei den Studiengebühren. Wolfgang Lieb, von 1996 bis 2000 Wissenschaftsstaatssekretär in Nordrhein-Westfalen, meint dazu, dass die HRK bei den Studiengebühren eine Kursänderung vollzogen habe und das sei »vor allem darauf zurückzuführen, dass das CHE zu einer Art Schreibtisch für die HRK geworden ist«. Die HRK sei davor eine relativ bedeutungslose Vereinigung gewesen, vor allem auf Bundesebene. Aber die HRK habe dem CHE »ein einigermaßen unverdächtiges Entree in die Hochschulen vor allem über die Hochschulleitungen« verschafft.

Kritiker konfrontieren das CHE immer wieder mit der Frage, was die Bertelsmann Stiftung und das CHE eigentlich dazu legitimiere, die deutsche Hochschulpolitik mit Mohns unternehmerischen Ansatz zu reformieren, und was ihre eigentlichen Interessen seien. Geht es wirklich nur um Effizienz und Wettbewerb unter den Hochschulen? Müller-Bölings Nachfolger Frank Ziegele behauptete: »Das CHE ist unabhängig, es verfolgt keine Interessen. Es ist der einzige Akteur, der keine Interessen verfolgt, der wirklich unabhängig ist. Da Hochschulfragen aufgrund der föderalen Struktur Ländersache sind, sind wir eine Informationsplattform.«[6]

Die Politik des CHE zieht dennoch immer wieder Proteste von Studenten und Professoren auf sich: Das liegt an den Leistungsvergleichen, den Rankings, aber auch an Vermutungen, dass hinter der Politik der Stiftung doch ein Interesse des Konzerns stehe. Geht es in Wahrheit vielleicht auch um die Privatisierung und unternehmerische Strukturen in den Hochschulen, weil die Bertelsmann AG darin einen künftigen Wachstumsmarkt sieht? An dieser Vermutung sind Stiftung und Unternehmen selbst schuld. So antwortet der Vorstandsvorsitzende der Bertelsmann AG, Hartmut Ostrowski, seit Jahren auf die Frage nach Wachstumsmärkten, das Unternehmen sehe Möglichkeiten im Bereich Bildung. Was er genau plant, ist bislang nicht klar, aber solche Aussagen verunsichern Studenten und Professoren. Eines zumindest steht fest: Durch das CHE und seine Verbindungen hat die Stiftung (und mit ihr das Unternehmen, denn die leitenden Positionen sind ja identisch) unzählige Kontakte zu Hochschulen, Fachleuten, Ministerien und Regierungen sowie Einschätzungen über Trends und Bedürfnisse. Die Stiftung und ihr CHE haben sich Zugang und Kompetenz erarbeitet. Doch wie kam es überhaupt zu dem großen Einfluss der Stiftung auf diesen Bereich?

1993 brauchte der Rektor der Universität Dortmund, Detlef Müller-Böling, Geld. Deshalb wendete er sich an Reinhard Mohn und schrieb ihm, dass er gerne eine neue Ordnung an seiner Universität einführen würde, nach der nicht mehr gemäß alter Machtstrukturen Geld verteilt werden sollte, sondern nach Leistung. Müller-Böling ist Betriebswirt und Leistungsvergleiche sind sein Fachgebiet. Er hatte gelesen, dass Mohn in der Stiftung Leistung mit Kennziffern misst, und glaubte, dass er mit seiner Idee Mohn überzeugen könnte, ihm Geld zu geben. Er wusste nicht, dass Mohn prinzipiell kein Geld verteilte, sondern dass er sein Geld für seine Interessen einsetzte. Aber Mohn fand dennoch Gefallen an seinem Gedanken und wollte ihn kennen lernen. Bald darauf erhielt Müller-Böling eine Einladung.

Am 31. August 1993 trafen sich in Gütersloh »die Player der Hochschulpolitik«, wie Müller-Böling sie nennt. Das waren Vertreter vom Wissenschaftsrat, der Präsident der Hochschulrektorenkonferenz (HRK), Hans-Uwe Erichsen, sowie Konrad Schily und weitere Vertreter der Privatuni Witten/Herdecke. Mohn stellte bei dem Treffen fest, dass die Hochschulen reformiert werden sollten, und fragte in die Runde: »Glauben Sie, dass die Bertelsmann Stiftung sich engagieren und für eine Million Mark jährlich ein Institut gründen soll?« Am Ende bat Mohn die Anwesenden, ihm zu schreiben, wie es weitergehen solle. Müller-Böling schrieb ihm, dass er das Institut für eine gute Idee halte.

Mohn fand, dass Müller-Böling der richtige Mann für ihn sei. Im selben Jahr fuhr Müller-Böling noch drei Mal nach Gütersloh und sprach mit Mohn über einen Businessplan und darüber, wie man die HRK einbinden könnte – auch HRK-Präsident Erichsen war schließlich bei einer Besprechung mit dabei. Mohn wollte am liebsten sofort loslegen. Ihm ging alles zu langsam. Es gab von Beginn an zwei wichtige Übereinstimmungen: Zum einen sprach Mohn von Betriebsvergleichen und Müller-Böling von Rankings, zum anderen Mohn vom Delegieren und Müller-Böling von Autonomie. An der Universität hatte Müller-Böling erfahren, dass niemand entscheiden konnte oder wollte. Nun hatte er das für ihn »wunderbare Erlebnis«, dass hier einer sofort entscheidet, nach Ergebnissen fragt und das Geld dafür zur Verfügung stellt. Das CHE war für Müller-Böling bereits ein Erfolgserlebnis, noch bevor es das Institut gab. Er glaubte an seine Aufgabe.

Seine Zeit als Rektor der Universität Dortmund von 1990 bis 1994 hatte Müller-Böling als eine »Phase des Stillstands« erlebt – so wie die gesamten achtziger Jahre. Um einen Studiengang zu reformieren, brauche man zehn Jahre und danach sei man verschlissen, sagt er. Gremien und Rahmenprüfungsordnungen machten ihm zu schaffen. Das CHE bedeutete für ihn ganz persönlich eine Befreiung – eine Entfesselung. Das Konzept der entfesselten Hochschule, das er als sein Programm mit nach Gütersloh brachte, war für ihn viel mehr als nur ein Hochschulprogramm. Dahinter stand seine Lebensphilosophie, die sich mit der Philosophie Mohns kreuzte: Unabhängigkeit. Nur übersahen beide, dass ihre Unabhängigkeit andere in Abhängigkeit führte. Aber das störte Müller-Böling genauso wenig wie Reinhard Mohn.

Am 1. Mai 1994 nahm Müller-Böling seine Arbeit auf. Zunächst war das CHE im Gebäude der Stiftung untergebracht. Vom ersten Tag an ging es um die Frage, wie ein Leistungsvergleich aussehen kann. Das Ranking war auch ein Wunsch von Erichsen, dem Präsidenten der HRK. Neun Monate später stellte sich das CHE der Öffentlichkeit vor. Als Reinhard Mohn im Januar 1995 in der Stadthalle in Gütersloh 300 Gäste zur ersten großen Konferenz des CHE begrüßte, sprach er von einem »Prozess, der in unserem Lande – Gott sei Dank – jetzt immer mehr gefragt wird und in Gang kommt«. Es ist allerdings ein Prozess, den er selbst maßgeblich in Gang gesetzt hat und dessen Ergebnis er schon Jahre davor definiert und festgelegt hatte.

Hans-Uwe Erichsen, der Präsident der HRK, forderte auf der Konferenz mehr Wettbewerb unter den Hochschulen. Dazu sei ein »Raster von Indikatoren« notwendig, damit man Hochschulen vergleichen könne. Er nannte »diese Aktivitäten« nicht Ranking, sondern Datenkranz. Da die HRK »von ihrer Personal- und Sachausstattung nicht in der Lage [sei], das Profilbildungsprojekt für die Breite der Hochschulen und Fächer flächendeckend fortzusetzen«, habe man gemeinsam mit der Bertelsmann Stiftung das CHE gegründet. Erichsen betonte noch einmal den Charakter des CHE als »zugleich staats- und hochschulferne Einrichtung«. Das alles böte gute Voraussetzungen. Es klang, als würde er sich dafür entschuldigen.

Detlef Müller-Böling erläuterte sein Programm, das sich an Mohns Soll-Modell orientierte. Es ist das Modell einer »wettbewerblichen Hochschule und einer Hochschule im Wettbewerb«, wie er sagte. Neu sei aber, dass Wettbewerb nicht nur in der Forschung, sondern auch in der Lehre stattfinden solle, und neu sei der Wettbewerb um Studienanfänger. Müller-Böling äußerte sich auch zur Finanzierung. Klar sei, dass die deutsche Hochschule wie bisher eine staatliche, »zumindest eine (überwiegend) staatlich finanzierte Hochschule« sein werde. Aber die Finanzierung müsse auf eine »neue Basis« gestellt werden. Es gehe dabei weniger um die Erschließung neuer Finanzquellen als um eine wettbewerbliche Steuerung der Hochschulen über ihre Finanzierungsmodelle.

Ganz im Sinne Mohns sagte Müller-Böling, die Finanzierung müsse sich aus staatlichen Zuweisungen, Drittmitteln und Gebühren für (nicht von!) Studenten zusammensetzen. Müller-Böling nahm somit den Vorschlag eines Gutscheinsystems von Professor Simon aus dem Jahr 1990 auf.

Des Weiteren folgten auf der Konferenz Workshops und Beispiele aus der Schweiz, aus Schweden, Großbritannien, den Niederlanden, aus Belgien, Frankreich, Polen und aus den USA. Fast immer ging es um die Frage, wie Lehre und Leistungen bewertet und gemessen werden können. Es herrschte die Sprache der Wirtschaft: Die Rede ist von »Transparenz, Evaluation, Qualitätssicherung« in der Lehre und von »Erfolgskontrolle« in der Forschung. Müller-Böling schloss die Gründungsveranstaltung mit dem Versprechen, das CHE werde konkrete Vorschläge machen und sie »mit den Ministerien, gegebenenfalls in Modellversuchen, erproben«.

Studiengebühren – Sozialverträglich oder teuflisch?

Eines der ersten Themen des CHE waren die Studiengebühren. Die Einführung dieser Gebühren bestimmte in den vergangenen 15 Jahren wie kaum ein anderes Thema das öffentliche Bild der Hochschulpolitik in Deutschland, betont Norbert Krause, der am Institut für Soziologie der Friedrich-Schiller-Universität in Jena als wissenschaftlicher Mitarbeiter tätig ist. 2008 veröffentlichte er eine Studie über die Debatte und den »rapiden Meinungswandel«. Eindrucksvoll ist der Meinungswandel anhand von zwei Äußerungen von Jürgen Rüttgers zu sehen. Am 9. Dezember 1996 sagte der CDU-Politiker Rüttgers in einem Interview mit der *Süddeutschen Zeitung*: »Ich bin nach wie vor gegen Studiengebühren, weil ich nicht glaube, dass sie zu einer Verbesserung an den Hochschulen führen. Es gibt in Deutschland überhaupt keine Mehrheiten dafür.« Am 15. Januar 2003 sagte er: »Der Sanierungsstau beläuft sich auf 2,5 Milliarden Euro, und die Landesregierung kürzt weiter. Dies macht die Einführung von Gebühren notwendig.« In sieben Jahren vom Nein zum Ja. Kurz nach Gründung des CHE machte sich Müller-Böling auf eine Reise nach Australien und brachte von dort ein Modell mit nach Deutschland, das er im Oktober 1995 in einem Arbeitspapier vorstellte. Müller-Böling spricht sich darin für die Einführung einer Studiengebühr von jährlich 1000 Euro (2000 Mark) aus, um mit diesen Einnahmen das Hochschulsystem zu finanzieren. Ein »Deutscher Studienfonds zur Qualitätssicherung«, den er forderte, könnte auf diesem Weg angesichts von knapp 1,9 Millionen Studierenden jährlich 3,8 Milliarden Mark einnehmen. Das, so folgerte Müller-Böling, wäre »eine Summe, die die Finanzierungslücke von vier Milliarden Mark zu schließen in der Lage wäre und Deutschland international wieder wettbewerbsfähig machen würde«. Das Geld solle ausschließlich für die Lehre, etwa zur Verkleinerung der Vorlesungen und zur Intensivierung der Betreuung verwendet werden. Studierende, die das Geld nicht aufbringen können, sollten ein Darlehen erhalten, das sie später – entsprechend ihres Einkommens – zurückzahlen. Das heißt: Arbeitslose Hochschulabsolventen oder Akademiker mit geringem Einkommen müssten zunächst nichts zurückzahlen.

Müller-Böling wollte darauf achten, dass ärmere Studenten durch Gebühren nicht zum Abbruch des Studiums gezwungen werden. Er bezeichnete sein System als sozial gerecht, was ihm sehr wichtig sei. Drohte aber damit nicht doch ein Rückgang der Studentenzahlen? Müller-Böling verwies auf die Schweiz, wo die Zahl nach Einführung von Studiengebühren nicht zurückgegangen sei. Er betonte den hohen »politischen und moralischen Stellenwert« der »Zugangsgerechtigkeit«, wonach alle gesellschaftlichen Gruppen im Hochschulsystem gleich repräsentiert sein sollen. Diesen Wert gelte es »unbedingt zu schützen«. Allerdings sah er ihn durch ein gebührenfreies Studium nicht geschützt, sondern gefährdet. Es war eine raffinierte Argumentation, in der er die Argumente der Gebührengegner für sich nutzen wollte. Nicht ein gebührenfreies Studium sei sozial gerecht, sondern erst Studiengebühren würden ein solch gerechtes System schaffen.

Das Modell des CHE, das Müller-Böling für sozialverträglich und gerecht hielt, baute in den Augen von Wolfgang Lieb dagegen auf einem »teuflischen Argument« auf. Lieb ist einer der ärgsten Kritiker des CHE. Sein Wort hat in Fachkreisen und unter Professoren Gewicht, weil er auf eigene Erfahrungen sowohl in Hochschulen als auch in Regierungen verweisen kann. Er kennt den Betrieb und das System von innen. Lieb arbeitete nach dem Jurastudium seit 1972 als wissenschaftlicher Assistent an der damaligen Gesamthochschule Essen und wechselte 1976 an die sozialwissenschaftliche Fakultät der Universität Bielefeld. Von 1979 bis 1983 arbeitete er in der Planungsabteilung des Bundeskanzleramts und anschließend als Leiter des Grundsatzreferates in der Landesvertretung Nordrhein-Westfalens in Bonn. Ab 1987 war er zunächst stellvertretender, später Regierungssprecher und Leiter des Landespresse- und Informationsamts des Landes Nordrhein-Westfalen unter Ministerpräsident Johannes Rau. Sein Nachfolger Wolfgang Clement, sagt er, habe ihn dann rausgeworfen. Zuletzt war er von 1996 bis 2000 Staatssekretär im nordrhein-westfälischen Wissenschaftsministerium. Heute gibt er zusammen mit dem Publizisten Albrecht Müller die politische Webseite NachDenkSeiten heraus, ein nicht-kommerzielles Forum im Internet, das kritische Beiträge über die Bertelsmann AG und die Stiftung versammelt und mittlerweile täglich 50 000 Zugriffe verzeichnet.

Liebs Kritik lautet: Studiengebühren schreiben die Benachteiligung der Studierenden aus niedrigen Einkommensverhältnisse als Start- und Einkommensnachteil in die Berufsphase fort. Wer reiche Eltern habe, starte ohne Hypothek. Dass sie »sozial verträglich« seien, entspreche einem »Oberschichtdenken«. Lieb ist nicht alleine mit seiner Kritik an der Position des CHE. Bernhard Nagel, Professor für öffentliches Recht an der Universität in Kassel, untersuchte die Grundlagen, auf die sich das CHE mit seinen Argumenten beruft, und kam 2003 zu dem Ergebnis, dass die Effizienz der Hochschulen durch Studiengebühren nicht verbessert werde. Stattdessen dürften sie in Deutschland abschreckend wirken – so wie es in Österreich 2001 zu beobachten war. Dort wurden im Wintersemester 2001 relativ moderate Gebühren von rund 726 Euro jährlich eingeführt. Die Zahl der Studierenden an Universitäten und Kunsthochschulen ging daraufhin gegenüber dem Vorjahr um 20 Prozent zurück, die der Ersteinschreibungen um 15 Prozent. Davor hatte es drei Jahre lang Steigerungen der Ersteinschreibungen um jeweils etwa 8 Prozent gegeben.

Nagel war auch skeptisch, dass die Gebühreneinnahmen in die Finanzierung der Hochschulen und damit in die Qualitätsverbesserung investiert würden. Entweder gingen sie (wie bisher in Österreich) sofort in den allgemeinen Haushalt ein oder man überlasse sie den Hochschulen und fahre die Zuweisungen an sie allmählich zurück. Derartige Erfahrungen wurden in Österreich, England, den Niederlanden, Australien und Neuseeland gemacht.

Der nordrhein-westfälische Wissenschaftsminister Andreas Pinkwart griff die Vorschläge des CHE dennoch auf und betonte 2006 in seinen Eckpunkten für ein Hochschulfreiheitsgesetz: »Wir haben den Entwurf für das Studienbeitragsgesetz vorgelegt, das nach Inkrafttreten den Hochschulen ermöglicht, Studium und Lehre mit zusätzlichen Einnahmen von jährlich bis zu rund 320 Millionen Euro nachhaltig zu verbessern.« Am 26. Januar 2006, also am Tag, nachdem Pinkwart seine Eckpunkte vorstellt hat, bezog Nagel in Düsseldorf in einer öffentlichen Anhörung des Landtags zum Thema Studiengebühren Stellung. Dazu reichte er eine sechsseitige Expertise ein und ging in seiner Bilanz auf Grundsätzliches ein: Wenn man sich mit Gerechtigkeitsfragen befasst, solle man sich »nicht an den Neoliberalen orientieren«, warnte er und verteilte damit einen Seitenhieb an das CHE. Jeder müsse in den Genuss allgemeiner Grundrechte, der Chancengleichheit und einer sozialen Grundsicherung kommen. »Studiengebühren passen in ein solches System nicht oder nur dann hinein, wenn sie in Form von niedrigen Verwaltungsgebühren erhoben werden.«[7] Deshalb sollten Studiengebühren nicht eingeführt werden.

Was lehrt die Analyse von Bernhard Nagel? Der Professor aus Kassel hat seinerseits Benchmarking praktiziert – die Methode Mohns. Interessant ist aber, dass er trotzdem auf Ergebnisse kommt, die den Schlussfolgerungen des CHE widersprechen. Seine Studie lässt an den wissenschaftlichen Expertisen des CHE zweifeln und scheint vor allem eins zu bestätigen: Wissenschaftler können mit Benchmarking und Studien das belegen, was sie gerne umsetzen möchten.

Einmal versuchte das CHE zu offensichtlich, die Meinung zu manipulieren. Es veröffentlichte das Ergebnis einer selbst in Auftrag gegebenen Umfrage mit unzulässigen Schlussfolgerungen: 2003 ging das CHE mit dem überraschenden Umfrageergebnis an die Öffentlichkeit, 59 Prozent der Studierenden sprächen sich für Studiengebühren aus. »Eine deutliche Mehrheit der Studierenden in Deutschland befürwortet die Einführung allgemeiner Studiengebühren«, meldete das CHE in einer Presseerklärung. Dann stellte sich heraus, dass das Meinungsforschungsinstitut Forsa zwar dreimal zu Studiengebühren gefragt hatte, aber immer nur zustimmend. Ablehnen war unmöglich. Es ging bei den ankreuzbaren Antworten jeweils nur um Varianten einer Uni-Gebühr von 500 Euro pro Semester. Aus dieser Umfrage eine prinzipielle Zustimmung abzuleiten, ist gewagt. Der zuständige Mitarbeiter von Forsa bestätigte der *taz*, dass eine entsprechende Interpretation falsch sei: »Die Studenten konnten sich lediglich für eine bestimmte Form von Gebühren entscheiden«, sagte er, »nur darum ging es bei der Umfrage.« Eine Umfrage für den *Uni-Spiegel*, die zwischen Pro und Contra unterschied, ergab, dass 69 Prozent der Befragten Gebühren grundsätzlich ablehnten.

Inzwischen haben fast alle Bundesländer Studiengebühren eingeführt. Das CHE war dafür nicht alleine verantwortlich. Eine große Rolle spielte auch ein Verbot der Bundesregierung für Studiengebühren; die Länder fühlten sich dadurch geradezu aufgerufen, Gebühren einzuführen. Heute sagt Müller-Böling, die Debatte um Studiengebühren habe viel Aufmerksam erfahren, aber viel wichtiger sei gewesen, die Ordnung aufzubrechen und Hochschulräte durchzusetzen.[8] Diese Räte – nicht mehr der Senat – bestimmten die Rektoren, was zu mehr Professionalisierung und zu mehr Freiheit in der Budgetplanung geführt habe. Um diese Räte durchzusetzen, habe das CHE Konferenzen durchgeführt und Beispiele aus dem Ausland präsentiert.

Die Aufmerksamkeit brachte dem CHE auch viel Kritik und den Ruf der »Bertelsmannisierung der Hochschulpolitik« ein. Im Mai 2000 griff Detlef Müller-Böling diesen Vorwurf selbst in einem Newsletter des Institutes auf. »Wenn man Reformen anstößt, dann eckt man an. Denn Änderungen können nicht jedem recht sein.« Es gehe nicht darum, neue Vorschriften zu machen. Vielmehr bedeute ein Paradigmenwechsel im Hochschulbereich, vieles nicht mehr im Detail festzulegen. »Gesetze werden entschlackt, Experimentierklauseln eingeführt, Freiräume für Handeln entstehen. Sein Credo hieße: Neues probieren. »Experimentieren ist für Wissenschaftler nichts Neues, in der Hochschulpolitik wohl.«[9]

Dann kommt Müller-Böling auf einen zentralen Punkt zu sprechen, der einen der Hauptkonfliktpunkte darstellt: »Eine Institution wie das CHE wird nur dann seine gesellschaftliche Funktion wirkungsvoll erfüllen können, wenn sie unabhängig ist. Unabhängig von den Parteien, unabhängig von den hochschulpolitischen Interessenverbänden, unabhängig aber auch von unmittelbaren Direktiven der Gesellschafter.« Müller-Böling beeilte sich zu versichern: »Bisher ist dies der Fall gewesen. Insofern ist der Vorwurf der ›Bertelsmannisierung‹, ob er sich auf das Wirtschaftsunternehmen oder die Stiftung beziehen mag, aus der Luft gegriffen.« Keinesfalls sei er der heimliche Bildungsminister, als der er wiederholt in Zeitungen und Radiosendungen bezeichnet werde. »Was das CHE tut, ist weder heimlich noch geheim.

Der Stil unserer Arbeit ist: Reformimpulse schaffen durch konkrete Modelle und Vorschläge, die von Hochschulen oder den Politikern aufgegriffen oder verworfen werden können. Denn sie sind ohne Zweifel die legitimierten handelnden Akteure.« Das CHE verstehe sich als Wachhund und will »ein wachsames Auge« auf die Reformentwicklung werfen und Sackgassen, die das eigentliche Ziel verfehlen, »deutlich benennen«.

Müller-Böling schreibt, dass es keine direkten Direktiven gäbe. Das stimmt aber nur zum Teil, denn Müller-Böling hat vor und während der Gründung ganz klare Direktiven erhalten. Das CHE erhielt seine grundsätzliche Ausrichtung im Auftrag von Reinhard Mohn, der sie wiederum auf seine Erfahrungen mit der Bertelsmann AG zurückführte. Die Direktive lautete: Wettbewerb. Auf diese Kritik antwortet Müller-Böling, indem er sein Verständnis von Stiftungen erläutert. Stiftungen sollten aufbrechen und neue Ideen zulassen, sie sollten Gedanken durchspielen. Ihm und dem CHE werde von Kritikern unterstellt, die Demokratie auszuhebeln. »Das stimmt in keinster Weise. Die Kontakte zum Medienkonzern haben wir nie genutzt.«

Im Gegenteil habe er darauf geachtet, in vielen Zeitungen zu schreiben und vorzukommen. »Vorsicht, nicht zu sehr in Bertelsmann-Medien zu erscheinen, war gar nicht notwendig. Der Zugang zu Entscheidern lief nie über die Stiftung, sondern über eigene Kontakte – etwa zum Wissenschaftsminister. Wir sind in ganz Deutschland tätig und wir arbeiten mit allen Parteien zusammen – ob den Grünen in Hamburg, der CSU in Bayern. Es gibt keine Präferenzen.« Die entscheidende Frage aber für die Berechtigung der Kritik sei doch diese: »Haben wir unsere Ziele mit unlauteren Mitteln erreicht? Ich denke nicht.«

Die Freiheit, auf Freiheit zu verzichten: Das Hochschulfreiheitsgesetz in Nordrhein-Westfalen

Am 25. Januar 2006 trat der nordrhein-westfälische Wissenschaftsminister und stellvertretende Ministerpräsident Andreas Pinkwart (FDP) vor die Landtagspresse und kündigte einen großen Moment in der Reform des Hochschulwesens im bevölkerungsreichsten Bundesland an. Er sagte, dass Nordrhein-Westfalen zwar die dichteste Hochschullandschaft in Europa besitze – aber leider noch nicht die beste. Vor allem gegenüber Bayern und Baden-Württemberg sei NRW im Rückstand. Das wolle er nun ändern und sprach von einer »neuen Ära« und von einem »Paradigmenwechsel« in der Hochschulpolitik.

Am Tag zuvor hatte das Kabinett aus CDU und FDP die Eckpunkte seines Entwurfs abgesegnet. Als erstes Bundesland wollte Nordrhein-Westfalen seine staatlichen Hochschulen in selbstständige Körperschaften verwandeln. (Bislang waren sie Körperschaften und zugleich staatliche Einrichtungen.) Das Gesetz, das diese Reform regelt, nannte Pinkwart das »Hochschulfreiheitsgesetz«.

Er sagte: »Unser Grundsatz für die Hochschulsteuerung lautet: So wenig staatliche Bürokratie und so viel Anreize für ein eigenes Qualitätsmanagement der Hochschulen wie möglich.« Das Gesetz werde den Hochschulen mehr Freiheiten in Forschung, Personal- und Finanzpolitik gewähren. Hochschulen dürften künftig eigene Unternehmen gründen oder sich an Firmen beteiligen, sofern sie einen Bezug zur Wissenschaft aufweisen. Das öffnete Chancen wie Risiken, denn schlecht wirtschaftende Hochschulen können pleitegehen und sind dann selbst dafür verantwortlich, ohne dass der Staat haftet. Nach Pinkwart überwache der Staat nur mehr, ob sich die 14 Universitäten und zwölf Fachhochschulen an die Gesetze hielten, und stelle über Zielvereinbarungen landesweit ein breites Angebot sicher.

Als das Gesetz 2007 in Kraft trat, stellte es vieles auf den Kopf. Professoren und Mitarbeiter der Hochschulen waren nun keine Landesbediensteten mehr, sondern direkt bei den Hochschulen beschäftigt. Die Fachaufsicht ging auf die neuen Hochschulräte über, deren Mitglieder mindestens zur Hälfte von außerhalb der Wissenschaft kommen müssen. Die Räte entscheiden über die strategische Entwicklung der Hochschulen und wählen auch die Rektoren oder Präsidenten, die – auch das ist grundlegend anders als bisher – nicht mehr Professoren sein müssen. Während Pinkwart das neue Gesetz in der Landtagsdebatte einen »Meilenstein für die Hochschulen« nannte, sprachen SPD und Grüne dagegen von einem »schwarzen Tag« und stimmten dagegen.

Es war das erste Mal, dass ein Bundesland die Hochschulen aus der Kontrolle und Verantwortung des Staates löste. Das Hochschulfreiheitsgesetz in NRW ist zugleich der vermutlich deutlichste Ausdruck des Einflusses der Bertelsmann Stiftung auf die deutsche Hochschulpolitik. Es ist ein Gesetz, das Reinhard Mohn über viele Jahre herbeigeredet hat. Vieles davon stammt aus dem Baukasten seiner Bertelsmannrepublik Deutschland.

Der konkrete, öffentlich wahrnehmbare Vorlauf für das Gesetz begann Ende 2005, als das CHE ein Papier mit »Zehn Anforderungen an ein Hochschulfreiheitsgesetz für Nordrhein-Westfalen« veröffentlichte. Darin waren einige »grundlegende Überlegungen zu wichtigen Regelungsbereichen« für das Gesetz formuliert. Unter Punkt eins »Rechtsform der Hochschulen freigeben« rät beispielsweise das CHE: »Es geht dabei insbesondere um die Möglichkeit einer Stärkung der körperschaftlichen Seite der Hochschulen bei gleichzeitiger Minderung ihrer Eigenschaften als staatlicher Einrichtung.« Und Pinkwart schreibt in den Eckpunkten, die er am 25. Januar 2006 präsentierte: »Die Hochschulen werden als Körperschaften des öffentlichen Rechts verselbstständigt und sind künftig keine staatlichen Einrichtungen mehr.«

Unter Punkt acht (»*Governance*-Strukturen flexibilisieren«) rät das CHE zu einem Hochschulrat, der die Aufsicht führen soll: »In verschiedenen Bundesländern ist bereits ein Modell eingeführt worden, in dem Kompetenzen vom Staat auf einen Hochschulrat übertragen worden sind, wobei die Wahl des Rektorats und die Verabschiedung der Grundordnung unabdingbar dazu gehören. Der Hochschulrat muss hierdurch zu einem insbesondere in strategischen Fragen wichtigen Entscheidungsorgan werden. Die Mitglieder des Hochschulrats sollten extern bestellt werden. Das Präsidium/Rektorat der Hochschule sollte regelmäßig sowohl intern als auch extern besetzt werden können. Die Wahl der anderen Rektoratsmitglieder sollte auf Vorschlag des Rektors erfolgen. Auch Personen, die sich nicht beworben haben, sollten Berücksichtigung finden können.« Pinkwart schreibt in seinem Entwurf: »Der Hochschulrat tritt als neues Organ an die Stelle des Kuratoriums und besteht mindestens zur Hälfte aus Mitgliedern von außerhalb der Hochschule. Der Vorsitzende muss stets von außen kommen. Die Mitglieder werden auf Vorschlag von Senat und Rektorat vom Minister ernannt. Der Hochschulrat entscheidet über die strategische Ausrichtung der Hochschule und nimmt die Fachaufsicht wahr. Er beschließt über den Hochschulentwicklungsplan und die von den Hochschulen mit dem Land ausgehandelte Zielvereinbarung.« Man könnte auch andere Punkte zitieren, um die Ähnlichkeiten und die geistige Urheberschaft des Gesetzes deutlich zu machen. Der gelernte Bankkaufmann und studierte Diplom-Volkswirt Pinkwart ist kein Fachfremder; er hat Erfahrung als Hochschullehrer in Düsseldorf und Siegen. Doch das Gesetz, das er 2006 einbrachte, ist nicht nur in seinem Ministerium, sondern vor allem »am Schreibtisch des CHE in Gütersloh« geschrieben worden, wie Wolfgang Lieb sagt.

Zwei Tage, nachdem Pinkwart die Eckpunkte des Gesetzes der Landtagspresse vorgestellt hat, also am 27. Januar 2006, begrüßte das CHE in einer Pressemitteilung die Eckpunkte des Gesetzes in einer Form, als urteile hier kein unbeteiligtes, unabhängiges Institut, sondern als stelle ein Auftraggeber einem Schüler zufrieden ein Zeugnis aus. Das CHE sehe »noch Entwicklungspotenziale«, was heißen sollte, dass es zu Änderungen und Ergänzungen riet, die Pinkwart in sein Gesetz aufnehmen sollte. Der Leiter des CHE, Detlef Müller-Böling, schrieb: »Es ist zu wünschen, dass die allermeisten der von Minister Pinkwart angekündigten Regelungen tatsächlich Gesetz werden. In einigen Punkten erscheinen Modifikationen sinnvoll und der eine oder andere Punkt, der sich in den Eckpunkten bislang nicht findet, kann in dem Gesetz ja durchaus noch angesprochen werden. Mutige Ankündigungen müssen nun zu einem noch mutigeren Gesetz führen.«

In einem weiteren Zehn-Punkte-Papier erläuterte das CHE, wie sehr die Landesregierung dem Rat des Institutes gefolgt sei und was jetzt noch zu tun sei. Die Pressemitteilung des CHE und die Veröffentlichung des Zehn-Punkte-Papiers verdeutlichen die Strategie des CHE. Niemand sollte dem Institut später vorwerfen können, es agiere heimlich. Die Papiere waren doch für jedermann im Internet einsehbar. Das ist freilich nur ein Teil der Wahrheit. Entscheidend war der Zugang des CHE zu den Fachleuchten, die das Gesetz schrieben, und zu Pinkwart, der es einbrachte und durchsetzte. Entscheidend waren natürlich auch Gespräche, die nicht im Internet dokumentiert sind.

Das CHE jedenfalls stellte nach einem Blick auf Pinkwarts Eckpunkte in dem neuen Zehn-Punkte-Papier zufrieden fest: »1. Rechtsform der Hochschulen freigeben. Diese Forderung wird erfüllt. (...) 2. Den Hochschulen die Dienstherreneigenschaft übertragen und auf die Verbeamtung der Professoren verzichten. Erfüllt ist die Forderung nach der Dienstherreneigenschaft der Hochschulen. Es fehlt allerdings die deutliche Aussage, dass Hochschullehrer regelmäßig im Angestelltenverhältnis berufen werden. 3. Den Hochschulen eigenverantwortliches und proaktives Vorgehen bei Berufungen erlauben. Die Forderung wird weitgehend erfüllt, indem die Hochschulen im Bereich der Berufungen mehr Autonomie erhalten sollen und das staatliche Einvernehmen entfällt. Es bleibt zu wünschen, dass für die Gewinnung der richtigen Hochschullehrer die Freiheiten geschaffen werden, derer eine Hochschule für eine aktive Berufungspolitik bedarf.« So geht es weiter. Unter dem Stichwort Juniorprofessor moniert das CHE, es fehlten noch »klare Positionierungen und Aussagen«. Noch »mehr zu tun« sei bei der Schaffung neuer Stellenkategorien. »Will NRW die Hochschulen wirklich befreien, so müssen klare Aussagen zur Entscheidungsfreiheit der Hochschulen im Bereich der Lehrverpflichtungen und Kapazitätsplanung in das Gesetz aufgenommen werden. Dies fehlt bisher.« Pinkwart wurde in seinem Gesetz in beiden Fällen konkreter.

Zufrieden zeigte sich das CHE in dem Punkt, der Reinhard Mohn stets am wichtigsten war: Aufsicht. »Dieser Forderung wird in erheblichem Umfang Rechnung getragen. Die Schaffung verschiedener Optionen für Führungsmodelle einschließlich eines erweiterten Präsidiums und insbesondere eines an die Stelle des Kuratoriums tretenden, überwiegend extern besetzten Hochschulrates mit strategischen Kompetenzen. (...) Auch die Option der Wahl hauptamtlicher Dekane entspricht der Forderung.« Zufrieden zeigte sich das CHE auch, weil

Pinkwart in seinen Eckwerten »einige Standardforderungen des CHE besonders berücksichtigt« habe, etwa »bei den Finanzen und mit Blick auf das Ziel einer wirtschaftlichen Hochschule« und bezüglich der Autonomie im Liegenschaftsbereich.

Der Zehn-Punkte-Katalog liest sich, als müsste sich das CHE versichern, wie sehr die Regierung den Forderungen des CHE nachgekommen ist. Es ist ein Papier, das Kritikern die Haare zu Berge stehen lässt – aufgrund der Offenheit, mit der hier eine Lobbygruppe der Öffentlichkeit aufrechnet, wie ungemein erfolgreich sie auf die Gesetzgebung Einfluss genommen hat. Muss man sich da wundern, dass Kritiker daraus schließen, dass man den Einfluss des CHE auf die Hochschulpolitik eigentlich kaum überschätzen könne? Allerdings gilt auch, dass die Bertelsmann Stiftung nicht alleine für die Reform verantwortlich war, sondern von der Hochschulrektorenkonferenz und vom Stifterverband für die Deutsche Wissenschaft unterstützt worden war – beide hatte sich das CHE geschickt zu Verbündeten gemacht.

Wolfgang Lieb kritisierte im Oktober 2006: »Das ›Hochschulfreiheitsgesetz‹ NRW ist nicht das Ergebnis eines gesellschaftlichen Diskurses oder der politischen Debatte und schon gar nicht ein Vorschlag, der aus der Mitte der Gemeinschaft der Lehrenden und Lernenden stammt. Es ist das Produkt einer ideologisch ausgerichteten Lobbyorganisation. Die Grundprinzipien dieses Gesetzes wurden von einer demokratisch nicht legitimierten, steuerlich privilegierten und eine ideologische Mission verfolgenden privaten Stiftung, der Bertelsmann Stiftung und ihrem hochschulpolitischen ThinkTank, dem Centrum für Hochschulentwicklung (CHE), teilweise sogar Wort für Wort übernommen. Man könnte es auch härter formulieren: Eine politische Lobbyorganisation hat die Rolle eines Schattenministeriums übernommen.«[10]

Mohns Modell der Aufsichtsräte machte Schule. Seit etwa 2006 übertrugen die Regierenden in fast allen Bundesländern den Hochschulräten ihre Kompetenzen, darunter auch die Einrichtung neuer Studiengänge. In Baden-Württemberg werden die Hochschulräte sogar schon seit 2005 als Aufsichtsräte und die Präsidenten oder Rektoren als Vorstandsvorsitzende bezeichnet. Das Denken der Wirtschaft bestimmt nun die Sprache an den Hochschulen. Tatsächlich bestehen die Hochschulräte überwiegend aus Professoren (interne Mitglieder) und Vertretern von Unternehmen (externe Mitglieder).

Im besten Fall stellen die Hochschulräte naheliegende Fragen, ohne sich zu stark einzumischen. Die *Financial Times Deutschland* nennt zwei positive Beispiele in Erlangen und Darmstadt: »Der Hochschulrat macht der Uni Beine, er stellt Fragen, die an der Uni niemand zu stellen wagt«, sagt der Konstanzer Philosophieprofessor Jürgen Mittelstraß, der im Hochschulrat der Uni Erlangen sitzt. Dort habe sich die Uni stärker profiliert und sich eine neue Struktur gegeben. »Ohne Hochschulrat wäre das nicht in Gang gekommen.« Die TU Darmstadt hat auf Initiative des Hochschulrats ihr Rechnungswesen umgestellt und vergibt Gelder nun stärker als bisher nach Leistung. »Wir greifen nicht in den Betrieb der Uni ein, wir kontrollieren ihn«, sagt Jürgen Heraeus, Vorsitzender des Hochschulrats der TU Darmstadt und Mitinhaber des Mischkonzerns Heraeus. Bei Berufungen solle künftig nicht nur die Forschungsleistung, sondern auch die Lehre eine Rolle spielen.

Doch was den Nutzen der Hochschulräte betrifft, so tun sich oft Gräben zwischen Befürwortern und Gegnern des neuen unternehmerischen Systems auf. Im Denken von Mohn, Müller-Böling und Pinkwart sind Hochschulräte Teil der Lösung. An den Hochschulen gelten sie dagegen bei vielen als Teil des Problems. Wolfgang Lieb durfte sich mit seiner Kritik bestätigt fühlen, als es anderthalb Jahre nach Einführung des neuen Gesetzes und der Räte in NRW an der Universität Siegen zu einem »Frontalzusammenstoß zwischen Hochschule und Hochschulrat« kam, wie Klaus Kreimeier am 28. August 2008 in der *Zeit* berichtete. Kreimeier war von 1997 bis 2004 Leiter des medienwissenschaftlichen Studiengangs an der Universität Siegen und er berichtet über »tiefe Zweifel«, die sich an der Uni bei Lehrenden und Studierenden ausbreiteten. Man sei in »Sorge, dass die jahrzehntelang äußerst schwerfällige staatliche Bevormundung einem System neuer, strafferer Fremdsteuerung Platz gemacht haben könnte«. Die Behauptung, das neue Gesetz habe die »Eigenverantwortung der Hochschulen« gestärkt, entpuppe sich jedenfalls »als regierungsamtlicher Zynismus«. Die Autonomie von Forschung und Lehre sei in akuter Gefahr, denn der Konflikt an der Siegener Uni sei exemplarisch, betont Kreimeier.

Die Kompetenz der Räte werde von vielen Hochschulangehörigen angezweifelt. »Da sich die Räte teilweise komplett aus hochschulexternen Mitgliedern zusammensetzen, regieren neuerdings universitätsferne, mit der Logik der Wissenschaften kaum vertraute Repräsentanten des ›gesellschaftlichen Umfelds‹ in existenzielle Belange der Hochschulen hinein. Kreimeier beklagt: »Unsere Hochschulen haben sich in Wirtschaftsunternehmen verwandelt und sollen sich den Gesetzen des ökonomischen Wettbewerbs und eines technokratischen Effizienzdenkens fügen.« In den Hochschulräten der Eliteuniversitäten säßen nun der Unternehmensberater Roland Berger und der Chef der Münchener Rück Nikolaus von Bomhard (LMU München), BMW-Chef Norbert Reithofer und Susanne Klatten (TU München), Daimler-Chef Dieter Zetsche und Stefan Quandt, Vizeaufsichtsrat bei BMW (Uni Karlsruhe). Eine Studie der Ruhr-Universität Bochum ergab 2007, dass die Mitglieder externer Hochschulräte mit jeweils einem Drittel aus der Wirtschaft und Wissenschaft rekrutiert werden, wobei auf Seiten der Wirtschaft die Vertreter von Großunternehmen dominieren. Gewerkschaften sind so gut wie nicht vertreten.

Hochschulberatung als Geschäft

Wirtschaftliche Interessen hielten auch beim CHE Einzug. 2001 gründete Müller-Böling als Ableger das Unternehmen CHE Consult. Die Trennung geschah nicht ganz freiwillig. Die Finanzbehörden hatten das Modell der Beratung der CHE infrage gestellt. Schließlich bot das CHE Beratung, die auch Unternehmensberatungen wie McKinsey und Berger anbieten. Mit ihnen konkurrierte das CHE, zahlte aber keine Steuern. Die Finanzbehörden drängten daher das CHE, die Strukturen den Gegebenheiten anzupassen. Bis 2006 bestand CHE Consult nur aus einem Geschäftsführer, dann plötzlich erhöhte sich die Zahl der Mitarbeiter rapide. Was war geschehen? War der Bedarf an Beratung plötzlich so sehr gestiegen? Ein Grund für den Wechsel von Mitarbeitern des CHE zu CHE Consult war die Ankündigung der Bertelsmann Stiftung gewesen, zum 1. Januar 2007 das Budget zu kürzen. Heute arbeiten die Hälfte der Mitarbeiter des CHE bei CHE Consult. Der Unterschied zwischen CHE und CHE Consult ist der, dass der kommerzielle Arm nur Projekte übernimmt, die zu 100 Prozent durchfinanziert sind – einige Ministerien und Hochschulen finanzieren einzelne Projekte.

Die Geschäfte zwischen CHE Consult und der gemeinnützigen CHE sind aber nicht getrennt. Sie teilen sich das Gebäude, die Website, das Personal, vielleicht auch das Geld. So genau weiß man das nicht. Chef ist Müller-Böling, der also vom gemeinnützigen zum kommerziellen Beratungsarm gewechselt ist. Wenn eine Länderregierung Rat sucht, dann wird CHE Consult um eine Stellungnahme gebeten. Müller-Böling spricht von »völliger Transparenz«, jedoch ist unklar, wo die Trennlinien zwischen der gemeinnützigen und der kommerziellen CHE verlaufen. Die Situation des CHE spiegelt somit den Interessenkonflikt, den die Stiftung durch die Personalunion von Aufsichtsräten der AG und dem Vorstand der Stiftung pflegt.

Anfangs hatte Müller-Böling ein vierteljährliches Routinegespräch mit Reinhard Mohn, in dem er Mohn über Fortschritte berichtete. Mohn war zufrieden und vermutlich deshalb habe er die Verantwortung an seine Vorstände delegiert – erst Wössner, dann Schulte-Hillen, dann Meffert, schließlich Meier. »Alle haben mir vertraut«, sagt Müller-Böling. »Ich musste nie schriftlich berichten und die Stiftung hat mir nie in operative oder strategische Entscheidungen reingeredet.« Wie viel Geld er in all den Jahren von der Stiftung erhalten hat, könne er nicht genau sagen, zuletzt waren es maximal 2,6 Millionen Euro im Jahr.

Uni-Rankings: Ein Dienst für die Allgemeinheit?

Jeden Morgen und Abend sollte ein paar Minuten lang die gesamte Wohnung stoßgelüftet werden, vor allem bei Isolierfenstern. Schimmelige Lebensmittel sollten Studenten »im Zweifelsfall bitte immer wegwerfen« und eingebrannte Töpfe bekommt man mit Backpulver sauber. Ansonsten gilt: Cool bleiben und zwischendurch die Kleider ins Gefrierfach legen. Das alles rät der Studienführer der Wochenzeitung *Die Zeit*, der in Kooperation mit dem CHE jährlich erscheint.

Vielleicht sollte man beim Betrachten des CHE-Rankings der deutschen Hochschulen ähnlich cool bleiben und es schlicht als eine mehr oder minder willkürliche Sammlung von Informationen sehen, die nicht unbedingt falsch sind, deren Aussagewert aber begrenzt ist. Kritiker in den Hochschulen behaupten: sehr begrenzt. Der Studienführer 2009/2010 der *Zeit* umfasst mehr als 260 Seiten und berichtet über 2000 Fachbereiche im Test; außerdem informiert er auf 14 Seiten über Stipendien. Das Ranking des CHE selbst umfasst 100 Seiten und ist in einer noch ausführlicheren Fassung online frei verfügbar. »Wir nehmen Sie an die Hand, damit Sie die beispiellosen Chancen nutzen können«, versprechen die beiden Chefredakteure des Studienführers, Thomas Kerstan und Martin Spiewak, ihren Lesern. Mit der Erstellung des Rankings sind sechs Mitarbeiter des CHE und mehr als dreißig redaktionelle Mitarbeiter von der *Zeit* beschäftigt. Der Verlag verbreitet rund 100000 Hefte; die *Zeit* kauft das Ranking seit 2005 vom CHE ein. Davor kooperierte das CHE seit 1998 mit dem *Stern* und mit Stiftung Warentest.

Die Methode des CHE beschreibt die *Zeit* so: »Die Mitarbeiter des CHE machen im Grunde nichts anderes als ein Studieninteressierter, der an der Wunschhochschule ältere Semester und Professoren mit Fragen löchert. Nur gehen sie systematisch vor und beziehen alle staatlich anerkannten Hochschulen ein.« Das klingt gut und es führt zu vielen Informationen.

Das CHE bittet Studenten und Professoren, Online-Fragebögen auszufüllen, Hochschulen liefern Daten zu Forschungsgeldern oder beispielsweise der Bettenzahl im Medizinstudium, und aus Datenbanken ergibt sich die Zahl der wissenschaftlichen Veröffentlichungen. In das Ranking von 2009/2010 gingen Urteile von rund 200000 Studenten und 15000 Professoren ein. Im allerersten Studienführer, den das CHE zusammen mit der Stiftung Warentest 1998 veröffentlicht hat, waren es nur 16000 Studierende und 2 000 Professoren. Damals wurde die Atmosphäre der Studienorte bewertet und die Beschreibung von Aachen erschöpfte sich beispielsweise in den beiden Sätzen: »Großstadt in Nordrhein-Westfalen mit vier Hochschulen. Der Anteil der Studierenden an der Bevölkerung liegt weit über dem Durchschnitt.«

Heute wertet das CHE 34 Kategorien pro Fach und untersucht jedes Fach alle drei Jahre neu. Sie bewertet nicht ganze Universitäten, sondern einzelne Fachbereiche: Wie ist die Ausstattung des Labors? Wie die Betreuung in einem Fachbereich? Die Universitäten sind in eine Spitzen-, eine Mittel- und eine Schlussgruppe unterteilt. Die Spitzengruppe wird durch einen grünen Punkt, die Mittelgruppe durch einen gelben und die Schlussgruppe durch einen roten Punkt gekennzeichnet. Das Prinzip der Ampel signalisiert Interessierten auf einen Blick, zu welchem Fachbereich das CHE rät. Zusätzlich gibt die Redaktion der *Zeit* in journalistisch aufbereiteten Begleittexten Hinweise. Beim Fach Soziologie warnt sie zum Beispiel vor der Lektüre schwieriger Texte und zitiert außerdem Philipp Gerlach, der das Fach in Köln im dritten Semester studiere und sagt: »Für ganz und gar praxisorientierte Leute ist das Studium nichts. Man muss abstrakt denken können.« Der Gegenstand der Soziologie sei aber »doch sehr konkret«. Man kann sich freilich über den Wert dieses Hinweises streiten.

Als 2005 zum ersten Mal die *Zeit* das Ranking veröffentlichte, antwortete der Chefredakteur der Wochenzeitung Giovanni di Lorenzo auf die selbst gestellte Frage: »Noch ein Ranking? Nein, nicht noch ein Ranking: Das CHE-Hochschul-Ranking unterscheidet sich aufgrund seiner Erhebungsmethode wohltuend von anderen Ranglisten. Vor allem enthält sich dieses Ranking pauschaler Urteile: Sie finden hier nicht ›die beste Uni‹, ›den besten Studiengang‹, sondern eine klare und doch vielschichtige Bewertung der Fächer und Fakultäten.«[11] Tatsächlich muss man dem Ranking zugute halten, dass es eben gerade nicht wie eine Bundesligatabelle ein simples Ranking der Universitäten erstellt, sondern nach Fachbereichen unterscheidet. Es sei das mit Abstand beste Ranking, heißt es in der Redaktion der *Zeit* – und es hat Einfluss: Immerhin, sagt das CHE, würden sich zwei Drittel der Studierenden über das Ranking informieren. Das bedeutet nicht, dass sie sich ausschließlich auf das Ranking verlassen. Es ist nur einer von mehreren Ratgebern; die wichtigere Rolle spielen vermutlich Freunde, Bekannte, Eltern und Lehrer. Aber es spielt eine Rolle – zum Leidwesen vieler Kritiker.

Clemens Knobloch, Professor in Siegen, gehört zu diesen Kritikern: »Jedes Ranking zielt notwendigerweise darauf, die Rangunterschiede herzustellen, die es zu messen vorgibt. Rankings ›funktionieren‹ wie sich selbst erfüllende Prophezeiungen. Wer schlechte Ergebnisse erzielt, der wird beargwöhnt, erhält weniger Mittel und wird tatsächlich ›schlechter‹. Gute Rangplätze können dagegen leicht in Ressourcen umgewandelt werden, also wird man ›besser‹. Seriöse Sozialwissenschaftler (sogar die des Statistischen Bundesamtes!) sprechen dagegen von der praktisch unlösbaren Schwierigkeit, die Qualität von Forschung und Lehre in Rankings zu operationalisieren. Und mit Bezug auf die Adressaten solcher Rankings sprechen sie von Entmündigung und Steuerungsversuchen. Jedes Hochschulranking stellt einen Versuch dar, die Hochschulen von außen, insbesondere durch kommerzielle Interessen, zu steuern.«[12]

Wenn das CHE wirklich ein unabhängiges Institut wäre und dieses Institut ein unabhängiges Ranking erstellte, würde sich die Kritik vermutlich auf die Verlierer beschränken, die Kritik an einem unliebsamen Juror üben. Aber das CHE ist abhängig von der Bertelsmann Stiftung. Es wird deshalb von den Kritikern als Legitimation der Stiftung empfunden, auf demokratisch nicht legitimierte Art ziemlich erfolgreich Politik zu betreiben und Reinhard Mohns Ideen für eine wettbewerbliche – man kann auch sagen unternehmerisch geführte – Universität durchzusetzen.

Sicherlich wären die Studierenden mindestens genauso gut beraten, wenn sie ihre Wunschhochschule besuchen und dort in Veranstaltungen Studierende und Professoren befragen würden – vermutlich würden sie dann sogar sehr viel mehr erfahren, als aus den Auswertungen der Antworten und Kreuzchen von Fragebögen hervorgehen kann. Aber nicht nur der Ertrag, sondern auch der Aufwand wäre viel größer als die 6,90 Euro, die der Studienführer kostet. Das spricht für das Ranking, das zudem ja kostenlos im Internet abrufbar ist. *Die Zeit* steht hinter dem Ranking, nimmt die Kritik aber ernst. Zweimal hat sie in ausführlichen Streitgesprächen Kritiker zu Wort kommen lassen und im Studienführer 2010/2011 warnt sie vor den Grenzen des Rankings.

Tatsächlich steht die Methodik der Rankings stark in der Kritik: Eine Reihe von Professoren sprechen sich grundsätzlich gegen Rankings aus, da sie der Auffassung sind, dass Rankings nicht die Qualität von Forschung und Lehre abbilden können. Die seit 1997 für das Ranking zuständige Mitarbeiterin des CHE, Petra Giebisch, sagt hierzu: »Diesen Anspruch erfüllen zu können, erfordert für jedes Kriterium im Ranking erst einmal eine als gemeingültig anerkannte Definition von Qualität – die es bislang nicht gibt.« Mit anderen Worten: Ein Ranking ist auch nach Meinung der Mitarbeiter des CHE nicht in der Lage, die inhaltliche Qualität der Lehre abzubilden. »Daher befassen sich die vergleichenden Indikatoren mit den Rahmenbedingungen des Studiums und den quantifizierbaren In- und Outputfaktoren der Forschung.«[13]

Im Juni 2009 beschloss der Konvent der mathematisch-naturwissenschaftlichen Fakultät der Universität Kiel, »sich zukünftig nicht mehr an Hochschulrankings durch kommerzielle Unternehmen oder wirtschaftsnahe Einrichtungen wie etwa dem ›Centrum für Hochschulentwicklung (CHE)‹ zu beteiligen«. Die beiden Worte, die das CHE an dieser Begründung besonders störten, waren »kommerziell« und »wirtschaftsnah«, denn das CHE betont gerne, dass es unabhängig sei. Der Leiter des CHE, Frank Ziegele, behauptet gar, das CHE sei der einzig unabhängige Akteur in der Hochschulpolitik. In Kiel sieht man das anders: In einem offenen Brief forderte der Dekan des Fachbereichs, der Physikprofessor Lutz Kipp, Wissenschaftler sollten sich nicht an kommerziellen Rankings beteiligen. Kipp spricht von wiederholten »gravierenden methodischen Mängeln«, welche die Aussagekraft dieser Rankings infrage stellten. Er moniert die »Geheimhaltung der Datensätze sowie der zugrunde liegenden wissenschaftlichen Methodik, ungeeignete Kriterien (wie ›Empfehlung von Professoren für Studienorte‹), Manipulationsmöglichkeiten durch Hochschulen, willkürliche Wahl von Rankingparametern und (oftmals zu kleine) Stichprobengrößen, Datenlücken.« Kipp schreibt: »Der Beschluss sollte nicht zuletzt auch als ein Zeichen gegen die nachweislich zunehmende Einflussnahme wirtschaftsnaher Verbände und Stiftungen auf die Hochschulpolitik in Deutschland gesehen werden, welche die Unabhängigkeit der deutschen Hochschulen sowie damit letztendlich das Grundrecht auf Freiheit von Wissenschaft, Forschung und Lehre tangiert.«[14]

Die Projektleiterin des CHE, Petra Giebisch, war überrascht von der Kritik aus Kiel. Eine derartige Absage und Fundamentalkritik von Seiten einer Universität habe es bislang nicht gegeben, sagte sie der *Welt am Sonntag*. Dabei seien die Vorwürfe »größtenteils haltlos«. Das CHE beließ es nicht bei diesen Äußerungen, sondern formulierte das erwähnte Papier über die Irrtümer, die angeblich in der Öffentlichkeit über das Ranking bestehen. Doch die Aufklärung kann nicht verhindern, dass weitere Fachbereiche anderer Unis aussteigen: erst der Fachbereich Bildungswissenschaften der Universität Koblenz-Landau, dann mehrere Fachbereiche der Universität Siegen (Erziehungswissenschaften, Psychologie, Chemie, Biologie sowie Sprach-, Literatur- und Medienwissenschaften), schließlich beschloss im November 2009 das Rektorat der Universität Bonn, dass die ganze Uni Bonn nicht mehr am Ranking teilnehmen werde.

Das ist in mehrfacher Hinsicht ein schwerer Rückschlag für das CHE. Die Uni Bonn belegt in der Forschung einen der vorderen Plätze im Ranking. Andreas Archut, der Sprecher der Universität, betonte, die Uni Bonn wende sich gegen speziell dieses Ranking und seine Methodik. So schnitten die großen Hochschulen beim CHE durchweg schlechter ab als die kleinen. (Bonn ist eine große Uni.) Teilweise seien wichtige Daten in die Rankings nicht eingeflossen, andere nicht richtig zugeordnet worden. »Die Datenlage ist häufig sehr dünn«, bemängelt Archut. »Die Kriterien bilden nur einen kleinen Ausschnitt der Wirklichkeit ab.« Die Uni wolle mit dem Ausstieg die Sinnhaftigkeit solcher Rankings hinterfragen. »Wir haben das Ranking lange genug erduldet.« Wolfgang Schoop, der Vertreter der Studenten im AStA, sieht das anders: »Bei jedem Forschungsranking feiert die Universität sich selbst. Wenn sie aber in einem Ranking der Lehre schlecht abschneidet, macht sie nicht mehr mit.« Realitätsflucht sei nicht die richtige Antwort. Er sagt: »Das CHE-Ranking ist nicht perfekt, aber realistisch. In Bonn geht gute Forschung tatsächlich auf Kosten der Lehre.«[15]

Am 1. Juli 2009 beschloss der Fachbereich Sprach-, Literatur- und Medienwissenschaften der Universität Siegen, sich nicht mehr am Ranking des CHE zu beteiligen, weil sich »die Leistungen eines Faches in Forschung und Lehre nicht à la Aktienkurse oder Bundesligatabellen darstellen« lassen. Clemens Knobloch, Professor für Sprach-, Literatur- und Medienwissenschaften, war die treibende Kraft hinter dem Ausstieg in Siegen, und er sagte: »Das CHE ist ungefähr so gemeinnützig wie die Pharmalobby, der ja auch nur unsere Gesundheit am Herzen liegt. Langfristig ist der Bildungsmarkt für große ›content provider‹ wie Bertelsmann eine Lizenz zum Gelddrucken. Verpunktung und Modularisierung schaffen längerfristig vermarktbare Wissens- und Bildungseinheiten. Je prekärer die Verhältnisse am neuakademischen Arbeitsmarkt werden, desto größer wird die Bereitschaft der Mittelschicht, für die Bildungsabschlüsse ihrer Kinder viel Geld zu investieren. Das wird das größte Privatgeschäft seit der Riester-Rente. Außerdem hat das Haus Bertelsmann auch eine ideologische Sendung: die Durchdringung aller öffentlichen Bereiche mit dem Geist von Markt, Wettbewerb, Konkurrenz.«[16] Im Dezember 2009 evaluierte sich Knoblochs Lehrbereich selbst und führte anonym eine studentische Online-Bewertung durch. Der Test konzentrierte sich nicht auf die Rahmenbedingungen, sondern auf den Kern des Studiums.

Am 15. Dezember 2009 reiste Frank Ziegele nach Siegen, wo sich zehn Dekane der Fachbereiche im Rektorat der Universität versammelten. Man sprach zwei Stunden über Sinn und Unsinn des Rankings. Ziegele versuchte auf die Kritik einzugehen und fragte, was das CHE tun und was verbessert werden könne. Die Stimmung in der Runde war gegen ihn und das Ranking des CHE. Einer der Anwesenden fragte, warum sie sich an dem Ranking beteiligen sollen. Er wolle einen guten Grund wissen, der ihn überzeugen könne. Ziegele appellierte daraufhin an den Gemeinsinn der Dekane der Fachbereiche und sagte, das Ranking leiste einen Dienst für die Allgemeinheit. Darüber brachen die Fachvertreter offen in Lachen aus. »Die Situation war komisch«, erinnert sich Knobloch. »Da sitzt ein Betriebsvertreter, der die kommerziellen Interessen von Bertelsmann vertritt, und appelliert an unseren Sinn für Gemeinwohl.«[17]

7. Dem Bürger stets zu Diensten? Die Privatisierung der öffentlichen Verwaltung

Ein wichtiges Thema der Stiftung ist es, die Effizenz von Verwaltungen zu messen. Eigentlich eine gute Sache, die Vergleiche sollen Verwaltungen bürgerfreundlicher machen. So hat die Stiftung 1998 gemessen, wie viel Zeit Ämter für eine bestimmte Aufgabe benötigen. Wie lange dauert es, einen Ausweis auszustellen oder um einen Bürger umzumelden? Wie viel Zeit wird für Auskünfte verwendet? Die Stiftung registrierte das alles und erhielt auf diese Weise viele Daten und Einblicke in das Funktionieren deutscher Kommunalverwaltungen. Und sie erstellte Studien. Im Jahr 2000 zeigte sie beispielsweise: Wer in Finnland einen Bauantrag stellt, kann davon ausgehen, dass er innerhalb von 21 Tagen beschieden wird.

Die Stiftung bietet auch Konzepte an, wie man die Effizienz verbessern kann. Nein, das ist falsch: Nicht die Stiftung bietet dies an, sondern das Unternehmen. Und das ist der heikle Punkt: Das Unternehmen Bertelsmann bietet diese Dienstleistung Kommunen an und macht daraus ein Geschäft. Lassen sich aber die Konzeption und die Umsetzung wirklich so genau trennen, wie es Stiftung und Unternehmen behaupten? Und selbst wenn das gelingen sollte, ergeben dann nicht das Zusammenspiel und die Aufgabenteilung zwischen AG und Stiftung trotzdem einen Interessenkonflikt? Kommt die mit dem Erlass von Steuergeldern finanzierte Arbeit der Stiftung in erster Linie dem profitorientierten Unternehmen zugute? Darf das sein? Wo endet die gemeinnützige Beratung und wo beginnt die kommerzielle Umsetzung? Und inwiefern kommen der AG die Daten und Erkenntnisse zugute, die die Stiftung in vielen Jahren über die Effizienz von Behörden gewonnen hat?

Die Vermengung kommerzieller und gemeinnütziger Interessen wird in wenigen Bereichen so deutlich wie bei der Beratung und Privatisierung kommunaler Verwaltungen. Ausgerechnet die Arbeit, die Mohn stets als eine der wichtigsten gemeinnützigen Aufgaben der Stiftung verstand und so die Existenz der Stiftung rechtfertigte, wirft also viele grundsätzliche Fragen nach dem Selbstverständnis und der Arbeitsweise der Stiftung auf.

Das Einstiegsprojekt in England: Die Government Services von Arvato

Im englischen Distrikt East Riding steuert die Bertelsmann-Tochterfirma Arvato seit 2005 einen ganzen Landkreis. Die Verwaltungsaufgaben umfassen 3000 Straßenkilometer, sieben Millionen Mülltonnen jährlich, 11000 Sozialwohnungen, 159 Schulen, 990 Fahrzeuge und 39000 Straßenlaternen.

Der Chef der britischen Arvato-Tochterfirma Government Services, Rainer Majcen, erzählt die Entstehungsgeschichte so: Er hat an der privaten Universität Witten/Herdecke Wirtschaft studiert und ist seit 2000 für Bertelsmann tätig. Er arbeitete bei einer Tochterfirma von Arvato in Dublin, als er 2002 auf eine Ausschreibung aufmerksam wurde. Es ging um »Financial Services«, um Dienstleistungen im öffentlichen Sektor. Davon verstand Majcen eigentlich wenig und Arvato hatte bis dahin auch kein Geschäft im öffentlichen Sektor, aber Majcen schrieb einfach zusammen, wie ein solches Geschäft aussehen könnte. Arvato gewann die Ausschreibung und drei Jahre später übernahm Arvato die Verwaltung in East Riding. Seitdem ist Rainer Majcen bei Arvato »Mister East Riding«, wie das Wirtschaftsmagazin *brand eins* schrieb.[1]

Die Planungen zwischen Arvato und East Riding liefen seit 2003. Die Grafschaft und Arvato schlossen ein, wie das Unternehmen betonte, »bahnbrechendes Abkommen«, dessen Laufzeit im Oktober 2005 begann. Arvato betreut 14 Bürgerbüros und schafft die Infrastruktur für 17000 Angestellte, die im Jahr 50000 Anrufe erledigen. Bertelsmann kümmert sich um die Gehaltsabrechnungen, bewertet, bewilligt und zahlt finanzielle Beihilfen und Sozialleistungen sowie Studienfinanzierung aus. Das Unternehmen stellt außerdem einen betriebsärztlichen Dienst und betreut Kredite. Arvato übernahm 516 Mitarbeiter (darunter 439 Vollzeitkräfte) und versprach, 600 Arbeitsplätze zu schaffen. Der Vertrag mit der Grafschaft läuft über acht Jahre und hat einen Wert von 240 Millionen Euro. In einem Joint Venture vermarkten beide Seiten Dienstleistungen für öffentliche und private Kunden.

Ziel von Arvato ist es, die Kosten der Verwaltung zu reduzieren. Dazu griff Arvato eine Anregung der Stiftung auf und maß in East Riding die Korrektheit sowie die Dauer der Bearbeitung eines Antrags. Ziel sei die Rufannahme binnen 21 Sekunden oder sieben Klingeltönen Wartezeit. Darüber hinaus maß Arvato die Kundenzufriedenheit. East Riding galt »inhaltlich und finanziell« in Gütersloh schon bald als großer Erfolg, wie Arvato-Chef Rolf Buch sagt.

Im März 2005 machte der damalige Arvato-Chef Hartmut Ostrowski in einem Interview mit der *netzeitung* deutlich, dass er den Einwand, Arbeitsplätze wegzurationalisieren, nicht gelten lassen will. Es sei zwar richtig, dass die Zahl der Arbeitsplätze abnehme, aber wenn man etwas schneller mache, dann könne man »die durch verbesserte Prozessabläufe eingesparte Zeit der Mitarbeiter auch für zusätzliche sinnvolle Tätigkeiten nutzen«, wie er betont. Die Mitarbeiter in England habe Arvato zu gleichen Konditionen übernommen und sie blieben in ihrem staatlichen Pensionsmodell. Ostrowski: »Es geht nicht so sehr darum, einfach bei den Beschäftigten Geld einzusparen. In Großbritannien werden wir an über 200 Indikatoren für die Qualität unserer Leistung gemessen. Wir als Arvato wiederum bewerten unsere Mitarbeiter nach ihrer Leistung, und leistungsabhängige Bezahlung ist natürlich eine ganz andere Form der Entlohnung als das, was derzeit hier bei der öffentlichen Hand praktiziert wird. Das wird dazu führen, dass der eine oder andere Mitarbeiter in East Riding mehr verdienen wird als vorher. Er muss dafür aber auch deutlich mehr leisten als vorher.«[2]

Nach England nahm Arvato Deutschland, vor allem aber auch Spanien ins Visier, danach sollte Frankreich folgen, wo Bertelsmann allerdings mit größerem politischen Widerstand rechnete. In England sind die Gewerkschaften geschwächt und das Land hat keine soziale Marktwirtschaft. Wie aber konnte man den deutschen Markt erobern, wo Politiker vor Rationalisierung zurückschrecken? Kann Bertelsmann Politiker und Bürger als Kunden gewinnen? Ohne Zustimmung der Politiker würde es nicht möglich sein, die Aufträge zu erhalten. Aber die Umstände kamen Arvato zu Hilfe.

Expansion auf den deutschen Markt: Würzburg integriert

Als Pia Beckmann im Mai 2002 überraschend zur Oberbürgermeisterin von Würzburg gewählt wurde, zog die CSU-Politikerin nicht in das Amtszimmer ihres Vorgängers im dritten Stock des Rathauses ein, sondern zwei Stockwerke tiefer – um näher bei den Bürgern zu sein, wie sie sagte. Das war ihr Programm: Bürgernähe. Sie kannte die Probleme der Stadt; seit 1996 saß sie im Stadtrat. Die Kassen waren leer. Würzburg hat keine Industrie und keine großen Unternehmen. Der größte Arbeitgeber ist die Universität. Die Stadt saß auf einem Schuldenberg in zweistelliger Millionenhöhe.

Beckmann war ins Amt gekommen, weil unter ihrem Vorgänger die Einnahmen – vor allem die Gewerbesteuer – weggebrochen waren. In ihrer Amtszeit kamen hausgemachte Probleme dazu: In der Not spekulierten die Stadtwerke mit riskanten Zinsgeschäften und verloren 4,1 Millionen Euro. Die Regierung von Unterfranken verweigerte zwei Jahre lang die Genehmigung des städtischen Haushalts. Beckmann musste eine absolute Haushaltssperre verhängen. Alle Ausgaben kamen auf den Prüfstand, aber der Schuldenabbau ging trotz radikalem Sparkurs nur schleppend voran. Kurzum: Würzburg war der ideale Kandidat für Arvato.

Mit dem Rücken zur Wand suchte die Stadt händeringend nach Konzepten, um die laufenden Kosten zu reduzieren. Die Stadt war offen für Public Private Partnerships (PPP) mit Investoren und Beckmann wurde zur treibenden Kraft hinter der Umstellung auf eine elektronisch vernetzte Verwaltung, auch »E-Government« genannt.

Statt mehrfach zwischen Aktendeckeln soll das Wissen der Verwaltung in Dateien zentral gespeichert und jederzeit jedermann in der Verwaltung zur Verfügung stehen. Die Stadt machte eine europaweite Ausschreibung für ihr Projekt – Arvato bot die besten Konditionen und erhielt den Zuschlag. Es sollte ein Vorzeigeprojekt werden. Beckmann und Arvato wollten völlig neue Wege gehen, die sich an den Erfahrungen von East Riding orientierten. Viele Kommunen haben die Müllabfuhr ausgelagert. Beckmann dagegen wollte sich für die gesamte Verwaltung einen privaten Betreiber ins Rathaus holen, der alle Abläufe zentral steuert. Das Projekt heißt »Würzburg integriert«. Der Stadtrat stimmte geschlossen dafür, ohne allerdings die Verträge im Detail zu kennen.

Das Argument, das in Würzburg fast jeden Beamten und Lokalpolitiker schnell überzeugt hat, lautete: Geld. Arvato verpflichtete sich, die Kosten der Investitionen zu übernehmen. Und mehr noch: Arvato stellte der Stadt von Beginn an Einnahmen in Aussicht. Man war guter Dinge in Würzburg, der Projektleiter der Stadtverwaltung, Wolfgang Kleiner, sagte: »Für die Finanzierung des Projektes nimmt die Stadt kein Geld in die Hand.« Würzburg sei aber bereits von Beginn an an den Einsparungen beteiligt. Für die Hilfe bei der Vermarktung des Konzeptes wollte Arvato Würzburg darüber hinaus finanziell entschädigen; je verbreiteter die Plattform sei, desto kostengünstiger werde die Dienstleistung.

2007 einigte Arvato sich mit der Stadt und ein Jahr später begann das Projekt, das Pilotcharakter für weitere Kommunen haben sollte. Arvato steuert seitdem alle Abläufe in der Würzburger Kommunalverwaltung über eine zentrale Internetplattform. Ziel sei es, Bürgern, Unternehmen und Partnern alle Dienstleistungen der Stadt über nur eine Anlaufstelle anzubieten. Würzburg erhoffte sich während der Laufzeit von zunächst zehn Jahren Einsparungen in Höhe von mehr als 27,6 Millionen Euro, indem Personal abgebaut wird: 75 Mitarbeiter, die nach und nach in Ruhestand gehen, werden nicht ersetzt. Mehr als zehn der eingesparten 27,6 Millionen Euro sollen an die Stadt gehen, die Projektkosten belaufen sich auf rund neun Millionen Euro. Arvato bleiben demzufolge mehr als acht Millionen Euro Gewinn.

Aber Arvato geht es in Würzburg nicht um diese acht Millionen. Es steht viel mehr auf dem Spiel: Es geht um die Erschließung eines neuen Marktes, der mittelfristig bis zu einer Milliarde Euro jährlich in die Kassen von Bertelsmann spülen soll. Arvato sieht im Würzburger Projekt einen Einstieg in den deutschen Markt mit öffentlichen Dienstleistungen; dreißig weitere Kommunen seien an einer Zusammenarbeit interessiert, betonte Arvato 2008. Derzeit seien Umsatz und Gewinn aus der Sparte Government Services noch gering, sagt Rolf Buch, der aktuelle Vorstandsvorsitzende von Arvato. Der Bereich verfüge aber über großes Potenzial, da in Deutschland rund 1,5 Millionen Personen in Kommunalverwaltungen arbeiteten. Bei durchschnittlichen Jahreskosten von 70 000 Euro pro Mitarbeiter ergebe sich ein Gesamtvolumen von 105 Milliarden Euro. Experten gingen davon aus, dass man davon rund 20 Prozent outsourcen könne. Der potenzielle Gesamtmarkt belaufe sich also auf 20 Milliarden Euro pro Jahr allein in Deutschland.

Bereitet die Stiftung den Nährboden für neue Geschäftsfelder?

Arvato gilt als Goldesel von Bertelsmann. Und dieser Goldesel ist ständig auf der Suche nach neuen Geschäftsfeldern und nach neuen Produkten. Eines dieser Produkte heißt nun: Verwaltungen effizienter machen. Aus Sicht von Bertelsmann agiert man unabhängig, denn es ist ja nicht die Stiftung, die diese Dienstleistung anbietet. Man scheint im Laufe der Jahre gegenüber den Abhängigkeiten blind geworden zu sein. Zwar sind es nicht die gleichen Leute, die beraten und handeln, aber es stehen die gleichen Leute an der Spitze. Dies tut man in der Regel mit einem allgemein formulierten Hinweis ab, das Finanzamt bestätige die Gemeinnützigkeit und deshalb sei alles in bester Ordnung.

Kritiker beruhigt das nicht. Ihrer Meinung nach ist die Vermischung nicht zu rechtfertigen. Tatsächlich wird anhand der Government Services die direkte Verbindung zwischen den Aktivitäten der AG und der Stiftung offenkundig. Was ist gemeinnützig, was privatnützig? Einer der zentralen Konflikte, an dem sich diese Frage stellt, ist der Interessenkonflikt von Gunter Thielen. Er ist Aufsichtsratschef des Unternehmens und zugleich Vorstandsvorsitzender der Stiftung. Wem ist er wirklich zu Diensten: der Allgemeinheit oder dem Unternehmen?

Der heutige Chef der Stiftung war von 1985 bis 2001 Vorstandsvorsitzender von Arvato beziehungsweise des Vorläuferunternehmens Bertelsmann Industrie und als Stiftungschef saß er zugleich im Aufsichtsrat der AG. Nach der Trennung von Thomas Middelhoff wird er dessen Nachfolger als Chef des Unternehmens. Während all der Jahre an der Spitze des Unternehmens war aber klar, dass er zur Stiftung zurückkehren wird, wie Bertelsmann stets betonte. Deshalb nahm er an den Sitzungen des Stiftungsvorstands weiterhin als Gast teil. Darüber hinaus saß er auch in der Bertelsmann Verwaltungsgesellschaft (BVG), die die Stimmen der Stiftung und der Familie Mohn und damit letztlich das Unternehmen kontrolliert. Thielen ist nicht die einzige Führungsperson der Stiftung in solch einer mehrteiligen Funktion. Auch Liz und Brigitte Mohn sitzen in all diesen Gremien.

Thielens Positionen sind aber besonders im Fall der Government Services aufschlussreich, denn als Vorstandsvorsitzender von Arvato baute Gunter Thielen diese Sparte aus. Arvato sollte wachsen und neue Felder erobern. Von Oktober 2001 bis Juli 2002 wechselte Thielen als Vorstandsvorsitzender zur Bertelsmann Stiftung. Mit ihm an der Spitze, widmete sich die Stiftung dem Thema »E-Government – effizient verwalten – demokratisch regieren« und entwickelte Strategien dazu.

Es ist ein Bäumchen-wechsel-dich-Spiel, denn als Thielen 2002 zurück von der Stiftung zur AG wechselte, fand sein Nachfolger bei Arvato zwei Projekte vor: E-Government und Outsourcing bei Kommunalverwaltungen als neues Wachstumsfeld – also zwei Projekte, die unter dem Stiftungschef Thielen als gemeinnützige Projekte entstanden waren. Unter Thielen als Vorstandsvorsitzendem der Bertelsmann AG entstanden dann erste kommerzielle Projekte in England und in Deutschland. Es ist schon bemerkenswert, dass die AG unter einem Chef ein neues, bislang weitgehend unerschlossenes Geschäftsfeld in genau jenem Bereich als einen der größten Wachstumsmärkte identifiziert und erschließt, in dem die Stiftung unter dem gleichen Chef Grundlagenforschung geleistet hat.

Währenddessen blieb auch die Stiftung am Thema dran. Sie hielt Seminare für Kommunalpolitiker ab und veranstaltete 2007 steuerbegünstigt einen Kommunalkongress in Berlin, um Kämmerer, Stadt- und Landräte, Behördenleiter und Bürgermeister aus ganz Deutschland die Bedeutung dieses Themas klarzumachen und Lösungen aufzuzeigen. Bertelsmann ging nicht so weit, dass Arvato Mitveranstalter war – aber der Kongress entsprach Arvatos Zielen.

In Berlin stellten Stiftung und Städtebund 2007 eine Studie vor, die von Steuern und Gebühren über Callcenter und Fuhrpark bis IT-Struktur und Rechtsberatung Bereiche nennt, in denen die Stiftung und der Städtebund die Auslagerung in sogenannten Dienstleistungspartnerschaften empfehlen. Mindestens 50 Prozent der untersuchten Kommunen haben Immobilienreinigung, Abfallentsorgung und Gas-, Wasser- und Stromversorgung ausgelagert. Allerdings sei dadurch keineswegs die Höhe der Gebühren gesunken. Die Höhe der Gebühren lasse sich eben nicht durch private oder öffentliche Leistungserstellung erklären, betont die Studie, sondern durch Monopole und mangelnden Wettbewerb.

Ein unerschlossenes, aber besonders hohes Potenzial stellten Organisation und IT-Services dar. »Erhebliches Rationalisierungspotenzial« sieht die Studie in der Erstellung von Steuer- und Gebührenbescheiden und schlägt dazu ein teilweise ausgelagertes Dienstleistungszentrum für Steuern und Gebühren vor. Bürgeramt und Callcenter sollten ein Grunddatenmodul betreuen, das Daten für Melde- und Passregister, für Grund- und Hundesteuer und weitere öffentlich-rechtliche Fachanwendungen umfasst. Die Stiftung nennt das »Prozessoptimierung durch Integration« und sieht darin »wesentliche Rationalisierungspotenziale«.[3] Als Beispiel nennt sie den Kölner Energie-Konzern RWE, der im Auftrag von Gemeinden mit einer selbst entwickelten Software Gebühren und Steuern abrechne.

Stiftung und Städtebund untersuchten 14 Bereiche und hielten zehn für die Auslagerung geeignet, darunter die Rechtsberatung und die Lohn- und Gehaltsabrechnung sowie die Steuer- und Gebührenbescheiderstellung. Sie empfehlen darin auch das Leasing von Gebäuden, etwa von Schulen, allerdings nicht das heute so umstrittene und fatale Cross-Border-Leasing, das die Finanzen vieler Kommunen stark belastet. Die Studie berichtet auch von Problemen und gescheiterten Projekten, so habe Leipzig 2000 die Informationstechnologie ausgelagert und das Vorhaben zwei Jahre später gestoppt, weil trotz einiger Erfolge wichtige technologische Lösungen für die Verwaltung nicht zufriedenstellend realisiert werden konnten, wie es heißt. Die Komplexität der Anforderungen und Prozesse sei unterschätzt worden. Entgegen den Erwartungen konnten keine neue Kunden gewonnen werden. Ein warnendes Beispiel?

Doch Bertelsmann kann sich keine Zweifel leisten. Man ist aufgrund des Rückkaufs der RTL-Anteile von Albert Frère unter finanziellem Druck. Das Unternehmen verschuldete sich 2006 mit bis zu sieben Milliarden Euro. Das bedeutete, dass Thielen und sein Nachfolger seitdem händeringend nach neuen Wachstumsfeldern suchen. Am 12. April 2002 hielt die Stiftung in Berlin eine internationale Fachtagung zu »Balanced E-Government« ab, an der auch SPD-Innenminister Otto Schily teilnahm. Gemeinsam mit dem Städte- und Gemeindebund gab die Stiftung eine Studie in Auftrag, die empfehlenswerte Kooperationsmodelle in Deutschland ausfindig machen soll.

Auf der Fachtagung präsentierte die Stiftung das Leitbild des »Integrierten E-Government«. Zugrunde liege »ein erweitertes Verständnis von E-Government«, in dem sich Bürgerdienste und Informationsangebote zu einem »umfassenden E-Government-Gesamtkonzept« verbinden. Bürger sollten in Behörden via Internet Anfragen und Anträge stellen und ebenfalls via Internet den Verwaltungen ihre Wünsche zu bestimmten Fragen mitteilen. Die Stiftung sprach von »partizipativen Elementen« und nennt das E-Democracy.

Die Unternehmensagentur Booz/Allen/Hamilton erarbeitete die Studie, die Stiftung bildete eine Projektgruppe. Beraten wurde sie unter anderem von der damaligen Staatssekretärin im Innenministerium und späteren Justizministerin Brigitte Zypries (SPD) und von der Bundestagsabgeordneten und der ehemaligen Gesundheitsministerin Andrea Fischer (1998 – 2001; Bündnis 90/Grüne).

»Wir tun das Richtige« – Kritik an der Stiftung und ihre falsche Verteidigung

Die Überschneidung von Stiftungsthemen und Geschäftsfeldern der Bertelsmann AG blieb nicht unkommentiert. Im November 2007 befasste sich *Die Zeit* mit der Kritik an der Stiftung und schrieb, sie werde »mit Vorwürfen überhäuft«. Aus dem Gewerkschaftslager hieße es, die Stiftung nutze »ihren politischen Einfluss, um den öffentlichen Dienst gezielt auf die ›feindliche Übernahme‹ durch private Unternehmen à la Arvato« vorzubereiten. Der Eindruck, die Vorwürfe träfen ins Schwarze, verstärke sich, weil kein Verantwortlicher der Stiftung öffentlich dagegenhalte. Daraufhin entschloss sich die Stiftung zu reagieren.

Liz Mohn sprach als Repräsentantin der Stifterfamilie mit der *Zeit* und beruhigte die Öffentlichkeit: »Es wird immer wieder vorkommen, dass die Stiftung über Themen nachdenkt, die unabhängig davon auch Geschäftsfelder der Bertelsmann AG betreffen. Das kann in der Bildungspolitik passieren oder wenn die Stiftung das Arbeitsvertragsrecht weiterentwickeln möchte – oder wenn wir über die Reform der kommunalen Verwaltung nachdenken.«

Die *Zeit* stellte sich auf die Seite der Stiftung und schrieb: »Erhärten lässt sich der Vorwurf nicht, die Stiftung arbeite dem Konzern bei der Reform der kommunalen Verwaltung direkt zu. Tatsache ist, dass der Konzern Verwaltungsaufgaben für Städte und Gemeinden übernimmt. Man hofft auf ein Riesengeschäft. Aber das Geschäftsmodell von Arvato widerspricht den Ideen der Stiftung grundlegend. Während dort empfohlen wird, Stadt und Privatunternehmen sollten allenfalls gemeinsam eine Outsourcing-Gesellschaft gründen (Kommunale Dienstleistungspartnerschaften), will Arvato das Geschäft alleine betreiben, um freie Hand zu haben.«[4] Die *Zeit* übernahm hier die Argumentation der Stiftung. Wann immer Kritiker ihr vorwerfen, sie arbeite dem eigenen Unternehmen zu, betont sie, man verfolge grundlegend verschiedene Ansätze.

Unterm Strich bleibe aber, so die *Zeit*, dass Stiftung und Konzern das Outsourcing in Kommunen vorantreiben – und genau das werde viele Mitglieder von ver.di ihren bisherigen Arbeitsplatz kosten. Liz Mohn sagte dazu: »Wir wollen mit der Stiftung helfen, das Land für die Zukunft weiterzuentwickeln, und gerade die Reform der Kommunen ist uns ein großes Anliegen. Das war schon so, als mein Mann Reinhard Mohn die Stiftung gegründet hat, und wir werden das fortsetzen. Wir tun das Richtige. Dass es dabei Konflikte gibt, ist unvermeidlich.« Man werde aber künftig noch stärker für die eigene Sache werben.

Hat Liz Mohn also Recht? Fußt die Kritik wirklich auf der falschen Annahme, dass Konzern und Stiftung gleiche Interessen verfolgten? Unterscheiden sich die Strategien von Unternehmen und Stiftung tatsächlich so »grundlegend«? Übernimmt das Unternehmen stets alle Verwaltungsaufgaben zu 100 Prozent, während die Stiftung dies ablehnt und stattdessen nur Partnerschaften empfiehlt? Die Entlastung ist falsch, denn die angeblich grundsätzlichen Unterschiede existieren in der praktischen Umsetzung der bisherigen Modelle so nicht. Die Konzepte von Stiftung und Konzern gleichen sich in Ansatz, Inhalt, Form und Sprache. Arvato ist flexibel und offen für beide Modelle – für Auftragsarbeit und Partnerschaft. Es ist richtig, dass die Stiftung vor klassischem Outsourcing warnt. Aber Arvato ist flexibel und bietet auch an, Teilbereiche auszulagern.

Liz Mohns Aussage steht also im Widerspruch zu dem, was die Manager des eigenen Unternehmens und die deutschen Projektpartner in Würzburg als Kennzeichen ein ums andere Mal herausgestellt haben. So empfiehlt die Stiftung beispielsweise in der erwähnten Anleitung, die sie 2007 gemeinsam mit dem Deutschen Städte- und Gemeindebund herausgab, »kommunale Dienstleistungspartnerschaften« und es ist von »Shared Services« die Rede. Es wird das Beispiel der Stadtwerke Ingolstadt genannt: Diese haben die Abrechnung der privatrechtlich geregelten Strom-, Gas- und Wärmelieferungen an die Holding Stadtwerke Ingolstadt Beteiligungen GmbH übertragen, welche nun auch Aufträge von externen Kunden übernimmt. Das klingt zunächst harmlos im Vergleich zur Übernahme der Verwaltungsaufgaben durch die Bertelsmann-Tochterfirma Government Services.

Obendrein äußern sich Stiftung und Städtebund skeptisch gegenüber klassischem Outsourcing und kritisieren, dass es in den neunziger Jahren zu Unrecht als Allheilmittel zur Kostenreduktion in der industriellen Produktion, etwa in der Automobilbranche, gesehen wurde: »Die Euphorie mag verflogen sein, nicht jedoch die Zweckmäßigkeit. Allerdings muss der Mehrwert einer Auslagerung kritisch hinterfragt werden, und es muss festgestellt werden, ob durch die Auslagerung Abhängigkeiten entstehen, die nicht mehr von dem Auftraggeber kontrolliert werden können.«[5]

Diese kritische Haltung der Stiftung ändert aber nichts daran, dass Arvato durchaus ähnlich vorgeht. In East Riding hat die Arvato-Tochtergesellschaft Government Services zur Vermarktung der Dienste ein gemeinsames Unternehmen mit der Grafschaft gegründet, ein sogenanntes Public Private Partnership (PPP). Arvato besitzt 80 Prozent an diesem Joint Venture, die Grafschaft East Riding of Yorkshire Council knapp 20 Prozent. Arvato nennt das eine »strategische Partnerschaft«. Sie soll es leichter machen, Politiker, Bürger und andere Kommunen für die eigenen Zwecke zu gewinnen. Ziel dieses Joint Ventures ist also die gemeinsame Vermarktung der Dienstleistungen an andere Kommunen. Arvato bezeichnet diese Partnerschaft auch – und das ist bedeutsam und vielsagend – als eine »Dienstleistungspartnerschaft«. So formuliert Arvato das schriftlich in einem Vortrag. Dienstleistungspartnerschaft ist der gleiche Begriff, mit dem auch die Stiftung für ihr Konzept wirbt.

In Würzburg ist das Geschäftsmodell anders: Dort ist Arvato Dienstleister. Arvato schafft eine einheitliche Internetplattform für Bürger, Unternehmen und Verwaltungsmitarbeiter. Diese Dienstleistung ist ausgelagert und die Mitarbeiter sind weiterhin bei der Kommune angestellt. In Würzburg erzielt Arvato den Gewinn im Gegensatz zu East Riding nicht aus der Tätigkeit von Mitarbeitern, die von Bertelsmann bezahlt sind, sondern durch Einsparung von Personal.

In der kommentierten und korrigierten Version des vertraulichen Vertragsentwurfs vom 25. Januar 2007, der dem Autor dieses Buches vorliegt, ist von »Vereinfachung, Verschlankung, Beschleunigung« die Rede, nicht aber von einer 100-prozentigen Übernahme. In gemeinsamer Absprache sollen vor allem Prozesse mit hohem Einsparpotenzial umgesetzt werden. Ausdrücklich heißt es im Vertrag: »Die Verbesserung aller von der Stadt genannten Prozesse ist nicht zwingendes Ziel des Projekts.« Es ist ein gemeinsames Projekt und die Vertreter der Stadt sollen mitbestimmen. Dazu gründeten Arvato und die Stadt mehrere Gremien, etwa einen Lenkungsausschuss und ein Projektteam aus Arvato- und Verwaltungsbeamten.

In Würzburg hat Government Services folglich einen Vertrag geschlossen, wonach Arvato keine hoheitlichen Aufgaben erledigt. Das heißt, auch in Würzburg übernimmt Bertelsmann die kommunalen Aufgaben eben nicht zur Gänze. Als die Würzburger Oberbürgermeisterin Pia Beckmann angesprochen wird, Würzburg habe als erste Kommune in Deutschland einem Privatunternehmen Verwaltungsaufgaben anvertraut, anwortet sie: »In Ihrer Frage liegt ein Missverständnis. Es ist nicht so, dass wir einem Privatunternehmen Teile unserer Verwaltung überlassen hätten. Wir sind als Stadt eigenständig und wollen das auch bleiben.«

Tatsächlich will Arvato nicht ganze Verwaltungen übernehmen, Bertelsmann ist offen für viele Modelle. In Würzburg liegt der Schwerpunkt nicht auf der Übernahme von Tätigkeiten, die Bertelsmann eins zu eins ausführt, sondern es geht um die Einführung von Software, die als Schnittstelle mehrerer Abteilungen dient und unterschiedliche Aufgaben und Abteilungen integriert. Das Verdienst kommt durch diese Einsparung zustande, nicht indem Bertelsmann alles wie bislang erledigt.

An beiden Modellen wird deutlich, dass Arvato flexibel ist. Der ehemalige Leiter der Abteilung Government Services, Christoph Baron, nannte in einem Vortrag vor Altstipendiaten der Konrad-Adenauer-Stiftung im April 2008 ausdrücklich beide Modelle als Weg, den Markt zu erobern. Beide hätten ihre Vor- und Nachteile. Der Vorteil des Würzburger Modells der Kooperation sei die politische Durchsetzbarkeit, betonte Baron. Das Würzburger Modell stellte Baron übrigens unter den Titel »Dienstleistungspartnerschaft für E-Government« vor. Als Public Private Partnership, »PPP für Bürgerservive aus einer Hand«, präsentierte Arvato das Würzburger Modell am 12. September 2007 (also lange vor der gegenteiligen Versicherung in der *Zeit*) auf dem deutschen Kämmerertag und als Dienstleistungspartnerschaft stellt Government Services es ganz offiziell auf seiner Website vor. Arvato hat die Sprache der Stiftung übernommen. Das ist naheliegend und man müsste es gar nicht so sehr betonen, wenn nicht die Stiftung genau das Gegenteil behaupten würde, indem sie versichert, man verfolge grundlegend andere Ansätze.

Neue Datenautobahn endet in Sackgasse

Bei Arvato sprach man von »Wüsion« (Vision für Würzburg) und dem »Einstieg in den deutschen Markt«. Doch der ist schwerer als gedacht. In Würzburg wechselte im Mai 2008 die Rathausspitze. Oberbürgermeisterin Pia Beckmann wurde abgewählt und es folgte Georg Rosenthal von der SPD; Christoph Baron verließ sein Büro der Government Services in Berlin. Nach drei Jahren ziehen Stadt und die *Main Post* im Mai 2010 eine ernüchternde Bilanz: »Neue Datenautobahn endet als Sackgasse« titelt die Würzburger Lokalzeitung. Das Projekt sei »gescheitert, auch wenn kein Beteiligter das so direkt bestätigen mag«, schreibt das Blatt. Das System sei »technisch zu komplex, zu aufwändig«, und führe kaum zu messbaren Einsparungen, sagen Oberbürgermeister Georg Rosenthal und Projektleiter Wolfgang Kleiner. Zudem sei die geplante Datenbank unter Datenschutzaspekten »sehr bedenklich«. Ist das Prestigeprojekt von Bertelsmann, das Arvato zu großem Wachstum verhelfen und die kommunalen Verwaltungen in Deutschland revolutionieren sollte, damit gescheitert? Auf jeden Fall ist es ein Rückschlag für Mohns Theorie, dass Bertelsmann die bessere und effizientere Verwaltungsarbeit leiste: Gescheitert ist ja nicht nur ein Pilotprojekt der AG, sondern auch das Versprechen der Stiftung, mit integrierten Outsourcing-Lösungen die Finanzprobleme der Kommunen zu beheben.

Statt Einsparungen zu verbuchen habe die Stadt im Gegenteil erhebliche Investitionen hinsichtlich Personalkosten für dieses Projekt aufgebracht, betont Kommunalreferent Kleiner. »Gemeinsam mit dem Dienstleister mussten wir leider eine ernüchternde Bilanz ziehen«, sagte der Oberbürgermeister der *Main Post*. Die Stadt habe keine einzige Stelle eingespart. Das bedeutet: Arvato hat nichts außer Verlusten gemacht – wenngleich weder Stadt noch Arvato dies bestätigen. Fest steht auch, dass nach Einschätzung der Stadt keine einzige Stelle überflüssig ist. Die Kritiker jubelten leise und tauften das Projekt um in »Würzburg blockiert« oder »Würzburg frustriert«. Die *Main Post* spekulierte über ein vorzeitiges Ende des Vertrags mit Arvato: Der Vertrag kann nach Ablauf von vier Jahren in 2011 erstmals gekündigt werden. Die Stadt bestätigte das nicht, dementierte aber kaum. Mit Arvato will die Stadt »neue Aufgabenfelder formulieren«. Das elektronische Bürgerbüro hingegen lobt der Oberbürgermeister als »richtigen Weg.« Dazu brauche es allerdings keinen zentralen Datenzugriff.

Interessanterweise war die Stadt Gütersloh vorsichtig. Sie informierte sich zwar über das Würzburger Pilotprojekt, schloss aber keinen Vertrag ab. Das ist bemerkenswert, bedenkt man, dass Arvato der größte Arbeitgeber in Gütersloh ist. Vielleicht erklärt das aber auch die Zurückhaltung. Der Frage, warum eigentlich das Rathaus in Gütersloh nach anfänglichem Interesse nichts von Arvato wissen will, weicht Arvato aus. Ausgerechnet in Gütersloh gilt das Projekt als politisch nicht oder nur sehr schwer durchsetzbar – zumindest nicht ohne Diskussion und Proteste. Das will Bertelsmann vermutlich vermeiden, weil man eine negative Signalwirkung fürchtet.

In England gewann Arvato einen weiteren Kunden im Bezirk Sefton dazu. Und auch in Deutschland kamen einige Aufträge hinzu: aus der Staatskanzlei in Düsseldorf, und seit 2009 bearbeitet Arvato für das Land Baden-Württemberg niedergeschlagene Justizkostenforderungen (Gerichts-, Notar-, Registerkosten). Zudem hat das Tochterunternehmen arvato infoscore die Abwicklung der Prozess- oder Verfahrenskostenhilfe in Raten in einem Vollprozess für den Oberlandesgerichtsbezirk Karlsruhe übernommen.

Die Finanz- und Wirtschaftskrise habe den Ausbau behindert, sagen Buch und Ostrowski. Aber das ändere nichts am langfristigen Trend und dem Potenzial des Geschäftsfeldes. Sie glauben weiterhin daran. Im März 2009 sagte Ostrowski dem Werbefachblatt *Horizont*:

»Dienstleistungen für kommunale Verwaltungen dürfen Sie nicht nur auf einen Zeitraum von fünf Jahren betrachten, sondern eher von zehn bis 20 Jahren.« Während in England Outsourcing öffentlicher Dienstleistungen an private Anbieter mittlerweile akzeptiert sei, gebe es in Deutschland noch Ressentiments. »Ich glaube, dass sich auch hierzulande die Erkenntnis durchsetzen wird, dass man kommunale Dienstleistungen durch private Anbieter effizienter und für den Bürger mit besserem Service gestalten kann.«

Im März 2010 nannte Rolf Buch als neue Wachstumsfelder die Abrechnung von Energie, Wasser und Wärme. Als weiteres Feld, in das Arvato expandieren will, nennt Buch außerdem die Gesundheitsbranche. Arvato soll Arzneimittel liefern – immerhin unterhält das Unternehmen ein dichtes Vertriebsnetz, mit dem es täglich viele tausend Bücher und Päckchen oder 80 Prozent aller deutschen Mobiltelefone ausliefert. Warum nicht alles aus einer Hand liefern?

In einer gemeinsamen Stellungnahme sagen Arvato und die Stadt Würzburg, man führe »konstruktive Gespräche«. Konkrete Schritte gebe man nach Analyse der Ergebnisse bekannt. Interessant ist die Frage, wieso Arvato die beiden Kreise in England angeblich erfolgreich führt und Einsparungen erzielt, während das in Deutschland nicht gelingt. Bei Arvato will man sich dazu nicht zitieren lassen, macht aber im Hintergrundgespräch deutlich, dass die unterschiedlichen Voraussetzungen mit Schuld seien: In England sei man erfolgreich, weil man völlige unternehmerische Freiheit habe und die Mitarbeiter übernehmen und flexibel einsetzen könne. Arvato bestimmt, wer wann arbeitet. Das kommt dem Unternehmen sehr entgegen. In Deutschland dagegen kann Arvato Angestellte und Mitarbeiter der Kommunen nicht übernehmen. Noch nicht.

8. Interessenkonflikte erwünscht – Fragwürdige Doppelfunktion von Stiftungspersonal

Die Vermengung von allgemeinen und öffentlichen Interessen findet nicht nur zwischen Unternehmen und Stiftung statt, sondern auch bei einzelnen Personen innerhalb der Stiftung und im Unternehmen. Bestes Beispiel ist Brigitte Mohn, die Tochter von Liz und Reinhard Mohn

Die Rhön Klinikum AG ist mit 53 Krankenhäusern sowie 29 Medizinischen Versorgungszentren der größte private Betreiber von Krankenhäusern in Deutschland und seit 1989 börsennotiert. Am 15. Mai 2006 kaufte Brigitte Mohn 1 000 Aktien der Rhön Klinikum AG zum Wert von 36 795,33 Euro. Am 25. Mai 2009 kaufte sie weitere 2 000 Aktien, diesmal im Wert von 29 917,24 Euro. Am 30. Juli 2009 verkaufte sie eine Aktie im Wert von 41 Cent und einen Tag danach kaufte sie weitere 1 333 Aktien im Wert von 17 728,90 Euro. Es geht nicht um Millionen und der An- und Verkauf wäre nicht weiter erwähnenswert oder problematisch, wenn Brigitte Mohn nur im Aufsichtsrat der Rhön Klinikum AG sitzen würde. Seit dem 17. Juli 2002 sitzt sie im Kontrollgremium, das den Vorstand beaufsichtigt, gemeinsam mit Eugen Münch, dem Gründer und Hauptaktionär der Klinikkette. Es ist nicht ungewöhnlich, dass Mitglieder eines Kontrollgremiums Aktien des Unternehmens kaufen, das sie beaufsichtigen – solange sie das offenlegen.

Problematisch ist aber, dass Brigitte Mohn seit 2002 auch den Bereich Gesundheit der Bertelsmann Stiftung leitet, der Politikern in Regierung und Opposition unabhängige Empfehlungen für Gesundheitsreformen geben will. Diese Doppelfunktion schafft einen Interessenkonflikt, der sich nicht durch eine schlichte Offenlegung beseitigen lässt. Denn die Beratung und Projektarbeit der Stiftung ist stets mit der Versicherung versehen, man setze sich für das Allgemeinwohl ein. Deshalb sind diese Aktivitäten der Stiftung schließlich steuerbegünstigt. Es ist ein Konflikt, den Brigitte Mohn gewählt hat und der unabhängig davon besteht, ob sie Aktien der Rhön Klinikum AG hält oder nicht – der Ankauf der Aktien verdeutlicht und verschärft jedoch den Konflikt.

Die Stiftung diskutiert und empfiehlt auch nicht nur, sie berät Ministerien und tauscht sich mit Fachpolitikern aus. Sie organisiert Debatten über die Reform und bestimmt die Agenda. Und sie hat ein gemeinnütziges Centrum für Krankenhausmanagement (CKM) gegründet, das Krankenhäuser berät. Es ist an die Universität Münster angegliedert und erweckt dadurch den Eindruck von Unabhängigkeit. Entstanden ist es auf Betreiben von Reinhard Mohn, nach dessen Eindruck und Diagnose das deutsche Gesundheitswesen vor allem an mangelndem Wettbewerb krankt. Sein Allheilmittel: Wettbewerb durch Privatisierung.

Als die Stiftung 2003 Grundlagen einer neuen Ordnungspolitik für den Gesundheitssektor erarbeitete, beschrieb Brigitte Mohn die Position der Stiftung mit folgenden Worten: »Gesundheitspolitik muss aus Sicht der Bertelsmann Stiftung den Versuch wagen, jenseits von Partikularinteressen gesamtgesellschaftlich relevante Lösungen durchzusetzen.« In einem Interview mit der eigenen Hauszeitschrift *Forum* fragte sie ihr Mitarbeiter, aus welcher Sicht das Themenfeld Gesundheit mitgestalten werden solle. Brigitte Mohn antwortete: »Aus der Perspektive der Versicherten. Der gesetzlich oder privat Versicherte ist Zahler, aber auch potenzieller Nutzer von Leistungen des Gesundheitssystems. Seine Perspektive ist die einzige, die sowohl die Ausgabenseite als auch die Nutzenseite umfasst. Der Versicherte ist Kunde, und die Leistungsbringer sind Service-Anbieter.«[1]

Eine schöne Formulierung und sie beschreibt tatsächlich eine sinnvolle Position. Aber wie will Brigitte Mohn als Vertreterin der Betreiber, also der Anbieter, zugleich auch die Position der Versicherten einnehmen? Es fällt schwer zu glauben, dass sie diesen Spagat vollziehen kann, da sie durch ihr Aufsichtsratsmandat ja fest verankert auf der

Seite der privaten Krankenhausdienstleister steht – auf einer Seite also, deren vordringliches Ziel es ist, mit ihren Dienstleistungen Gewinne zu erwirtschaften. Aufsichtsräte sollen den Vorstand des Unternehmens beraten und überwachen – aber stets im Interesse des Unternehmens, nicht der Allgemeinheit.

Das Interesse des Unternehmens bedeutet: Kommunale Krankenhäuser möglichst kostengünstig zu übernehmen, um dann lukrative Angebote der Kliniken beizubehalten und auszubauen und weniger lukrative Angebote abzustoßen und einzustellen. Der Betrieb soll dann rund 10 Prozent Rendite abwerfen. Mit einer Vollversorgung der Bürger hat das wenig zu tun. Kann Brigitte Mohn diese Interessen wie ein Kleid abstreifen, sobald sie die Beratungen und Räumlichkeiten der Rhön Klinikum AG verlässt? Und falls das so ist: Wird sie nicht auch außerhalb der Beratungen für die Interessen eines Unternehmens eintreten, dessen Aktien sie besitzt? Wird die Stiftung es wagen, die Sparmaßnahmen der Rhön-Gruppe und anderer privater Klinikbetreiber kritisch zu benennen, falls es nötig ist? Wird es überhaupt Studien oder Untersuchungen geben, die Kritik an dieser Politik äußern könnten?

Brigitte Mohn hat sich ganz bewusst in diesen Interessenkonflikt begeben, der keine Unabhängigkeit mehr zulässt. Wie sollen Politiker und Fachleute Hinweise aus ihrem Geschäftsbereich in der Stiftung deuten? Eigentlich müssten sie stets prüfen, inwiefern Interessen des größten privaten Klinikbetreibers berührt sind. Da die Stiftung im Bereich Krankenhaus und Gesundheit stets für mehr Wettbewerb und Privatisierung eintritt, ist das eigentlich immer der Fall. Unabhängig bedeutet in diesem Fall also: unabhängig von den Interessen der Allgemeinheit, im Denken abhängig von einem privaten Klinikbetreiber. Man könnte auch sagen: Brigitte Mohn hat sich für jeden erkennbar als Lobbyistin der privaten Klinikbetreiber positioniert.

Anzumerken ist auch, dass 2008 die zwanzig Aufsichtsratsmitglieder der Rhön AG insgesamt 2 226 000 Euro erhielten, im Schnitt jedes Mitglied also 113 300 Euro für die Teilnahme an mindestens zwei der vier Sitzungen, wie es im Geschäftsbericht der Rhön-Gruppe heißt. Für eine der reichsten Frauen der Republik mögen aber nicht das Geld, sondern Einfluss, Bestätigung und Zugang zu Personen und Informationen der wichtigere Grund gewesen zu sein, die Funktion des Aufsichtsrates zu übernehmen.

Man muss Brigitte Mohn nicht vorwerfen, dass sie sich in ihrer Position im großen Stil bereichere oder die Honorierung ihres Engagements nicht verdiene. Dazu sind das Investment und die Vergütung zu klein. Außerdem sind sie legal. Lediglich durch ihre Doppelfunktion wird ihr Verhalten moralisch verwerflich, denn durch das Investment zusammen mit ihrem Engagement im Aufsichtsrat ist für jedermann klar erkennbar, dass sie in der Gesundheitspolitik die Interessen eines Einzelnen vertritt. Eigentlich hätte sie mit Antritt ihres Vorstandspostens in der Stiftung das Mandat aufgeben müssen. Dass sie es nicht tat, offenbart eine problematische Auffassung von Unabhängigkeit. Ihre Befangenheit ist bewusst gewählt und deshalb besonders aufschlussreich für das Verständnis von Gemeinnützigkeit an der Spitze der Stiftung.

Spitzenmedizin für jedermann?

Die Rhön Klinikum AG verspricht »Spitzenmedizin für jedermann«. Die Klinikgruppe steht beispielhaft für die Entwicklung, die die Stiftung propagiert: Wettbewerb als Folge von Privatisierung fördert Qualität und hilft Patienten. Der Gründer und Haupteigentümer Eugen Münch hat 1974 eine vom Konkurs bedrohte Kurklinik übernommen und saniert. Er kaufte Kliniken zu und machte sie mit Rationalisierungskonzepten aus der Industrie profitabel. Wiederholt untersagte das Bundeskartellamt die Übernahme von Kliniken, »um eine weitere Verstärkung der marktbeherrschenden Stellung zu verhindern«. In Gießen und Marburg sowie Leipzig betreibt Rhön die ersten privaten Universitätskliniken; mittlerweile wird an acht Standorten gelehrt. Eugen Münch sitzt im Stiftungsrat der Deutschen Schlaganfall-Hilfe, die Liz Mohn gründete, ihre Tochter leitet und die die Bertelsmann Stiftung teilweise finanziert.

Die Klinikkette ist gut vernetzt; ehemalige Aufsichtsratsmitglieder sind die Politiker Karl Lauterbach (SPD) und Karl-Theodor zu Guttenberg (CSU). Der wirtschaftliche Erfolg ist eine Seite, Kritik an der Vorgehensweise die andere: 16 Ärzte wandten sich im April 2009 in einem offenen Brief an die Öffentlichkeit und kritisierten die »Drehtürmedizin«. Die Behandlung an den Universitätskliniken habe sich verschlechtert. Die Fallzahlen stiegen zwar, aber die Qualität der Betreuung sinke. Das Fazit der 16 Ärzte, die unter der Bezeichnung »Notruf 113« Alarm schlugen: »Die Liberalisierung des Gesundheitsmarktes hat nicht zu einem stärkeren Wettbewerb vieler Marktteilnehmer geführt, sondern zur Bildung von Gesundheitskonzernen, die als Kapitalgesellschaften vor allem dem shareholder value, nicht aber dem Gemeinwohl verpflichtet sind.«[2]

Wenn man die privaten Gewinne aus der Kosten-Nutzen-Bilanz herausnimmt und die Entwicklung langfristig betrachtet, ist es in der Tat fraglich, ob private Klinikketten der Allgemeinheit mehr bringen als kommunale. Unternehmen wie Rhön können in teure medizinische Technik investieren und preiswert im Verbund einkaufen. Ob sie diese Preisnachlässe auch an Patienten und deren Versicherungen weitergeben, ist eine andere Frage. Sie versprechen bei der Übernahme kommunaler Kliniken, die Unkosten für den Betrieb zu übernehmen. Was die Kommunalpolitiker meist nicht ahnen oder wahrhaben wollen, ist der Umstand, dass sie zwar kurzfristig entlastet werden, langfristig aber stärker zur Kasse gebeten werden.

Hagen Kühn, der als Leiter der Forschungsgruppe Public Health am Wissenschaftszentrum für Sozialforschung in Berlin seit Jahren die Privatisierung der Krankenhäuser erforscht, hat laut *Stern* in den USA beobachtet, dass es in der Expansionsphase immer nett zugeht. Wenn ein Klinikkonzern Häuser kaufen will, ist er auf ein positives Image angewiesen. Erst wenn der Markt aufgeteilt ist, kann er die Gewinne hoch- und den Service herunterfahren. Das hieße: Die eigentlichen Kosten der Privatisierung werden erst später in Rechnung gestellt. Ein solcher Vergleich wäre ein klassisches Thema für eine Stiftung, die stets Leistungsvergleiche mit dem Ausland anstellt. Warum hat die Bertelsmann Stiftung eine solche, breit und über einen langen Zeitraum angelegte Studie über die langfristigen Kosten und Einsparungen durch Privatisierung von Krankenhäusern bislang nicht angestellt? Andererseits würde freilich einer solchen Studie der Stiftung jeder misstrauen und das zu Recht.

Einfluss auf die Gesundheitspolitik nimmt die Stiftung über ihren Thinktank Centrum für Krankenhaus Management (CKM), indem sie für eine Privatisierung von Krankenhäusern und mehr Eigenverantwortung der Patienten eintritt. »Mehr Eigenverantwortung ist das Codewort auch fürs Gesundheitswesen«, forderte Kanzler Gerhard Schröder 2003 in seiner Neujahrsansprache. Diese Worte könnten auch von der Bertelsmann Stiftung stammen. Das Thema Gesundheit ist Chefsache in der Stiftung, seitdem Liz Mohn an die Spitze rückte, denn mit diesem Thema hatte sie sich einst den Respekt ihres Mannes und durch die Gründung der Deutschen Schlaganfall-Stiftung den Zugang zur Stiftung erworben. Geleitet wird das Centrum von Wilfried von Eiff, dem früheren kaufmännischen Direktor der Universitätskliniken Gießen, die heute gemeinsam mit der fusionierten Klinik in Marburg zur Rhön-Gruppe gehört. Nach der beruflichen Station in Gießen ging von Eiff als Manager in die Automobilindustrie. Er arbeitete als Manager bei Audi in Ingolstadt, als Mohn ihn für sein Centrum anstellte. Vermutlich war Mohn das sehr sympathisch: Er brachte Fachwissen mit, kannte sich in einem Operationssaal aus, aber er kannte auch die Gesetzmäßigkeiten der Wirtschaft. Auch von Eiff sitzt im Aufsichtsrat eines privaten Klinikbetreibers; auch er ist also klar positioniert.

Von Eiff sagt, Reinhard Mohn würde sicher noch stärker für Privatisierung eintreten als er selbst. Er trete nicht pauschal und nicht immer für Privatisierung ein, vor allem die Lehre dürfe nicht privatisiert werden. Die Privatisierung der Unikliniken von Gießen und Marburg hat er allerdings unterstützt und dabei eine Rolle gespielt, indem er die hessische Landesregierung beriet. Diese Privatisierung sei »in Deutschland, ja in ganz Europa ohne Beispiel«[3]. Sie habe eine Bedeutung, die weit über Hessen hinausgehe. Es war die erste Privatisierung einer Uniklinik und sie zeige, dass eine solche Privatisierung möglich sei. Von Eiff glaubt, dass weitere Privatisierungen von Unikliniken folgen werden.

In Marburg meldete Rhön 2007 (bereits zwei Jahren nach der Übernahme) Gewinn. Die Zahl der Ärzte hatte sich erhöht (ein Hinweis auf mehr behandelte Fälle), die Zahl des Pflegepersonals dagegen verringert. 300 bis 470 der 6400 Arbeitsplätze wurden abgebaut. Im Februar 2010 meldete Rhön eine Umsatzsteigerung um gut ein Zehntel und eine Verdopplung des Betriebsgewinnes im vierten Jahr. Der Umsatz des bisher einzigen privatisierten Uni-Klinikums kletterte demnach von 451,6 Millionen Euro im Vorjahr auf 500,3 Millionen Euro. Der Gewinn stieg von 2,2 Millionen Euro auf 4,8 Millionen Euro, nachdem er 2007 noch 1,1 Millionen Euro betragen hatte. Vor der Privatisierung hatte das Klinikum vor allem in Gießen Verluste gemacht.

Wie die Stiftung mit der Politik kooperiert

Verschiedene Beispiele zeigen, wie eng die Bertelsmann Stiftung mit der Politik kooperiert und welch exklusiven Zugang sie hat. Die Bertelsmann Stiftung hat zweifelsohne kompetente, gut vernetzte Mitarbeiter, deren Rat gefragt ist. Ein Beispiel ist Sophia Schlette, Jahrgang 1961, die in Harvard ihren Studienabschluss mit einem Master of Public Health gemacht hat. Sie hat »15 Jahre Erfahrung in der Konzeption, Beratung und Evaluierung von Gesundheitsvorhaben«, wie es in ihrer Vita heißt. Sie spricht vier Sprachen und hat für UNICEF, die Weltgesundheitsorganisation WHO und andere Organisationen gearbeitet. Sophia Schlette ist eine hochqualifizierte Angestellte der Bertelsmann Stiftung im Bereich Gesundheitswesen, ihre Schwerpunktthemen sind Gesundheitspolitik, Reform des deutschen Gesundheitswesens und internationale Reformansätze. Zeitweise hat sie auch als wissenschaftliche Mitarbeiterin einer Bundestagsabgeordneten gearbeitet. Die Politik ist ihr also nicht fremd. Im Sommer 2007 war sie mit Gesundheitsministerin Ulla Schmidt auf Dienstreise in Kalifornien. Im Jahr darauf bezog sie einen Schreibtisch in Schmidts Ministerium und begann ihre Arbeit in Referat 5, der politischen Grundsatzabteilung. Sie schrieb Reden, arbeitete der Ministerin zu und konzipierte jene erwähnte Informationsreise in die USA. Dabei war sie immer noch in der Stiftung angestellt. Unklar sei, wer sie letzlich bezahlte, berichten Sascha Adamek und Kim Otto in ihrem Buch *Der gekaufte Staat*.[4] Die Stiftung beantwortete eine entsprechende Anfrage nicht.

Fest steht, dass Schlette zwischen Februar 2007 und August 2008 acht Monate im Ministerium arbeitete, wie das Ministerium zugeben musste. Angeblich arbeitete sie nicht an Gesetzen und Verordnungen. Das heißt jedoch nicht, dass sie keinen Einfluss hatte: Die Mitarbeiterin der Stiftung wurde ja nicht irgendwo im Ministerium eingesetzt, sie arbeitete der Spitze zu und beriet die Ministerin. Das spricht für Frau Schlettes Sachkenntnis, stellt aber auch eine fragwürdige Entwicklung und eine neue Qualität des Lobbyismus dar. Stiftung und Regierung werden in der Person der ausgeliehenen Mitarbeiter eins – ohne dass die Bürger davon Kenntnis erhalten.

Wie eng die Stiftung mit der Politik kooperiert, zeigt auch das Beispiel des Experten für den Nahen und Mittleren Osten, Christian-Peter Hanelt. Der 1964 geborene Hanelt hat in Deutschland und Syrien studiert und war 1991 bis 1994 als Fernsehredakteur bei Sat1 tätig; seitdem arbeitet er für die Stiftung. Er verfügt über arabische Sprachkenntnisse und kennt sich gut in Israel und in arabischen Ländern aus. Dass er im Fernsehen bei RTL, Phoenix und n-tv als Experte auftritt, ist naheliegend und nicht schlimm – sofern seine Verbindung zur Stiftung benannt wird. Fragwürdiger ist der direkte Zugang zur Regierung. Im April 2005 beispielsweise lieh ihn die Stiftung an das Auswärtige Amt aus. Hanelt arbeitete dort im Planungsstab und war an der Vorbereitung und Durchführung von zwei Panels beteiligt. Er diente der Stiftung und der Regierung, so als würden beide die gleichen Interessen verbinden. Austausch nennt man das, aber nur wenige Lobbyisten sind ähnlich willkommen in der Regierung und dringen bei ihrer Arbeit so tief vor, dass sie einen Schreibtisch in einem Ministerium belegen. Hanelt ist kein Einzelfall. Mag sein, dass die Stiftung keine Strategie verfolgt, ihre Mitarbeiter in Ministerien zu platzieren. Dass es ihr gelingt, zeugt von Nähe, Einfluss und Vertrauen, das sie und ihre Mitarbeiter genießen. Die Stiftung erhält Zugang, andere nicht.

So bestätigte Werner Weidenfelds ehemaliger Stellvertreter Josef Janning im Februar 2008 auf einer Podiumsdiskussion in der Landesvertretung von Rheinland-Pfalz in Berlin, dass die Stiftung bei manchen internationalen Konferenzen das Backoffice von Außenminister Joschka Fischer gestellt habe. Janning bestätigte, schränkte jedoch ein, »aber wir haben natürlich nicht Politik ersetzt.« Janning behauptete damals, die Stiftung handle »aus einer Art sachlogischen Perspektive heraus«. Und man agiere »so transparent wie nur irgendwie möglich: Das heißt, wir veröffentlichen alles. Man kann das alles nachlesen. Man kann das im Internet nachgucken. Man kann mit uns reden. Das heißt, wir verstehen uns selber eher als eine Art Wissens-*Broker* denn als irgendein Elfenbeinturm, hinter dessen Mauern irgendwas Esoterisches gemacht wird.«

So »transparent wie nur irgendwie möglich«? Über die genauen Aktivitäten und Dienstleistungen der Stiftung für den Außenminister ist auf der Website nichts zu lesen und auch auf Nachfrage nichts zu erfahren. Was genau tat die Stiftung bei diesen Konferenzen? Wie oft? Und was bedeutet Backoffice? Trat sie als Teil des Auswärtigen Amtes auf? War sie Dienstleister oder Berater oder glaubt sie, beides zugleich leisten zu können? Als der Autor dieses Buches mit Janning über seine Äußerungen, über die Arbeit seiner Abteilung und über das CAP sprechen wollte, äußerte sich Janning zu keinem dieser Themen und sagte, er werde nur reden, wenn ihn ein Pressesprecher der Stiftung dazu auffordere.

Dabei sind die Fragen berechtigt, denn immerhin spiegelte Fischers Politik zur europäischen Verfassung teilweise eins zu eins die Vorarbeit der Stiftung. Die Stiftung berät Regierung und Politiker, die europäische Politik bestimmen. Der Einigungsprozess und die Verfassung liegen ihr besonders am Herzen. Obwohl eine Vielzahl von deutschen Stiftungen in Brüssel akkreditiert ist, gelang es einzig der Bertelsmann Stiftung, nennenswerten Einfluss zu nehmen, schreibt Tobias Pflüger, EU-Abgeordneter der Linken und der Grünen.[5] Es ist eine Nische, in der sich nationale Institutionen nicht so gewandt und erfolgreich bewegen. In kaum einem anderen Feld ist sie so anerkannt und agiert ähnlich unangefochten. Eines der Themen, die die Stiftung propagiert, ist eine gemeinsame Sicherheitspolitik. Janning bestätigte 2008 in Berlin, Politiker seien heute aus Sicht der Stiftung viel offener für

Berater geworden. »Das liegt daran, dass der Politik in vielen Punkten frühere Gewissheiten abhanden gekommen sind.« Besonders erfolgreich sei die Stiftung im Bereich der EU-Reform und EU-Erweiterung. »Das ist ein Thema, das wir wie kaum ein anderer geprägt, gemacht, vorgedacht haben – auch mit ziemlich gutem Einfluss.« Das ist die Sicht der Stiftung auf sich selbst und die eigenen Erfolge. Mit etwas Distanz muss man heute fragen, ob die Stiftung nicht viele Millionen Euro für teure Konferenzen nur ausgegeben hat, um Zugang zu erlangen und den Mächtigen nahe zu sein. Ein unabhängiger Thinktank, der Regeln für die Erweiterung und Regeln für einen zeitweisen Ausstieg aus der Währungsunion erarbeitet hätte, wäre der EU tatsächlich von Nutzen gewesen. Diese Unabhängigkeit sucht man bei der Stiftung aber vergebens.

Elmar Brok: »Mr. Bertelsmann in Brüssel«

Das Thema Interessenkonflikte wäre unvollständig ohne den Namen Elmar Brok. Mit ihm ist Bertelsmann in die politische Entscheidungsebene in Brüssel vorgedrungen. Der 64-jährige Christdemokrat Brok, der im Kreis Gütersloh geboren ist, sitzt seit 1980 im Europaparlament. Er gilt als einer der einflussreichsten Politiker in Brüssel. Er war Ansprechpartner für Kanzler Helmut Kohl und er ist es heute für Kohls Nachnachfolgerin Angela Merkel. Das Besondere ist, dass Brok zugleich in Brüssel als »Senior Vice President« des Bereichs Media Development bei der Bertelsmann AG agiert, wie er selbst dem Europäischen Parlament in einer Erklärung vom 8. Juli 2009 angab. Brok gilt in Brüssel als »Mr. Bertelsmann«. Broks Arbeit für Bertelsmann ist keine Nebentätigkeit mit heimlichem Beratervertrag, sondern er ist im Hauptberuf Lobbyist für Bertelsmann – »mit Urlaubsanspruch, Sozialversicherung und Kündigungsfrist«, wie es der *Spiegel* 1997 formulierte.[6] Seine jährlichen Bezüge, die er von Bertelsmann erhält, bezifferte die Gütersloher Lokalzeitung *Neue Westfälische* 2005 auf rund 180 000 Euro. Mitarbeiter von Bertelsmann bestätigen diese Größenordnung.

Die AG hat mit Brok auf direktem Weg geschaffen, was die Stiftung stets sucht: Nähe zur politischen Macht. Die Stiftung unterhält in Brüssel ein eigenes Büro. Damit verfügt Bertelsmann in Brüssel quasi über einen doppelten Zugang zu den höchsten Etagen der Politik.

Brok beharrt darauf, dass es keinen Interessenkonflikt gebe. Er trenne Abgeordnetenmandat und Berufsinteressen »messerscharf«, wie er dem Spiegel versicherte. Er mag es nicht, dass man ihn als Lobbyist bezeichnet. »Ich arbeite für Bertelsmann, aber ich bin nicht der Vertreter von Bertelsmann«, sagt er.[7] Brok klagt, nur weil er vor 18 Jahren eine Presseerklärung über seine Nebentätigkeit abgegeben habe, werde er »jetzt immer wieder« dazu befragt.[8] Politik sei für ihn keine Arbeit, sondern ein Hobby, für das er auch Geld bekomme.[9] Auf seinen Job bei Bertelsmann werde er auf keinen Fall verzichten, weil er seinen Beruf nicht aufgeben möchte. Dass ein Interessenkonflikt vorliegt, muss ihm klar sein. Denn Brok beteuert: »Ich nehme an Diskussionen und Abstimmungen zur Medienpolitik im Europäischen Parlament und in der Fraktion nicht teil, obwohl es rechtlich nicht vorgeschrieben ist.«

Doch diesem harmlosen Eindruck widersprechen Papiere aus Broks Büro. Ende 1993 kabelte Brok nach Gütersloh: »Wir verhinderten die Einführung eines Rechtes der ausübenden Künstler auf angemessene Vergütung bei Weiterverbreitung ihrer Darbietung über Kabel und Satellit.«[10] Ein höchst fragwürdiges Bild der Lobbytätigkeit von Brok ergibt sich auch aus Protokollen einer »Taskforce« von Bertelsmann über eine Kampagne gegen den öffentlich-rechtlichen Rundfunk von 1998. Sie wollte eine Debatte über die öffentlich-rechtliche Konkurrenz von RTL in Gang bringen, »um damit deren – nach Meinung des Medienkonzerns – ungebührliche Expansion in Europa zu vermindern«, wie die *Süddeutsche Zeitung* 2005 berichtete. Brok sollte ein Papier der Taskforce an den damaligen EU-Wettbewerbskommissar, Karel van Miert, überreichen. Außerdem berichtete er Gütersloh aus einem »Diskussionspapier der Generaldirektion IV der Kommission«. Damit gab er, wie die *SZ* schrieb, »sein als Abgeordneter erworbenes Wissen an den Arbeitgeber weiter«. Brok frühstückte mit van Miert und teilte Bertelsmann mit: »Ihm geht es darum, dass die Balance mit den Privaten nicht zerstört wird. Mein Beispiel, dass die Öffentlich-Rechtlichen in Deutschland fast eine Milliarde Mark aus Gebührenüberschüssen als Kriegskasse« anhäuften, sehe der EU-Kommissar als Hinweis auf Missbrauch. »Er benötigt allerdings Beispiele von Missbrauch und bat mich, ein Papier zu erstellen.« Diese Beispiele orderte er bei Bertelsmann in Gütersloh: »Die Taskforce sollte ein solches Papier erstellen.«

Wohlgemerkt: Brok ist vom Unternehmen Bertelsmann, nicht der Stiftung angestellt. Aber dennoch verkörpert er den zentralen Konflikt, um den es in diesem Buch geht: die permanente Vermengung der Interessen. Brok ist Lobbyist, also Vertreter von Einzelinteressen, und zugleich ist er Abgeordneter, also Vertreter des Volkes. Er behauptet, beides sei miteinander vereinbar. Auf besondere Weise konzentriert sich damit in Broks Person der zentrale Konflikt zwischen Einzel- und Gemeininteresse, in dem sich die Stiftung permanent befindet. Bertelsmann akzeptiert und sucht die Vermischung von Interessen zum Nutzen der AG, sofern Gesetze diese Interessenkonflikte nicht verbieten.

9. Von außen ein Schönheitsfehler – Lässt sich die Bertelsmann Stiftung von innen reformieren?

Die Interessenkonflikte werden in der Stiftung durchaus als solche wahrgenommen, wie Reformversuche des Vorstandsvorsitzenden Heribert Meffert zeigen.

Meffert war eine Verlegenheitslösung – und zugleich ein Glücksfall für die Stiftung. Mit ihm hätte die Stiftung die Chance gehabt, sich von innen heraus zu erneuern und das Versprechen der Unabhängigkeit weitgehend einzulösen. Meffert wollte Dinge reformieren, die die Familie Mohn ihrer Stiftung als DNA vererbt hat. Dinge, die von außen betrachtet einen Interessenkonflikt bergen und die die Unabhängigkeit erkennbar beeinträchtigen. Aber von innen – aus Sicht der Familie des Stifters – sieht das alles ganz anders aus, denn gerade diese Dinge ermöglichen der Familie die Kontrolle. Meffert prallte mit seinem vorsichtig geäußerten und diplomatisch gebremsten Reformeifer gegen eine Wand und er verschliss sich. In der Stiftung hieß es, Meffert führe zu wenig. Was ihm als Führungsschwäche ausgelegt wurde, war das geschäftliche Todesurteil im Hause Mohn.

Doch der Reihe nach: Meffert gilt als Marketing-Papst. Im Mai 2002 feierte er seinen 65. Geburtstag und gab im Juli seine Abschiedsvorlesung an der Universität Münster am Institut für Marketing. Über mangelnde Arbeit konnte er sich nicht beklagen. Die Deutsche Post und die Bahnforschungsstelle hatten Aufträge für ihn. Außerdem betätigte er sich als Doktorvater an seiner Universität und wirkte im Vorstand einer Wissenschaftlichen Gesellschaft für Marketing und Unternehmensführung, die er selbst gegründet hat. Ein Anruf an einem Sonntag im Juni 2002 machte seine Pläne zunichte. Am Telefon war Liz Mohn mit einem reizvollen Angebot. Die Bertelsmann AG trennte sich von ihrem Vorstandsvorsitzenden Thomas Middelhoff und dessen Abschied setzte weitere Veränderungen in Gang, da der Vorstandsvorsitzende der Stiftung, Gunter Thielen, Middelhoffs Nachfolger wurde.

Meffert war gerade im Allgäu und kam aus einem Orgelkonzert, als ihn der Anruf erreichte. »Das Vertrauen, das mir das Ehepaar Mohn entgegenbringt, erfüllt mich mit Stolz«, wird er später schreiben.[1] Er arbeitete bereits seit einigen Monaten für die Mohns und ihre Stiftung. Als er ein Jahr davor im Mai 2001 an der Universität Münster die Laudatio bei der Verleihung der Ehrendoktorwürde an Mohn gehalten hatte, hatte dieser sich an Meffert gewendet. Meffert hatte als Professor für Wirtschaftswissenschaften in Münster ein vielbeachtetes Institut für Markenrecht etabliert – das erste in Deutschland. Die 25-Jahrfeier stand bevor und Mohn wollte seine Stiftung reformieren. Er warf die Fragen auf, ob die Ziele der Stiftung noch stimmten und ob sie zeitgemäß arbeitete. Finanzmittel und Mitarbeiterzahlen hatten sich nahezu verfünffacht, wie die Hauszeitschrift *Forum* betonte. Mohns Forderung lautete: »Die Bertelsmann Stiftung muss sich strategisch neu aufstellen.« Es ging um die Marke Bertelsmann Stiftung. »Die Stiftung als Reform-Marke«, betitelte Meffert einen Aufsatz, in dem er seinen Mitarbeitern sein Programm und Ziel erklärte.

Meffert sollte nicht nur die Inhalte, sondern auch die Strukturen reformieren. Aber Meffert ging noch weiter. Struktur war für ihn mehr als nur die Einteilung und Neuordnung der Bereiche. Meffert wollte die Stiftung als Marke etablieren, die Vertrauen erweckt und die glaubwürdig ist. Die Botschaft, die er vermitteln wollte, lautete: »Wir setzen uns als unabhängige, politisch neutrale, gemeinnützige Organisation für die Zukunftsfähigkeit unserer Gesellschaft ein.«

Seit Horst Teltschik war Meffert der erste Mann an der Spitze der Stiftung, der nicht vorher an der Spitze des Unternehmens gestanden hatte. Der erste Mann, der nicht im Aufsichtsrat und in der BVG saß und somit nicht direkt dem Unternehmen verbunden war. Einer, der nicht in jahrelangen Wechselspielchen zwischen Stiftung und Unternehmen die Richtung verloren hatte. Würde er diese Unabhängigkeit in die Stiftung einbringen können?

Als notwendig erachtete Meffert, dass die Stiftung nicht nur von Unabhängigkeit sprach, sondern da, wo sie es nicht war, endlich realiter wurde. Heikel war jedoch, dass Meffert diesbezüglich auch vor einflussreichen Vorstandskollegen nicht Halt machte. Meffert hatte Mohns Ansatz, seine Reden und den Gedanken, den er in seiner Stiftung transportierte, tagelang studiert und er nahm seine Ansichten ernst. So nahm Meffert den Kampf gegen Selbstbedienung auf, was das Gebaren des Vorstandskollegen Werner Weidenfeld betraf.

Ein Stiftungstag hat mehr als 24 Stunden: Die Staatsanwaltschaft ermittelt gegen Werner Weidenfeld

Werner Weidenfeld leitete das kommerzielle Centrum für angewandte Politikforschung (CAP) in München. Er stellte in seiner Eigenschaft als Chef des CAP Projektanträge an die Stiftung, die er dann als Vorstandsmitglied der Stiftung befürwortete oder gar absegnete.

Weidenfeld, Professor an der Ludwig-Maximilians-Universität München, eilte als Politikberater von Land zu Land und von Termin zu Termin. Er beriet Regierungen und Kommissionen, hielt Konferenzen und Kontakte zu Ministern, Akademikern, Funktionsträgern und Präsidenten. Die *FAZ* schrieb: »Auf gewisse Weise verkörpert Werner Weidenfeld insofern die Bertelsmann Stiftung, ihre Rastlosigkeit, ihre Allgegenwart, ihren ständigen Seitenwechsel an den Grenzen von privatwirtschaftlich, gemeinnützig, staatsnah und halbwissenschaftlich, prominenzorientiert und kommunal. Eine echte Nichtregierungsorganisation mit Kontakten in alle Regierungen hinein.«[2] Weidenfeld hatte einst Kanzler Helmut Kohl beraten und mit Horst Teltschick zusammengearbeitet. Jetzt beriet er Bertelsmann und die Stiftung und führte Liz Mohn und ihre Manager in Berlin, Brüssel und anderen Hauptstädten ein.

Er moderierte die Veranstaltungen der Stiftung mit großer Selbstsicherheit. Aber er war nicht unumstritten in Gütersloh. Andere leitende Mitarbeiter neideten ihm seine Kontakte und seine Präsenz in der Öffentlichkeit. Auch politisch herrschte Konkurrenzdenken, etwa zwischen ihm und Meffert oder ihm und dem EU-Abgeordneten Elmar Brok. Vielleicht war Weidenfeld zu naiv, um die Gefahr zu erkennen. 175 Arbeitstage jährlich deklarierte der Professor gegenüber der Bertelsmann Stiftung. Dabei war der Beamte ehrenamtlich tätig und die 175 Arbeitstage waren eine Nebentätigkeit. Vielleicht glaubte er auch der eigenen Inszenierung und sah sich tatsächlich rund um die Uhr im Einsatz. Instinktiv fragt man sich: Wie viele Arbeitstage umfasst eigentlich ein Jahr des Professor Weidenfeld?

Im Jahr 2005 forderte Meffert Weidenfeld heraus, wie das *Manager Magazin* im Juli 2005 berichtete.[3] Meffert glaubte, dabei die Unterstützung der Mohns zu haben. In einer streng vertraulichen Notiz vom März 2003 (»Sicherung der Führungsfähigkeit«) verlangte Meffert von seinen Vorstandskollegen eine »Verpflichtung auf Effizienzsteigerung und Commitment« und die »Lösung struktureller Personal- und Führungsprobleme«. Solche Reformen waren ein Novum in Gütersloh.

Weidenfeld war wie alle Mitglieder des Präsidiums bis 2005 nicht nur Mitglied im Vorstand, sondern auch im Kuratorium der Stiftung, wo er gewissermaßen über sich selbst wachte und sich die eigenen Projekte genehmigen konnte. Meffert beklagte sich laut *Manager Magazin* in einem Geheimdossier über die »Verselbstständigung des CAP«. Knapp 20 Prozent seines Haushalts bestritt das Politcentrum mit Gütersloher Stiftungsaufträgen. Um Weidenfeld unter Kontrolle zu bringen, legte ihm Meffert Anfang Dezember einen Beratervertrag vor. Weidenfeld verlangte eine Aussprache und am 20. Januar setzte er sich mit Meffert und Ernst Buschor, dem Vorsitzenden des Stiftungskuratoriums, zusammen.

Meffert wollte Weidenfelds Beraterleistung »gesondert honoriert« und »inhaltlich fixiert« wissen. Meffert führte steuerliche Gründe ins Feld und sagte Weidenfeld, er dürfe nicht mehr als 100 Arbeitstage abrechnen. Das *Manager Magazin* zitierte wörtlich aus einem vertraulichen Aktenvermerk (ST-P/HM 31.1.05): »Ich stellte mit Herrn Buschor auch die Frage, ob die von Herrn Weidenfeld im Jahr 2004 aufgewandten 175 Arbeitstage in diesem Ausmaß als Nebentätigkeit genehmigt seien. Herr Weidenfeld wies darauf hin, dass eine entsprechende Genehmigung ... vom bayerischen Ministerium mit ihm vereinbart wäre.«

Für solch eine Genehmigung ist jedoch kein Ministerium, sondern die Universität zuständig und diese betonte auf Anfrage des *Manager Magazins*, »dass ein Antrag auf Genehmigung einer Nebentätigkeit im Umfang von 175 Arbeitstagen nicht genehmigungsfähig« sei. Dies gelte auch für jene 100 Arbeitstage, die man Weidenfeld künftig zugestehe. Über das Angebot, das er letztlich akzeptierte, zeigte sich Weidenfeld verbittert. Meffert schrieb: »Dies betreffe neben einer spürbaren Gehaltskürzung auch die Genehmigungsregelung bei den Reisespesen zum Wohnort.« Offenbar hatte Weidenfeld auch diese Kosten großzügig und fantasievoll berechnet. Er war ja praktisch in Gedanken immer irgendwie im Auftrag der Stiftung unterwegs.

Eigentlich hätte Weidenfeld aufgrund seines Abrechnungsbetrugs, den Meffert ihm vorhielt, von seinen Aufgaben zurücktreten müssen. Aber Weidenfeld dachte offenbar nicht daran. Es sollte noch ganze zwei Jahre dauern, bis das öffentlich dargestellte, zweifelhafte Finanzgebaren von Werner Weidenfeld Konsequenzen hatte. Das heißt nichts anderes, als dass das Abrechnungsverhalten von Weidenfeld an der Spitze der Stiftung geduldet wurde. Der eigentliche Skandal ist also, dass das *Manager Managzin* im Juni 2005 detailliert darüber berichtet hat und es dann noch zwei Jahre gedauert hat, bis etwas geschah.

Dass dann etwas geschah, lag nicht daran, dass die Verantwortlichen in der Stiftung ein zweifelhaftes Finanzgebaren aufgedeckt hatten. Nein, es gab eine anonyme Anzeige. Im Juni 2007 kam die Staatsanwaltschaft in die Stiftung und sagte, man habe aufgrund einer anonymen Anzeige die beiden Wohnungen von Werner Weidenfeld durchsucht. Es ginge um Betrug und um falsche Abrechnungen. Ihm wurde vorgeworfen, private Ausgaben in Höhe eines vierstelligen Eurobetrags über die Stiftung abgerechnet zu haben. Hinter der Anzeige müsse jemand aus der Stiftung stehen, sonst hätte er nicht auf Akten zurückgreifen können. Die Staatsanwaltschaft gab der Stiftung zwei Wochen Zeit, Unterlagen zusammenzustellen.

Für die Ermittlungen war zwar bereits vieles verjährt, aber nicht für die interne Revision der Stiftung. Sie blickte tiefer und entdeckte mehr problematische Dinge, die offenbar geduldet waren. Weidenfelds Interessenkonflikt und Vergehen gegen ordnungsgemäße Abrechnungen waren ja nur möglich, weil man ihn jahrelang hatte gewähren lassen. Dies geschah, weil er dem Unternehmen in seiner Funktion gute Dienste leistete und die Nähe zur Politik herstellte. Wenn Bertelsmann beispielsweise für eine Fernsehlizenz in Kroatien Kontakte zum kroatischen Ministerpräsidenten benötigte, dann war auf Weidenfeld Verlass gewesen. Dafür durfte Weidenfeld dann auch unglaubwürdig viele Tage als Nebentätigkeit abrechnen. Er durfte sogar die Mahlzeiten an seinem Urlaubsort als Arbeitsessen verrechnen.

Ehemalige Mitglieder des Kuratoriums sagen, es werde im Kuratorium der Stiftung nur allgemein über Projekte gesprochen; finanzielle Daten würden nicht erörtert. Eine echte Aufsicht finde nicht statt. Es wäre nötig zu prüfen, ob Aufwand und Ertrag wirklich im Verhältnis stehen.

Wie viel Geld fließt beispielsweise aus der Stiftung in den Betrieb des Parkhotels in Güterloh, das Liz Mohn gehört, wenn dort Wettbewerbe, Empfänge und Konferenzen der Stiftung stattfinden? Wie viel in die Betreuung der Gäste? Die Öffentlichkeit weiß es nicht und kann die Effizienz der Stiftung nicht prüfen. Das ist ihre – aus Sicht der Allgemeinheit – vielleicht größte Schwäche.

Die größte Bedrohung der Stiftung ist die Stiftung selbst. Die Gefahr, so zeigte sich 2007, kommt von innen, in Gestalt eben jenes leitenden Mitarbeiters Werner Weidenfeld. Ein Neider oder aufrechter Kollege machte Öffentlichkeit und Ermittlern Arbeits- und Spesenabrechnungen zugänglich, gemäß derer Weidenfeld mehr als 24 Stunden am Tag im Einsatz war. Die Staatsanwaltschaft München ermittelte wegen des Verdachts der Untreue. Die Ermittlungen stellten den GAU für die Bertelsmann Stiftung dar. Was würde geschehen, wenn die Ermittler Einsicht in Abrechungen nehmen und Mitarbeiter vernehmen?

Es drohte zweierlei: Eine öffentliche Debatte und ein Gerichtsverfahren, in dem die Stiftung so sehr zu Transparenz gezwungen werden würde wie noch nie. Und es drohten peinliche Fragen nach Abrechungen, nach Aufwand und Ertrag, kurz: nach der Effizienz der

Stiftung und ihrem Nutzen für die Allgemeinheit. Das hatte Weidenfeld sicher nicht gewollt, aber an der Spitze der Stiftung war man nervös und bangte um die Betriebsgeheimnisse, wie es im Umfeld der Stiftung heißt. Familie Mohn und ihre Stiftung konnten jedoch verhindern, dass Ermittler den gesamten Betrieb durchleuchteten. Weidenfeld musste wegen seiner Dummheit mit den falschen Abrechungen aus dem Vorstand austreten. Die größte Bedrohung, die die Stiftung jemals erlebt hatte, ging glimpflich aus. Das Ermittlungsverfahren wurde gegen Zahlung von 10 000 Euro eingestellt. Die Öffentlichkeit nahm den Streit zwar wahr, registrierte aber kaum, worum es eigentlich ging.

Eine vorzeitige Vertragslösung

Im April 2005 gab Heribert Meffert der *Süddeutschen Zeitung* ein Interview.[4] Darin sprach er über den Einfluss der Stiftung auf Schröders Agenda 2010 und das Selbstbild der Stiftung als Katalysator. Die Journalisten fragten ihn: »Trotz der schönen neuen Regeln sitzt die Bertelsmann-Eignerin Liz Mohn sowohl im Vorstand als auch im Kuratorium der Stiftung. Wacht sie über sich selbst?« Meffert antwortete: »Dies ist nach dem Stiftungsrecht möglich und soll langfristig nicht perpetuiert werden. Von außen sieht es vielleicht wie ein Schönheitsfehler aus, aber wir haben in den Leitungsorganen eine klare Mehrheit Unabhängiger.« Es ist nur ein Satz. Aber für Mefferts Zukunft als Vorstandsvorsitzender der Stiftung war er entscheidend. Nach diesem Satz war seine Zukunft an der Spitze der Stiftung Vergangenheit.

Natürlich nicht nur wegen dieses einen Satzes. Meffert meinte vermutlich, was er da sagte. Er berief sich aufs Stifterrecht und versicherte, dass er dieses Recht nicht abschaffen wolle. Aber seine Worte machen klar, dass er sich bewusst war, dass die Eigentümerin und Familiensprecherin die Unabhängigkeit gefährdet. Und natürlich wusste er, dass von echter Unabhängigkeit keine Rede sein konnte. Seine Formulierung war ein Appell an die Mohns, unabhängig zu werden. Vielleicht war es ihm recht, dass die Öffentlichkeit dies thematisierte und Meffert bestätigte die Öffentlichkeit – ein bisschen.

Es war diese widersprüchliche Haltung, mit der die Stiftung stets Kritikern entgegnet: Was wollt ihr denn? Das Stiftungsrecht gestattet uns das. Aber das Stiftungsrecht ist schließlich kein Recht, das Unabhängigkeit und Transparenz gewährt, sondern das Gegenteil. Bertelsmann selbst hat dies im Zuge der Stiftungsreform über Jahre in Konferenzen und Debatten diskutiert und sich für Reformen eingesetzt, aber sie konnte darauf vertrauen, dass es nicht zu echten Reformen kommen würde. Zudem widerspricht die Doppelrolle von Liz Mohn den Empfehlungen des Bundesverbands Deutscher Stiftungen.

Meffert erlitt im Winter 2004 einen Infarkt des linken Auges und ein Arzt sagte ihm, dass Aufregung in seinem Zustand nicht förderlich für die Heilung sei.[5] Im Juni 2005 löste Meffert seinen Vertrag vorzeitig und trat Ende 2005 zurück, 20 Monate früher als geplant. Das *Manager Magazin* kommentierte: »Am Ende mochte er sich nicht mehr mit der Reform einer Organisation plagen, die nicht allein den Gesetzen kühler Logik gehorcht, wie Meffert sie schätzt, sondern dem flackernden Hin und Her von Launen und Eitelkeiten.«

Die *Süddeutsche Zeitung* schrieb: »Der Chef der Bertelsmann Stiftung beugt sich dem internen Druck.« Meffert sei am Ende »nur noch erleichtert« gewesen, als er seinen engeren Mitarbeitern in Gütersloh den Rücktritt zum 1. Januar 2006 ankündigte. »Eigentlich war es mein größter Wunsch, meinen im Juli letzten Jahres verlängerten Vertrag bis Mitte 2007 erfüllen zu können. Daran hindert mich jedoch ein vor kurzem aufgetretenes Augenleiden«, sagte der 68-Jährige. Der Hinweis auf die angeschlagene Gesundheit sei »berechtigt – und doch nicht die ganze Wahrheit«, schrieb der Wirtschaftsjournalist Marc Beise. Er kannte Meffert und schrieb: »Ein wohlwollenderes Umfeld vorausgesetzt, hätte Meffert seinen Vertrag wohl erfüllt.«

Gerd Wixforth, der Mefferts Abgang aus nächster Nähe mitbekommen hat, sagt heute in der Rückschau, dass Meffert in einen ganz schwierigen Prozess geraten war. »Er dachte eigentlich, er könne die Stiftung inhaltlich neu ausrichten, kämpfte aber mit den Strukturen.« Aber er habe das Angebot unter ganz anderen Voraussetzungen angenommen. Er hätte eigentlich inhaltlich arbeiten wollen, aber Thielen hatte eine Umstrukturierung begonnen, der Meffert in die Quere kam und die ihn wiederum von inhaltlicher Arbeit abhielt.[6]

Die Effizienz der Stiftung: Öffentlich predigt sie Wasser und heimlich trinkt sie Wein

Ein anderes, hausgemachtes Problem der Stiftung verdient einen genauen Blick: ihre Ineffizienz.

Der langjährige Stadtdirektor der Stadt Güterloh, Gerd Wixforth, begab sich nach seiner Pensionierung 1999 fünf Jahre lang fünf Tage in der Woche in die Stiftung, die ihm zur Koordination einer regionalen Beschäftigungsinitiative ein Büro zur Verfügung stellte. Er belegte ein Zimmer neben dem von Werner Weidenfeld und wurde von der regionalen Beschäftigungsinitiative bezahlt. Es war eine lehrreiche Zeit und Wixforth lernte viel über die Stiftung und ihr Innenleben.

Wixforth war einst nach dem Studium zwei Jahre bei einer Unternehmensberatung in Düsseldorf beschäftigt gewesen und hatte über Effizienz in kommunalen Verwaltungen promoviert. Als Kämmerer der Stadt Gütersloh musste er dann erleben, wie Mohn fast bei jeder Gelegenheit davon sprach, wie ineffizient doch Verwaltungen seien. Zugleich wollte er so wenig Geld wie möglich an die Stadt abgeben, sodass Wixforth fast um Steuern betteln musste. Mohn ließ die Steuern runterrechnen, wo es nur ging. Die Verluste der Expansion in den USA wurden so verrechnet, dass das Weltunternehmen Bertelsmann in Gütersloh kaum Steuern zahlte. Durch die Konstruktion der GmbH & Co KG profitierte Gütersloh andererseits kaum von den glänzenden Ergebnissen von Gruner + Jahr. Wixforth fand den Zustand so ärgerlich, dass er mit Zustimmung von Mohn und Wössner nach Hamburg fuhr und mit dem Chef von Gruner + Jahr, Gerd Schulte-Hillen, verhandelte, ob es nicht eine Lösung gebe, die wenigstens ein bisschen Geld in seine Kasse brächte. Doch Wixforth musste mit leeren Händen zurückkehren. Am Ende überredete Wössner Mohn, zwei Millionen Mark zu spenden. Das Geld floss in die Stadtbibliothek.

Als Wixforth dann später direkt in der Stiftung saß, hatte er eigentlich gedacht, er komme zu einer Organisation, die vorbildlich strukturiert sei und effizient und dezentral arbeite – immerhin predigte die Stiftung das hohe Lied der Effizienz und finanziert sich teilweise mit Steuergeldern. Doch nach seinem Gastspiel in der Stiftung hatte Gerd Wixforth von der Effizienz in der Stiftung eine bessere Vorstellung. Das lag nicht daran, dass die Stiftung so gut organisiert war, sondern am genauen Gegenteil. »Ich dachte viele Jahre, die Stiftung sei optimal organisiert, und kam aus dem Staunen nicht mehr heraus, dass die eine Hand nicht weiß, was die andere tut. Das Delegationsprinzip funktioniert in der Stiftung vorne und hinten nicht.« Es gab zu viele Projekte, deren Ergebnisse die wirklich entscheidenden Leute nicht erreichten. »Niemand in einer Verwaltung hat Zeit, Studien zu lesen – ich hab das nie erlebt in einer Verwaltung und das hab ich ihnen gesagt.« Wixforth riet ihnen, direkt an die Entscheider heranzutreten – nicht an die Beamten der mittleren Ebene.

Zu seinem Erstaunen stellte er fest, dass Mohn mit seiner Stiftung öffentlich Wasser predigte und insgeheim Wein trank. Die dezentrale Arbeitsweise, die Mohn im Unternehmen eingeführt hatte und die er als zentrales Thema in der Stiftung für ganz Deutschland als Modell predigte, war in seiner Stiftung nicht verwirklicht worden. Wixforth: »Ich dachte, Bertelsmann sei wirklich das Vorbild, zu dem es sich selbst erhob – im Unternehmen, aber erst recht in der kleineren Stiftung. Plötzlich merkte ich, dass wir in der Stadtverwaltung gar nicht so schlecht strukturiert waren und es hinsichtlich Effizienz durchaus mit der Stiftung aufnehmen konnten.« Wixforth deutet an, dass dies sehr freundlich ausgedrückt sei – in Wirklichkeit waren die Zustände in der Stiftung hinsichtlich Zuständigkeiten und Dezentralität sehr viel schlimmer.

Für jemanden wie Wixforth, dem Mohn dreißig Jahre lang Bertelsmann als Primus vor die Nase hielt und der Mohns Klage über die Ineffizienz der Verwaltung auswendig kannte, war es eine Genugtuung. Er konnte sich seinem Spezialgebiet widmen und er erhielt die Gewissheit, »dass ich als Stadtdirektor effizient war«, wie er sich erinnert.

10. Auf ewig Diener der Familie – Warum die Stiftung nicht erhält, was ihr zusteht

Die Beteiligung am Internetdienst America Online (AOL) erwies sich für Bertelsmann als Glücksgriff. Nicht, weil AOL so erfolgreich wurde, sondern weil Bertelsmann auf dem Höhepunkt der Interneteuphorie durch eine Konkurrenzklausel gezwungen wurde, die Anteile am amerikanischen AOL-Unternehmen und am europäischen Ableger AOL Europe zu verkaufen. Da AOL mit Time Warner fusionierte, musste Bertelsmann aufgrund einer Konkurrenzklausel seine Anteile verkaufen. Time Warner duldete nicht, dass das konkurrierende Medienunternehmen Bertelsmann Einblick in sein Geschäftsgebaren erhielt. So konnte Bertelsmann 2002 seinen 49-Prozent-Anteil an AOL Europe an AOL Time Warner für 6,75 Milliarden Dollar verkaufen, was damals mehr als 7 Milliarden Euro entsprach.

Der Geldsegen tat auch der Stiftung gut. Die Erträge stiegen von 49,7 Millionen Euro im Jahr 1999/2000 und 41,2 Millionen 2000/2001 auf 93,6 Millionen Euro im Jahr 2001/2002. Das war viel Geld. Aber im Vergleich zum Gewinn aus dem AOL-Verkauf, der dem Unternehmen mehr als 7 Milliarden Euro brachte, war es so gut wie nichts. Dabei gehörten der Stiftung damals 57,6 Prozent am Konzern. Das Unternehmen ließ sich den AOL-Gewinn in zwei Jahresraten auszahlen und verbuchte ihn mit Investitionen, unter anderem dem Kauf von RTL-Anteilen und dem Rückkauf von Anteilen, die die *Zeit*-Stiftung hielt. Die Bertelsmann Stiftung musste zusehen und nahm das geduldig hin.

2002 meldete das Unternehmen einen Gewinn von 928 Millionen Euro, den die AG erwirtschaftet hatte. Eigentlich hätten der Stiftung 534,5 Millionen Euro zugestanden – das wäre der Gewinnanteil für den 57,6-prozentigen Anteil der Stiftung gewesen. Bertelsmann schüttete aber nur 240 Millionen Euro an seine Aktionäre, also die Stiftung, Albert Frère und die Familie Mohn, aus. Frère erhielt 120 Millionen; die Stiftung und Familie Mohn erhielten ebenfalls 120 Millionen. Die Stiftung erhielt 2002 sogar nur 25,6 Millionen Euro. Der geringe Betrag kam wegen eines Rumpfgeschäftsjahres zustande; die Stiftung stellte damals das Geschäftsjahr auf das Kalenderjahr um. In eineinhalb Jahren erhielt die Stiftung insgesamt 86 Millionen Euro. Aber die Summe bleibt gering im Vergleich zu dem Betrag, den das Unternehmen einnahm.

Unterm Strich lässt sich sagen: Die Stiftung müsste Jahr für Jahr weitaus höhere Beträge erhalten, wenn die Eigentümer sie nicht als geduldige Sparbüchse des Unternehmens missbrauchten. Das ist nicht illegal und Praxis auch bei anderen unternehmensverbundenen Stiftungen. Das Unternehmen muss seine Gewinne versteuern. Aber ist es fair, der Öffentlichkeit fortlaufend zu versichern, gemeinnützige Stiftungen setzten sich ausschließlich für das Gemeinwohl ein, während sie am Ende die Interessen des Unternehmens an erste Stelle setzen? Die Öffentlichkeit lässt das zu, weil sie annimmt, dass sie den realen Gegenwert ihres Kapitalanteils in Form von gemeinnütziger Projektarbeit erhält. Das ist zumindest das Versprechen.

In Wirklichkeit erhält die Stiftung nicht die Gewinne, die ihr zustehen. In Wirklichkeit expandiert das Unternehmen der Mohns, indem die Gewinne reinvestiert werden. Ginge es der Stiftung wirklich in erster Linie um die Allgemeinheit und hätte sie das Sagen, das ihren Kapitalrechten entspricht, dann hätte sie den Gewinn aus dem AOL-Verkauf einfordern und für gemeinnützige Projekte verwenden können. Das wäre dann freilich auf Kosten der Expansion des Unternehmens gegangen.

Heute besitzt die Stiftung 77 Prozent am Unternehmen. Aber gehören ihr auch 77 Prozent am Gewinn? Natürlich nicht. Beispielsweise bestimmt der Gesellschaftsvertrag der BVG, dass 20 Prozent der Gewinne in eine Rücklage für das Unternehmen fließen. Das ist ein dreistelliger Millionenbetrag, der dem Unternehmen zur Verfügung steht. Die Mitglieder des Unternehmensvorstands erhielten 2001 übrigens

64 Millionen Euro als Vergütung; der Vorstandsvorsitzende Thomas Middelhoff allein einen Bonus von 20 Millionen Euro als Dank für den AOL-Gewinn. Das ist in Ordnung. Nicht in Ordnung ist aber, dass die Stiftung im Vergleich dazu fast leer ausging.

Der AOL-Verkaufserlös ging in zwei Jahresraten bei Bertelsmann ein. Die Mitarbeiter von Bertelsmann waren trotz gestiegener Gewinne nicht daran beteiligt, weil die Firmen der inländischen Gewinnbeteiligungsgemeinschaft nicht die erforderliche Eigenkapitalrendite von 10 Prozent erwirtschaftete, wie Siegfried Luther den Mitarbeitern 2003 erklärte.[1] Sie hatten sich über den Verkaufserlös ebenso zu früh gefreut wie die Stadt Gütersloh, die aufgrund des AOL-Deals 2001 Steuereinnahmen in Höhe von 6,5 Millionen Euro eingeplant hatte. Doch davon erhielt sie keinen einzigen Euro. Im Gegenteil. Bertelsmann forderte 15 Millionen Euro an zu viel im Voraus gezahlten Gewerbesteuern zurück.

Zwei Mitarbeiter von Bertelsmann, die für Bertelsmann und AOL Deutschland tätig gewesen sind, behaupteten, sie hätten Anteil an Bertelsmanns Erlös aus AOL, und klagten in den USA auf Gewinnbeteiligung. Sie erhielten insgesamt 209 Millionen Euro zugesprochen und einigten sich 2004 mit Bertelsmann auf 160 Millionen Euro. Das ist mehr, als die Stiftung erhielt, die damals immerhin fast 60 Prozent des Unternehmens besaß. Hätte die Stiftung auch klagen sollen, um zu ihrem Recht und zu ihrem Geld zu kommen? Das ist natürlich eine hypothetische Frage, denn der Stiftung fehlt zu einer solchen Klage die Unabgängigkeit vom Unternehmen und den Mohns: Sie müsste gegen sich selbst klagen. Das bedeutet aber auch, dass die Stiftung ihr Recht und ihre Ansprüche gegen die AG und die Familie Mohn nicht wahrnehmen kann.

Bertelsmann betont gerne, dass die Stiftung ein genügsamer Aktionär sei und man deshalb Gott sei Dank nicht dem Druck der Börse ausgesetzt sei – als würden fremde Aktionäre das Unternehmen ausbeuten. In Wahrheit ließ sich der Fremdaktionär Albert Frère nicht nur 120 Millionen Euro Jahresdividende garantieren, sondern sorgte durch umfangreiche Vertragsregelungen dafür, dass auch die Stiftung mehr Dividende vom Gewinn ausbezahlt erhielt, wie der damalige Finanzchef Luther bestätigt. Frère drängte dabei auch auf Nachzahlungen an die Stiftung. Die Mehreinnahmen wanderten in die Rücklage der Stiftung. Das heißt: Die Fremdbeteiligung zahlte sich für die Stiftung aus, weil Frère nicht nur für sich selbst, sondern auch für die Stiftung eine kräftige Dividende forderte. 2005 erhielt die Stiftung aufgrund dieser Nachzahlungen immerhin 125 Millionen Euro.

Der »wahre« Wert des Vermögens

Damit dieser Widerspruch zwischen Unternehmensertrag und Ausschüttung an die Stiftung nicht so sehr auffällt, setzen die Mohns den Vermögenswert ihrer Stiftung viel zu niedrig an. Ein einziges Mal hat die Stiftung dagegen protestiert. Sie tat es still und leise und unter Experten in Form einer Studie – ganz so wie es eben ihre Art ist. Ihr Titel: *Vermögen von Stiftungen – Bewertung in Deutschland und den USA*. Erschienen ist sie 2002.[2]

Der Wirtschaftsprüfer Joachim Doppstadt bemängelte darin, die Bilanz der Bertelsmann Stiftung enthalte »keine Aussage darüber, wie sich der Wert darstellt«. Erst ein Vergleich mit der Bilanz der AG lasse Rückschlüsse zu. Doppstadt legte so den Widerspruch offen: Die AG besaß im Jahr 2000 ein Eigenkapital in Höhe von 5926 Millionen Mark (inklusive 1344 Millionen Mark Genusskapital). Der Jahresüberschuss der AG betrug 1998/99 und 1999/2000 immerhin 583 und 700 Millionen Mark. Im gleichen Zeitraum besaß die Stiftung 71,2 Prozent der Kapitalanteile am Unternehmen; ihr Vermögen gab sie mit 1218 Millionen Mark an. Doppstadt liest aus diesen Zahlen »deutlich ab, dass der Beteiligungsansatz bei der Bertelsmann Stiftung, wie auch immer er ermittelt wurde, lediglich einen Bruchteil des Verkehrswertes der Beteiligung an der Bertelsmann AG ausmacht«[3]. Mit anderen Worten: Die Mohns rechnen den Vermögenswert ihrer Stiftung klein. Das führt dazu, dass die Ausschüttung in der Bilanz der Stiftung nicht ganz so gering erscheint, wie sie eigentlich ist.

Die Abteilung Stiftungswesen der Bertelsmann Stiftung hatte die besagte Studie über den wahren Wert von Stiftungen in Auftrag gegeben und damit die Aufmerksamkeit auf ein Problem gelenkt, dessen man sich innerhalb der Stiftungswelt sehr bewusst ist, welches außerhalb dagegen kaum bekannt ist: Es ist ein Problem, das auch die Bertelsmann Stiftung selbst in besonderer Weise betrifft.

Einer der drei Autoren, der bereits erwähnte Joachim Doppstadt, sagt: »Die Berechnung war eine Katastrophe.« Er habe die Hochglanzprospekte der Stiftungen durchgesehen und sei aus den darin veröffentlichen Bilanzen nicht schlau geworden – und das, obwohl er Stiftungs- und Steuerexperte ist, mehr als hundert Stiftungen betreut und rund tausend Rechnungslegungen von Stiftungen gesehen hat. Unter Wirtschaftsprüfern und Steuerberatern von Stiftungen gilt der saloppe Satz: Jeder Betreiber einer Würstelbude muss mehr offenlegen als eine Stiftung. »Dem stimme ich voll und ganz zu«, sagt Doppstadt. »Ein Nichtfachmann weiß überhaupt nicht, wie er an die Zahlen kommen kann.«[4]

Es sei ihm nicht möglich gewesen, das Vermögen zu bestimmen. Sein Beitrag für die Studie sei, obwohl nur 20 Druckseiten umfassend, »sehr aufwendig gewesen«. Grundsätzlich gelte für unternehmensnahe Stiftungen, dass sie stets die gleiche Intention haben, sagt Doppstadt: »Im Vordergrund steht der Erhalt des Unternehmens. Es geht immer um das Wohl des Unternehmens.« Ihm sei keine andere Konstruktion bekannt.

Ranglisten des Bundesverbandes Deutscher Stiftungen über die 15 reichsten Stiftungen geben lediglich einen Anhaltspunkt, wer zur Spitzengruppe gehört. Obwohl sie Summen nennen, haben sie kaum Aussagekraft über das tatsächliche Vermögen. Der Grund: Viele Stiftungen rechnen ihr Vermögen klein und geben lediglich einen Bruchteil davon gegenüber der Öffentlichkeit an. Die Bertelsmann Stiftung wollte mit ihrer Studie eine Reformdebatte anstoßen, ob man nicht besser auf das amerikanische Modell der Bilanzierung und Ausschüttung umstellen sollte, wonach 5 Prozent des Vermögens ausgeschüttet werden sollen. Bislang schütten Stiftungen Summen aus, die unabhängig vom Gewinn der Unternehmen festgelegt werden. Es sind Summen, die sich die Stifter ausdenken. Der eine gibt mehr, der andere weniger. Es ist, als würde man Steuerzahler fragen, wie viel sie denn der Allgemeinheit geben wollen. Mit Transparenz und Demokratie hat ein solches System nichts zu tun.

Voraussetzung für eine prozentuale Berechnung wäre freilich, dass man den wahren Wert der Stiftungen kennt. Die Bertelsmann Stiftung leistete mit ihrer 130 Seiten umfangreichen Studie *Vermögen von Stiftungen – Bewertung in Deutschland und den USA* und den Fragen, die sie aufwirft, also tatsächlich Aufklärung über Dinge, die Stiftungen lieber verbergen.

Die Bertelsmann Stiftung steht hinsichtlich ihrer jährlichen Ausgaben in einem Ranking des Bundesverbandes Deutscher Stiftungen an zweiter Stelle in Deutschland: Im Jahr 2008 lag sie mit 77 Millionen Euro hinter der Volkswagen Stiftung (122 Millionen) und vor der Robert Bosch Stiftung, die 75 Millionen Euro im Jahr ausgibt. In einer weiteren Rangliste, die die Stiftungen nach ihrem Vermögen listet, liegt die Bertelsmann Stiftung mit 619 Millionen Euro lediglich auf Rang 13. Angeführt wird diese Rangliste von der Robert Bosch Stiftung GmbH, die ihr Vermögen auf 5,2 Milliarden Euro beziffert. Es folgen Dietmar Hopp Stiftung GmbH mit 2,9 Milliarden Euro und Volkswagen Stiftung mit 2,4 Milliarden Euro.

Der Bundesverband weist in seinem Ranking darauf hin, dass die Vermögensangaben reine Buchwerte darstellen, also Angaben, wie Stiftungen den eigenen Wert verbuchen. Die tatsächlichen Werte (Verkehrswerte) könnten »erheblich höher liegen«, so der Bundesverband. »Gefragt wurde nach dem aktuellen Stiftungskapital einschließlich zugeführter Zustiftungen, freier Rücklagen und Thesaurierungen.« Diese vorsichtige Formulierung legt nahe, dass sich der Verband selbst mit einer Einschätzung schwer tut und nicht zu beurteilen vermag, was die Stiftungen denn tatsächlich in ihre Antwort einfließen lassen. Der Bundesverband warnt auch: »Die Gesamtausgaben lassen kaum Rückschlüsse auf die Vermögenssituation oder die Wirtschaftlichkeit einer Stiftung zu.«

Die Bertelsmann Stiftung gibt ihr Vermögen also mit 619 Millionen Euro an. Die Stiftung besitzt heute 77 Prozent der Kapitalanteile an der Bertelsmann AG, deren Vermögen auf rund 18 bis 20 Milliarden Euro geschätzt wird. Eine Schätzung des Verkehrswertes ist möglich, weil Bertelsmann vor knapp zehn Jahren an die Börse gehen wollte. Wie bereits erwähnt, hatte damals das Unternehmen 25 Prozent an den belgischen Investor Albert Frère verkauft; fünf Jahre später hat Liz Mohn die 25 Prozent für 4,5 Milliarden Euro zurückgekauft. Ein dreimal so großer Anteil dürfte allerdings deutlich mehr wert sein. Wenn die AG im Jahr 2005 mindestens 18 Milliarden Euro wert war, dann dürften es heute mindestens 20 Milliarden Euro sein.

Wenn 100 Prozent rund 20 Milliarden Euro wert sind, dann liegt der wahre Wert des 77-prozentigen Anteils der Stiftung bei rund 15 Milliarden Euro. Der Verkehrswert steht also in krassem Gegensatz zum Buchwert von 620 Millionen Euro, den die Stiftung selbst angibt. Mit Sicherheit lässt sich daher sagen, dass die Vermögensangabe der Bertelsmann Stiftung nichts mit ihrem tatsächlichen Wert zu tun hat (während Bosch und Volkswagen Stiftung vermutlich ihrem Vermögenswert nahe beziehungsweise näher kommen).

Wie lässt sich diese unterschiedliche Bewertung erklären? Die Stiftung selbst kommentiert diese Zahl nicht. Es ist ein Wert, der bei der Übertragung der Kapitalrechte 1993 von Reinhard Mohn willkürlich festgelegt und seitdem stets übernommen wurde. Jedenfalls gibt die Stiftung in ihrer Satzung von 1994 die Übertragung als Zustiftung in Höhe von 1,2 Milliarden Mark (also rund 600 Millionen Euro) an. Das ist der Buchwert, der seit der Aktienübertragung 1993 gleich geblieben ist, obwohl der Wert des Unternehmens seitdem kräftig gestiegen ist. Der Wert wurde damals mit 1,2 Milliarden Mark verbucht, obwohl das Unternehmen den wahren Wert der Aktien, die Reinhard Mohn der Stiftung schenkte, auf rund zehn Milliarden Mark schätzte, wie der damalige Vorstandsvorsitzende Mark Wössner bestätigte.

Dem belgischen Investor Albert Frère garantierten die Mohns fünf Jahre lang für dessen 25-prozentigen Anteil eine jährliche Dividende in Höhe von 120 Millionen Euro. Die Stiftung erhält für ihren 77-prozentigen Anteil jedoch nur zwischen 60 und 80 Millionen Euro. Wie ist es zu erklären, dass 25 Prozent eine fast doppelt so hohe Dividende ergeben? Dabei müsste die Stiftung – wenn man die Garantie für Frère auf den dreifachen Anteil hochrechnet – statt 60 bis 80 eigentlich 360 Millionen Euro erhalten.

Das Unternehmen spart sich also in ertragsstarken Jahren noch einmal rund 280 bis 300 Millionen Euro, die eigentlich gemeinnützigen Zwecken zufließen könnten. Die Mohns gaben diese Summe jedoch nicht der Allgemeinheit, sondern entschieden, das Geld in ihr Unternehmen zu investieren. In vier Jahren macht das eine Milliarde Euro, die nicht der Allgemeinheit, sondern dem Unternehmen zugutekommen. Das bedeutet aber auch: Nicht Mohn finanziert der Allgemeinheit eine Reformwerkstatt. Vielmehr finanziert die Allgemeinheit den Mohns ein Institut, mit dem diese Gesetze nach ihren Wünschen und Interessen beeinflussen können. So gesehen, stellt die Bertelsmann Stiftung eine Pervertierung des eigentlichen Stiftergedankens dar. Vermutlich ist Bertelsmann gar kein herausragender Einzelfall, sondern dergleichen ist unter unternehmensverbundenen Stiftungen üblich, und legal. Das macht ihn moralisch nicht weniger fragwürdig.

Das Problem des unbekannten Vermögenswertes betrifft nicht nur die Bertelsmann Stiftung, sondern zahlreiche Unternehmensstiftungen. Der Bundesverband Deutscher Stiftungen, der als Dachverband die Interessen der 17 400 rechtsfähigen Stiftungen bürgerlichen Rechts vertritt, kann zwar sagen, dass er damit rund 80 Prozent des deutschen Stiftungsvermögens repräsentiert. Auch weiß er, dass etwa 95 Prozent aller Stiftungen in Deutschland gemeinnützig und somit steuerbefreit sind. Aber wie groß das Vermögen ist, das weiß er nicht. Er schätzt das Gesamtvermögen auf rund 100 Milliarden Euro. Aber da diese Zahl auf freiwilligen Angaben der Stiftungen beruht, ist sie garantiert falsch und zu niedrig angesetzt.

Dass die Bertelsmann Stiftung nicht als Negativbeispiel für eine Stiftung auffällt, die fortwährend demokratische Mechanismen unterläuft, liegt nur daran, dass sie tatsächlich viele mehr oder weniger gemeinnützige Projekte verfolgt, mehr als 300 Mitarbeiter beschäftigt und sich zu allen möglichen gesellschaftlichen Fragen mit ihren Lösungsvorschlägen zu Wort meldet. Die Bertelsmann Stiftung und andere unternehmensverbundene Stiftungen argumentieren, die geringe Dividende sei gerechtfertigt, weil sie sich nicht Geld am Kapitalmarkt (also der Börse) holen können. Das stimmt, und tatsächlich erlaubt das Aktienrecht, bis zu 50 Prozent des Gewinns für Investitionen zurückzuhalten. Aber niemand zwingt einen Unternehmer, eine Stiftungskonstruktion zu wählen und sein Unternehmen auf diese Art abzuschotten. Das Argument, ein gesundes, mit einer starken Kapitaldecke ausgestattetes Unternehmen erhalte Arbeitsplätze und sichere so das Wohl der Allgemeinheit, ist im Falle von Bertelsmann kein Grund, Gewinne vorzuenthalten.

Reinhard Mohn und seine Nachfolger an der Spitze des Unternehmens versichern ein ums andere Mal, dass ihr Unternehmen vollständig dezentral geführt sei und jeder Bereich für sich funktioniere. Das bedeutet: Man kann jede Tochterfirma verkaufen, ohne dass man Angst haben muss, sie würde ohne Bertelsmann in Konkurs gehen. Als sich Bertelsmann verschuldete und die Musiksparte und andere Teile veräußerte, um die Aktien von Frère zurückzukaufen, schien sich allerdings niemand um die Arbeitsplätze zu sorgen. Dabei kann man sehr wohl fragen, ob der Rückkauf und die Verschuldung wirklich nötig waren. Das Geld, das die Mohns der Stiftung vorenthielten, haben sie eingesetzt, um den Rückkauf der Aktien zu finanzieren. Welchem Interesse der Allgemeinheit wurde damit gedient? Keinem, doch jenen der Familie Mohn sehr wohl, weil ihr Unternehmen wuchs. Bertelsmann argumentiert, der Rückkauf nütze langfristig der Stiftung. Dem wäre zuzustimmen, wenn sie unabhängig wäre.

Mohn hat den Leitgedanken »Eigentum verpflichtet« für sich und seine Stiftung so uminterpretiert, dass er sein Eigentum einsetzen kann, um seine Interessen durchzusetzen. Seinen angeblichen Einsatz für das Gemeinwohl definierte er in einem Informationsvideo, das die Stiftung auf ihrer Website präsentiert, ganz frei und offen als Einsatz für das, was er persönlich für richtig erkannt habe: »Wenn man in der Verfassung den Grundsatz stehen hat, dass Eigentum verpflichtet oder dass Verantwortung verpflichtet als Unternehmer, dann können Sie Dinge, die verkehrt sind, nicht einfach hinnehmen. Das können Regelungen der Tarifpartner sein oder das können Regelungen im steuerlichen Bereich sein. Wie auch immer. Dann müssen Sie als engagierter Bürger sagen: das geht mich auch an.«

Mohn lieferte mit diesen Worten nichts anderes als eine schöne

Umschreibung für Lobbying. Wenn er als Unternehmer ein tarifliches oder steuerliches Gesetz als falsch ansieht, hat er das Recht, dagegen anzugehen? Sicher. Aber müssen ihm dazu Steuern erlassen und die Gemeinnützigkeit zuerkannt werden? Das sicher nicht. Wenn diese Auffassung Schule macht, könnten Unternehmen und Privatpersonen künftig sämtliche Kosten zur Durchsetzung ihrer Interessen von der Steuer absetzen, denn wer hat nicht den Eindruck, dass er ein legitimes Einzelinteresse als Teil einer Gruppe vertritt? Gleichgesinnte Unternehmer lassen sich immer finden.

Wie Familie Mohn mit der Stiftung Erbschaftsteuer spart

Keine Aufmerksamkeit lenkt die Stiftung auf die Frage, wie viel Geld an geschätzten Steuern die Eigentümer durch die Stiftungskonstruktion gespart haben. Der Journalist Harald Schumann schrieb 2006, Mohn habe dadurch »gut zwei Milliarden Euro Erbschaft- oder Schenkungssteuer« gespart; zudem sei die jährliche Dividenden-Zahlung an die Stiftung steuerfrei. Insofern gibt die Stiftung »mit ihrem Jahresetat von rund 60 Millionen Euro nicht mal annähernd das aus, was sie den Fiskus kostet.«[5]

Am 3. Oktober 2009 ist der Erbfall eingetreten, für den Reinhard Mohn die Stiftung ins Leben gerufen hat. Angenommen, die Bertelsmann AG wäre vollständig im Besitz der Familie geblieben, dann umfasste ihr Besitz zu 100 Prozent den Wert des Unternehmens, also rund 20 Milliarden Euro. Somit hätte die Familie 2009 im Erbfall für 100 Prozent Erbschaftsteuer zahlen müssen, also einmalig sechs Milliarden Euro.[6] Diese Summe ginge an den Fiskus, also die Allgemeinheit. 77 Prozent Unternehmensanteil entsprechen demnach 15,4 Milliarden Euro. Die Erbschaftsteuer in Höhe von 30 Prozent beträgt damit 4,62 Milliarden Euro. Diese Summe hat die Familie durch die Stiftungskonstruktion gespart.[7] Der reale Wert wäre infolge Vergünstigungen allerdings vermutlich niedriger ausgefallen.

Die jährliche Ausschüttung an die Stiftung liegt bei 60 Millionen Euro. Eine Privatperson oder -firma, die diesen Betrag einem privaten gesellschaftspolitischen Institut weiterreicht, müsste dafür jährlich rund 10 Millionen Euro Steuern abführen (9 Millionen Euro für 15 Prozent Körperschaftssteuer plus 450 000 Euro Solidaritätszuschlag). Das heißt: Die Stiftung erspart dem Privatunternehmer jährlich rund 10 Millionen Euro.

Die BVG-Stiftung – Das heimliche Machtzentrum von Liz Mohn

Am 21. Dezember 2007 erkannte die Bezirksregierung in Detmold, die zuständige Stiftungsaufsicht für Gütersloh, eine weitere gemeinnützige Stiftung der Mohns an. Reinhard und Elisabeth Mohn nannten sie nach der Bertelsmann Verwaltungsgesellschaft BVG-Stiftung. Reinhard Mohn ernannte seine Sekretärin in der Bertelsmann Stiftung, Susanne Knetsch, zur Kontaktperson, und seine Frau Liz Mohn bildet den Vorstand – außer ihr ist niemand verfügungsberechtigt. Liz Mohn bestimmt also allein.

Als Zweck der Stiftung gaben die Mohns offiziell »Kinder-/Jugendhilfe, Waisen, mildtätige Zwecke, Wissenschaft und Forschung – allgemein Kunst und Kultur – allgemein Völkerverständigung« an. Dies ist eine Standardformulierung, die für alles und nichts steht. Die Mohns verwenden sie immer dann, wenn eine Stiftung nur als juristische Hülle ohne konkrete Aufgabe existiert und sie sich alles offenhalten wollen. Es ist also eine Stiftung auf Vorrat. Wortgleich lautet der Zweck der RM-Stiftung, die Reinhard Mohn ebenfalls 2007 gründete und die ebenfalls zunächst nur als Hülle existierte. Erst nach dem Tod von Reinhard Mohn zum Jubiläum 2010 wurde sie in Reinhard-Mohn-Stiftung umbenannt und mit Leben gefüllt. Ihr Kapital beträgt 100 000 Euro und sie soll von der AG jährlich rund 500 000 Euro erhalten, um damit Projekte in der Region um Gütersloh zu fördern. Christoph, einer der beiden Söhne von Liz und Reinhard, soll sie führen. Ist die BVG-Stiftung auch so ein Konstrukt, das irgendwann mit Leben gefüllt werden soll?

Klar ist nur, dass kaum jemand davon Notiz nimmt. Selbst langjährige Mitarbeiter der Stiftung wissen nichts von ihr. Bei Bertelsmann gibt es ein internes Telefonbuch, das so dick ist wie das Verzeichnis einer Großstadt und jede Abteilung und jeden Mitarbeiter, jede Sekretärin und jeden Telefonanschluss bis hin zum Centrum für Hochschulentwicklung und zum Anschluss des Zivildienstleistenden in der Schlaganfall-Hilfe fein säuberlich listet. Die BVG ist jedoch unerwähnt. Weder die BVG noch die BVG-Stiftung haben ein Büro innerhalb der AG oder der Stiftung und es gibt keinen Mitarbeiter, der nach außen oder intern als zuständig identifizierbar ist. Die Mechanismen der Macht sind ein Geheimnis bei Bertelsmann.

Neben der großen Bertelsmann Stiftung (seit 1977) existieren nun also die kleine Bertelsmann Wissenschaftsstiftung (für Wissenschaft und Forschung, Kunst und Kultur seit 1995), die Deutsche Schlaganfall-Hilfe (für Gesundheitswesen, Krankenhäuser, Wissenschaft und Forschung seit 1993), die Liz Mohn Kultur- und Musikstiftung (für Bildung, Erziehung, Ausbildung, Musik, Völkerverständigung seit 2005) sowie die Reinhard-Mohn-Stiftung. Die große Bertelsmann Stiftung und die von Liz Mohn gegründete Schlaganfallstiftung sind bekannt. Sie beschäftigen eigene Pressesprecher und sie suchen den Kontakt zur Öffentlichkeit. Über sie wird oft berichtet. Vor allem die Schlaganfall-Hilfe ist darauf angewiesen, weil sie sich im Gegensatz zur Bertelsmann Stiftung aus Spendengeldern finanziert. Die Abteilung für Öffentlichkeitsarbeit und Kommunikation der Stiftung beschäftigt 25 Mitarbeiter inklusive dem Verlag der Bertelsmann Stiftung.

Die BVG-Stiftung ist nicht nur die kleinste, jüngste und unbekannteste, sondern es ist auch die mächtigste und somit die wichtigste der Stiftungen der Familie Mohn. Nach dem Tod von Reinhard Mohn am 3. Oktober 2009 berichtete die Lokalzeitung *Die Glocke*, das Stiftungskapital der BVG-Stiftung betrage 100 000 Euro. Als sich *Die Glocke* nach dem Sinn und Zweck erkundigte, antwortete Bertelsmann, die Stiftung sei in der Findungsphase und habe noch keine Mitarbeiter. (Tatsächlich hat eine gemeinnützige Stiftung nach der Gründung drei Jahre Zeit, mit konkreten Projekten zu beginnen.) So verfolgt sie bislang (noch) kein einziges konkretes Projekt und hat auch keine konkreten Pläne dazu, fördert also weder mildtätige Zwecke noch Waisenkinder, Musik oder Wissenschaft. Aber einen Zweck erfüllt sie schon: Es geht der BVG-Stiftung trotz ihres Status nicht um Gemeinnützigkeit. Die Bertelsmann Verwaltungsgesellschaft mbH (BVG) ist das Machtzentrum von Bertelsmann. In ihr sind 100 Prozent der Stimmen gebündelt; sie trifft alle wichtigen Entscheidungen, bestimmt, wer Vorsitzender des Vorstands oder des Aufsichtsrates wird. Sie entscheidet auch über die Ausschüttung der Gewinne der Bertelsmann AG an die Bertelsmann Stiftung und an die Familienmitglieder Mohn.

Um diesen Zusammenhang zu verstehen, ist ein Blick auf die BVG nötig. Die BVG mbH existiert in unterschiedlichen Variationen bereits seit den achtziger Jahren. Zu Beginn hieß sie Bertelsmann Vermögensverwaltungsgesellschaft – ein Name, der ihren Zweck treffend beschreibt. Reinhard Mohn hat sie dann immer wieder modifiziert und den Gesellschaftervertrag laufend verändert, manchmal vollständig überarbeitet und praktisch ausgetauscht. Der Öffentlichkeit und den Mitarbeitern von Bertelsmann vermittelte er durch den Hinweis auf die BVG das Gefühl, ein Gremium aus kompetenten Managern und Mitgliedern der Familie leite Bertelsmann auf partnerschaftliche Art und Weise. Sich selbst sicherte er allerdings ein Veto für sämtliche Entscheidungen. Aber sonst zähle vor allem Sachverstand und nicht Herkunft. Mitglieder waren seit 1999 kraft ihrer Ämter der Vorstandsvorsitzende und der Aufsichtsratsvorsitzende der AG, die Familie Mohn entsandte einen Vertreter, ebenso die Stiftung, die Mitarbeiter und die Tochterfirmen der AG. Zunächst hatte sie acht, seit 2007 nur mehr sechs Gesellschafter. Das Management und die Mitarbeiter mussten Plätze räumen. Liz Mohn ist Mitglied des Aufsichtsrats und die Familie wird von Brigitte Mohn vertreten. Wer aber vertritt die Tochterfirmen? Zufälligerweise schickten die Tochterfirmen Christoph Mohn in die BVG. Das entschieden freilich weder Stiftung noch Tochterfirmen, sondern das regelte die Familie Mohn. Neben den drei Mohns sind heute Werner Bauer, Dieter Vogel und Jürgen Strube Gesellschafter der BVG.

Als Reinhard Mohn im Oktober 2009 starb, war es für die Öffentlichkeit eine große Neuigkeit, dass Liz Mohn von ihrem Mann sogar das Veto übertragen bekommen hat. Früher hatte es stets geheißen, das Veto sterbe mit Reinhard Mohn. In Wahrheit hatte Liz Mohn zu diesem Zeitpunkt jedoch längst die Macht in der BVG übernommen und zwar mit Hilfe der BVG-Stiftung. Ihr übertrug Liz Mohn als Geschäftsführerin der BVG am 28. April 2008 sechs Gesellschafteranteile in Höhe von jeweils 7600 Euro. Das Gesamtkapital der BVG beträgt 60 000 Euro. Den restlichen sechs Gesellschaftern verbleiben damit jeweils 2400 Euro. Das bedeutet: Liz Mohn kontrolliert nun über ihren persönlichen Anteil und die Anteile der BVG-Stiftung als alleiniger Vorstand insgesamt 48 000 der 60 000 Euro der BVG – nahezu 80 Prozent. Die Anteile der BVG-Stiftung ergeben alleine (also ohne persönliche Anteile von Liz Mohn) bereits 76 Prozent. Für wichtige Entscheidungen sind in der Regel mindestens drei Viertel der Stimmen nötig, also 76 Prozent. Die BVG-Stiftung kann also alles ganz alleine bestimmen. Das bedeutet: Liz Mohn hält nicht nur ein Veto, gegen das die anderen nichts durchsetzen können. Die knapp 80 Prozent bedeuten, dass sie unliebsame Entscheidungen nicht nur blockieren, sondern alles alleine entscheiden kann. Sie muss ihr Veto gar nicht androhen oder einsetzen. Sie alleine bestimmt und kontrolliert Bertelsmann.

Die BVG ist ein Konstrukt, das der Öffentlichkeit gemeinschaftliche Führung und partnerschaftliche Beschlussfassung vortäuschen soll. In Wirklichkeit entscheidet eine einzige Person. Die anderen fünf Mitglieder der BVG sind lediglich ihre Berater, die letztendlich aber nichts zu sagen haben. Seit April 2008 ist die BVG also eine reine Fassade. Aber das erfährt die Öffentlichkeit nicht. Die BVG-Stiftung hat folglich schlicht eine einzige Aufgabe: Sie bündelt die Stimmen und schafft eine Mehrheit für Liz Mohn. Die BVG-Stiftung ist das heimliche Machtzentrum, aus dem heraus Liz Mohn die Bertelsmann AG und die Bertelsmann Stiftung steuert. Nur weiß das niemand, denn die Mohns sprechen nicht darüber.

Reinhard Mohn hatte die Kontrolle seit vielen Jahren mit einer ähnlichen Konstruktion abgesichert, indem er über ein winziges Aktienpaket in der Johannes Mohn GmbH von nominell 500 Euro die gesamten Stimmrechte des Unternehmens hielt. Die GmbH wurde nach dem ältesten Sohn von Reinhard benannt, der aus der Ehe mit seiner ersten Frau Magdalene stammt (mit ihr hat Reinhard Mohn noch zwei Töchter). Dass die Kontrolle des Unternehmens über eine GmbH lief, die nach Johannes benannt war, ist purer Hohn, denn jahrelang hatte Reinhard seinem Sohn erzählt, er könnte das Unternehmen einmal erben und führen – bis seine zweite Frau Liz offenbar andere Pläne hatte.

Als Reinhard Mohn Ende Juni 1999, zwei Tage nach seinem 78. Geburtstag, seine Anteile der BVG überschrieb, dachte die Öffentlichkeit, Mohn hätte damit die 165-jährige Familientradition von Bertelsmann beendet. Mohn verkündete auf einer Pressekonferenz folgende Details: In der Verwaltungsgesellschaft sitze neben dem Aufsichtsrats- und dem Vorstandsvorsitzenden, einem Vertreter der Stiftung und einem der Mitarbeiter sowie der Beteiligungsfirmen der AG nur ein Familienmitglied. Die *Berliner Zeitung* kommentierte, dass Mohn, nachdem er bereits sein Vermögen in einer Selbstenteignungsaktion mehrheitlich der Bertelsmann Stiftung übertragen habe, er nun auch die Verfügungsgewalt über das Kapital und das Unternehmen abgegeben habe. Obwohl drei Kinder von Mohn bei Bertelsmann arbeiteten, habe die Familie in dem traditionsreichen Familienbetrieb nun so gut wie nichts mehr zu sagen. Reinhard Mohn sagte damals, er habe lange mit seinen Kindern über diese Lösung gesprochen. Vor allem der Umstand, dass der Familienvertreter gewählt würde, sei kontrovers diskutiert worden. Am Ende habe es jedoch eine »komplette Einigung« gegeben.

Ein Unternehmen sei nicht dazu da, Gewinn zu machen, sagte Mohn: »Kapital ist für uns ein Werkzeug. Der Leistungsbeitrag für die Gemeinschaft ist das übergeordnete Ziel.« Freilich seien Änderungen nicht völlig ausgeschlossen. Nicht völlig ausgeschlossen? Das ist weit untertrieben für all jene Änderungen, die die Mohns in den folgenden Jahren vornahmen. In den Folgejahren zeigte sich, dass der Eindruck von damals, Mohn habe das Vermögen der Stiftung geschenkt, völlig falsch war. Mohn hatte die Kontrolle über sein Unternehmen nie abgegeben. Im Gegenteil: Der Einfluss der Familie auf die AG und die Stiftung ist stärker denn je. Liz Mohn kann alles bestimmen. Familienvertreter müssen nicht darum bangen, gewählt zu werden.

Machterhalt per Satzungsänderung

Eine Stiftung gehört sich selbst, sie existiert bis in alle Ewigkeit und niemand kann sie beherrschen. Das ist die Legende vom Stiften. Die Wahrheit sieht anders aus: Wie kann es sein, dass die Bertelsmann Stiftung vom Gewinn nicht erhält, was ihr zusteht? Das hat mit einer ausgefeilten Verteilung von Macht, Ansprüchen und Rechten zu tun, bei der die Stiftung am Ende nicht erhält, was ihr zusteht, und auf den guten Willen von Liz Mohn angewiesen ist. Ihr räumt die Satzung alle Rechte auf ewig ein. Die Hierarchie ist klar geregelt: Die Familie steht an oberster Stelle, danach kommt ihr Unternehmen. Die Stiftung ist nur Diener von Familie und Unternehmen – ein Werkzeug, mehr nicht.

Die Satzung ist das Grundgesetz einer Stiftung. Sie ist kein Schmuckwerk, sondern legt die wesentlichen Dinge fest. Sie gibt Auskunft, wer die Macht hat in einer Stiftung, und sie entscheidet, wer nach welchen Kriterien Geld bekommt. Manchmal sind die wesentlichen Aussagen in komplizierten Querverweisen versteckt und manchmal erzählen die Satzungen und ihre Änderungen die Geschichte der Stiftung, des Stifters, seiner Familie und seines Unternehmens. So ist es bei der Satzung der Bertelsmann Stiftung. Reinhard Mohn hat sie alle paar Jahre geändert – nicht, weil sich die Grundbedingungen in der Welt geändert haben, sondern weil sich seine Welt und damit seine Interessen geändert haben. Das ist ein heikler Punkt, denn traditionell ist ein Stifterwille bindend für alle Zeiten. Es muss gute Gründe für eine Änderung geben.

In der Stiftungsurkunde, die der Gründungssatzung vom 8. Februar 1977 vorangestellt ist, hat Reinhard Mohn den Zweck seiner Stiftung so formuliert: »Die Stiftung soll nach dem Willen des Stifters vor allem die Selbständigkeit der Unternehmensgruppe Bertelsmann wahren und ihre Entwicklung fördern, damit die Stiftungszwecke nachhaltig erfüllt werden können.« Stiftungszweck waren damals unter anderem die Förderung und Erforschung von Kommunikationsmedien, von Unternehmensverfassungen sowie die Förderung von Institutionen des Sozial- und Gesundheitswesens (heute ist die Liste stark erweitert). Die heute gültige Fassung vom 11. Dezember 2007 hat eine

Präambel, die den Zweck im gesellschaftlichen Engagement sieht. Der Errichtung liege »die Überzeugung ihres Stifters zugrunde, dass in unserem Lande die Konsequenzen des entstehenden globalen Systemwettbewerbs nicht hinreichend beachtet werden. Die Bertelsmann Stiftung sollte sich deshalb darauf konzentrieren, Problemlösungen für die verschiedensten Bereiche unserer Gesellschaft zu entwickeln und zugleich der Systemfortschreibung von Politik, Wirtschaft und Gesellschaft zu dienen. Die Einbeziehung ausländischer Erkenntnisse und ein ausgewogenes Verhältnis von wissenschaftlicher und praktischer Erfahrung sollten dabei beachtet werden.«

Einige der im Laufe der Jahre vorgenommenen Änderungen lassen sich damit begründen, dass das Vermögen und die Projekte der Stiftung von heute nicht mehr mit der Stiftung von 1977 zu vergleichen sind. Andere scheinen beliebig: Früher war der Aufsichtsratsvorsitzende der AG automatisch der Vorsitzende des Kuratoriums – heute ist er nur mehr einfaches Kuratoriumsmitglied. Auch hat Reinhard Mohn in der Satzung in den vergangenen zehn Jahren Dinge geändert, die sich nicht mit gesellschaftlichen Notwendigkeiten begründen lassen, sondern einzig und allein damit, wie er die Entwicklung seines Unternehmens und seiner Nachfolge sah.

Daran lässt sich erkennen, dass die Stiftung in erster Linie den Erfordernissen des Unternehmens folgt. Die Stiftung ist Diener des Unternehmens und der Familie. Das ist ihr eigentlicher Zweck. Je mehr Geld der Stiftung zufloss, desto ausgefeilter und detaillierter formulierte Mohn die Sicherungsrechte. Im Grunde folgen alle Änderungen dem Stiftungszweck aus der Gründungsurkunde: Das Unternehmen steht immer an erster Stelle. Die gesellschaftlichen Begründungen sind Beiwerk. 2007 sicherte Mohn seine Unternehmensnachfolge, darunter das Recht, alle seine Rechte an seine Frau und seine Familie abzugeben. In früheren Fassungen spielten weder Liz Mohn noch seine Kinder eine wesentliche Rolle. Die Stiftung hat sich also im Geiste in eine Art Familienstiftung verwandelt – obwohl sie natürlich weiter als gemeinnützig gilt und steuerbefreit ist. Familienstiftungen sind nicht gemein-, sondern privatnützig. Sie nutzen also einem kleinen Personenkreis und sind deshalb nicht steuerbefreit.

In der ersten Satzung lautete der entscheidende Satz: »Dem Stifter bleibt zu seinen Lebzeiten im Rahmen der Gemeinnützigkeit die Änderung der Satzung vorbehalten.« Aus diesem Satz entstanden im Laufe der Jahre umfängliche Stifterrechte, die heute in § 27 niedergelegt und mittlerweile auf Liz Mohn übergegangen sind. Die Stifterrechte ermöglichen praktisch jede Änderung. Während früher die Familie für die Nachfolge an der Spitze der Stiftung keine Rolle spielte, kommen heute als Nachfolger nur mehr der Ehegatte oder Abkömmlinge infrage. Das heißt, die Stiftung bleibt praktisch immer in der Kontrolle der Familie. Es ist eine gemeinnützige Stiftung, die der Familie Mohn bis in alle Ewigkeit gehört.

Der wahre Stiftungszweck ist in § 18 versteckt, der die Verfügung über Anteile an der Johannes Mohn GmbH regelt. Zur Erinnerung: Die BVG hält über die Johannes Mohn GmbH die entscheidenden Stimmanteile, denn das Kuratorium der Stiftung kann die Stimmrechte der Stiftung nicht ohne Zustimmung der BVG wahrnehmen. Das Kuratorium darf demnach Anteile an der AG nur mit Zustimmung der BVG verkaufen und nur, »wenn der Beschluss dem Geiste des Stifters und seinem Wunsch, dass Einheit und Selbstständigkeit des Unternehmens möglichst gewahrt und seine Entwicklung gefördert werden«, entspricht. Die Stiftung hat somit keinen eigenen, unabhängigen Willen. Das fällt jedoch in der Alltagsarbeit nicht weiter auf, weil die Personen an der Spitze der Stiftung weitgehend identisch sind mit den Personen, die in der BVG das Sagen haben.

Entscheidend ist immer die Stimme von Liz Mohn. Die Gesellschafterverträge und Satzungen besagen, dass sie sowohl in der BVG als auch im Aufsichtsrat jeweils die Interessen des Unternehmens zu verfolgen hat. Auch ihre Entscheidungen in der Stiftung sind demnach stets den Interessen des Unternehmens unterzuordnen und die BVG ist keinem gemeinnützigem Zweck, sondern auch nur den Interessen des Unternehmens verpflichtet. Die gemeinnützige Arbeit ist also stets von nachrangiger Bedeutung für die Stiftung. In erster Linie geht es um die Interessen des Unternehmens. Im Übrigen zählt nur der Wille von Liz Mohn.

Die Anteile der AG sind nicht in Stimm- oder Kapitalrechte aufgeteilt. Das bedeutet, dass die Bertelsmann Stiftung neben den Kapital- auch die Stimmrechte am Unternehmen besitzt. Deshalb brachte Mohn in der Gründungssatzung vorsorglich Bestimmungen für den Umgang mit diesen Rechten ein. Als er dann das Unternehmenskapital in die Stiftung einbrachte, schränkte er die Stimmrechte ein und übertrug sie der Vermögensverwaltung (heute BVG).

Der Vorstand der Stiftung benötigt somit für wichtige Entscheidungen die Zustimmung des Kuratoriums und das Kuratorium benötigt die Zustimmung der BVG. Die BVG benötigt die Zustimmung einer einzigen Person und die ist Liz Mohn. Dieses komplizierte, verschachtelte System mündet in einen einfachen Satz: Liz Mohn herrscht über allem und kann alles entscheiden.

Es ist etwas entstanden, das es eigentlich gar nicht geben dürfte: die gemeinnützige, steuerbegünstigte Familienstiftung. Dies ist ein Widerspruch in sich, denn es gibt eigentlich entweder gemeinnützige Stiftungen, die deshalb steuerbegünstigt sind, oder es gibt Familienstiftungen, die Einfluss und Vermögen einer Familie erhalten sollen und deshalb nicht steuerbegünstigt sind. Die Bertelsmann Stiftung ist gemeinnützig, aber sie wird von einer Familie beherrscht, die diesen Einfluss unter sich vererbt. Dabei hat gerade die Bertelsmann Stiftung viele Personen hervorgebracht, die in Gütersloh viel Erfahrung gesammelt haben und die die Stiftung nach den alten Grundsätzen von Reinhard Mohn führen könnten. Die Ehemaligen sind teilweise gegangen, weil sie die Änderungen nicht mittragen wollten. Liz und Brigitte Mohn haben Reinhard Mohn dazu gebracht, seine ursprüngliche Konstruktion zu korrigieren und die Herrschaft der Familie in der Stiftung durchzusetzen. Die Allgemeinheit finanziert der Familie Mohn Einfluss und Nähe zu den Mächtigen und sichert ihr bleibenden Einfluss in ihrem Unternehmen.

11. Angriff auf die Stiftung – Der Versuch einer Stiftungsreform

Am 1. Dezember 1997 veröffentlichte die Bundestagsabgeordnete der Grünen, Antje Vollmer, eine Gesetzesvorlage für eine Reform des Stiftungsrechts. Konservative Politiker in Bonn reagierten überrascht, wie sie sich erinnert.[1] Der damals zuständige CDU-Innenminister Manfred Kanther konnte mit dem Thema nicht viel anfangen. Lustlos habe er reagiert, erinnert sich Christoph Mecking, der damals als Geschäftsführer des Bundesverbandes Deutscher Stiftungen die Beratung im Bundestag über Vollmers Gesetzesentwurf verfolgte. Bundeskanzler Helmut Kohl stand nicht auf der Rednerliste. Am Ende der Sitzung trat er dennoch ans Mikrofon und sagte sinngemäß, die Vorschläge Vollmers seien gut und er werde sie, wenn er wieder gewählt werde – wovon er ausgehe – umsetzen. Mecking zweifelt, dass ihm die Tragweite der Details klar war.[2] Mit Bertelsmann verband Kohl keine große Liebe, und die Reformen hätten für alle unternehmensverbundenen Stiftungen gegolten. In der Bertelsmann Stiftung in Gütersloh löste Vollmers Entwurf Unbehagen aus. Eigentlich begrüßte die Stiftung Reformen, auch im Stiftungswesen, aber diese Reformen konnte sie nicht gutheißen. In den 14 Seiten des Gesetzesentwurfs verbarg sich kaum verhüllt ein Angriff auf die Existenz der Bertelsmann Stiftung.

Im Entwurf des Gesetzes zur Förderung des Stiftungswesens, dokumentiert als Drucksache 13/9320 des Deutschen Bundestages, heißt es unter § 81 Stiftungszweck: »Eine Stiftung darf jeden erlaubten Zweck verfolgen, der nicht auf einen wirtschaftlichen Geschäftsbetrieb gerichtet ist.« Es ist nur ein Satz, den man so interpretieren könnte, dass eine Stiftung keine unternehmerische Tätigkeit ausüben darf. Das scheint eine naheliegende Einschränkung. Zweckbetriebe wie von Pflegestiftungen betriebene Krankenhäuser nimmt sie überdies aus. Beispielsweise betreibt die Robert Bosch Stiftung ein solches Haus (allerdings ist Bosch rechtlich keine Stiftung, sondern eine GmbH).

Aber hier geht es um mehr. In der Begründung des Gesetzes erklärten die vier Abgeordneten der Grünen, die den Gesetzesvorschlag einbrachten, dass sie hier Neuland betreten würden. § 81 habe »keinen unmittelbaren Vorgänger im bisherigen Recht«. Die Abgeordneten bestätigten das Prinzip der Stifterfreiheit – das heißt, dass ein Stifter den gemeinwohlorientierten Zweck frei wählen kann, aber sie machten zugleich deutlich, dass sie an der Gemeinwohlorientierung von Unternehmensstiftungen grundsätzlich zweifelten.

Es ist von Missbrauch des Stiftungswesens mit Hilfe von unternehmensnahen Stiftungen und der Notwendigkeit von Beschränkungen die Rede. Die Stiftung dürfe kein Instrument zur Flucht aus dem Wirtschaftsrecht sein. »Der Einsatz einer Stiftung in Unternehmenszusammenhängen ist rechts- und ordnungspolitisch unerwünscht.« Die Zulässigkeit solcher Stiftungen werde schon lange kontrovers diskutiert. Bestehenden Stiftungen sicherte das Gesetz Bestandsschutz zu. Aber das Gesetz würde der praktizierten Form der Bertelsmann Stiftung die Legitimation entziehen. Vollmer wollte verhindern, dass Unternehmensstiftungen durch eine ausgefeilte Konstruktion die Millionengewinne im Unternehmen halten und ihre gemeinnützige, steuerbegünstigte Stiftung mit einem kleinen Teil abspeisen. Sie wollte mit dem Missbrauch von Stiftungen als Sparbüchse für Unternehmen Schluss machen.

Die Reform ging auf Ideen zurück, die bereits Anfang der sechziger Jahre formuliert worden waren, die aber nie umgesetzt wurden. Die Gründung einer Stiftung sollte so einfach sein wie die Gründung eines Vereins, einer GmbH oder einer Aktiengesellschaft. Die Zuständigkeit sollte nicht mehr bei der Verwaltung, sondern bei den Gerichten liegen. Dies bedeutete ein verändertes Verständnis der Aufgabe und Rolle des Staates bezüglich der Regulierung von Stiftungen – ein Paradigmenwechsel. Ein Stiftungsregister, analog dem Vereinsregister, sollte alle Stiftungen bundeseinheitlich listen und Informationen über sie online zugänglich machen. Die Aufsicht vor Ort sollte regional erfolgen, aber den Gesamtrahmen sollte der Bund setzen, was das Ende der Standortpolitik bedeutete. All das formulierte der Hamburger Notar und Stiftungsexperte Peter Rawert im Entwurf von Antje Vollmer.

Rawert, der einen renommierten Stiftungskommentar geschrieben hatte, wollte mit der Legende vom Stifter als den bedingungslosen »Helden der Zivilgesellschaft« Schluss machen. Dabei begrüßte er durchaus, dass Stifter einen Teil ihres Vermögens geben, aber er legte Wert darauf, die Wirklichkeit nicht zu verklären: Immerhin erkauften sich Stifter mit einer Stiftung die Möglichkeit, unter Inanspruchnahme der Wohltaten des Gemeinnützigkeitsrechts, private Vorstellungen von Gemeinwohlpflege zu verwirklichen. Das ist viel in einem Staat, in dem Erträge und Vermögen eigentlich versteuert werden müssen. Und es ist ein fragwürdiges Privileg, sofern sie das Geld verwenden, um Politik zu beeinflussen – so wie es die Bertelsmann Stiftung und andere große unternehmensnahe Stiftungen tun. Allerdings mischt sich keine andere Stiftung derart massiv in die Politik ein wie die Bertelsmann Stiftung.

Ihre Skepsis gegenüber diesem Privileg vereinte Vollmer und Rawert, so unterschiedlich ihre politischen Ansichten sonst sein mögen (Rawert steht der CDU nahe). Vollmer war verstimmt, dass die Bertelsmann AG ihrer Stiftung nur geringe Dividenden ausschüttet. Sie hatte viele Jahre in Bielefeld gelebt und sich darüber geärgert, »dass Bertelsmann nie etwas getan hat für das Literaturhaus in Bielefeld, sondern Förderanträge stets ablehnte. Mit dem Geld der Leute aus dieser Gegend ist doch der Lesering groß geworden.«

Rawert und Vollmer wendeten sich vor allem gegen sogenannte Doppelstiftungen. Damit ist gemeint, dass Stifter zwei Stiftungen gründen, davon ist eine gemeinnützig, die andere nicht. Auf die nicht gemeinnützige Stiftung überträgt der Stifter nur einen kleinen Anteil an seinem Unternehmen. Den Löwenanteil erhält hingegen die gemeinnützige Stiftung. Allerdings wird deren Stimmrecht ausgeschlossen und die unternehmerische Leitungsmacht allein bei der nicht gemeinnützigen Stiftung gebündelt. Stimmrechte und Beteiligungsumfang gehen also auseinander. Damit werden Erbschaftsteuer-Spareffekte erzielt. Aber mehr noch: Aus der steuerpflichtigen Stiftung mit dem geringen Kapital, aber hohen Stimmanteil kann das Unternehmen im Interesse des Stifters geführt werden, ohne dass die Gemeinnützigkeit der anderen Stiftung in Gefahr gerät. Das ist in etwa das Modell von Bertelsmann, nur dass Reinhard Mohn eine sogenannte Verwaltungsgesellschaft anstelle der privatnützigen Stiftung konzipiert hat.

Wenn man in Gütersloh auf Vollmers Angriff nicht mit Panik reagierte, dann lag es schlicht daran, dass die Grünen 1997 nicht an der Regierung waren. Ihre Gesetzeseingabe traf auf eine konservative Mehrheit aus CDU/CSU und FDP, die das Stiftungswesen als ihr Thema verstand. Eines aber tat der Gesetzesvorstoß von Antje Vollmer. Er brachte eine Debatte in Gang und genau das fürchteten die großen Stiftungen. Der Bundesverband Deutscher Stiftungen lehnte den Entwurf deshalb durchweg ab, erinnert sich Mecking. Die Mitglieder des Verbandes waren mit den bestehenden Rahmenbedingungen zufrieden und lehnten generell eine Reform ab. Sie hielten es für möglich, dass neue Regelungen neue Stifter anziehen würden. Vor allem aber fürchteten sie, dass alle Stiftungen einen Preis dafür zahlen müssten, wenn die Öffentlichkeit mehr Rechenschaft fordern würde, sagt Mecking. Was, wenn die Öffentlichkeit die Legende vom selbstlosen Wohltäter nicht mehr widerspruchslos hinnimmt?

Auch die Bertelsmann Stiftung sah Vollmers Vorschläge »als bedenklich und gefährlich« an, erinnert sich Mecking. Der Bundesverband versuchte, in Bonn Politiker von der Notwendigkeit der unternehmensnahen Stiftung und dem Modell der Doppelstiftung zu überzeugen und Mecking geht davon aus, dass Bertelsmann ähnliche Lobbyversuche unternommen hat.

Die Stiftung machte sich das Thema Stifterreform auch noch auf eine andere Art zu eigen: Im Dezember 1998 startete sie – gemeinsam mit Rupert Graf Strachwitz und seinem Maecenata Institut, einer Dienstleistungs- und Beratungsgesellschaft für Stiftungen und andere gemeinnützige Organisationen – eine »Expertenkommission zur Reform des Stiftungs- und Gemeinnützigkeitsrechts«. Die Kommission wurde »nicht als feste Gruppe von Mitgliedern, sondern als Folge von offenen Gesprächsrunden konzipiert«, an der in den folgenden Jahren mehr als hundert Fachleute aus Wissenschaft, Politik, Verwaltung und Praxis teilnahmen. Die Ergebnisse wurden fortlaufend in einem Sammelband zusammengefasst. Im Bundestag berieten unterdessen zum selben Thema die Abgeordneten über Gesetzesentwürfe der Regierung aus Grünen und SPD sowie der Oppositionsparteien FDP und CDU/CSU. Auch sie führten Anhörungen durch und hielten Expertensitzungen ab. Ergebnis dieser ersten Phase waren verbesserte steuerliche Bedingungen für Stifter. Im Gegenzug sollten Stiftungen in einer weiteren Stufe zu Transparenz verpflichtet werden. Außerdem wollte Vollmer Fehlentwicklungen bei unternehmensverbundenen Stiftungen ausmerzen. Doch dazu kam es nicht. Warum wurde die Reform zum Reförmchen? Die folgenden Ereignisse geben eine Antwort.

Von der Reform zum Reförmchen

Während Strachwitz darauf drängte, dass auch Vollmer und Rawert an den Kolloquien der Bertelsmann Stiftung teilnehmen, ging das Interesse der Stiftung offensichtlich nicht so weit, deren Position zu verbreiten. Jedenfalls findet sich in den Materialien der Stiftung kein ausführliches Skript über ihren Reformansatz. Stattdessen brachte die Stiftung mit dem Stuttgarter Anwalt Rainer Kögel die Kritiker des Entwurfs in Stellung: Kögel betonte 1999 bei einer Veranstaltung der Stiftung, der Entwurf und sein gefordertes Verbot der unternehmensverbundenen Stiftung sei dogmatisch und ideologisch motiviert. Rawert habe einfach aus seinem Stiftungskommentar einen Gesetzesentwurf gemacht. Kögel betonte ausdrücklich, dass bestehende Stiftungen – falls der Entwurf der Grünen umgesetzt würde – Bestandsschutz genießen sollten, und begrüßte entsprechende Pläne im Entwurf. Das sei verfassungsrechtlich geboten. Doch Kögel und vor allem die Stiftung in Gütersloh wussten natürlich, dass ein Verbot über kurz oder lang Folgen für die Bertelsmann Stiftung haben würde. Schließlich war diese wegen ihres operativen Beratungsgeschäftes auf ständige

Legitimation von der Politik angewiesen. Was, wenn sie stattdessen als halb legales Auslaufmodell gelten würde und sich ständig rechtfertigen müsste? Das wäre das Ende des Beratergeschäfts der Stiftung.

Ein Jahr, nachdem sie ihren Entwurf 1997 vorgestellt hatte, kam Vollmers Partei 1998 an die Regierung und Vollmer schrieb die Reform des Stiftungswesens im Koalitionsvertrag fest. Es war nur ein Satz, aber immerhin. Die Idee des Stiftens und der Gemeinnützigkeit hatte plötzlich viele Freunde: Die Kassen waren knapp und fremde Geldquellen willkommen. Politiker anderer Parteien entdeckten ebenfalls das Thema, auch weil Lobbyverbände darauf aufmerksam machten und Verbündete gegen Details des Vollmer-Entwurfes suchten. Doch zunächst erhielt Vollmer unerwartet Verbündete. Die FDP näherte sich mit einem Gesetzesentwurf den Thesen von Vollmer an und die CDU/CSU ging gar so weit und legte im November 1999 ein Positionspapier vor, wonach Stiftungsneugründungen nur noch gemeinnützig sein dürfen. Eine revolutionäre Forderung, denn demnach würden privatnützige Familienstiftungen gar nicht mehr genehmigt werden.

Diese Regelung hätte das Ende oder zumindest einen großen Verlust an Legitimität für das Doppelstiftungsmodell, das Bertelsmann praktiziert, bedeutet. Denn dieses Modell benötigt eine privatnützige Stiftung, die die gemeinnützige Stiftung führt. Der Bundesverband Deutscher Stiftungen stellte 1999 fest: »Die Debatte hat eine neue Dimension erreicht.«[3] Die Reform der Praxis der unternehmensnahen Stiftungen schien nicht mehr aufzuhalten zu sein. Bedenkt man, dass die SPD traditionell alles andere als unternehmerfreundliche Stiftungspolitik betreibt, dann hätte damals alles auf die Umsetzung von Vollmers Reformideen hinauslaufen müssen.

Am 15. Dezember 1999 traf sich der Ausschuss für Kultur und Medien des Bundestags von 9 bis 13 Uhr im Reichstag, um über die Reform des Stiftungswesens zu beraten. Abgeordnete des Rechts- und des Finanzausschusses waren ebenfalls anwesend. Am Tag danach sollte der Gesetzesentwurf der Fraktionen von SPD und Bündnis 90/ Die Grünen in erster Lesung im Bundestag behandelt werden. Würde der Konflikt um das Modell der Bertelsmann Stiftung nun im Bundestag ausbrechen? Wie würden sich die Politiker verhalten? Würden sie das System Bertelsmann stützen?

Den Vorsitz der Anhörung führte die SPD-Abgeordnete Elke Leonhard. Neben Professor Annette Zimmer und Rupert Graf Strachwitz trat auch Professor Peter Rawert auf. Der Bundesverband der Stiftungen war durch zwei Personen vertreten, Christoph Mecking und Peter Lex. Die herausgehobene Stellung der Bertelsmann Stiftung wurde durch die Anwesenheit von Volker Then deutlich. Die Bertelsmann Stiftung war die einzige Stiftung, die den Abgeordneten als Sachverständige ihre Sicht der Dinge darlegen durfte. Tausende andere Stiftungen sind lediglich durch den Bundesverband und durch den Stifterverband repräsentiert. Diese herausragende Position verdankte die Bertelsmann Stiftung ihrer Arbeit zur Reform des Stiftungswesens. Dadurch war sie von Politikern als kompetente Kraft anerkannt, die speziellen Zugang erhielt und gehört wurde.

Der Einfluss der Bertelsmann Stiftung zeigte sich auch anhand des Papiers, das Then gemeinsam mit Annette Zimmer und Rupert Graf Strachwitz eingebracht hat. Darin plädierten sie dafür, nicht nur rein steuerliche Aspekte zu betrachten, sondern das Thema Stiftungen in den größeren Kontext der Reform einzubauen, also des Gemeinnützigkeitsrechts, wie Zimmer betonte. Sie halte das für wichtig, weil Deutschland im internationalen Vergleich den geringsten Anteil an Philanthropie aufweise. Das sei eine Situation, die es zu verändern gelte. Gleichzeitig gelte Deutschland als das Land mit dem höchsten Anteil an Finanzierungen über öffentliche Mittel. »Unser gemeinnütziger Sektor ist in hohem Maße staatslastig und kann natürlich dann insofern nicht diese Funktionen übernehmen, die ein gemeinnütziger Sektor oder ein Non-Profit-Sektor normalerweise in einem pluralistischen, demokratischen Staatswesen übernimmt, dass er auch mal hin und wieder Sand ins Getriebe streut und eine Gegenposition entwickelt.«

Rupert Graf Strachwitz sagte, dass der Staat sich zurückziehen und Dinge ermöglichen müsse. »Deregulierung ist ein Schlüsselwort, um das sich die Reform rankt. Das andere Schlüsselwort als wichtiger Komplementär dazu ist Transparenz. Wir sind aus grundsätzlichen

Erwägungen ganz entschieden dafür, dass die Stiftungen zu mehr Transparenz verpflichtet werden, über ihre Tätigkeit und ihr Finanzgebaren öffentlich Auskunft zu geben.« Transparenz forderte auch Olaf Zimmermann als Geschäftsführer des Deutschen Kulturrates, des Dachverbandes deutscher kultureller Interessensverbände. »Es kann nicht nur sein, dass die Forderung an die Politik geht ›nun macht mal was für die Stiftungen‹, sondern auch die Stiftungen selbst müssen transparenter werden.«

Dann sprach Peter Rawert und erwähnte zwei Denkschulen. Die Vertreter der einen Denkschule – die er ablehnt – hielten es für legitim, eine Stiftung dazu zu verwenden, um mit Hilfe des Doppelstiftungsmodells unternehmens-, erbschaftsteuerliche und erbrechtliche Ziele zu verfolgen, die primär privatnützig motiviert seien. Rawert kam noch einmal auf den Gesetzesentwurf von 1997 zu sprechen, der das Modell der Bertelsmann Stiftung für eine Fehlentwicklung hält – freilich ohne das so deutlich zu sagen. Dem Entwurf liegt die andere Denkschule zugrunde. Sie »betrachtet die Stiftung als ein vornehmlich auf Gemeinwohlpflege angelegtes Rechtsinstitut«, wie Rawert den Abgeordneten erklärte. Stiftungen genössen nur deshalb das Privileg der Unsterblichkeit, weil mit ihnen das Gemeinwohl und nicht das Wohl des Einzelnen gefördert werden solle.

Peter Rawert machte in der Debatte deutlich, dass die Vorschläge der Regierungskoalition, die nur noch steuerrechtlicher Natur waren, lediglich unter dem Gesichtspunkt akzeptabel wären, dass man gemeinnützigen Stiftungen schnell bei ihrer Arbeit helfen wolle. Das sei sicherlich ein Wert an sich. »Wenn sie aber auf die Dauer ohne vernünftigen zivilrechtlichen Flankenschutz bleiben, dann können sie in Zukunft dazu führen, dass Stiftungen – sicherlich entgegen der eigentlichen Intention der Koalition – künftig geradezu in verstärktem Maße als Modell privater Vermögensverwaltung eingesetzt werden. Das hielte ich für eine fatale Folge.«

Der Leiter des Bereichs Stiftungswesens der Bertelsmann Stiftung, Volker Then, beklagte nochmals, dass die Bundesrepublik in der Finanzierung des Dritten Sektors eine Schieflage aufweise. Die gemeinnützigen Aktivitäten seien in einem sehr hohen Maße durch öffentliche

Zuwendungen und in einem außerordentlich geringen Maße durch private Philanthropie, durch Spenden und Stiftungen finanziert. Es birgt eine unfreiwillige Komik, wenn der Vertreter einer Stiftung, die ihr Selbstverständnis darauf stützt, dass sie der Allgemeinheit nur einen Teil dessen gibt, was ihr eigentlich zusteht, die geringe Spendenbereitschaft beklagt.

Then aber sprach auch über Wettbewerb und Globalisierung und warnte, dass viele Unternehmer sich aussuchen könnten, in welchem Land sie ihre Stiftung gründeten. Mit anderen Worten: Man müsse den Unternehmern noch mehr entgegenkommen. Er sprach damit offen aus, was die Bertelsmann Stiftung dachte – ihr eigentliches Ziel. Sie wollte von der Debatte über den Missbrauch der Gemeinnützigkeit durch unternehmensverbundene Stiftungen ablenken.

Vielleicht war Then durch seine Arbeit ein bisschen über die mangelnde Transparenz im eigenen Haus ins Zweifeln gekommen. Oder er glaubte, dass die Bertelsmann Stiftung vorbildlich in Sachen Transparenz agiere. Beides ist möglich. Jedenfalls machte er einen Vorschlag, dessen Tragweite ihm vielleicht gar nicht bewusst war. Er riet zu »einer Veröffentlichungspflicht, und zwar verbunden notwendigerweise mit Bewertungsrichtlinien für Vermögen und Vermögensgegenstände, um deutlich zu machen, was Stiftungen aus welchen Vermögenserträgen leisten, und einschließlich eines Bezuges auf die Zwecke und auf die inhaltliche Arbeit der Stiftung.«

Then verwies auf die Standardformulare der Finanzbehörden in den USA, die sogenannten 990er Formulare. Dieser Vorschlag würde tatsächlich deutlich mehr Transparenz in alle Stiftungen bringen, weil allgemeine Bilanzen durch konkrete Geldflüsse deutlich würden. Die Bertelsmann Stiftung müsste dann offenlegen, wie viel sie ihren fünf bestbezahlten Mitarbeitern zahlt. Der eine oder andere Politiker an der Spitze der Stiftung käme womöglich in Bedrängnis. Diese Forderung Thens geht auf eines der Kolloquien der Stiftung zurück und stammte unter anderem von Michael Adams, Professor am Institut für Wirtschaftsrecht der Universität Hamburg, der im September 1999 bei einem dieser Seminare in Gütersloh fehlende »Transparenz und Kontrolle« im gemeinnützigen Sektor beklagt hatte.

Käme man seiner Forderung nach, wäre dies das Ende der Bertelsmann Stiftung in ihrer bisherigen Form. Eine wirkliche Diskussion habe es bei dem damaligen Kolloquium dazu nicht gegeben, erinnert sich Adams. Doch immerhin griff Then nun eine seiner Forderungen auf. Schon möglich, dass er insgeheim wusste, dass der Bundesverband Deutscher Stiftungen das nie zulassen werde. So gesehen war es ein ungefährliches Manöver.

Für das weitere gesetzgeberische Vorgehen empfahl Then, eine Kommission beim Bundespräsidenten einzurichten, die dem Parlament Empfehlungen zur Weiterentwicklung als auch bei der Formulierung schwieriger Einzelfälle liefern könnte. Das ist die Bertelsmann-Methode. Die Kommission beim Bundespräsidenten würde natürlich jemand benötigen, der sie finanziert. Und das wäre üblicherweise die Bertelsmann Stiftung, die damit federführend an den gesetzlichen Grundlagen für die Reform des Stiftungswesens mitschreiben würde. Der Vorschlag hatte diesmal aber keinen Erfolg. Die Vorsitzende war »ganz entschieden der Auffassung, dass wir das lieber selber machen als oberstes Verfassungsorgan«. Eine Abfuhr.

Der SPD-Abgeordnete Jörg Tauss kam auf Missbrauchsfälle zu sprechen. Das Finanzministerium spreche von einer sehr komplexen Materie, von der das Parlament die Finger lassen sollte. »Wie sieht es aus mit diesen Missbrauchstatbeständen?« Und wie könne man verhindern, dass eine Reform Missbrauch ermögliche? Als Tauss sich ausdrücklich »bei Maecenata und Bertelsmann ganz herzlich bedankt« für die »sehr, sehr hilfreiche Veranstaltungsreihe«, wird ein Teil des Problems deutlich. Die Veranstaltungsreihe, sagte Tauss, beweise, »wie aus dem Stiftungswesen selbst Beiträge kommen können, um das Thema zu transportieren«. Transportieren ja, aber aufklären? Tauss hatte offenbar noch gar nicht verstanden, dass die Bertelsmann Stiftung beides ist: Sie praktiziert das Missbrauchsmodell und enthält der gemeinnützigen Stiftung Gewinne vor, zugleich aber stellt sie sich geschickt und subtil auf die Seite der Reformer und versucht, die Debatte mitzubestimmen.

Annette Zimmer, die als Politikprofessorin an der Universität Münster über Gemeinnützigkeit forscht, hat zwar eine Stellungnahme gemeinsam mit der Bertelsmann Stiftung erarbeitet. Aber die Anhörung scheint ihr an einem zentralen Punkt vorbeizulaufen: der Verquickung von Unternehmen und Stiftungen. Die Abgeordneten schienen nicht zu verstehen, von welchen Stiftungen die Rede ist und dass es keinesfalls nur um kriminellen Missbrauch der Hertie-Stiftung, sondern um grundsätzlichen, legalen Missbrauch beim Modell der unternehmensnahen Stiftung geht – also auch um die Bertelsmann Stiftung.

Irgendwann wollte die Expertin dazu nicht mehr schweigen und nannte Namen: »Wir sind eines der wenigen Länder, wo es möglich ist, dass Unternehmen und Stiftungen in der Weise verkoppelt sind, wie es zum Beispiel bei der Bosch Stiftung oder bei der Bertelsmann Stiftung der Fall ist. In den USA ist das verboten, und ich glaube, es gibt auch gute Gründe, dass man diese beiden Bereiche trennt. ... Ich finde, Stiftungen sind eine Sache und Gemeinwohl und Firma sind etwas anderes.« Zimmer bewies Unabhängigkeit und schlug sich auf die Seite der echten Reformer.

Graf Strachwitz sagte, der Missbrauch sei gering, aber man könne sich trotzdem über die Frage unterhalten, ob es sinnvoll sei, dass die Stiftungen Alleineigentümer eines Unternehmens sein können. Ist der erlaubte Missbrauch also vielleicht doch nicht so klein? Strachwitz war offen und doch auch vorsichtig, schließlich war er zu diesem Zeitpunkt auf der Suche nach einem Finanzier und wollte mit Hilfe der Bertelsmann Stiftung ein Zentrum für das Stiftungswesen aufbauen. (Zwei Jahre später kam es tatsächlich zu Gesprächen darüber mit Reinhard Mohn, aber letztlich wurde die Idee nie umgesetzt.)

Auch Rawert ging auf die Problematik des Missbrauchs ein. Er ließ den Abgeordneten einen Artikel aus dem *Spiegel* kopieren, in dem es um die Hertie-Erben ging, die mit Hilfe einer Doppelstiftung ein Vermögen am Finanzamt vorbei in eine gemeinnützige Stiftung und wieder zurück in den Familienbesitz transferiert hatten. Der Fall liefere »ein Paradebeispiel dafür, wie leicht der gute Zweck als Vehikel zum Steuersparen missbraucht werden kann«, schrieb der *Spiegel*. Sie kassierten unversteuert Millionen, während sie ihre gemeinnützige Stiftung mit 0,5 Prozent Rendite abgefunden haben. Damit der Transfer von der gemeinnützigen in die private Stiftung nicht anrüchig aussieht, sicherten die Hertie-Erben der gemeinnützigen Stiftung 37,5 Prozent der Gewinne zu. Doch die Dividende von jährlich über 40 Millionen Mark kam nie an, weil es offiziell kaum Gewinne gab. Stattdessen stellten die Erben der Stiftung Pkw- und Personalkosten in Rechnung und finanzierten Immobilien und einen Privatjet. Sie behaupteten: »Alles, was wir gemacht haben, ist vom Finanzministerium und der hessischen Stiftungsaufsicht als korrekt abgehakt worden.«

Die Realität bei Bertelsmann ist eine andere als im Fall der Hertie-Erben, aber das Prinzip und das Ergebnis sind ähnlich: Bei Bertelsmann kommen die Gewinne, die der Stiftung eigentlich zustehen, gar nicht erst in der Stiftung an, denn die Familie entscheidet in der BVG über die Dividende. So muss die Familie den Gewinn nicht heimlich zurücktransferieren. Die Gewinne bleiben einfach im Unternehmen, das ja die Familie kontrolliert.

Natürlich hatte die unternehmensverbundene Stiftung bei der Anhörung in Berlin auch Fürsprecher. Ambros Schindler, der Geschäftsführer des Stifterverbandes für die Deutsche Wissenschaft (des zweiten Dachverbandes, der zahlreiche Stiftungen vertritt), sagte: »Was im Rahmen der vom Gesetzgeber gesetzten Gesetze erlaubt ist, kann ich nicht plötzlich zum Missbrauch umdefinieren. Wir haben eine Reihe großer Unternehmensträgerstiftungen, die dazu da sind, einerseits die Unternehmensbeteiligung zu halten ... und sie sollen sie möglichst auf Dauer halten, und sie haben mit ihren Erträgen einen gemeinnützigen Zweck zu erfüllen. Die Finanzverwaltung selbst überwacht, ob und wie weit Gewinne für gemeinnützige Zwecke ausgeschüttet werden oder wie weit sie ins Unternehmen wieder zurückfließen.«

Ihm sprang Rechtsanwalt Peter Lex aus München bei, der ebenfalls das Problem herunterspielte. Unerwähnt ließ er seine Rolle, die er im Fall der Hertie-Erben gespielt hat, schließlich hatte er sie juristisch beraten. Sein Anliegen bei dieser Anhörung war, die bestehende Konstruktion zu retten. Deshalb setzte er auch durch, dass der Bundesverband ausnahmsweise mit zwei Personen bei der Anhörung vertreten war. Sein Hinweis auf das System der Kontrolle täuschte allerdings über den Umstand hinweg, dass nicht die Aufsicht im Falle Hertie eingeschritten war, sondern ein ehemaliger Mitarbeiter Anzeige erstattet hatte.

Die Bertelsmann Stiftung selbst war in dieser Reform in mehrfacher Hinsicht nicht neutral. Sie propagierte ihr Modell der unternehmensverbundenen Doppelstiftung seit vielen Jahren in ihrer gemeinnützigen Projektarbeit als Lösung für viele mittelständische Unternehmen, die sich Gedanken über die Nachfolge machen. Sie lud zu Konferenzen und erläuterte – finanziert durch Steuer- und Stiftungsgelder – ihre Konstruktion. Sie nannte das »Stiften und Unternehmensnachfolge – eine integrierte Lösung«. Die Botschaft, die jeden dieser Vorträge umgab, lautete: Wir sind gemeinnützig und dienen der Allgemeinheit. Die Stiftung legitimierte sich also selbst. Sie wusste vermutlich nur zu gut, wie fragwürdig ihre Konstruktion als Sparbüchse des Unternehmens ist.

In der Anhörung wurde deutlich, wie man Missbrauch der Doppelstiftungen einschränken kann. Rawert machte dazu sogar einen Formulierungsvorschlag, den die Abgeordneten direkt übernehmen könnten. Sie taten es aber nicht. Dies blockierte ein Zusammenschluss aus Lobbyverbänden der Wirtschaftsprüfer und Steueranwälte, Bundesverband der Stiftungen, Finanzministerium und Bundesländern. Der Entwurf von 1997 wurde entschärft. Vollmer konnte sich damit nicht durchsetzen. Die Idee eines Stifterfrühlings blieb, aber das Verbot der Doppelstiftung verschwand. Es ging nur mehr um eine Steuerreform, um Klientelpolitik. Der zivilrechtliche Teil, in dem Offenlegung und Transparenz geregelt werden, sollte anschließend folgen. Doch die Forderung nach Transparenz wurde erst verschoben, dann vergessen. Die Öffentlichkeit wartet bis heute darauf. Dabei war sie eigentlich eine Bedingung für die Steuererleichterungen.

War die Reform von Beginn an aussichtslos? Natürlich hätte Bundeskanzler Schröder ein Machtwort sprechen können. Er tat es aber nicht. Und irgendwie ist das auch verständlich. Warum sollte er seine Berater verärgern? Längst war die Bertelsmann Stiftung in Berlin eine wichtige Institution geworden. Mecking geht heute davon aus, dass Vertreter der Stiftung oder des Unternehmens direkt mit Schröder über den Unsinn eines Verbots von Unternehmensstiftungen gesprochen haben. Genau weiß er es nicht, aber vieles sei außerhalb des Protokolls gelaufen. Jedenfalls habe die Politik in Berlin der Stiftung hoch angerechnet, dass sie sich für Bürgerstiftungen einsetzte. Dadurch sorge sie für mehr Demokratie im Stiftungswesen, wurde argumentiert. Ein geschickter Schachzug. Dass die Bertelsmann Stiftung sich im Gegenzug nicht selbst demokratisieren musste, war die unausgesprochene Gegenleistung. Politik und Gesellschaft verzichteten auf mehr Mitsprache in der Bertelsmann Stiftung.

Die Stiftungsreform ist ein schönes Beispiel, wie alle immer fordern und reden und insgeheim hoffen, dass sich nichts ändert. Die Stiftung hatte zu diesem Zeitpunkt bereits beste Kontakte ins Bundespräsidial- und Kanzleramt sowie Zugriff auf das gesamte Kabinett und konnte bei ihren Projekten auf die Unterstützung fast aller Minister hoffen. Bundespräsident Roman Herzog hatte die Reformarbeit der Bertelsmann Stiftung ein ums andere Mal als gemeinnützig geadelt. Er verlieh Reinhard und Liz Mohn das Bundesverdienstkreuz, hielt in Gütersloh die Rede zur Vergabe des Carl Bertelsmann-Preises. Der Kanzler saß im Publikum und holte die Stiftung in sein Bündnis für Arbeit. Das Bündnis scheiterte, aber für die Bertelsmann Stiftung war diese Arbeit von unschätzbarem Wert, denn sie verschaffte der Stiftung Zugang zur rot-grünen Regierung.

Mit Familienministerin Renate Schmidt ließ Liz Mohn ein Buch schreiben. Ihre Tochter Brigitte vergab zusammen mit Gesundheitsministerin Ulla Schmidt einen Präventionspreis für Gesundheit; die Ministerin beschäftigte außerdem eine von der Stiftung bezahlte Mitarbeiterin der Stiftung als Beraterin. Innenminister Otto Schily war Hauptredner bei einer Initiative für die Reform der kommunalen Verwaltung. Bundesarbeitsminister Walter Riester bat die Stiftung um Rat bei der Reform der Arbeitslosen- und Sozialhilfe.

Kanzler Gerhard Schröder bediente sich der Hilfe der Stiftung bei der Reform der Arbeitslosen- und Sozialhilfe und später bei einer Initiative zum Bürokratieabbau. Superminister Wolfgang Clement war bereits als Journalist Mitarbeiter der Bertelsmann AG gewesen; als Staatskanzleichef und Medienminister von Nordrhein-Westfalen hatte er die Fernsehpläne der AG unterstützt und als Ministerpräsident in Nordrhein-Westfalen kooperierte er eng mit der Stiftung; das blieb auch so während seiner Zeit als Bundesminister für Wirtschaft und Arbeit. Außenminister Joschka Fischer griff dankbar auf die Hilfe und Unterstützung der Stiftung bei Konferenzen zurück und überließ der Stiftung das Backoffice des Auswärtigen Amtes.

Man könnte die Liste beliebig mit Projekten und Kooperationen mit Ministerpräsidenten und Landesministern fortführen. Entscheidend ist: Als Gerhard Schröder 1998 ins Kanzleramt zog, avancierte die Stiftung zu einem heimlichen Berater des Kabinetts. Sie erarbeitete sich Zugang zu vielen Ministerien und das auf allen Ebenen – der Ministerebene, aber auch der Referenten- und Arbeitsebene – und sie schaffte es, während der rot-grünen Koalition von Schröder und Fischer einen guten Draht zur damaligen Oppositionsführerin Angela Merkel herzustellen. Die Nähe war zu groß, als dass die SPD das Stiftungswesen reformieren und dabei ihre Berater verärgern mochte. Niemand zwang sie dazu. Und warum nicht das Positive sehen? Die Parteien einigten sich darauf, die Idee der Bürgerstiftung hervorzuheben und zu fördern. Bürgerschaftliches Engagement war ein Lieblingsthema von Politikern. Da kam es Reinhard Mohn zugute, dass er 1996 mit der Stadt Stiftung Gütersloh die erste Bürgerstiftung gegründet hatte und seine Stiftung diese Idee unterstützte (mehr dazu im folgenden Kapitel). Dass Bürgerstiftungen weniger demokratisch sind als Vereine, störte sie nicht.

Schröder musste nichts unternehmen, sondern nur zusehen, wie sein Finanzministerium, der Bundesverband der Stifter und die Bundesländer die Reform zerredeten und in ein Reförmchen verwandelten. Eine Reform wäre möglich gewesen, aber natürlich nicht gegen jene Stiftung, die gerade zum heimlichen Kanzlerberater geworden war. Für die Bertelsmann Stiftung wiederum hatte sich die Arbeit gelohnt. Eine Reform, die sie zur Ausschüttung zwingen oder ihre Anteile – wie in den USA – auf 20 Prozent begrenzen würde, hätte Familie Mohn Geld gekostet. Sie konnte sich in ihrem gemeinnützigen Engagement für die Doppelstiftung bestätigt fühlen – den Sparschweinfonds, wie er im Reichstag genannt wurde.

12. Mohn stiftet Demokratie – Die erste Bürgerstiftung Deutschlands

Antje Vollmer hatte es nicht geschaft, die Bertelsmann Stiftung und andere unternehmensverbundene Stiftungen zu reformieren. Dass die Bertelsmann Stiftung die Bedrohung echter Reformen, die sie zu mehr Gemeinnützigkeit gezwungen hätten, abwenden konnte, hatte unter anderem auch mit der Stadt Stiftung und dem Einsatz der Bertelsmann Stiftung für Bürgerstiftungen zu tun. Dieser Einsatz für Bürgerstiftungen wurde ihr als Einsatz für die Demokratie angerechnet, sagt Christoph Mecking. Während andere traditionelle Stiftungen Bürgerstiftungen belächelten, unterstützte Mohn dieses Modell von Anfang an.

Der Bertelsmann Stiftung half dabei ein Zufall: Als Mohn sich 1996 ein Symposium zu seinem 75. Geburtstag schenkte, konnte er von Vollmers Initiative für eine Reform des Stiftungswesens nichts wissen. Aber er hatte einen Plan, wie er sich als Erneuerer und Reformer des Stiftungswesen darstellen konnte. Monate davor hatte er wie so oft in die USA geblickt. Er hatte Werner Weidenfeld gebeten, dort nach neuen Ideen Ausschau zu halten.[1] Und tatsächlich spürte Weidenfeld im Gespräch mit amerikanischen Stiftungsfachleuten eine neue Idee auf, die sich Mohn aneignen würde. Die Idee der Community Foundation, der Bürgerstiftung.

Weidenfeld erfuhr, dass diese Art von Stiftungen eine der am schnellsten wachsenden Stiftungsformen in den USA sei. 1996 existierten dort bereits 400 solcher Stiftungen. Es ist eine Erfolgsgeschichte. Genau das also, wonach Mohn suchte. Weidenfeld informierte Mohn, dieser faxte seine Zustimmung in die USA und Weidenfeld lud Fachleute nach Gütersloh ein. Mohn hatte mit der Idee das richtige Geburtstagsgeschenk für sich gefunden. Die Idee würde ihn als Reformer erscheinen lassen. Er wollte nichts dem Zufall überlassen. Etliche Monate vor dem Symposium rief er Gerd Wixforth an, den langjährigen Stadtdirektor der Stadt Gütersloh.[2] Er fragte Wixforth was er von der Idee einer Community Foundation halte? Er erläuterte das Konzept und Wixforth war angetan von der Idee. Gemeinsam mit Wössner machten sie sich Gedanken, wie man dieses Konzept auf Gütersloh übertragen könnte.

Alles war von langer Hand vorbereitet und lief nach Plan – ganz so wie der Anflug des Bundespräsidenten, der pünktlich um 16.40 Uhr mit einem Hubschrauber neben dem künstlich angelegten Schwanenteich vor dem Stiftungsgebäude landete. Roman Herzog sprach über die segensreiche Wirkung der Bertelsmann Stiftung und am nächsten Tag schon erfuhren die Leser der *Neuen Westfälischen*: »Mohn will Stadt Stiftung Gütersloh gründen.« Er sehe darin ein »sinnstiftendes Modell« für Deutschland, das er in Gütersloh erproben wolle.

Mohn stiftet Demokratie. So kommunizierten Mohn und seine Mitarbeiter es. Und tatsächlich ließen sich Politiker in der Reformdebatte 1999, also drei Jahre nach Gründung der Stadt Stiftung, von der Kritik an der Doppelstiftung abbringen: Soll man den nervenden Streit mit den reichen Stiftern nicht besser beilegen und sich auf die Zukunft des Stiftens konzentrieren, also auf die Bürgerstiftungen? Die Bertelsmann Stiftung und andere große Stiftungen mögen etwas Feudalistisches an sich haben, aber muss man Mohn und seiner Stiftung nicht anrechnen, dass sie versuchen, das Stiftungswesen demokratischer zu gestalten? Gut, sich selbst nehmen sie aus, aber immerhin hat Mohn die Stadt Stiftung gegründet und damit die Idee der Bürgerstiftung nach Deutschland geholt. So oder ähnlich wurde Kritikern nahegebracht, die harte Einstellung gegen unternehmensnahe Stiftungen und das Modell der Doppelstiftung ad acta zu legen.

Aber ist diese Argumentation wirklich schlüssig? Stiftete Mohn mit seiner Stadt Stiftung wirklich Demokratie? Christian Pfeiffer hat Zweifel daran. Der ehemalige Justizminister von Niedersachsen war bereits 1995 in den USA, um sich über Bürgerstiftungen zu informieren und versuchte in Hannover Bürger für diese Idee zu gewinnen. Es ging mühsam und langsam voran. Wegen seines Wissens und Interesses am Thema wurde Pfeiffer 1996 zum Symposium zu Mohns 75. Geburtstag eingeladen. Pfeiffer erfuhr im Vorfeld des Symposiums außerdem von der Idee Mohns, die erste Stadt Stiftung zu gründen. Während der Veranstaltung suchte er das Gespräch mit Mohn und wollte ihn auf Probleme seines Modells aufmerksam machen. Pfeiffer hat Mohn in diesem Gespräch als »ungeduldig und arrogant« in Erinnerung: »Mohn wollte keine Einwände hören. Er hatte sich entschieden, dass er mit dem Konzept der Bürgerstiftung der Erneuerer des Stiftungswesens werden würde – noch ehe die erste Bürgerstiftung existierte. Für ihn war alles klar.«[3]

Auf Pfeiffer wirkte das Symposium »wie eine Inszenierung« und das war es ja auch. Es war eine Inszenierung der Gemeinnützigkeit von Reinhard Mohn, bestätigt durch den Bundespräsidenten, dessen Rede in Absprache mit der Stiftung vorbereitet worden war. Pfeiffer sagte Mohn in dem Gespräch, dass schon der Name Stadt Stiftung, den Mohn gewählt hatte, falsch sei. Mohn hatte jedoch kein Einsehen und sagte zu Pfeiffer: »Sie machen Ihr Ding und wir machen unseres. Wir werden sehen.« Pfeiffers Eindruck beim Gespräch mit Mohn: »Er machte einfach zu.«

Pfeiffer prophezeite Mohn damals, er werde mit seinem Modell scheitern und die Leute werden es nicht annehmen. Mohns Modell war eine von oben verordnete Stiftung, in der der Stifter alle Rechte behält. In Mohns Satzung, die der damalige Geschäftsführer der Bertelsmann Stiftung, Andreas Schlüter, entworfen hat, war festgelegt, dass Mitglieder der Leitungsgremien von anderen Mitgliedern neu in diese Gremien berufen werden und dass sie zu unterschiedlichen Zeiten ausscheiden. So war festgelegt, dass die Personen, die Mohn einsetzte, die Stiftung in der Hand behalten und dass Bürger nie demokratisch bestimmen können, wer aufrückt. Statt zwei Millionen Mark zu spenden, wäre es klüger gewesen, einen Matching Fund einzurichten und so jede Mark, die von Gütersloher Bürgern gespendet wird, zu verdoppeln, sagt Pfeiffer im Rückblick. Die Botschaft hätte dann gelautet: Diese Stiftung ist ein Werk der Bürger. Stattdessen gründete Mohn die Stadt Stiftung im Alleingang.

Pfeiffer sagt heute: »Mohn hat das Modell Bürgerstiftung aus seiner Biografie heraus nicht verstanden. Mohns Modell ist von Beginn an belastet. Sein Modell führt in die fasche Richtung. Statt die Stiftungsidee zu erneuern, belastet es die Idee der Bürgerstiftung durch falsche Prinzipien aus der Welt der Wirtschaft.« Er sieht sich bestätigt darin, dass Mohn dank seiner Kontakte lediglich schneller war und dadurch behaupten konnte, er habe die erste Bürgerstiftung gegründet. Doch niemand in Deutschland sei seinem Modell gefolgt. Selbst die Stadt Stiftung habe ihre Satzung geändert. Die Bertelsmann Stiftung freilich tut so, als gebe es diesen wichtigen Unterschied nicht, und feiert Mohn als Gründer und Erneuerer der Stiftungsidee. Bei einem Kongress der Stiftung nach der Gründung der Stadt Stiftung hielt Pfeiffer in Gütersloh einen Vortrag und kritisierte darin Mohns Modell ausdrücklich als verfälschend und problematisch. Er versuchte auch noch einmal mit Mohn ins Gespräch zu kommen, aber Mohn blieb bei seiner Auffassung. »Er war altersstarr und hörte nicht mehr zu«, erinnert sich Pfeiffer. »Kritik hat ihn nicht mehr erreicht.«

Im Dezember 1997 sprachen auf der Jahrespressekonferenz der Bertelsmann Stiftung Mohn und Wössner auch über die Stadt Stiftung, die – wie Mohn gestenreich sagte – von den Bürgern gut angenommen werde. Mohn betonte, dass eine Bürgerstiftung nicht so sehr von einem Stifter abhänge, sondern vom Bedarf in der Stadt. »Das ist eine Bürgerinitiative«, sagte Mohn. Doch die Verordnung von Mohns Idee stieß in Gütersloh nicht auf jene offene Begeisterung, wie Mohn, Wixforth und Wössner das gerne gehabt hätten. Die Bürger hielten sich mit Spenden zurück. Als Wössner zwei Jahre später im Dezember 1999 der *Neuen Westfälischen* ausführlich Rede und Antwort stand, sagte er: »Es ist eine Gütersloher Tugend, sparsam zu sein. Wir haben nicht genügend Patenschaften verkaufen können.« Statt den erzielten fünfzehn Patenschaften habe er auf fünfzig gehofft. Das Ziel, innerhalb von fünf Jahren 10 Millionen Mark als Mindestkapital zu sammeln, werde man nicht erreichen.

War es ein Fehler, die Stadt Stiftung in den Räumlichkeiten der Bertelsmann Stiftung unterzubringen? Ist die Nähe zum bestimmenden Unternehmen am Ort problematisch und hält das Engagement von

Bürgern ab? Wössner hielt die Nähe für unproblematisch: »Die Stadt Stiftung wäre anders nicht zustande gekommen.« Die Stadt Stiftung gebe sich große Mühe, volksnah zu bleiben. Wössner meinte, keines der Projekte sei abgehoben, und fand es ungerecht, Bertelsmann negativ zu assoziieren. Er verstehe aber auch »die Berührungsängste mit dem Glaspalast und der Bertelsmann Stiftung, von der man hört, dass alle Staatsmänner dort verkehren. Da geht natürlich der normale Bürger nicht so gerne hin.« Aber mit einem Umzug in die Stadt wolle man die Herzen der Bürger erobern.

Doch ausgerechnet wenige Monate später stand die Stadt Stiftung in der Kritik; es ging um die Folgen einer Spende von Mark Wössner. Er hatte 1998 zu seinem 60. Geburtstag 1,3 Millionen Mark gespendet – 300 000 für den Umbau des Wasserturms zu einem Jugendzentrum und eine Million für Jugendprojekte. Im März 2000 genehmigten die Stadträte einen Zuschuss für den Betrieb eines Jugendcafés nur widerwillig, weil der Träger 60 000 Mark Zuschuss von der Stadt forderte – sonst könne er den Betrieb nicht aufrechterhalten. Volker Richter (SPD) beklagte, es könne nicht sein, dass die Stadt Stiftung eigenmächtig Jugendpolitik betreibe, sich mit dem Erreichten »im Rampenlicht der Öffentlichkeit schmücke« und die Stadt dann vor vollendete Tatsachen stelle. Das Geld werde auch in anderen Stadtteilen dringend gebraucht.

Michael Vormann (CDU) verursachte das Vorgehen der Stadt Stiftung »erhebliche Bauchschmerzen« und er sagte: »Wenn ein Privatmann stiften will oder sich selbst ein Denkmal setzen möchte, ist dagegen natürlich nichts einzuwenden, wenn es der Stadt nützt. Aber erst zu schenken und dann mit einem Bollerwagen hinterher zu kommen und die Hand aufzuhalten, ist äußerst fragwürdig.« Dabei hatte Wössner nur getan, was Mohn auch immer tat: anstoßen und anfinanzieren – dann müssen die anderen sehen, wie sie damit zurechtkommen.

Der Streit um die Bürgerbank

Heute hat die Stadt Stiftung ihre Geschäftsstelle am Alten Kirchplatz. Einst wohnte auch Carl Bertelsmann – der Gründer des Unternehmens – an diesem Platz. Sein Haus brannte nieder. Gerettet wurde nur ein Balken, der heute die Hauptverwaltung des Unternehmens schmückt. Der Alte Kirchplatz vor der Apostelkirche liegt im Zentrum von Gütersloh. Es ist nicht der schönste Fleck in der Stadt, aber ein historischer Platz und als ehemaliger Friedhof strahlt er Ruhe und Besinnung aus. Ein Ort zum Innehalten und wie geschaffen für eine Bank. Im Jahr 2006 beauftragte die Stadt Stiftung den Künstler Jürgen Pukies, eine Installation für diesen Platz zu schaffen. Die Stadt Stiftung feierte 2006 ihr 10-jähriges Bestehen und wollte mit einer symbolischen Sitzgelegenheit die Verbundenheit mit den Bürgern und der Bürger untereinander zum Ausdruck bringen. Es war ein »Geschenk« der Stiftung an die Stadt und ihre Bürger und deshalb drang von den Plänen zunächst nichts an die Öffentlichkeit. Es sollte eine Überraschung sein.

Pukies reiste im April 2006 nach Gütersloh und nahm den Platz in Augenschein. Pukies ist Medienkünstler und seine Installation sollte keine gewöhnliche Bank werden. Er schafft Objekte, die Ideen sichtbar machen. Er sprach von einem »Sitzobjekt«. An einem schlichten anthrazitfarbenen Betonsockel sollten 220 Edelstahllamellen, von Spendern für je 500 Euro erworben, nach und nach die Sitzflächen ergeben. Die Bank würde vollendet sein, sobald alle Lamellen verkauft wurden. Das Kapital der Stiftung würde dann um 110 000 Euro aufgestockt sein.

Die Stadt Stiftung wollte damit ein Symbol schaffen, das ins Auge fällt, und sieht dahinter die Gemeinschaft. Aber was sieht die Gemeinschaft? Was sehen die Bürger? Wessen Idee ist die Bürgerbank? Als die Pläne für die Skulptur öffentlich wurden, fühlten sich viele Bürger überrannt. Sie kritisierten später, dass sie selbst nicht gefragt wurden. Das sei ein Fehler gewesen, sagt Pukies heute.[4] »Die Stadt Stiftung hat zu wenig kommuniziert.« Pukies wurde in Bielefeld geboren und lebt in Detmold. Im Jahr 2000 gestaltete er im Auftrag von Bertelsmann die Eröffnungsveranstaltung auf der Weltausstellung Expo in Hannover künstlerisch. Sonst verbindet ihn kaum etwas mit Bertelsmann.

Für die erste Präsentation der Stadt Stiftung fertigte Pukies ein kleines Stück Bank. Liz Mohn war eine der Ersten, die eine Lamelle kaufte und so 500 Euro stiftete. Mehr als 100 Bürger folgten ihrem Beispiel, sodass am Ende rund die Hälfte der 220 Lamellen verkauft worden waren und die Stiftung immerhin rund 50 000 Euro eingenommen hatte. Die Bertelsmann Stiftung veröffentlichte ein Bild von der öffentlichen Präsentation der Idee der Bürgerbank in ihrem Jahresrückblick 2006, als habe sie besonderen Anteil daran, dass es zu dieser Idee der Bürgerbank kam. Warum nicht? Tatsächlich hatte sie einigen Anteil daran. Ohne Reinhard Mohn und die Bertelsmann Stiftung gäbe es schließlich keine Stadt Stiftung in Gütersloh.

Wahrscheinlich fragten sich etliche Bürger, ob die Bürgerbank vielleicht auch eine dieser segensreichen Ideen der Bertelsmann Stiftung war, eines dieser Geschenke, gegen die sich die Stadt kaum zur Wehr zu setzen traut. Zu mächtig, zu wichtig, zu einflussreich und zu gut vernetzt ist die Bertelsmann Stiftung in Gütersloh. Und viele sehen in der Stadt Stiftung nicht ganz zu Unrecht einen Wurmfortsatz der Bertelsmann Stiftung. Hatte sie nicht nach ihrer Gründung jahrelang aus dem Gebäude der Bertelsmann Stiftung heraus operiert? Beschäftigt sie nicht ehemalige Mitarbeiter der Stiftung? War es nicht ein Pilot- und Vorzeigeprojekt von Reinhard Mohn, mit dem er die Überlegenheit seines Ansatzes, den Import von Ideen aus dem Ausland – er nennt es Lösungen – demonstrieren wollte?

Eine Überraschung war die Installation tatsächlich – vor allem für die Nachbarn, die sich übergangen fühlten. Die Interessengemeinschaft Historischer Stadtkern wusste bis zur feierlichen Enthüllung des Modells am 7. Dezember 2006 nichts von der 15 Meter langen Idee. In der Interessengemeinschaft (IG) Historischer Stadtkern hatten sich dreißig Anlieger zusammengeschlossen, die seit Jahren für die Beruhigung der Kirchstraße kämpften und sich nun übergangen fühlten. Sie hatten seit Jahren einen eigenen Gestaltungsplan für den Kirchplatz in der Schublade liegen und kritisierten das kühle Material, die eckigen Form und die überdimensionierte Länge des geplanten Sitzobjekts. Das alles passe nicht zu dem Platz.

Doch über den Standort wollte die Stadt Stiftung nicht verhandeln, wie ihr Geschäftsführer Michael Jacobi sagte. »Die Bürgerbank als Symbol für die Arbeit der Stadt Stiftung steht am Alten Kirchplatz.

Dort nahm die Stadtentwicklung ihren Anfang und aus diesem historischen Zentrum heraus wollen wir die Zukunft der Stadt mitgestalten«, hieß es in einer Werbebroschüre. Vom Vorschlag, die Bank in einer anderen Form zu gestalten und sie in mehreren Elementen auf dem Platz zu verteilen, wollte die Stiftung nichts wissen, weil »das Kunstwerk als Einheit zerstört« wäre, wie Jacobi sagte. Zudem seien bereits 105 Lamellen verkauft und die ersten Namensgravuren der Spender in Auftrag gegeben. Von den Plänen der IG, den Platz zu einer »Oase der Innenstadt« umzugestalten, habe man nichts gewusst, bedauerte Jacobi. Das Projekt sei mit der Kirchengemeinde als Grundstücksinhaberin abgesprochen worden, auch der Gestaltungsbeirat habe zugestimmt. »Insofern war aus unserer Sicht alles getan.«

Sechs Monate suchte die Stadt Stiftung nach einem Kompromiss. Am Ende beschloss sie, die Bank dort aufzustellen, wo sie ursprünglich hin sollte. Das empfanden viele Bürger als dreist. Es gab Proteste und erboste Leserbriefe. Wochenlang ging der Streit hin und her. Am Ende gab die Stadt Stiftung entnervt auf. Statt ein Gefühl der Gemeinschaft zu erzeugen, hatte sie die Bürger entzweit. Die Bank war »ein sehr modernes Kunstwerk«, wie der Chef der Stiftung, Gerd Wixforth, heute sagt. Wixforth befand, dass man die Bank zwar rechtlich durchsetzen könnte, dann aber bei den Bürgern verlieren würde. »Die Stiftung stand die ganze Zeit in der Diskussion«, sagt Wixforth. »Das war nicht gut. Sie sollte nicht in der Diskussion sein.«

Der Künstler Jürgen Pukies hat die Skulptur nie fertiggestellt. Der anthrazitfarbene Betonmonolith ist allerdings produziert worden und lagert im Bielefelder Betonwerk. Der Edelstahl wurde für ein anderes Projekt verwendet. So wurde eine Skulptur, die für Gemeinschaft stehen sollte, zum Symbol eines gescheiterten Versuchs der Stadt Stiftung, der Gemeinschaft zu sagen, was sie unter Gemeinschaft zu verstehen hat.

Heino Nollmann, dessen Idee die Bank gewesen war, trat erbost im Streit aus dem Beirat der Stiftung aus. Seine Karriere hatte als Lokalchef des *Westfalenblatts* in Gütersloh begonnen, dann war er in die Pressestelle von Bertelsmann gewechselt, hatte sich anschließend selbstständig gemacht und eine Firma namens Medienfabrik aufbaut.

Als sie erfolgreich lief, hat er sie an die Bertelsmann-Drucksparte Arvato verkauft. Eine beispielhafte Karriere in Gütersloh. Der ehemalige Mitarbeiter von Bertelsmann, der seine Firma gewinnbringend an Bertelsmann verkauft, brachte also Pukies ins Gespräch.

Wer will es den Bürgern in Gütersloh verdenken, wenn sie eine Aktion von Bertelsmann hinter der Bürgerbank sehen? Zumal die Stadt Stiftung im Vorhinein mit niemandem, außer mit Ute Luther, über das Überaschungsprojekt gesprochen hat. Ute Luther saß im Leitungsgremium der Kirchengemeinde und ist die Frau des damals stellvertretenden Vorstandsvorsitzenden von Bertelsmann, Siegfried Luther, der für Mohn die Formalitäten der Stiftungsgründung erledigt hatte. Der Eindruck, dass Idee, Genehmigung und der erste Schritt zur Verwirklichung der Bürgerbank bei Bertelsmann entstanden sind, ist also nicht weit hergeholt.

Die Stadt Stiftung als verlängerter Arm der Bertelsmann Stiftung?

Es musste dem leitenden Gremium der Stadt Stiftung sehr wohl bewusst gewesen sein, dass die Bürger sie als Teil der Bertelsmann Stiftung und Teil der Elite der Stadt wahrnahmen, denn im Jahr 2000 beauftragte die Bertelsmann Stiftung das Maecenata Institut mit einer unabhängigen Studie über die Stadt Stiftung. Ein Ergebnis der Studie war die notwendige Abnabelung von der Bertelsmann Stiftung, wie Frank Adloff und Elke Becker schrieben. Die Verbindung sei nicht nur eine räumliche, sondern auch eine geistige und ideologische. Das Denken der Bertelsmann Stiftung finde sich auch in der Stadt Stiftung.

Es gäbe Anklänge, die nicht auf Gleichberechtigung hindeuten. »Welche Kompetenz und Berechtigung hat die Stadt Stiftung Gütersloh, die Leistungsfähigkeit der Stadt Gütersloh zu verbessern? Dieser Themenkomplex erinnert an die Arbeit der Bertelsmann Stiftung. Die Redeweise von ›Erziehung zur Gemeinschaftsfähigkeit‹ deutet auf ein asymmetrisches Verständnis des Verhältnisses von Stiftung und Bürger hin: Die Stiftung leitet die Bürger an, sich gemeinschaftsfähig zu verhalten. An dieser Stelle schimmert ein Widerspruch in dem Selbstverständnis und der Zielsetzung der Stadt Stiftung Gütersloh auf.«[5]

Die Bertelsmann Stiftung trug die Kosten für eine hauptamtliche Kraft in Höhe von mehr als 100 000 Mark jährlich. Pressearbeit und Controlling wurden von der Bertelsmann Stiftung geleistet. Die administrative und finanzielle Unterstützung durch die Bertelsmann Stiftung wurde in den Jahresberichten jedoch nicht ausgewiesen. In der Studie heißt es: »Auffällig ist, dass insbesondere Leute, die beruflich schon mit der Bertelsmann AG oder der Stiftung zu tun haben, den Kontakt zur Stadt Stiftung finden ... Die besondere Situation der Stadt Stiftung Gütersloh liegt darin, dass sie umfangreiche Unterstützung durch die Bertelsmann Stiftung bekommt, welche eine hohe Präsenz in der Stadt Gütersloh zeigt. Damit ist in der Öffentlichkeit die Befürchtung einer zu hohen Dominanz in der Kommune verbunden.« Die Autoren des Gutachtens betonen: »Es ist begrenzt gelungen, die Stadt Stiftung Gütersloh als ein Modell für Bürgerstiftungen in Deutschland zu etablieren. In den letzten Jahren fand zwar eine Gründungsbewegung statt, doch hat dabei auch die Struktur der Bürgerstiftung Hannover eine Rolle gespielt.«

Die Stadt Stiftung ergänzte ihren Namen um den Zusatz Bürgerstiftung. Als die Stadt Stiftung 2006 ihr 10-jähriges Bestehen feierte, musste Reinhard Mohn die Teilnahme wegen einer Operation absagen. Sein Sohn Christoph überbrachte den 600 Gästen, die sich in der Stadthalle versammelt hatten, ein Grußwort, in dem der Vater betonte: »Die Erwartungen, die ich an die Stadt Stiftung hatte, sind in Erfüllung gegangen.« Reinhard Mohn ließ zudem ausrichten, die Stiftung sei ein Beispiel für gelebte Demokratie. Der ehemalige Ministerpräsident von NRW, Wolfgang Clement, sagte in seiner Festrede: »Ich habe großen Respekt vor dem Anstoß, den Reinhard Mohn vor zehn Jahren gegeben hat. Mohns Initiative hat zu einer Bewegung in ganz Deutschland geführt.« Die Stiftungsmacher nannte er »Mutmacher für das Land«.

Die Feier strahlte Harmonie aus, auch weil zu ihr der Vorsitzende des Gründungskuratoriums der Stadt Stiftung, Mark Wössner, eigens aus München angereist war. Bundesfamilienministerin Ursula von der Leyen ließ mitteilen, die Stadt Stiftung Gütersloh habe Beispielhaftes geleistet. Bürgermeisterin Maria Unger sagte: »Hätte Reinhard Mohn die Stiftung nicht geschaffen, man müsste sie erfinden.« Die Stadt Stiftung war in zehn Jahren reich geworden. Das Kapital ist auf immerhin 4,5 Millionen Euro gewachsen. Mehrere Bürger wollen der Stiftung hohe Summen vererben. Die Stadt Stiftung kümmerte sich um dreißig Projekte, um Essensversorgung an Grundschulen und Kindergärten, veranstaltete einen Nachmittag für pflegende Angehörige und Ähnliches mehr.

Ist der Verdacht, die Stadt Stiftung sei der verlängerte Arm der Bertelsmann AG oder der Bertelsmann Stiftung gerechtfertigt? Wixforth gibt zu, dass Bertelsmann anfangs als zu einflussreich wahrgenommen worden sei. »Aber jetzt ist das kein Thema mehr«, versichert er. Jetzt habe man genügend Distanz. Im Vorstand, der die Geschäfte führt, die Stiftung vertritt und die Projekte durchsetzt, sitzen drei Leute: Anette Singenstroth, die Leiterin der Abteilung Buchhaltung und Steuern der Bertelsmann Stiftung, außerdem seit 1996 als Geschäftsführer Michael Jacobi, ein ehemaliger leitender Manager der Drucksparte Mohndruck der Bertelsmann AG, und Gerd Wixforth, der sich selbst als »Freund und Nachbar von Liz Mohn« bezeichnet.

Jacobi schied nicht im besten Einvernehmen von Mohndruck, aber das wusste ja niemand, als er von Wössner im Auftrag von Mohn angesprochen wurde. Von außen wird Jacobi als Bertelsmann-Import wahrgenommen. Förderlich war sicher auch, dass seine Frau Clubmeisterin im Golfclub war und unter den reichen Gütersloher gut vernetzt ist. Dazu muss man wissen, dass der Golfclub Treffpunkt der reichen Gütersloher sowie ein Sammelpunkt für leitende und ehemals leitende Bertelsmann-Manager und ihre Frauen ist. Gerd Wixforth schließlich war Stadtdirektor von Gütersloh und hatte einst Liz und Reinhard Mohn getraut. Seine Frau war früher mit Mark Wössner verheiratet gewesen, dem ehemaligen Chef der Bertelsmann AG und der Bertelsmann Stiftung.

Wixforth selbst bezog, wie bereits angesprochen, nach seiner Pensionierung ein Büro in der Bertelsmann Stiftung und arbeitete dort bis 2004 zum Thema Reform der Verwaltung. Als er siebzig wurde und ausschied, veranstaltete die Stiftung ein Symposium zum Thema »Innovation und Region«, bei dem Wolfgang Clement, Ministerpräsident Peer Steinbrück, Unternehmensberater Roland Berger, Liz Mohn, Bertelsmann-Chef Gunter Thielen und der Chef der Bertelsmann Stiftung, Heribert Meffert, Vorträge hielten. Wixforth selbst sieht sich allerdings nicht als jemand, der der Bertelsmann Stiftung zu nahe stehe, und betont: »Ich bin unabhängig.«

Aber er sagt auch, dass Immanuel Hermreck nicht mit Bertelsmann in Verbindung gebracht werden könne, sondern als Gütersloher Bürger in der Stadt Stiftung engagiert sei. Hermreck sitzt heute im Kuratorium der Stadt Stiftung, dem Gremium, das über die Einhaltung der Stiftungszwecke wacht. Hermreck ist im Hauptberuf Konzernpersonalchef und damit einer der bekanntesten und wichtigsten Manager der Bertelsmann AG. Weiter sitzt im Kuratorium Liz Mohn als Vertreterin der Stiftung Deutsche Schlaganfall-Hilfe. Die Stadt Stiftung nennt sie auf ihrer Website nur in dieser Funktion. Das ist eigenartig, denn in Gütersloh weiß freilich jeder, dass sie die Chefin der Bertelsmann Stiftung ist. Weiter führt die Stadt Stiftung als Kuratoriumsmitglied mit Jimmy A. Schmied eine »sozial engagierte Bürgerin« auf. Liz Mohn bezeichnet Jimmy A. Schmied als ihre beste Freundin. Ihre Tochter Alexandra Schmied und ihr Schwiegersohn Peter Walkenhorst sind beide in der Bertelsmann Stiftung angestellt und betreuen dort das Thema Bürgerstiftungen. Weiterhin ist Mark Wössner im Kuratorium vertreten, der ehemalige Vorstandsvorsitzende der Bertelsmann Stiftung.

Im Beirat, der Kuratorium und Vorstand bei der Umsetzung der Stiftungsziele berät, sitzt neben Gerd Wixforth Heinz Generotzky, der Direktor der Commerzbank AG in Gütersloh. Auch er und seine Bank sind eng mit Bertelsmann verbunden, weil sie die Ausgabe und den Rückkauf der Genussscheine der Bertelsmann AG bearbeitet – für die Bank ein wichtiges Geschäft.

Wer diese personellen Verflechtungen kennt – und Gütersloh ist zu klein, als dass man sie nicht kennen würde –, den muss erstaunen, dass man denken könnte, die Stadt Stiftung sei nicht von Bertelsmann und der Bertelsmann Stiftung dominiert. Bezeichnend ist vor allem, dass ausschließlich ehemalige und amtierende Mitarbeiter von Bertelsmann und der Bertelsmann Stiftung die Geschäfte führen – darunter seit 2006 die Buchhalterin der Stiftung, Anette Singenstroth, die für Finanz- und Steuerfragen zuständig ist. Enger könnte die Kontrolle kaum sein. Einige Gremienmitglieder haben nichts mit Bertelsmann zu tun, aber Bertelsmann dominiert.

Die Stadt Stiftung gilt als einzige Bürgerstiftung in Deutschland, die top-down, also von oben herab, gegründet wurde. Sie ist – darin liegt die Ironie – eine Stiftung, die den Bürgern verordnet worden ist. Eine Erfolgsgeschichte sicher, denn sie hat genügend Geld, um ihre Projekte zu finanzieren. Aber gelebte Demokratie? Eher das Gegenteil oder zumindest verordnete Demokratie. Sie ist die einzige Bürgerstiftung, die diesen Namen nicht trägt. Mohn, der immerzu von Gemeinschaft sprach, verordnete den Namen Stadt und ließ die Bürger, um die es ihm doch angeblich ging, somit außen vor. Der Name Stadt Stiftung hat sich nicht durchgesetzt, mehr noch: ihre Konzeption hat sich in Deutschland nicht durchgesetzt.

Um sich, wie Wixforth sagt, bewusst von Bertelsmann abzugrenzen, nannte sich die Stadt Stiftung im Sommer 2010 um in Bürgerstiftung. Die Namensumbenennung markiert einen Bruch mit der Tradition. Ein Zeichen, dass sie sich endgültig von ihrem Gründer Reinhard Mohn löst? Die Namensgebung, die auf Reinhard Mohn zurückgeht, sei immer etwas missverständlich gewesen, sagt Wixforth. »Viele glaubten nicht zu Unrecht, dass die Stadt Stiftung mit der Stadt zu tun hat und von ihr kontrolliert oder finanziert werde. Das ist falsch. Der Eindruck mag aber auch durch meine Person entstanden sein, weil ich ja davor als Stadtdirektor amtierte. Auch wir haben uns schwer damit getan und lange gebraucht, bis wir uns jetzt zu der Änderung durchgerungen haben.«

Weiterhin löse sich Liz Mohn von ihrem Gremienposten und habe zugestimmt, ihren Platz freizumachen. Werden nun die Bürger entscheiden, wer ihr nachfolgt? Wird ein »normaler« Bürger ihren Platz einnehmen? Jemand, der nichts mit Bertelsmann zu tun hat? Wandelt sich die Stadt Stiftung nun zu einer echten Bürgerstiftung? Nicht wirklich. Liz Mohn entschied, dass ihr Sohn Christoph ihren Platz einnehmen soll. Die Verantwortlichen der Stadt Stiftung stimmten dem Vorschlag freudig zu. Schließlich würde man ungern auf ein Mitglied der Familie Mohn verzichten.

13. »Licht aus« im Showroom der Reichen? Der Druck von innen und außen steigt

Wiebke Priehn wunderte sich zu Beginn ihres Jurastudiums an der Hamburger Universität über all die Reformen, die an der Universität durchgeführt wurden. »Ich hab' mich gefragt, wie kommt das eigentlich zustande«, sagte sie und fing an zu recherchieren. Sie »durchleuchtet die einzelnen Akteure« in den verschiedenen Gremien, wie sie dem Bayerischen Rundfunk im Februar 2010 sagte, und sie fragte nach den dahinter stehenden Interessen. Sie kam zu dem Ergebnis, »dass Bertelsmann die Spinne im Netz ist«.

2005 organisierte Wiebke Priehn den ersten Anti-Bertelsmann-Kongress. Aus den E-Mails der Teilnehmer fertigte sie eine Anti-B-Mailingliste. Später baute sie einen Internetauftritt und initiierte weitere Kongresse. Priehn avancierte damit zu einer der eifrigsten Kritikerinnen, die sich zum Stachel im Fleisch der Bertelsmann Stiftung entwickeln. Priehn sammelte in wenigen Monaten zahlreiche Mitstreiter um sich. Sie sagt: »Was ich an Bertelsmann kritisiere, ist, dass da ein Medienkonzern dahinter steht, was eine ziemlich einmalige Konstellation ist, dass so eine Beratungseinrichtung Europas größten Medienkonzern im Rücken hat.« Damit übe Bertelsmann einen gewaltigen Druck auf alle aus, die mit der Stiftung zu tun haben. Dass Fachbereiche und Universitäten nun aus dem Ranking des CHE aussteigen, sieht Priehn auch als den Erfolg ihrer Arbeit an.

Wissen und Kompetenz der Kritiker sind sehr unterschiedlich: Einmal warnte bespielsweise ein Mitglied der Mailingliste von Wiebke Priehn ohne erkennbare Ironie, dass Bertelsmann bis in die Schlafzimmer vordringe. Der Beweis sei, dass Familie Jahr, die neben Bertelsmann an Gruner + Jahr beteiligt ist, mit 10 Prozent an einer Firma beteiligt sei, die Zähler an Heizkörpern ablese. Manchmal wirkt die Kritik reflexartig und blind: So fanden sich, als Peter Frey 2009 zum Chefredakteur des ZDF gewählt wurde, auf der Mailingliste und im Internet schnell einige Texte und Artikel, die ihn als Helfershelfer von Bertelsmann darstellten. Wie das? Frey hatte bei Werner Weidenfeld studiert, dessen Münchner Institut CAP die Stiftung über viele Jahre finanziert hat. Allerdings musste Weidenfeld 2007 gehen und die Stiftung will seitdem nichts mehr mit ihm zu tun haben. Damit taugt die Verbindung zu Weidenfeld 2009 wohl nicht mehr als Beleg für die Behauptung, dass jemand Bertelsmann besonders verbunden sei.

Ungeachtet solcher Verschwörungskommentare spielen die Kritiker eine Rolle, da sie Druck auf die Bertelsmann Stiftung ausüben. Der erste Reformversuch von außen, der Gesetzesentwurf von Antje Vollmer, ist missglückt, ebenso der Reformversuch von innen durch den ehemaligen Vorstandsvorsitzenden Heribert Meffert. Erzwingen nun also die sogenannten »Anti-Bertelsmann-Aktivisten« Reformen durch Öffentlichkeit?

Einen Wendepunkt in der öffentlichen Wahrnehmung der Stiftung markiert ein Zeitungsartikel, der nichts mit den Aktivisten zu tun hat, außer dass er ihnen gute Gründe für ihren Protest lieferte. Im September 2006 veröffentlichte der Journalist Harald Schumann im Berliner *Tagesspiegel* seinen bereits erwähnten Artikel »Macht ohne Mandat«. Schumann hatte wochenlang Studien gelesen sowie Beteiligte und Mitarbeiter der Stiftung befragt. Eine seiner zentralen Thesen lautet: Die Stiftung gibt nicht annähernd das Geld aus, das sie durch den Wegfall der Erbschaftsteuer sowie laufender Steuern der Familie Mohn spart. Ein Satz mit Sprengkraft. Schumann schreibt: »Tatsächlich wirtschaftet die Nebenregierung in Gütersloh de facto mit öffentlichem Geld.« Diese Erkenntnis hatte vorher niemand so deutlich formuliert.

Schumann schreibt weiter, dass über die personellen Netzwerke der selbsternannte »Reformmotor« zum eigenständigen politischen Akteur werde, der außerhalb der Parlamente eine Art Elitenkonsens schaffe – und nebenbei auch noch positive PR für den Konzern erziele. Er zitiert den Soziologen und Kenner der internationalen Stiftungslandschaft Frank Adloff: Für solche Zwecke sei »die Steuerbefreiung für gemeinnützige Stiftungen nicht gedacht«. Der Artikel erschien Ende September 2006, als die Stiftung im Auswärtigen Amt in Berlin ihr internationales Bertelsmann Forum abhielt und dazu Politiker aus dem In- und Ausland versammelt hatte. Die Kritik war nun nicht mehr Sache eines Häufleins verträumter Linker; sie drang in den Mainstream vor.

Wie kritisch die Stiftung mittlerweile gesehen wurde, zeigt ein Buch, das der Bund demokratischer Wissenschaftler 2007 veröffentlichte. *Netzwerk der Macht – Bertelsmann. Der medial-politische Komplex aus Gütersloh* zeichnet auf 448 Seiten das Bild einer Krake, die alles beeinflussen will, von der Kommunalverwaltung, der Bildungs- und Hochschulpolitik, über Arbeits-, Gesundheits- und Sozialpolitik bis hin zur Außenpolitik. Die beiden Herausgeber Jens Wernicke und Torsten Bultmann versammelten 28 Autoren und Autorenteams, die die Vergangenheit der Stiftung, die Politikberatung und die ständige Bewertung durch Kennziffern hinterfragen. Die Wirkung des Buches geht weit über die 2000 bislang verkauften Exemplare hinaus, zumal einige der Artikel im Internet kursieren.

Helga Spindler zeichnet in ihrem Beitrag nach, wie die Stiftung die Reform der Arbeits- und Sozialhilfe gesteuert und beeinflusst hat und so ins Kanzleramt vorgedrungen ist. Die Stiftung dementiert diesen Einfluss gerne, weil Hartz IV in der Öffentlichkeit ein Schimpfwort geworden ist. Dabei hat sie ihr Vordringen ins Kanzleramt noch zum 25-jährigen Jubiläum 2002 und in ihren Schriften jahrelang als Erfolg gefeiert. Spindler listet viele Belege und Fundstellen auf und lässt der Stiftung keinen Raum zu einem Dementi.

Die Stiftung spürte, dass sie das Buch nicht völlig ignorieren konnte und schrieb in einer Stellungnahme, dass das Buch Fehler enthalte. Sie sagte allerdings nicht welche. In einem Interview mit der *Neuen Westfälischen* sagte der Herausgeber des Buches Jens Wernicke: »Soweit mir bekannt ist, gab es seitens der Stiftung noch nie den Vorschlag an die Politik, die Unternehmenssteuern zu erhöhen oder Ähnliches, um so der immer größer werdenden sozialen Schieflage im Lande Herr zu werden. Welch Zufall, nicht wahr?« Die Stiftung stelle eines nie in Frage: die ungleiche Verteilung gesellschaftlichen Reichtums und gesellschaftlicher Macht. Auf die Frage, was er von Bertelsmann und der Politik fordere und ob Konzern und Stiftung stärker entflochten werden müssten, sagte Wernicke: Von Bertelsmann könne er gar nichts fordern, die Politik aber müsse wichtige Reformen »breiter und ergebnisoffen diskutieren«. Das wäre dann nicht nur der Form, sondern auch dem Inhalt nach Demokratie.

Zur Entflechtung von Unternehmen und Stiftung äußerte er sich in diesem Interview nicht, aber in einem Artikel über das »Schattenkabinett aus Gütersloh« verweist er auf die Gesetzeslage in den USA, wo Stiftungen der Besitz von mehr als 20 Prozent eines Unternehmens verboten sei. Wernicke kritisierte, dass es der Stiftung »mehr und mehr gelingt, selbst zu definieren, was ›Gemeinwohl‹ eigentlich meint – und zudem die Rolle der dem Staat aufgrund fehlender Steuereinnahmen immer weiter abhanden kommender eigener politischer Intelligenz einzunehmen, wodurch sie sich unabdingbar macht und bereits weit in die Kernbereiche staatlicher Souveränität vorgedrungen ist: Die Stiftung wird mehr und mehr selbst zum ›Staatsapparat‹ – ohne dabei jedoch demokratisch verfasst oder kontrolliert zu sein. Im Grunde kennt sie dabei nur ein einziges Rezept als Lösung aller gesellschaftlichen Probleme, und seien sie noch so komplex: die Gesellschaft soll wie ein Unternehmen geführt, der Staat mehr und mehr abgebaut werden.«[1]

Wernickes Resümee: »Bleibt zu hoffen, dass diese Farce bald ein Ende findet – und Gesellschaft und Politik diese Stiftung als das begreifen, was sie einzig ist: Nicht etwa ›Lösungsgeber‹, sondern Teil des Problems.« Als die *Neue Westfälische* Wernicke im Mai 2007 erneut interviewte und seinen Vorwürfen eine halbe Seite Platz einräumte, sah sich die Stiftung zu einer Stellungnahme gezwungen. Der Vorwurf, die Stiftung agiere nicht gemeinnützig, sei falsch. »Die Bertelsmann Stiftung weist diese Vorwürfe entschieden zurück. Die Gemeinnützigkeit wurde vom Finanzamt anerkannt und wird laufend geprüft. Die Stiftung bewegt sich mit allen Projekten und Reforminitiativen selbstverständlich im Rahmen der gesetzlichen Bestimmungen.« Eine Standardformel.

Im Oktober 2007 trafen sich 200 Kritiker auf einem Kongress mit dem Namen »Das Schattenkabinett aus Gütersloh« in Frankfurt. Organisiert von der Antiglobalisierungsbewegung Attac sowie der Dienstleistungsgewerkschaft ver.di ging es immer wieder um die Geschäfte von Arvato, die Dienste anbiete, dessen Bedarf die Stiftung vorbereite – etwa bei der Übernahme von Verwaltungsaufgaben. Der Journalist Eckart Spoo, ein ehemaliger Vorsitzender der Deutschen Journalisten-Union, drückte es so aus: »Hier sollen Bürger zu Kunden werden.« Er kritisierte die Aktivitäten von Arvato, weil das Tochterunternehmen auch kommunale Aufgaben übernehme. Die Stiftung wolle vor allem Deregulieren, also den Staat und dessen Fürsorge aus dem Leben der Menschen drängen, damit die Wirtschaft, allen voran Bertelsmann, mehr Platz habe. Spoo forderte, der Stiftung die Gemeinnützigkeit abzuerkennen. Außerdem forderte er, dass die Hochschulpolitik die Zusammenarbeit mit dem CHE einstellen solle. Die am CHE mitwirkenden Hochschulrektoren sollten dienstrechtlich verfolgt werden. Horst Bethge, ein Lokalpolitiker von Die Linke, kritisierte die »Bertelsmannisierung der Schulen«. Die Stiftung fordere mehr Eigenverantwortung der Schulen und dann biete Arvato jene Dienstleistungen an, die Schulen einkaufen müssen.

Es wurden verschiedene Protestaktionen diskutiert. Der Soziologe Steffen Roski schlug vor, Buchclubs von Bertelsmann zu besetzen, um Öffentlichkeit zu schaffen. Die Anti-Bertelsmann-Aktivisten forderten Gewerkschaften und Verbände auf, die Kooperation mit der Bertelsmann Stiftung einzustellen. Es folgten lokale Treffen und einmal kam es zu einer Demonstration auf dem Rathausplatz in Gütersloh, bei der die Sprecher der Stiftung, Karin Schlautmann und Andreas Henke, beobachtend abseits standen.

Die Kritik von Seiten der Gewerkschaften ist bemerkenswert, wenn man sich in Erinnerung ruft, dass Reinhard Mohn der Austausch mit den Gewerkschaften zwei Jahrzehnte zuvor sehr wichtig zu sein schien. Damals sprach er oft von Partnerschaft. Der Bund zwischen Gewerkschaften und Mohn schien intakt zu sein. 1988 zeichnete Mohn mit dem ersten Carl Bertelsmann-Preis den »Beitrag der Tarifparteien zur Entwicklung der Gesellschaft« aus. Allerdings reagierten die Gewerkschaften ablehnend, als Mohn 1970 seine Mitarbeiter am Unternehmen beteiligt hat und sein Modell zum Modell für Deutschland machen wollte. Sie forderten nicht nur Beteiligung am Kapital, sondern Mitsprache.

Tatsächlich kündigten Gewerkschaften jetzt die Mit- und Zusammenarbeit auf. Ver.di fasste entsprechende Beschlüsse; die Gewerkschaft Erziehung und Wissenschaft (GEW) wurde von den Mitgliedern in einem Beschluss angewiesen, die Kontakte auf Vorstandsebene auf das Nötigste einzuschränken und keine gemeinsamen Veranstaltungen mehr abzuhalten. Umstritten bleibt, was das konkret heißt: Darf sich ein Vorstandsmitglied regelmäßig mit der Stiftung austauschen? Dieser Beschluss trifft die Stiftung besonders hart, investiert sie doch rund 20 Prozent ihres Budgets in die Reform des Bildungswesens. In einem eiligen Statement betonte die Stiftung daraufhin, sie lehne eine Kommerzialisierung oder Privatisierung von Schulen ab. Sie sei jederzeit gesprächsbereit. Aber die GEW sieht ein grundsätzliches Problem in der Überzeugung der Stiftung, dass Erfolge in den Schulen messbar seien. Messbarkeit ist aber einer der Grundsätze Mohns, den die Stiftung nicht aufgeben will.

Die Stiftung reagierte auf die zunehmende Kritik nicht mit Argumenten, sondern mit Schlagworten und Bildern. Sie wollte damit die Massen erreichen. Für den Vorstandsvorsitzenden der Stiftung, Gunter Thielen, gehe es darum, Reputation und breite Beachtung in der Öffentlichkeit zurückzugewinnen, schrieb Rainer Hank im Dezember 2007 in der *Frankfurter Allgemeinen Sonntagszeitung*. Thielen sei der Auffassung, die Stiftung leide unter ihrer »gefühlten« Intransparenz: »Wir haben noch nicht genügend deutlich gemacht, warum die Stiftung für die Gesellschaft wichtig ist.« Die Projekte und Ergebnisse seien zu kompliziert präsentiert worden. Um besser verstanden zu werden, wolle die Stiftung sich dem Boulevard öffnen. Thielen: »Statt kompliziert über frühkindliche Bildung zu philosophieren, müssen wir bewegte Bilder krabbelnder Kinder zeigen.«

Die neue Kommunikationschefin der Stiftung, Karin Schlautmann, sollte die Boulevardisierung umsetzen. Die ehemalige Journalistin hatte früher als Chefreporterin und Ressortleiterin Unterhaltung für die *Bild*-Zeitung, für Thomas Gottschalks *Late Night Show*, für die *Bunte*, die *Gala* und zuletzt als Chefredakteurin für die bei Gruner + Jahr erscheinende Zeitschrift *Frau im Spiegel* gearbeitet. Im November 2006 war sie als Chefredakteurin nach Gütersloh gereist, um Liz Mohn zu interviewen und hatte in *Frau im Spiegel* anschließend ein Bild ohne Brüche gezeichnet, das Liz Mohn offenbar gefiel. Schlautmann kam aus der Gütersloher Gegend und hatte hier bei einem Lokalblatt ihre ersten Artikel geschrieben. Man kam umgehend über die neue Aufgabe ins Gespräch und am 1. Mai 2007 trat Schlautmann die neue Stelle an. Ihre Devise lautet: Positive Botschaften und nette Bilder.

Doch die Kritiker ließen sich davon nicht beeindrucken. Im Februar 2009 erreichte ihr Druck einen Höhepunkt. Sie versammelten sich in Gütersloh und kamen überein, eine unabhängige Studie zur Frage der Gemeinnützigkeit in Auftrag zu geben. Die drei Autoren, Klaus Lindner, Michael Krämer und Wiebke Priehn, sollten untersuchen, ob die rechtliche Grundlage für die Steuerbefreiung wirklich gegeben ist. Lindner hatte sich als Anwalt in Göttingen auf Korruption spezialisiert; Krämer steht als vorsitzender Richter einer Wirtschaftsstrafkammer eines Landgerichtes in Hessen vor; Priehn ist die eingangs erwähnte Jurastudentin, die die Kritik organisiert. Die drei Autoren werfen der Stiftung in der Studie vor, sie betreibe trojanisches, also verstecktes Marketing für das Unternehmen.

Mit dem Argument der Gemeinnützigkeit verschaffe sie der Bertelsmann AG Zugang zu Aufträgen. Sie schreiben: »Ob Privatisierung öffentlicher Dienste oder Einführung von Studiengebühren, ob Hartz IV und Sozialkürzungen oder globale Militärinterventionen und Vorgaben zur Aufrüstung, Schaffung neuer Hochschulgesetze oder eines einheitlichen Arbeitsgesetzbuches: Die gesellschaftspolitische Agenda der Bundesrepublik wird von der Bertelsmann Stiftung entworfen. Diese ›gemeinnützige‹ und steuerbegünstigte ›Reformwerkstatt‹ stellt die erfolgreichste Public-Private-Partnership dar – nicht allein auf Firmenprofit, sondern zugleich auch auf gesellschaftliche Steuerung ausgerichtet. (...) die damit verbundene Steuerbefreiung wird unberechtigt in Anspruch genommen zu dem Zweck, mittels steuerfinanzierter privater Politikberatung unter Umgehung demokratischer Willensbildung durch öffentlichen Diskurs in den verfassungsrechtlichen Organen eine Umgestaltung des Gemeinwesens nach den Vorstellungen des Stifters Reinhard Mohn durchzuführen (›Bertelsmannrepublik‹, Refeudalisierung). Diese Vorstellungen und ihre Umsetzung durch ›steuerbegünstigte Politikberatung‹ gründen sich ausschließlich auf privaten Reichtum und Vermögen), so dass man von einer Privatisierung der Politik auf Kosten der öffentlichen Kassen sprechen kann.«[2]

Die Politikberatung sei nicht vereinbar mit dem Kriterium der »Förderung der Allgemeinheit«. Die mit der sogenannten Politikberatung im kommunalen Bereich praktizierte, völlig intransparente Privatisierung öffentlicher Aufgaben könnte den Tatbestand der Vorteilsnahme in Form sogenannten »Anfütterns« beziehungsweise der »Klimapflege« erfüllen, insbesondere wenn damit die Akquisition von Folgeaufträgen für die Bertelsmann AG oder deren Tochtergesellschaften begünstigt wird. Im übrigen sehe das Grundgesetz eine Timokratie, also eine nicht demokratisch legitimierte Beeinflussung der Tagespolitik durch »Herrschaft des Geldes«, nach einem Stifterwillen und einen hierdurch forcierten Systemwechsel nicht vor.

Für die Autoren liegt auf der Hand, dass die Art der intransparent verflochtenen wirtschaftlichen Dienstleistungen der Stiftung »in der besonderen Form des trojanischen Marketings keine selbstlose Tätigkeit sind«, wie es die Satzung verspricht. Entsprechendes gelte für die massive Verflechtung zwischen Stiftung und Aktiengesellschaft im Führungspersonal. Die Verflechtung sei mit der Ausschließlichkeit der Gemeinnützigkeit unvereinbar. Die Grundlage für die Gemeinnützigkeit liege demnach nicht mehr vor und deshalb sollte sie aberkannt werden.

Ihr Gutachten veröffentlichten die Autoren am 4. Februar 2009 in der Online-Zeitung *Neue Rheinische Zeitung*, die sich in der Tradition von Karl Marx sieht. Ihr Papier nennen sie »Expertise«; für die Stiftung ist es dagegen ein »Pamphlet«. Die Autoren bezeichnen sich als unabhängig – eine subtile Form der Ironie, mit der sie der Stiftung zeigen, dass der Verweis der Stiftung auf ihre Unabhängigkeit im Grunde nichts bedeutet. Gunter Thielen stellte ihre Unabhängigkeit auch prompt infrage.

Die Autoren mögen Juristen sein, aber sie sind keine Stiftungsexperten. So wussten sie vermutlich nicht, dass Stiftungen bis zu einem Drittel ihrer Erträge für die Versorgung des Stifters und seiner Nachkommen einsetzen dürfen, ohne die Gemeinnützigkeit zu verlieren. Sie beklagen, dass die Satzung hinsichtlich des Zweckes zu ungenau sei und außerdem geändert werden kann. Beides liegt jedoch prinzipiell im Rahmen der Genehmigungspraxis und Änderungen sind üblich. Was die Autoren nicht detailliert genug ansprechen, sind Fülle und Beliebigkeit der Änderungen, die vorgeben, der Stifteridee zu dienen, aber in Wirklichkeit eine radikale Umkehr gegenüber der ursprünglichen Idee und Gestaltung der Stiftung darstellen. So hatte, wie bereits angesprochen, ursprünglich die Familie nichts zu sagen, nun kann Liz Mohn praktisch alles ändern. Problematisch ist auch die Vererbung der Stifterrechte an die Familie – und das für alle Zeiten. Aber diesen Punkt sprachen die Juristen nicht an.

Der Vorstand würde die Kritik gerne ignorieren, aber das ging nicht mehr. Die eigenen Mitarbeiter forderten ihn auf, Stellung zu beziehen und sich mit der Kritik auseinanderzusetzen. Die Stiftung geriet auch deshalb unter Druck, weil die führende Lokalzeitung in Gütersloh, die *Neue Westfälische*, ausführlich auf die Positionen der Kritiker einging und von der Stiftung Antworten forderte.

Daraufhin verteidigte Thielen die Stiftung pauschal in einem Interview, das am 19. Februar 2009 in der *Neuen Westfälischen* erschien: »Das ist kein Urteil von Fachleuten. Dieses Papier ist in allen Punkten falsch und interessengeleitet.«[3] Priehn sei von der Rosa-Luxemburg-Stiftung finanziert. Mit der Spitze der Gewerkschaften sei man täglich im Gespräch. Der Vorwurf, die AG profitiere von der Arbeit der Stiftung bei der Privatisierung von Verwaltungen, sei konstruiert. »Die Stiftung vertritt einen ganz anderen Standpunkt. Wir schlagen kein Outsourcing vor, um Kommunen effizienter zu machen, sondern beispielsweise die Bündelung der Aufgaben mehrerer Kommunen an einer Stelle.« Eine Ausrede, denn in Wirklichkeit mischen und gleichen sich die Ansätze von AG und Stiftung (vgl. Kapitel 7).

Der Ausstieg aus dem Themenfeld Medien und der Abbruch der Reform der Rundfunkordnung, der 2002 nach heftiger Kritik erfolgt ist, sei richtig gewesen, sagte Thielen. Heute aber liege kein derartiger Interessenkonflikt vor. »Ich sehe nicht, dass wir heute solche Interessenkonflikte mit unseren und den Themen der AG haben.« Sonst müsste die Stiftung 60 Prozent ihrer Arbeit einstellen. »Das geht nicht«, sagte Thielen. »Und ich lege meine Hand ins Feuer, dass die AG nicht einen Euro durch die Stiftung und deren Projekte verdient hat.« Die Kritiker aus den Reihen der Gewerkschaft Erziehung und Wissenschaft seien »ideologisch festgelegt«. »Ich versichere Ihnen, dass es keine Stiftung in Deutschland gibt, die genauer darauf achten kann, dass sie nicht gegen das Gemeinnützigkeitsrecht verstößt, als wir. Bevor wir ein Projekt starten, wird die Themenstellung auf diesen Aspekt durchleuchtet. Zudem werden wir von der Stiftungsaufsicht und den Finanzbehörden überprüft. Da sind wir klinisch rein.«

Die beiden Journalisten Stefan Brams und Bernhard Hänel, die das Interview mit Thielen führten, waren skeptisch und gaben ihm zu bedenken: »Ihre Kritiker bezweifeln doch gar nicht Ihr Finanzgebaren, sondern zweifeln Ihre Gemeinnützigkeit an, weil Sie so eng mit dem Konzern verquickt seien und Politikberatung betrieben.« Thielen antwortete: »Wir machen kein Politikconsulting. Wir machen lediglich Vorschläge, was und wie man Dinge besser machen könnte in der Gesellschaft.« Als würden Berater im Consultinggeschäft Dinge durchsetzen – Thielen konstruierte einen Unterschied, wo keiner ist. Er behauptete indes, beides ließe sich »ganz sauber« trennen. »Die Dinge sind klar: Wir nehmen keine Arbeitsaufträge von Politikern an. Sie werden kein einziges Projekt bei uns finden, das auch nur im Ansatz so zustande gekommen ist. Unsere Projektergebnisse stellen wir grundsätzlich jedermann zur Verfügung – und zwar zeitgleich.« Kein einziges Projekt? Entgegen Thielens Versicherungen kamen in der Realität Anstöße immer wieder von beiden Seiten – nicht nur bei gemeinsamen Projekten mit dem Bundespräsidenten. Thielen aber sagte: »Wenn uns jemand nachweisen kann, dass wir uns nicht nach Recht und Gesetz verhalten, würden wir das ändern.«

Der Forderung nach einer stärkeren Unabhängigkeit von der Familie Mohn erteilte er eine Absage: »Sowohl der Bertelsmann-Konzern als auch die Bertelsmann Stiftung sind sozusagen Kinder Reinhard

Mohns. Es ist das gute Recht der Stifterfamilie, in beiden Bereichen tätig zu sein.« Während Heribert Meffert also Liz Mohns Ämterhäufung, mit der sie praktisch die Kontrolle über ihr eigenes Agieren ausübt, noch als Schönheitsfehler bezeichnete, beharrte Thielen darauf, dass Liz Mohn diesen Einfluss zu Recht ausübe. Das Stiftungsrecht gestatte diese Doppelfunktion. Die Journalisten fragten Thielen, ob er denn die Kritik in irgendeinem Punkt ernst nehme. Thielen antwortete darauf: »Wir nehmen Kritik grundsätzlich ernst und setzen uns mit ihr auseinander. Aber wir wollen Veränderungen anstoßen, da muss man mit Kritik leben.«[4]

Es stellt sich die Frage, ob die Gemeinnützigkeit der Stiftung tatsächlich gefährdet ist. Die Stiftung steht in ständigem Austausch mit der Stiftungsbehörde und hochbezahlten Fachanwälten, die die Konstruktion verteidigen. Es ist die Geschäftsgrundlage, die die Politik gesetzlich genehmigt hat. Wie Gerichte entscheiden würden, wenn jemand gegen diese Art von Gemeinnützigkeit Klage erheben würde, ist eine andere Sache. So wie die Bertelsmann AG das Verständnis von Gemeinnützigkeit zu ihren Gunsten auslegt, so könnte es freilich auch völlig anders ausgelegt werden. Das spüren auch die Mitarbeiter der Stiftung.

Es rumort im Inneren der Stiftung

Der Zeitpunkt des Interviews mit Gunter Thielen war kein Zufall, denn am selben Tag diskutierten die 320 Mitarbeiter der Stiftung mit ihrem Vorstand über die Kritik von außen. Die Stimmung war selten so geladen wie in diesen Tagen. Nun folgte auf die Kritik von außen also auch die Kritik von innen. Der Druck auf den Vorstand nahm damit zu. Die Mitarbeiter waren tief verunsichert. Auf sechs Seiten listete der Personalrat der Stiftung die rund achtzig Fragen der Mitarbeiter an den Vorstand auf.

Die Mitarbeiter forderten eine Reform der Reformwerkstatt und schrieben: »Die Stiftung muss sich wandeln. Vom Showroom für die Reichen und Mächtigen zurück zu den Wurzeln – zu einer Besinnung auf die Prinzipien und Werte ihres Stifters Reinhard Mohn. Zu seiner Zeit gab es niemanden, der uns die Gemeinnützigkeit hätte aberkennen wollen.« Die Fragen sind mehr als Fragen. Sie liefern eine Zustandsbeschreibung der Stiftung, die eine tiefe Verunsicherung verrät und die Kritik von außen spiegelt. Die Mitarbeiter benennen in ihren Fragen einen Mangel nach dem anderen. Es werden diverse Fragen und Statements geäußert:

- »Wie will der Vorstand das Chaos in den Arbeitsstrukturen und vor allem in den Köpfen der Mitarbeiter beseitigen?« – »Offensichtlich gibt es auch innerhalb des Vorstandes gravierende Meinungsverschiedenheiten – der Flurfunk funktioniert besser als die offizielle Kommunikation!«

Es werden auch Fragen gestellt, die sich direkt an den Vorstand richten, beispielsweise:

- »Herr Thielen, wohin möchten Sie die Stiftung führen? Was tut der Vorstand dafür, dass die Mitarbeiter ihre Stiftung wieder mit Freude und ganzem Herzen nach außen vertreten können? Die Strategien des Vorstands werden nicht oder nicht nachvollziehbar kommuniziert. Wo soll die Reise hingehen? Internationalisierung ja oder nein. Niemand blickt mehr durch. Nicht alles lässt sich mit der Wirtschafts- und Finanzkrise begründen. Zurzeit haben viele von uns den Eindruck, dass der Vorstand – wenn überhaupt – nur durch die Aktivitäten einzelner Personen in Erscheinung tritt, aber nicht als verantwortliches und aktiv leitendes Gremium unserer Stiftung.«

Eine Reihe von Fragen beziehen sich auf die Effektivität und Effizienz der Arbeit der Stiftung:

- »Die Reibungsverluste durch die hohe Anzahl von Programmen führen offensichtlich zu erheblichen Effizienzverlusten, ohne dass daraus spürbare Vorteile erwachsen. Dies gilt für die Arbeit innerhalb der Stiftung ebenso wie für die Außenkommunikation.«
- »In vielen Programmen tritt die Bertelsmann Stiftung mit der For-

derung an ihre Partner (zum Beispiel Ministerien), ressortübergreifend zu arbeiten. In der Stiftung erfolgt die ressortübergreifende Zusammenarbeit nur dann, wenn einzelne Direktoren sich dafür engagieren – eine systematisch angelegte Kooperation, die der Vorstand einfordert und nachhält, gibt es jedoch nicht. Ein Grund dafür scheint die Profilierung der einzelnen Programme und Projekte nach innen und außen zu sein. Warum wird die Zusammenarbeit der Programme (auch vorstandsübergreifend) nicht stärker forciert? Hat der Vorstand vor, das in Zukunft zu ändern? Wenn ja: wie?«
- »Wir leben in sehr bewegten Zeiten – zur Zeit ganz besonders. Aber wäre nicht ein wenig mehr Kontinuität und Verlässlichkeit der internen Strukturen für eine effektive Projektarbeit und für die Motivation der Mitarbeiter förderlich und sogar notwendig?«

Die Fragen zur Effektivität und Effizienz der Organisation bestätigen die Erfahrung von Gerd Wixforth. Ausgerechnet das Zauberversprechen, mit dem die Stiftung ihre Rezepte begründet, die Steigerung der Effizienz, gilt offenbar nicht für sie selbst. Die Mitarbeiter spüren den Widerspruch.

Weiterhin werden Fragen zum Führungskreis und zur strategischen Ausrichtung der Stiftung gestellt:

- »Stimmt es, dass die Mitglieder des FK (Direktors) alle einen Dienstwagen bekommen? Wenn ja, möchte ich anregen, dass im Zuge der Sparmaßnahmen auf diese – arbeitsplatzbezogen ohnehin nicht nachvollziehbare – Wohltat verzichtet wird.«
- »Wird es einen inhaltlichen Richtungswechsel hin zu ›softeren Themen‹ (Religion, Musik) geben? Will die Stiftung weiterhin kontroverse Themen bearbeiten oder nur noch ›Schönwetterthemen‹? Die Auswahl der strategischen Schwerpunkte des Bereichs Kommunikation lassen Letzteres vermuten. Auf unserer Homepage ist zu lesen: ›Die Bertelsmann Stiftung engagiert sich in der Tradition ihres Gründers Reinhard Mohn für das Gemeinwohl. Fundament der Stiftungsarbeit ist die Überzeugung, dass Wettbewerb und bür-

gerschaftliches Engagement eine wesentliche Basis für gesellschaftlichen Fortschritt sind.‹ Heißt das, die Verlierer des Wettbewerbs müssen darauf hoffen, dass eine Bürgerinitiative sich für sie interessiert?«

Den meisten Platz in dem Fragenkatalog nehmen 13 Punkte zur Kritik von außen ein. Die verunsicherten Mitarbeiter schreiben:

- »Die Bertelsmann-Kritiker haben inzwischen einen neuen Kurs eingeschlagen, in dem sie die Politik adressieren, die Arbeit der Stiftung zu erschweren, da sie mit gemeinnützigen Grundsätzen nicht zu vereinbaren sei. Wie wird sich die Stiftung dazu verhalten? Der stetige Verweis auf gesetzeskonformes Verhalten greift den Vorwurf nicht auf. Wie will die Stiftung der Gefahr entgegenwirken, dass Projektpartner, die für eine wirkungsvolle Stiftungsarbeit unerlässlich sind, nicht weiter mit uns zusammenarbeiten? Gerade Politiker haben (in Wahlen) einen Ruf zu verlieren, und es tut der eigenen Kandidatur nicht gut, sich mit Institutionen in Verbindung bringen zu lassen, die keinen durch und durch positiven Ruf besitzen.«
- »Wie sollen Stiftungsmitarbeiter damit umgehen, wenn sie im privaten Kreis auf die angeblichen Machenschaften der Stiftung und die Verflechtung mit Konzerninteressen angesprochen werden, wenn wiederum vielen von uns nicht klar ist, für was die Stiftung nun wirklich eintritt?«
- »Warum führt die Stiftung keine substanziellere Diskussion mit den Bertelsmann-Kritikern? Gebetsmühlenartige Wiederholungen gleicher Argumente unterhöhlen in der Öffentlichkeit eher die Glaubwürdigkeit, als dass sie sie stützen. Das macht auch die Mitarbeiter/innen argumentationsunfähiger!«
- »Bitte um eine juristisch und argumentativ differenzierte (!) Auseinandersetzung mit dem neuen Rechtsgutachten zur Gemeinnützigkeit der Stiftung. Da manches auch Auslegungsfragen sind, bitte dabei auch bedenken, dass sich evtl. diese Rechtsauffassung durchsetzen könnte. Was hieße das im schwierigsten Fall?«

- »2008 hat der Vorstand bei einer Betriebsversammlung angekündigt, es werde eine Vorlage geben, die uns Stiftungsmitarbeiter im Gespräch mit Externen dabei unterstützt, Vorwürfe zu entkräften. Wann wird es diese schriftlichen Argumentationsleitlinien geben?«
- »Ich verstehe nicht, weshalb man in den Medien oder auch intern bisher noch keine Stellungnahme der direkt/indirekt (mit)kritisierten Institutionen/Behörden lesen/hören konnte, z.B. von der für uns zuständigen Stiftungsaufsichtsbehörde in Detmold oder von der Finanzverwaltung oder vom Bundesverband Deutscher Stiftungen, bei dem wir als gut zahlendes Mitglied als gemeinnützige Stiftung gelistet sind. Bemüht sich der Vorstand oder unsere Kommunikationsabteilung nicht um eine Klärung mit den entsprechenden Behörden etc.?«

Zwei Jahre zuvor hatte der Vorstand der Stiftung die PR-Abteilung mit der PR-Chefin Karin Schlautmann neu besetzt. Sie inszeniert Liz Mohn und ihre Stiftung in einem neuen Magazin namens *Change*. Ausreichende Antworten auf die Fragen der Kritiker findet sie aber nicht. Die Devise heißt: einigeln, offenbar auch gegenüber den eigenen Mitarbeitern. Jetzt fragen Mitarbeiter: »Warum legt die Führungsebene des Bereichs Kommunikation anscheinend so wenig Wert auf interne Kommunikation? Die Bertelsmann Stiftung hat nicht nur ein Kommunikationsproblem nach außen (in Bezug auf die Kritik an ihrer Gemeinnützigkeit), sondern auch nach innen.«

Zwei Kommentare, die die sechsseitige Frageliste der 320 Mitarbeiter abschließen, offenbaren das Dilemma, in dem sich die Stiftung befindet:

- »Ich würde mir wünschen, dass in der Bertelsmann Stiftung eine Kultur einzöge, die eine offene Auseinandersetzung über problematische Gegebenheiten zuließe. Hier verhält es sich aber so, dass nicht versucht wird, ein Problem zu lösen, sondern einen Schuldigen zu identifizieren, der dann ignoriert oder aus dem Umkreis entfernt wird. Der angesprochene Missstand bleibt in dem Prozess vollkommen unberührt.«

- »Früher wurde in der Stiftung auf Versammlungen relativ offen diskutiert und es wurden offen auch kritische Fragen gestellt – die auch zufriedenstellend beantwortet wurden. Heute stellt man Fragen weitgehend nur noch anonym über den Betriebsrat; und wenn nach Verlesung aller Vorträge des Vorstandes gefragt wird, ob es noch Fragen gibt, stehen alle schweigend auf und verlassen den Raum – das ist eine bedenkliche Entwicklung, finden Sie nicht? Wo ist die offene Streit- und Diskussionskultur geblieben, die dieses Haus früher mal ausgezeichnet hat?«

In der Frage liegt bereits die Antwort über den Verlauf der Mitarbeitersitzung. Der Vorstand nimmt die Fragen zur Kenntnis. Antworten, die zufriedenstellen und über die Aussagen des Interviews mit Thielen hinausgehen, hat er nicht. Die meisten der Fragen bleiben letztlich unbeantwortet. Eines aber machen sie deutlich: Bemerkungen, die Stiftung sei zu einem »Showroom der Reichen« geworden, Fragen nach Dienstwagen und Strategie und der Vorwurf der Orientierungslosigkeit zeigen, dass selbst Mitarbeiter die Kritik von außen teilen. Sie sind durch die inhaltliche Leere der Stellungnahmen der Stiftung und den gebetsmühlenartigen Verweis auf die Rechtslage beunruhigt.

Als die Stiftung Ende April 2010 ihre Jahrespressekonferenz abhielt, sagte Gunter Thielen sinngemäß: Wenn der Stiftung die Gemeinnützigkeit aberkannt werde, dann machen wir eben ein Profitcenter daraus. Die Bemerkung sei flapsig gemeint gewesen, wie man bei Bertelsmann versichert. Es gebe kein Ausstiegsszenario, keine Überlegungen zur Fortführung des Instituts und Thinktanks jenseits der Gemeinnützigkeit. Ihre Aberkennung würde das Ende der Bertelsmann Stiftung bedeuten. Dieses Szenario muss die Stiftung jedoch nicht wirklich fürchten. Viel problematischer ist die anhaltende Kritik. Was, wenn sie dazu führt, dass Politiker auf Distanz gehen? Das Bundespräsidialamt zögere bereits, heißt es in der Stiftung. Was, wenn der engste politische Verbündete auf Distanz geht? Die vielen Fragen der Mitarbeiter machen eines überdeutlich: Der Vorstand der Stiftung hat nicht nur im Lande, sondern auch bei den eigenen Mitarbeitern viel Vertrauen verspielt.

Haben die Kritiker etwas bewirkt? An grundsätzlichen Problemen hat sich nichts geändert. Die Hinwendung zu softeren Themen bei Projekten wie »Alle Kids sind VIPs«, die das Thema Integration in schöne Bildern umsetzt, zeigt den Kurs der Stiftung: weiterhin in entscheidenden Fragen nicht transparent.

Epilog: Unbequeme Wahrheiten

»Es entspricht menschlicher Wesensart, Anteil zu nehmen und sich zu engagieren, um Not zu lindern und Missstände zu beseitigen.« Mit diesen Worten beschrieb Reinhard Mohn 1998 die Aufgabe von Stiftungen im *Handbuch Stiftungen*, das die Bertelsmann Stiftung 1998 und 2003 herausgab. Eine operative gemeinnützige Stiftung arbeitet Mohn zufolge unter eigenen Prämissen, aber »ausschließlich im Sinne des übergeordneten Gesellschaftsinteresses«. Er betonte: »Sie braucht keine Abhängigkeiten zu fürchten und sie darf es wagen, auch unbequeme Wahrheiten auszusprechen.« Und: »Der Stiftung geht es nicht um materielle Vorteile, sondern um den gesellschaftlichen Fortschritt.« Mohn formulierte hehre Ziele. Aber wie sieht die Wirklichkeit aus? Wer bestimmt, was Fortschritt ist? Agiert sie wirklich ausschließlich gemeinnützig?

Eine für Mohn unbequeme Wahrheit, die dem Gesagten widerspricht, liegt bereits in dem Zweck, den die Bertelsmann Stiftung nach seinem Willen auch erfüllen soll: Sie dient dem Erhalt des Unternehmens. Erhalt heißt im unternehmerischen Verständnis der Mohns und der Bertelsmann-Manager: Wachstum, das sich aus Gewinnen finanziert, die eigentlich der Stiftung und damit der Allgemeinheit zustehen. Ohne Stimmrecht kann diese die Auszahlung dieser Gewinne jedoch nicht einfordern.

Reinhard Mohn fand in den fünfziger Jahren eine Steuerlücke, die ihm erlaubte, sein Unternehmen aufzubauen. Als der Staat diese Lücke schloss, fand Mohn neue legale Möglichkeiten, Gewinne im Unternehmen zu behalten. Die Stiftung ist so eine Möglichkeit. Sie funktioniert wie eine Sparbüchse und erhält nur einen Teil der Gewinne.

Viele Millionen bleiben im Unternehmen. Höhe und Verteilung der Gelder bestimmt die Familie Mohn, die die Stiftung und ihr Vermögen unter Kontrolle hat. Verrechnet man die Steuererleichterungen und Ersparnisse mit den Ausschüttungen, dann zeigt sich, dass die Mohns die Stiftung de facto mit öffentlichem Geld betreiben. Das ist unternehmerisch geschickt, moralisch ist es jedoch fragwürdig, zumal die Stiftung keine Fördergelder verteilt, sondern die Interessen der Familie Mohn vertritt. Sie dient Mohns Idee, die Gesellschaft wie ein Unternehmen zu führen und durch Unternehmen führen zu lassen. Wettbewerb und Privatisierung sind ihre Leitgedanken und manchmal wirkt es, als würde sie dem eigenen Unternehmen zuarbeiten und verfolge dessen Interessen. Die Stiftung bestreitet dies, ohne die Vorwürfe entkräften zu können. Und Bertelsmann profitiert selbst dann, wenn sie ihre Projekte nicht verwirklichen kann, denn Eigentümer, Stiftung und AG erhalten Zugang zu Politikern – und die Rechnung übernimmt die Allgemeinheit. Im Fall der Bertelsmann Stiftung ist die Vermengung von Politikberatung und Gemeinnutz einzigartig und problematisch. Was man in Gütersloh als Beratung und Gemeinnutz versteht, das könnte man genauso gut als Lobbyismus bezeichnen.

Die Bertelsmann Stiftung ist auf das Vertrauen der Gesellschaft angewiesen. Glaubwürdigkeit ist ihr höchstes Gut. Weil sie das weiß, sucht sie fortlaufend nach Kooperationen mit dem Bundespräsidenten und der Bundeskanzlerin. Sie giert danach zu hören, wie sehr sie der Allgemeinheit nutzt. Die Bundespräsidenten Herzog, Rau und Köhler haben es ihr oft und allzu bereitwillig öffentlich bestätigt – ebenso die Kanzler Schröder und Merkel. Natürlich sind einzelne Projekte der Stiftung durchaus gemeinnützig. Aber verfolgt die Stiftung in der Gesamtheit ihrer Projekte und vor allem in ihrer Konstruktion ausschließlich gemeinnützige Zwecke? Ist sie glaubwürdig in ihrem Anspruch und in ihrer Reformarbeit? Die breite Kritik der vergangenen Jahre und das Ergebnis der Recherchen für dieses Buch legen ein gegenteiliges Urteil nahe: Die Stiftung dient in erster Linie dem Unternehmen, wenn nicht in einzelnen Projekten, dann in ihrer Konstruktion und Finanzierung. Sie hat viel an Vertrauen eingebüßt und sie wird – wenn sie sich nicht ändert – weiter an Glaubwürdigkeit und Einfluss verlieren.

Hat die Stiftung wirklich, wie Reinhard Mohn behauptete, keine Abhängigkeiten – vom Unternehmen oder von der Familie – zu fürchten? Vieles spricht im Gegenteil dafür, dass die Mohns nichts so sehr wie die Unabhängigkeit der Stiftung fürchten. Warum sonst hätten die Mohns im Laufe der Jahre die Satzung wieder und wieder geändert und die Stiftung damit quasi auf alle Ewigkeit zu einer gemeinnützigen Familienstiftung umfunktioniert? Durch die enge personelle Verflechtung von AG und Stiftung und die absolute Herrschaft der Familie ist die Abhängigkeit ein Wesensbestandteil der Stiftung geworden.

Mohn blickte gerne in die USA, um Lösungen zu suchen. Aber ausgerechnet amerikanische Stiftungsexperten äußern grundsätzliche Zweifel an der Unabhängigkeit und an der Legitimation der Bertelsmann Stiftung. Zwei Jahre nach dem Symposium mit Bundespräsident Roman Herzog, das sich Reinhard Mohn 1996 zu seinem 75. Geburtstag gewünscht hatte, versammelten Mohn und seine Stiftung 1998 in Gütersloh erneut siebzig Stiftungsexperten aus dem In- und Ausland. Kenneth Prewitt, Professor der Columbia University in New York, fragte: »Warum sollten große Geldsummen aus dem Steueraufkommen zu einem privaten Institut umgelenkt werden, damit es allgemeine Zwecke nach seiner Wahl fördert?« Was legitimiert es dazu? Stichhaltig sei einzig das Argument, Stiftungen trügen zur Vielfalt bei, ohne die keine Demokratie und keine freie Gesellschaft lebensfähig sei. Es sei wichtig für eine freie Gesellschaft, dass unterschiedliche Meinungen geäußert würden und dass Individuen einen Beitrag zur Diskussion leisteten. Das Prinzip der Vielfalt widerspreche dem Prinzip einer einzigen, umfassenden Wahrheit, der sich alle beugen müssen. Indem sie zu dieser Vielfalt beitragen, sagte Prewitt, liege die Existenzberechtigung von Stiftungen. Prewitt ging allerdings von Stiftungen aus, die Projekte einer Vielzahl von Nichtregierungsorganisationen förderten. Die Bertelsmann Stiftung legitimiert sich aber nicht dadurch, dass sie gemeinnützige Organisationen fördert. Ihr liegt allein an der Durchsetzung von Mohns Wahrheiten.

Joel L. Fleishman, Juraprofessor an der Duke University in Durham, der oft in Gütersloh weilte und an Konferenzen der Bertelsmann Stiftung teilnahm, war stets in Sorge, das Unternehmen könnte die Stiftung dominieren. In den USA betrachtet der Gesetzgeber die Konstruktion, die Reinhard Mohn als seine vielleicht größte Lebensleistung betrachtete, als Interessenkonflikt und beschränkte die Beteiligung von Stiftungen an Unternehmen. Fleishman warnte in seinem Beitrag für das *Handbuch Stiftungen* der Bertelsmann Stiftung: »Wenn eine Stiftung von gegenwärtigen oder früheren Entscheidungsträgern des Unternehmens, das ihr gehört, weitgehend kontrolliert werden kann, verschärfen sich die rechtlichen und ethischen Probleme beträchtlich.« Wenn dann de facto ein Unternehmen die Stiftung führe, würde »auf diese Weise die Integrität des gesamten gemeinnützigen Sektors unterminiert«. Fleishman warnte vor einer »Katastrophe« für die deutsche Stiftungslandschaft und davor, dass eine solche Abhängigkeit »das Gemeinwohl unvermeidlich verwässert«. Fleishman kritisierte, es könnte »im Interesse des Unternehmens liegen, die Dividenden möglichst gering zu halten, um die auf diese Weise eingesparten Beträge für Forschungs- und Entwicklungszwecke oder die Expansion des Unternehmens zu verwenden, beispielsweise durch den Erwerb anderer Firmen.« Genau das macht Bertelsmann. Fleishman machte deutlich, dass er es »bemerkenswert« findet, dass der Zweck des Unternehmenserhalts, so wie Mohn ihn festgelegt hat, »weder als problematisch noch in irgendeiner Weise als unehrenhaft gilt«.[1]

Fleishman argumentierte, wenn eine Stiftung ein Unternehmen wirklich im Sinne der Allgemeinheit besitzt, dann müsse ihr erlaubt sein, das Unternehmen zu verkaufen. Andernfalls stehe ein privates Interesse im Vordergrund. Genau das zeigt sich im Falle von Bertelsmann. Als die Familie Mohn 2005 das Unternehmen Bertelsmann drängte, sich zu verschulden, um den 25-Prozent-Anteil des belgischen Investors Albert Frère zurückzukaufen, war dies nur möglich, weil die Stiftung als Aktionär so genügsam sei, wie das Unternehmen damals betonte. Das Unternehmen konnte die Verschuldung also nur tragen, weil die Stiftung beziehungsweise die Allgemeinheit diese Verschuldung mittrug. Der Rückkauf lag aber in erster Linie im Interesse des Unternehmens und der Eigentümerfamilie.

Als Fleishman die Konstruktion kritisierte, verwies Volker Then von der Bertelsmann Stiftung auf die unterschiedlichen Rechtsauffassungen: Während man in den USA Sorge trage, dass die Stiftung und damit die Allgemeinheit einen möglichst großen Betrag für gemeinnützige Zwecke einsetzen kann, stehe in Deutschland der Stifterwille und seine Sicherung für die Ewigkeit im Vordergrund. Während in den USA verhindert werden solle, dass der Stifter mittels einer Stiftung Einfluss auf ein Unternehmen nehmen könne, würden Stiftungskonstruktionen in Deutschland den Stiftern genau diesen Einfluss ermöglichen. Stifter kontrollieren und lenken über eine Stiftungskonstruktion ihre Unternehmen. Der Gemeinnutz steht an zweiter Stelle. Aber warum nicht von den USA lernen?

Fleishman hat Einblick in die Praxis in den USA und in Deutschland und nannte ein weiteres Problem, das die Bertelsmann Stiftung betrifft, für das man sie allerdings nicht verantwortlich machen könne. Sowohl in den USA als auch in Deutschland könnten sich Stiftungen der Kontrolle durch die Öffentlichkeit entziehen und operierten, ohne der Allgemeinheit echte Rechenschaft abzulegen, kritisierte Fleishman. »Im Grunde sind die Vorstände von Stiftungen niemandem rechenschaftspflichtig.« Eine Stiftung sei ihrem Wesen nach »eine im Grunde nicht rechenschaftspflichtige Institution«. Niemand könne einen Stifter absetzen oder abwählen oder die Entscheidungen von Gremienmitgliedern hinterfragen. Die Finanzbehörden besäßen zwar theoretisch das Machtpotenzial, Rechenschaft einzufordern, Fleishman kommt aber zu einem desillusionierenden Ergebnis: »Diese Kontrollfunktion wird so schwach ausgeübt, dass es in Wirklichkeit kaum eine echte Rechenschaftspflicht gibt.«

Vorstandsmitglied Werner Weidenfeld sagte 1996: »Die Bedeutung von Stiftungen für moderne Gesellschaften kann nicht hoch genug eingeschätzt werden. Stiftungen sind ein Grundbestandteil der civil society, der Bürgergesellschaft, und sie sind ein Fundament demokratischer Ordnung.« Wenn Gesellschaften unter großem Problemdruck verkrampften, verkarsteten und Reformen abblockten, richte »sich der Blick geradezu naturnotwendig auf jene unabhängigen Instanzen, die Anstoß zum Wandel geben können. Operative Stiftungen, die sich als Kreativzentren zur Problemlösung verstehen, erhalten damit heute eine Schlüsselrolle für die politische Kultur unseres Zusammenlebens.«[2]

Doch wie demokratisch muss eine Stiftung sein, die Einfluss auf die Demokratie nimmt? Eine Stiftung wie die Bertelsmann Stiftung ist das Gegenteil von Demokratie: Sie ist niemandem verantwortlich, legt keine Rechenschaft ab, ist in den entscheidenden Macht- und Finanzfragen intransparent und sie beantwortet nur Fragen, die sie selbst stellt. Der Stifter und seine Erben bestimmen alleine und das bis in alle Ewigkeit. Das ist ein Defizit, das einer demokratischen Gesellschaft nur schwer vermittelt werden kann.

Mohn wollte alles messen, nur nicht die Effizienz seiner Stiftung. In den USA gibt es Stiftungen, die die internen Evaluierungen von Projekten der Öffentlichkeit zugänglich machen. Demokratie heißt Öffentlichkeit. Die Bertelsmann Stiftung muss die Öffentlichkeit nicht nur über Erfolge, sondern auch über Fehlschläge unterrichten. Sie muss mehr Rechenschaft ablegen. Und die Aufsicht muss ihrer Rolle gerecht werden. Wenn Politiker das nicht einfordern, dann muss es die Gesellschaft tun. Dem Einfluss und Ansehen der Bertelsmann Stiftung würde das gut tun. Vor allem aber würde es sie effizienter machen.

Spürt die Stiftung, dass sie sich ändern muss? Bis jetzt hat sie nur die Besetzung der Jury des Carl Bertelsmann-Preises geändert, der 2010 in Reinhard Mohn-Preis umbenannt wurde. Statt wie bisher von einer Jury, deren Mitglieder die Familie Mohn bestimmt hat, sollen 2011 erstmals 10 000 nach dem Zufallsprinzip ausgewählte Bürger neue Ideen und Projekte beurteilen. Dazu will die Stiftung in 25 Städten regionale Bürgerforen mit jeweils 400 Teilnehmern abhalten. Das könnte ein Anfang sein, ist aber längst nicht genug.

Die Stiftung darf nicht mehr als Sparbüchse des Unternehmens missbraucht werden, sondern sollte einen Anteil am Gewinn erhalten, der stärker ihrer tatsächlichen Beteiligung am Unternehmen entspricht. Und die Stiftung sollte einen Teil dieses Gewinns jenseits ihrer operativen Projektarbeit zur Förderung gemeinnütziger Organisationen und Projekte verwenden.

Die Bertelsmann Stiftung ist undemokratisch, sie beeinflusst aber die Demokratie. Das kann eine demokratische Gesellschaft nur akzeptieren, wenn die Stiftungskonstruktion ein Mindestmaß an Mitsprache erlaubt. Familie Mohn muss ihren Einfluss begrenzen und akzeptieren, dass sie sich nicht selbst kontrollieren kann. Die Kontrolle der Stiftung darf nicht mehr die alleinige Sache der Familie Mohn sein. Die Gremien, die über Inhalte und ihre Finanzierung entscheiden, müssen ihren Alibicharakter ablegen, indem sie bezüglich ihrer Zusammensetzung und der Stimmrechte demokratisch entscheiden. Die Stiftung muss endlich die Unabhängigkeit vom Unternehmen und von Familie Mohn erhalten, die sie für sich gegenüber Staat und Politik in Anspruch nimmt. Erst wenn der Einfluss der Familie Mohn und der der Bertelsmann AG zurückgenommen sind, kann sie das Vertrauen, das sie verloren hat, zurückgewinnen. Die Stiftung sollte vorangehen, die Gehälter ihrer leitenden Mitarbeiter offenlegen und nach dem Vorbild des Foundation Center in New York ein Zentrum einrichten (möglicherweise zusammen mit anderen Verbänden und Instituten), das Vermögen und Geldflüsse und damit Entscheidungen von Stiftungen transparent macht. Sie würde sich und der Allgemeinheit den Nutzen bringen, den sie stets vorgibt zu leisten, und verfügte über die nötige Unabhängigkeit, um unbequeme Fragen zu stellen.

Dank

Ich danke dem Netzwerk Recherche und der Otto Brenner Stiftung für ein Stipendium, mit dem sie die Recherchen für dieses Buch unterstützt haben. Ich danke den Mitarbeitern der Bertelsmann Stiftung für Zusendung der Studien und Publikationen, die die Stiftung seit 1977 veröffentlicht hat. Ich danke allen Juristen und Stiftungsexperten sowie allen Mitarbeitern und Ehemaligen der Bertelsmann AG und der Bertelsmann Stiftung, die mit mir gesprochen haben und im Buch genannt sind, vor allem aber auch all jenen, die ungenannt bleiben wollen. Ich danke allen, die mir mit Hinweisen und Informationen geholfen haben. Ich danke der Firma Euroforum für die Teilnahme an einem Fachseminar über die Vermögensverwaltung und Besteuerung von gemeinnützigen Stiftungen. Ich danke Frank Adloff, Rupert Graf Strachwitz und dem Maecenata-Institut für Auskünfte und Hintergrundinformationen. Ich danke Stefan Brams, dem ehemaligen Lokalchef der *Neuen Westfälischen*, der mit seiner Zeitung erstaunlich unabhängig über Bertelsmann informierte. Ferner danke ich dem Bundesverband Deutscher Stiftungen und der Klaus-Tschirra-Stiftung für wiederholte Einladungen zu Seminaren über das Stiftungswesen in Deutschland. Ich danke meinem Agenten Alexander Simon für seinen Einsatz; Kollegen, Freunden und Familie danke ich für offene, angeblich naive Fragen, die meist die besten sind. Meiner Lektorin Sabine Niemeier danke ich für ihre Anregungen, Fragen und Verbesserungen und vor allem auch für ihr Interesse und ihre Geduld. Sie hat das Buch zu dem gemacht, was es ist. Für Fehler bin ich verantwortlich.

Anmerkungen

Kapitel 1: Ein Modell für Deutschland

1 Siegfried Luther: »Corporate Governance als Lebensaufgabe«, in *Reinhard Mohn: Unternehmer Stifter Bürger*, Gütersloh, 2001.
2 Ulrich Lohmar: *Wissenschaftsförderung und Politik-Beratung*, Gütersloh, 1967.
3 Michael Jungblut: *Nicht vom Lohn allein*, Hamburg, 1973, S. 62.
4 Werner Jaspert, »In 25 Jahren 170 000 DM für die hohe Kante«, *Süddeutsche Zeitung*, 2. 5. 1996.
5 Michael Jungblut, a. a. O., S. 56.
6 Helmut Schmidt: *Weggefährten*, Berlin, 1996.
7 Bertelsmann Stiftung: *Mitarbeiter am Kapital beteiligen*, Gütersloh, 1997.
8 Bertelsmann Stiftung: *Mitarbeiter am Kapital beteiligen*, a. a. O.

Kapitel 2: Auf geduldige Art Felsen sprengen

1 Gerd Wixforth: Interview 25. 3. 2010.
2 Thomas Middelhoff, Gerd Schulte-Hillen, Gunter Thielen: *Reinhard Mohn: Unternehmer Stifter Bürger*, Gütersloh, 2001.
3 Siegfried Luther: Interview 11. 3. 2010.
4 David Halberstam: *The Reckoning*, London, 1987, 222 ff.
5 Klaus Dreher: *Helmut Kohl*, Stuttgart, 1998.
6 »Deutlich darunter«, *Der Spiegel*, 9. 3. 1992.
7 Ferdos Forudastan: »Kohls Kopf bei Bertelsmann«, *die tageszeitung*, 6. 12. 1990.
8 Christoph Bertram: »Ausstieg eines Seiteneinsteigers«, *Die Zeit*, 14. 12. 1990.

Kapitel 3: Auf dem Sofa des Bundespräsidenten

1 Rupert Graf Strachwitz: Interview 10. 2. 2010, vgl. hierzu auch Epilog, Anmerkung 1.
2 Bertelsmann Stiftung: *Operative Stiftungsarbeit: Strategien – Instrumente – Perspektiven*, Gütersloh, 1997.

3 Wolfgang Jäger: *Wer regiert die Deutschen?*, Zürich, 1994.
4 Johannes Rau: Grußwort zum 25-jährigen Jubiläum der Bertelsmann Stiftung am 13.3.2002; Rainer Hank: »Das große Geld der guten Menschen aus Gütersloh«, *FAS*, 2.12.2007; Horst Köhler: *Reden und Interviews*, Band 4, Berlin, 2008; Bertelsmann Stiftung, Bundespräsidialamt (Hg.): *Familie. Bildung. Vielfalt*, Gütersloh, 2009; *Stiftung und Sponsoring*, Interview mit Horst Köhler, Heft 1/2009; Pressemitteilung der Bertelsmann Stiftung: »Bundespräsident startet neuartiges Projekt zur Bürgerbeteiligung«, 21.5.2010.
5 Karl Carstens in: Bertelsmann Stiftung, *Tätigkeitsbericht* 1982.
6 Klaus Wirtgen: »Überall riecht man Verfall«, *Der Spiegel*, 8.3.1982.
7 Wilhelm Staudacher: Interview 20.1.2010.
8 Heute ist Liz Mohn das Gremiummitglied, das sich selbst kontrolliert. Das ist rechtlich erlaubt, aber der Bundesverband Deutscher Stiftungen kritisiert eine solche Konstruktion in seinen Grundsätzen für eine gute Stiftungspraxis.
9 CAP: »CAPanorama: Der Bundespräsident im demokratischen Prozess«, *CAP-Newsletter*, Oktober 1996.
10 Michael Jochum in: Stiftung Bundespräsident Theodor-Heuss-Haus: *Von Heuss bis Herzog*, Stuttgart, 1999.
11 http://www.europaeum.org/feu/?q=taxonomy/term/34
12 Wilhelm Staudacher, Interview 20.1.2010.
13 Hans-Rüdiger Karutz: »Heiterer Abschied mit präsidialer Spontan-Band«, *Die Welt*, 1.7.1999.
14 Michael Jochum: *Worte statt Taten. Der Bundespräsident im demokratischen Prozess der Bundesrepublik Deutschland*, Bertelsmann Stiftung, 2000.
15 Michael Jochum: »Die Macht, die aus der Marktlücke kommt«, FAZ, 1.7.1999.
16 Liz Mohn: *Liebe öffnet Herzen*, München, 2001, S. 119.
17 Ebd., S. 121.
18 Gunter Hofmann: »Der halbierte Präsident«, *Die Zeit*, 25.6.1998.
19 Roman Herzog: *Jahre der Politik*, München, 2007.
20 Gerhard Schröder: »Gegen den Luxus der Langsamkeit«, *Der Spiegel*, 19.5.1997.
21 Ebd.
22 Lutz Meier: »Mit Sahne«, *die tageszeitung*, 2.11.1998.

Kapitel 4: Eine Medienreform im Dienste der Allgemeinheit

1 Jo Groebel, Wolfgang Hoffmann-Riem u.a: *Bericht zur Lage des Fernsehens für den Präsidenten der Bundesrepublik Deutschland*, Gütersloh, 1995.
2 Herbert Riehl-Heyse: »Vor dem Sexfilm eine hehre Feier«, *Süddeutsche Zeitung*, 17.9.1994.

3 Dieter Anschlag: »Der Bertelsmann-Club«, *Funk-Korrespondenz*, 7.3.1997.
4 Edzard Reuter: *Schein und Wirklichkeit*, Berlin, 1998.
5 Ernst Gottfried Mahrenholz: Referat/Stellungnahme, 28.5.1999.
6 Norbert Schneider: Stellungnahme, 20.5.1999.
7 Norbert Schneider: Statement »Reformansätze für die Medien- und Kommunikationsaufsicht«, 31.5.1999.
8 Wolfgang Clement: »Wege zu einem Funktionsauftrag des öffentlich-rechtlichen Rundfunks in Deutschland«, 1.6.1999.
9 Lutz Meier: »Gipfeltreffen der Suppenhühner«, *die tageszeitung*, 3.6.1999.

Kapitel 5: Hartz IV: Rezepte aus dem Hause Bertelsmann

1 Wolfgang Streeck, Rolf Heinze: »An Arbeit fehlt es nicht«, *Der Spiegel*, 10.5.1999.
2 Kurt Biedenkopf: Einführung, in: *Arbeitslosigkeit ist vermeidbar – Wege aus der Arbeitslosigkeit*, Gütersloh, 1990.
3 Werner Eichhorst, Stefan Profit, Eric Thode u.a.: *Benchmarking Deutschland: Arbeitsmarkt und Beschäftigung. Bericht der Arbeitsgruppe Benchmarking und der Bertelsmann Stiftung*, Berlin, Heidelberg, 2001.
4 Florian Gerster: »Ich will den Totalumbau«, *Der Spiegel*, 4.3.2002.
5 Frank Frick: Editorial, in: *Die Arbeitsverwaltung im Umbruch* (Begleitheft zum Film), Gütersloh, 2002.
6 Günther Schmid in Ramge/Schmid (Hg.): *Management of Change? Ein Werkstattbericht*, Münster, 2003.
7 Peter Hartz: Interview 27.1.2010.
8 Günther Schmid: Interview 30.3.2010.
9 Stefan Empter, Frank Frick (Hg.): *Beschäftigungsorientierte Sozialpolitik in Kommunen*, Gütersloh, 1999.
10 Helga Spindler: Interview 23.1.2010.
11 Helga Spindler: »Wie die Bertelsmann Stiftung neues Vertrauen zurückgewinnen will – ein Rückblick«, NachDenkSeiten, 23.9.2009.
12 Frank Frick: »Reform-Lehrstück«, *Forum – Das Magazin der Bertelsmann Stiftung*, 4/2002.
13 Stefan Ramge, Günther Schmid (Hg.): *Management of Change in der Politik?*, Münster, 2003.
14 Josef Klein: »Hartz IV, Agenda 2010 und der ›Job-Floater‹ « in: Werner Weidenfeld: *Reformen kommunizieren*, Gütersloh, 2007.

Kapitel 6: Gute Hochschulen arbeiten wie gute Unternehmen

1 Konrad Schily: Interview 20.4.2010.
2 Ebd.

3 Reinhard Mohn: Laudatio, in: »Carl-Bertelsmann-Preis Festakt 1990«, Gütersloh, 1990.
4 Roland Müller: »Privat-Uni verhandelt mit Bertelsmann um Millionen-Förderung«, *Westfälische Rundschau*, 13.10.1986.
5 Detlef Müller-Böling: Interview 12.3.2010.
6 Frank Ziegele: Interview 27.1.2010.
7 Bernhard Nagel, Stellungnahme für eine Anhörung des Landtags von NRW am 26.1.2006.
8 Detlef Müller-Böling: Interview 12.3.2010.
9 Detlef Müller-Böling: »Bertelsmannisierung oder heimlicher Bildungsminister«, CHECKUP, Mai 2000.
10 Wolfgang Lieb: »›Hochschulfreiheitsgesetz‹ NRW«, NachDenkSeiten, 20.10.2006.
11 Giovanni di Lorenzo: *Die Zeit Studienführer* 2005/2006.
12 Clemens Knobloch: »Das CHE-Ranking gehört abgeschafft«, Studis Online.de, 8.3.2010.
13 Petra Giebisch: »Kritik am CHE-Ranking – worum geht es dabei eigentlich?«, CHECKUP, Dezember 2009.
14 Lutz Kipp: »Keine Teilnahme an kommerziellen Rankings!«, *Forschung & Lehre*, 7.7.2009 .
15 Brigitte von Lehn: »Uni Bonn will nicht mehr beurteilt werden«, *Frankfurter Rundschau*, 8.12.2009.
16 Clemens Knobloch: »Das CHE-Ranking gehört abgeschafft«, Studis Online.de, 8.3.2010.
17 Clemens Knobloch: Interview 12.3.2010.

Kapitel 7: Dem Bürger stets zu Diensten?

1 Falko Müller: »Ausgerechnet Arvato«, *brand eins*, 5/2009.
2 Hartmut Ostrowski: »Wir werden sicher nicht als Gefängnisbetreiber aktiv«, netzeitung.de, 23.3.2005.
3 Bertelsmann Stiftung und Deutscher Städte- und Gemeindebund (Hg.): *Kommunale Dienstleistungspartnerschaften*, Gütersloh, 2007.
4 Götz Hamann: »Wo geht es hier zur Zukunft?«, *Die Zeit*, 8.11.2007.
5 s. Anmerkung 3.

Kapitel 8: Interessenkonflikte erwünscht

1 Brigitte Mohn: »Eigenverantwortung muß sich auszahlen«, *Forum – Das Magazin der Bertelsmann Stiftung*, 4/2003.
2 Notruf 113: Offener Brief beklagt Drehtürmedizin, April 2009.
3 Wilfried von Eiff: Interview 26.1.2010.

4 Sascha Adamek, Kim Otto: *Der gekaufte Staat*. Köln, 2008. Zwar sagte das Gesundheitsministerium, es habe Schlette bezahlt, aber den Buchautoren zufolge habe die Stiftung einen Teil der Kosten getragen.
5 Martin Hantke, Tobias Pflüger, Judith Demba: »Der EU-Verfassungsvertrag und die Bertelsmann Stiftung«, in: *Netzwerke der Macht – Bertelsmann*, Marburg, 2007.
6 *Der Spiegel*: »Messerscharf getrennt«, 22.9.1997.
7 Elmar Brok: Interview 23.4.2009.
8 Elmar Brok: »Politik ist keine Arbeit, sondern Hobby«, Ulrike Herrmann, *die tageszeitung*, 24.12.2004; Hans Leyendecker: »Vorposten in Brüssel«, *Süddeutsche Zeitung*, 28.1.2005.
9 Elmar Brok: »Politik ist keine Arbeit, sondern Hobby«, Ulrike Herrmann, *die tageszeitung*, 24.12.2004
10 Bernhard Hänel: »Broks Erfolgsstory in Brüssel«, *Neue Westfälische*, 19.2.2005.

Kapitel 9: Von außen ein Schönheitsfehler

1 Heribert Meffert: »Die Stiftung als Reform-Marke«, *Forum – Das Magazin der Bertelsmann Stiftung*, 4/2002.
2 Jürgen Kaube: »Prost Gemeinwohl. Bertelsmann trennt sich von Werner Weidenfeld«, *Frankfurter Allgemeine Zeitung*, 31.10.2007.
3 Klaus Boldt: »Debakel in Gütersloh«, *Manager Magazin*: 22.7.2005.
4 Heribert Meffert: »Wir wollen keine geheimen Ministerien sein«, *Süddeutsche Zeitung*, 29.4.2005.
5 Klaus Boldt: »Debakel in Gütersloh«, *Manager Magazin*, 22.7.2005.
6 Gerd Wixforth: Interview 25.3.2010.

Kapitel 10: Auf ewig Diener der Familie

1 Siegfried Luther: »Keine Gewinnbeteiligung für das Geschäftsjahr 2002«, *SPOT-Mitarbeitermagazin* April 2003.
2 Joachim Doppstadt, Claus Koss, Stefan Toepler: *Vermögen von Stiftungen – Bewertung in Deutschland und den USA*, Gütersloh, 2002.
3 Joachim Doppstadt: Interview 9.2.2010.
4 Ebd.
5 Harald Schumann: »Macht ohne Mandat«, *Tagesspiegel*, 25.9.2006.
6 Reinhard Mohn hat 1985 Anteile an seine sechs Kinder überschrieben und damals Erbschaftssteuer bezahlt.
7 Diese Zahl ist allerdings unter Vorbehalt zu verwenden; eine genaue Zahl zu benennen wäre nur bei Akteneinsicht und genauer Prüfung der Verhältnisse möglich. Auch kann es möglich sein, dass der reale Wert gerin-

ger ausfallen würde – je nachdem wie hoch ein Freibetrag ausfällt. Die diesbezüglichen gesetzlichen Regelungen ändern sich immer wieder. Die Bertelsmann Stiftung selbst gibt keine Antwort auf die Frage, wie hoch die Steuerlast im Erbfall gewesen wäre.

Kapitel 11: Angriff auf die Stiftung

1 Antje Vollmer: Interview 5.2.2010.
2 Christoph Mecking: Interview 4.3.2010.
3 Bundesverband Deutscher Stiftungen: »Die unternehmensverbundene Stiftung zwischen Missbrauch und Wohltat«, *Mitteilungen des Bundesverbandes*, 3/1999.

Kapitel 12: Mohn stiftet Demokratie

1 Nikolaus Turner: Interview 12.3.2010; sowie Nikolaus Turner (Hg.): *Gemeinsam Gutes anstiften. Die Anfänge der Bürgerstiftungsbewegung in Deutschland*, Berlin, 2009.
2 Gerd Wixforth: Interview 25.3.2010.
3 Christian Pfeiffer: Interview 16.3.2010.
4 Jürgen Pukies: Interview 23.2.2010.
5 Frank Adloff und Elke Becker: *Evaluation der Stadt Stiftung Gütersloh*, Maecenata Institut, 13.10.2000.

Kapitel 13: »Licht aus« im Showroom der Reichen?

1 Jens Wernicke: »Schattenkabinett aus Gütersloh«, labournet.de, 31.5.2007.
2 Klaus Lindner, Michael Krämer, Wiebke Priehn: »Ist die Bertelsmann Stiftung ›gemeinnützig‹ im Sinne von §§ 52 ff. AO? Eine Expertise unabhängiger Juristen«, *Neue Rheinische Zeitung* NRhZ-Online.de, 4.2.2009.
3 Gunter Thielen: »Wir sind klinisch rein«, *Neue Westfälische*, 19.2.2009.
4 Ebd.

Epilog

1 Joel L. Fleishman: »Stiftungsführung und Unternehmenskontrolle in Deutschland und den Vereinigten Staaten: Die Bedeutung von Unabhängigkeit und Freiheit der Stiftungen für das Gemeinwohl«, *Handbuch Stiftungen*. Wiesbaden 1998 und 2003.
2 Bertelsmann Stiftung: *Operative Stiftungsarbeit: Strategien – Instrumente – Perspektiven*. Gütersloh, 1997.

Glossar

Benchmarking: Es bedeutet Maßstäbe setzen, sich an den Besten orientieren und deren Erfolgsrezept kopieren. Nach diesem Prinzip baute Mohn sein Unternehmen auf. Die Stiftung setzt das durch Vergleiche um, ob von Hochschulfächern oder Bibliotheken. Sie misst den Schuldenstand der Kommunen, vergleicht die Standortpolitik der Bundesländer und weltweit den Stand der Demokratie.

Betriebsvergleich: Mohn verordnete der Gesellschaft mit seiner Stiftung Wettbewerb und sagte: »Der Betriebsvergleich hat sich in den unterschiedlichsten Anwendungsbereichen von Industrie und öffentlicher Verwaltung als hilfreiches Instrument auf dem Weg zu mehr Kundenorientierung, mehr Effizienz und transparenter Führung bewährt.«

Bürgerstiftung: Gemeinschaftsstiftungen vieler Bürgerinnen und Bürger, die in ihrer Stadt oder ihrem Landkreis Kultur, Jugend, Bildung, Umwelt und Soziales fördern. Reinhard Mohn und Christian Pfeiffer gründeten 1996 und 1997 die ersten Bürgerstiftungen in Gütersloh und Hannover. Eine Dominanz einzelner Stifter, Parteien, Unternehmen wird abgelehnt. Im Juni 2009 erfüllten mehr als 250 Bürgerstiftungen diese Kriterien, ihr Gesamtvermögen lag bei 120 Millionen Euro.

Carl Bertelsmann-Preis: Der Preis ist nach dem Gründer (1791–1850) des Unternehmens benannt. Die Stiftung zeichnet damit seit 1988 wegweisende Modelle in Wirtschaft, Politik und Gesellschaft aus.

Die Vergabe folgt dem Prinzip des »Blicks über den Zaun«. Ihr liegt Mohns Überzeugung zugrunde, dass es für viele gesellschaftliche Probleme andernorts bereits Lösungen gibt. Die Recherche durch Mit-arbeiter und Gutachter läuft weltweit. Die Preisträger erhalten 150 000 Euro. Im Jahr 2010 wurde die Auszeichnung in Reinhard Mohn-Preis umbenannt.

CHE: Das Centrum für Hochschulentwicklung wurde von der Bertelsmann Stiftung 1994 – gemeinsam mit der Hochschulrektorenkonferenz (HRK) – als gemeinnützige GmbH gegründet. Sitz ist Gütersloh. Kommerzielle Beratung ist an CHE Consult ausgelagert. Zwei weitere, jahrelang von der Stiftung finanzierte Institute, das Centrum für Angewandte Politik in München (CAP) und das Centrum für Krankenhausmanagement in Münster (CKM), arbeiten inzwischen vollkommen eigenständig.

Dezentrale Führung, Delegieren von Verantwortung: Reinhard Mohn baute nach diesem Prinzip seinen Konzern auf. Sein Modell des Großverlags setzt darauf, dass nicht der Eigentümer, sondern die einzelnen Verlagsleiter und Chefredakteure die Inhalte bestimmen. Die Übertragung von Verantwortung sollte Mitarbeiter motivieren und ihnen Freiraum zur Kreativität geben.

Doppelstiftung: Nahezu sämtliche unternehmensnahen Stiftungen funktionieren nach diesem Prinzip. Dabei wird das Kapital in eine gemeinnützige Stiftung eingebracht, die Stimmrechte liegen in einer privatnützigen Stiftung oder – wie bei Bertelsmann – in einer GmbH, die das Unternehmen führt.

Erbschaftsteuer: »Die dominierende Zielsetzung«, die 1977 zur Gründung der Bertelsmann Stiftung führte, war laut Reinhard Mohn »die Sicherung der Unternehmenskontinuität«. Indem die Stiftung das Kapitalvermögen übernimmt, sollte sie »die dann nicht mehr durch Erbschaftsteuer belastete Finanzierungskontinuität gewährleisten«, wie Mohn 1986 in seinem Buch *Erfolg durch Partnerschaft* schrieb. Die Stiftung sollte verhindern, dass die Erben einen Teil des Unternehmens verkaufen müssen.

Familienstiftung: Im Gegensatz zu gemeinnützigen Stiftungen sind Familienstiftungen privatnützig und deshalb nicht steuerbefreit. Neue Regelungen bei der Befreiung von Erbschaftsteuer, die auch durch Familienstiftungen möglich sind, führen dazu, dass Wirtschaftsprüfer und Stiftungsexperten einen Zuwachs der Neugründungen vorhersagen.

Gemeinnützige Stiftung: 2009 gab es in Deutschland 17372 Stiftungen bürgerlichen Rechts (im Unterschied zu den kirchlichen Stiftungen). Rund 95 Prozent davon sind gemeinnützig und deshalb steuerbefreit. Der Bundesverband Deutscher Stiftungen schätzt ihr Vermögen auf rund 100 Milliarden Euro. Diese Angabe dürfte allerdings deutlich unter dem wahren Wert liegen. Große Zuwächse verzeichnen Bürgerstiftungen und unternehmensnahe Stiftungen.

Mohn-Sprache. Reinhard Mohns Sprache ist geprägt von abstrakten Begriffen wie Führungstechnik, Evolutionsfähigkeit, Ordnungssysteme, Systemfortschreibung, Leistungsbeitrag. Sie offenbart den verhinderten Ingenieur und orientiert sich an seinem Glauben, dass alles mess- und damit vergleichbar sei. Das Wort »Unternehmenskultur« benutzte Mohn, als sei dieser Begriff seine Erfindung und als gäbe es nur eine einzige Unternehmenskultur, nämlich die von Bertelsmann.

Operative Stiftung: Die Besonderheit der Bertelsmann Stiftung besteht darin, dass sie nicht Institutionen fördert, sondern eigene Institute gründet und ausschließlich eigene Projekte und Reformvorhaben verfolgt. Dazu kooperiert sie auch mit anderen Stiftungen. Vorteil: Sie kann viel Zeit und Geld auf die Umsetzung ihrer Projekte verwenden. Nachteil: Personal- und Verwaltungskosten liegen weit über den Kosten einer Stiftung, die Projekte anderer Organisationen fördert. Seit 1977 hat die Bertelsmann Stiftung rund 750 Projekte umgesetzt (derzeit laufen 60).

PPP – Public Private Partnership: Gemeinschaftliche Unternehmen von öffentlicher und privater Hand. Politiker und Behörden erwarten sich dadurch mehr Effizienz, allerdings ist das Recht der Öffentlichkeit auf Auskunft, Einsicht und Transparenz meist eingeschränkt.

Stifterfrühling, Stiftungsboom: Bezeichnung aus der Politik und Stiftungslobby, die den Erfolg von Reformen zur Erleichterung von Stiftungsgründungen beschreiben soll. Von 1949 bis 1960 wurden jährlich nur rund 20 Stiftungen gegründet; zwischen 1960 und 1977 stieg die Zahl auf 20 bis 40 und zwischen 1979 und 1981 auf 40 bis 60. Ab 1993 lag sie bei 300 jährlich. 2009 wurden 914 Stiftungen errichtet; 2007 und 2008 waren es sogar 1134 und 1020.

Stiftungsaufsicht: Stiftungen werden von der Bezirksregierung und dem Finanzamt geprüft. Die Öffentlichkeit hat dagegen kein Recht auf Einsicht. Stiftungen sind im Stiftungsgesetz von NRW vom Informationsfreiheitsgesetz ausgenommen. Damit sollen die Interessen der Stifter geschützt werden. Das Archiv der Bertelsmann Stiftung ist nicht öffentlich.

Stiftungsreform: Seit 1997 viel diskutiert, aber der große Wurf steht noch immer aus. Ziel war es, die Gründung einer Stiftung zu erleichtern und Bürger durch Steuererleichterungen zum Spenden zu animieren. Im Gegenzug sollten Stiftungen transparenter werden und der Öffentlichkeit ihre Arbeit und Finanzen offenlegen. Auf mehr Transparenz wartet die Öffentlichkeit bis heute.

Unternehmensstiftung (auch unternehmensverbundene oder unternehmensnahe Stiftung): Unternehmen gründen Stiftungen oder sind im Besitz von Stiftungen. Deren Zahl betrug 2007 rund 1500, wobei rund 40 Prozent in den letzten zehn Jahren errichtet wurden. In 25 Jahren hat sich ihre Zahl vervierfacht. Sie führen die Unternehmen nicht direkt (sonst würden sie den Status der Gemeinnützigkeit verlieren), sondern über komplizierte Doppelstiftungskonstruktionen. Das Wohl des Unternehmens steht in der Regel an erster Stelle.

Register